제4판

SMART 사용자중심의 관리회계

수정판

서강관리회계연구회

Managerial Accounting

유원북스

4판 머리말

본서는 원가에 대한 기본 개념과 계산절차 등에 대한 이해를 바탕으로 그 원가정보를 어떻게 활용할 것인가에 초점을 두고 있다. 관리회계는 계획과 통제, 평가, 의사결정 등 기업이 직면한 주요 상황에 대처할 수 있는 정보를 제공한다. 이와 관련된 내용을 독자들이 좀 더 쉽게 이해할 수 있도록 하고, 흥미를 유발할 수 있도록 하는데 주안점을 두고 개정하고자 하였다. 주요 개정의 내용을 살펴보면 다음과 같다.

첫째, 본서는 관리회계의 기본 체계를 보다 정확하게 이해하고 독자 스스로가 그 이해 정도를 파악할 수 있도록 기초문제에서부터 응용문제에 이르기 까지 다양한 연습문제의 유형을 수록하였다. 기존의 어려운 문제나 난해한 문제들은 삭제하고, 개념 파악과 응용에 도움이 될 수 있는 연습문제들을 엄선하여 수록하였다. 특히 기존의 여러 자격시험에 출제된 기출문제를 수록함으로써 시험의 출제유형을 파악하고 시험을 준비하는데 도움이 될 수 있도록 하였다. 본문의 많은 예제도 교체 수록하였다. 이 또한 관리회계의 체계와 기본 개념을 좀 더 쉽게 이해하도록 하는데 목적이 있다.

둘째, 본문도 내용의 중요도에 따라 개정 전의 체계를 수정하였다. 예를 들어, 이번 개정을 통해 활동기준원가관리와 균형성과표는 10장의 전략적 원가관리의 한 부분으로 포함되었다. 관리회계의 기본 개념과 체계를 이해한다는 점에 충실하고, 보다 전문적인 내용은 다른 전문서적을 통해 깊이를 더 하는 것이 옳은 방법이라 보았다. 또한 표준원가계산에서 각종 차이의 안분에 대한 내용도 본문에서 삭제하였다.

셋째, 개정 전 교재에서 보론으로 있었던 주제들을 본문에 수록하였다. 예를 들어, 자본예산은 독립된 장으로 포함시켰다. 자본예산은 재무관리에서도 공부하는 것이기도 하지만 미래의 기업환경이 투자에 대한 중요성이 더욱 높아진다는 면에서 관리회계에서도 꼭 다루어야 할 내용으로 생각하였다. 이외에도 원가추정에서의 회귀분석법과 산포도법, 전부원가계산하의 CVP분석도 본문에 포함시켰다.

본서를 통해 관리회계를 처음 접하는 학생들이 좀 더 친근하게 대할 수 있기를 바라며, 보다 더 큰 꿈을 키우는 디딤돌이 되기를 바란다. 본서의 출간에 있어서 저자들 가운데 한 분이시면서 저자들의 스승이신 서강대학교 김순기 교수님의 많은 관심과 배려, 날카로운 지적들이 본서를 집필하는데 가장 큰 힘이 되었다. 끝으로 본서를 출판해 부신 유원북스의 이구만 사장님 그리고 본서의 편집과 제작에 수고해 주신 유원북스 직원 제위께 감사의 말씀을 드립니다.

2021년 1월

저자 일동

차 례

제 1 장 관리회계의 소개

제 2 장 원가 분류 및 추정

제 3 장 원가·조업도·이익분석

제 4 장 원가·조업도·이익분석의 확장

제 5 장 관련원가와 특수의사결정

제 6 장 종합예산

제 7 장 자본예산

제 8 장 표준원가계산

제 9 장 책임회계와 성과평가

제10장 전략적 원가관리

도표 차례

제 1 장

관리회계의 소개

01 관리회계 개요

기업의 목표는 소비자가 필요로 하는 재화나 서비스를 생산하고 제공하는데 있다. 구체적으로 고객에게 높은 가치를 줄 수 있는 제품이나 서비스를 개발하고 이를 낮은 가격으로 판매하여 이익을 많이 창출하고 기업 가치를 높이는 과정을 반복적이고 지속적으로 수행하여 성장하는 것이라고 할 수 있다.

여기서 경영자의 역할은 기업이 목표를 효과적으로 달성하기 위해서 수많은 상황마다 다양한 의사결정을 내려야 하는 것이다. 따라서 경영자는 합리적인 의사결정을 위해서 상황에 맞는 다양한 형태의 정보를 필요로 하게 된다. 관리회계의 역할은 경영자들에게 그들이 의사결정을 내리는데 필요한 정보를 그들이 원하는 시기에 적절하게 제공하는 것이다. 이를 좀 더 구체적으로 살펴보자.

어떤 조직이 가진 정보의 양과 질은 조직의 의사결정의 질을 가늠하는 지표이다. 회계정보가 없는 조직의 경영자는 많은 의사결정을 직관에 의존할 수밖에 없을 것이다. 적절한 정보를 빠르게 처리할 수 있는 조직의 경영자는 미래에 대한 계획을 보다 신속하게 효과적으로 수립할 수 있고, 조직을 효율적으로 이끌어 갈 수 있을 뿐만 아니라 경영상의 문제를 해결하거나 기회를 활용하는 데 더욱 효과적 일 수 있다. 이러한 조직활동의 수행 과정에서 조직의 경영자가 조직의 목적을 효율적으로 달성하도록 도움이 되는 정보를 제공해주는 분야가 관리회계라고 할 수 있다. 기업의 경영자들은 기업의 목표를 설정하고, 설정된 목표를 보다 효율적이고 효과적으로 달성하는 데뿐만 아니라 설정된 목표를 달성하였는지의 여부를 평가하기 위하여 다양한 형태의 정보를 산출하게 된다. 경영자에게 제공되는 정보는 다양한 기법을 통해 산출되는데, 관리회계는 경영자들의 의사결정에 유용한 정보의 유형과 이들 정보를 산출하는 다양한 기법을 다루게 된다.

관리회계의 모든 측면을 포괄할 수 있는 정의를 간결하게 내린다는 것은 매우 어려운 일이다. 관리회계는 끊임없이 변화하고 다양해지는 경영환경, 경영자의 욕구와 경영인접 학문분야의 발전에 발맞추어 부단히 적용·발전되어야만 한다.

관리회계는 영리추구를 목표로 하는 기업조직뿐만 아니라 정부기관, 대학교, 교회와 같은 비영리조직에도 적용될 수 있다. 그러므로 어떤 조직을 막론하고 경제적 자원의 운용을 다루는 조직의 경영자는 관리회계의 개념을 이해하고 있어야 한다.

02 회계자료의 필요성

오랜 기간 동안 회계정보는 조직을 경영함에 있어 중요한 역할을 해 왔다. 회계정보에 대한 필요성은 조직이 변화함에 따라 변화해 왔다. 예를 들어, 산업혁명 이전에는 공업화가 이루어지지 않아서 기업조직은 제조활동보다는 상업위주였으며 제조하는 경우에도 노동집약적이고 단순하였다. 이런 조직의 관리자들은 기업이 이익을 내고 있는지를 평가할 수 있는 정도의 비교적 단순한 회계자료만을 필요로 하였다.

그러나 기업이 성장하고 기업운영이 보다 복잡해지면서 조직의 재무결과를 측정·기술하는 데 필요한 회계정보는 다양해지고 복잡하게 되었다. 그리고 회계는 두 분야로 나뉘어 발전하게 되었는데, 한 분야는 기업외부의 이용자들의 필요성을 충족시키기 위해 회계정보를 제공하는 재무회계이고, 또 다른 분야는 경영자들의 내부적 경영의사결정을 충족시키기 위해 회계정보를 제공하는 관리회계이다.

2.1 재무회계와 관리회계

재무회계(financial accounting)는 주주, 채권자, 그리고 정부당국 등과 같은 기업 외부이용자에게 조직에 대한 경제적 정보를 산출, 보고하고 의사소통하는 것을 다룬다. 재무회계정보는 외부이용자에게 경영자와 그 밖의 조직구성원이 내린 의사결정과 프로세스 개선의 결과를 의사소통시킨다. 재무회계 프로세스는 기획재정부, 금융감독원, 그리고 국세청 등의 외부규제기관의 강제적 보고 요구사항에 규제를 받는다. 이러한 결과 재무회계는 규칙이나 기업회계기준에 얽매이는 경향이 있으며 재무회계를 공부하는 학생은 재무제표를 산출하는 분개 및 절차를 배운다.

반면에 관리회계(managerial accounting)는 조직구성원, 즉 종업원, 중간관리자, 그리고 최고경영자 등 기업 내부이용자에게 경제적 정보를 제공한다. 기업회계기준 등 회계원칙을 따라야 하는 재무회계와는 달리 관리회계는 비교적 폭넓은 자유재량권을 지닌다. 조직구성원들이 제품, 서비스, 프로세스, 공급자, 그리고 고객 등에 관한 의사결정은 물론 조직의 재무적, 물적, 그리고 인적 자원에 대한 의사결정을 잘 내릴 수 있도록 도움을 주는 정보를 제공하는 시스템을 설계하기 위해서 경영자들은 이러한 자유재량권을 사용해야 한다. 관리회계시스템으로부터 산출되는 정보는 조직구성원이 다음의 사항을 익히는 데 도움을 주어야 한다. 그러므로 관리회계를 배우는 학생들은 조직구성

[도표 1-1] 재무회계와 관리회계의 차이

	재무회계	관리회계
이 용 자	외부정보이용자: 주주, 채권자, 정부 기관 등	내부정보이용자: 종업원, 중간관리자, 최고경영자 등
보 고 서	범용목적의 재무제표	특수목적의 보고서
범 위	전체조직에 대한 통합적 보고	부문조직에 대한 구체적 · 비통합적 보고
정보성격	객관적 · 일관적 · 신뢰할 수 있는 정보	좀더 주관적 · 합목적적인 정보
정보형태	재무적 측정치	재무적 측정치, 비재무적 · 운영적 측정치
적 시 성	역사적 과거사실에 대한 지연된 보고	현행, 미래지향적 보고
규 제	회계규칙에 의해 요구됨 회계기준과 일치해야 함	유용성이 있어서 작성됨 회계기준에 적용받을 필요 없음

원들이 내리는 의사결정과 이들이 필요로 하는 정보에 초점을 맞추어야 한다. 재무회계와 관리회계의 주요 차이점은 [도표 1-1]에 요약되어 있다.

관리회계시스템으로부터 산출되는 정보는 조직구성원이 다음의 사항을 익히는 데 도움을 주어야 한다.

1. 경영관리의 질을 개선시키는 방법
2. 경영관리의 원가를 낮추는 방법
3. 고객욕구를 충족시키도록 경영관리를 하는 방법

과거에 많은 기업들은 관리회계의 역할 및 중요성을 크게 인식하지 못하였고, 재무회계는 강제적으로 요구되었기 때문에 내부경영의사결정 및 통제목적보다는 주로 외부재무보고목적으로 회계정보를 제공하는 데 주력하여 왔다. 이러한 결과 대부분의 조직에서 관리회계시스템은 변화하는 경쟁적, 기술적, 그리고 시장 상황에 적합하지 못한 것으로 인식되었다. 그러나 최근에 와서 기업들은 관리회계 정보의 중요성을 인식하게 되었으며, 이에 따라 정교하고 세련된 관리회계시스템을 구축하는 데 많은 노력을 기울이고 있다.

2.2 관리회계의 영역

재무회계와 관리회계는 모두 역사적 원가자료를 이용하지만 그 관점은 서로 다르다. 재무회계에서는 범용목적의 재무제표를 작성하는 데 원가자료가 사용되는 데 반해, 관리회계에서는 미래원가를 예측하고 내부경영의사결정을 내리고 조직운영을 통제하는 데 원가자료가 사용된다. 본서에서는 관리회계의 관점에 보다 큰 비중을 두어 원가정보의 측정 및 의사결정에 이용되는 원가정보의 활용측면에 관해 기술할 것이다.

한편, 원가회계(cost accounting)는 어떤 제품을 생산하거나, 어떤 서비스를 제공하는 데, 혹은 어떤 활동을 수행하는 데 소요되는 원가를 결정하는 프로세스이다. 원가회계는 앞서 설명한 재무회계 및 관리회계와 밀접한 관련이 있는데, 원가회계의 재무회계 및 관리회계에 대한 관계를 요약하면 다음의 [도표 1-2]와 같다.

[도표 1-2]에서 보여주는 바와 같이 원가회계는 재무회계보고서와 관리회계보고서의 작성을 위한 자료베이스를 제공한다. 즉, 원가회계자료는 재무 및 관리회계활동을 지원하는 기초자료이다. 그러나 두 유형의 보고서는 서로 다른 목적을 지닌다. 관리회계보고서는 재무회계보고서보다 상세하고 더 자주 작성되며 운영의 모든 관점에 대해 작성된다. 그러므로 관리회계보고서에 나타나는 원가회계자료는 재무회계자료와는 다른 방식으로 경영층에 요약·의사소통된다.

경영자들이 의사결정을 하는 데 유용한 많은 정보는 원가회계자료이다. 원가회계정보는 기업조직의 성패를 좌우하는 데 주요역할을 한다. 예를 들어, 우수한 제품을 생산하고 있는 기업도 정확하고 유용한 원가회계정보를 가지고 있지 못하면 오늘날의 글로벌 경제의 치열한 경쟁환경에서 실패할 수 있다. 또 어떤 기업들은 시대에 뒤떨어진 원가회계제도를 사용함으로써 어떤 제품에 대해선 가격을 너무 낮게 책정하는가 하면,

[도표 1-2] 원가회계와 재무·관리회계의 관계

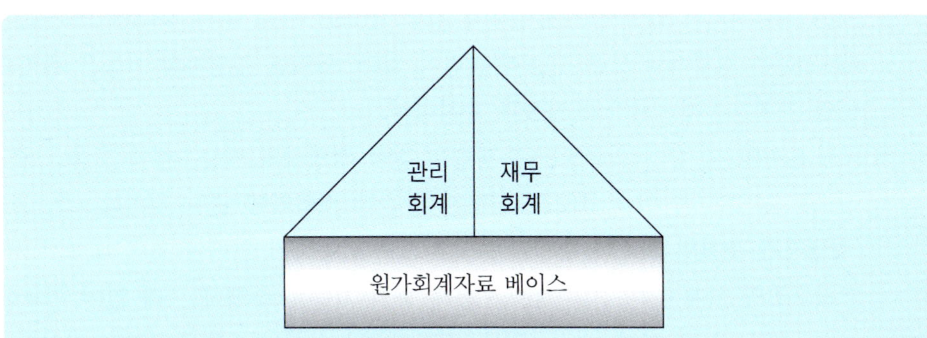

또 다른 제품에 대해선 가격을 너무 높게 책정하여 수익성과 경쟁력을 동시에 상실하기도 한다.

효과적인 원가회계정보시스템은 운전자본의 부족 또는 바람직스럽지 못한 재고의 증가와 같은 잠재적 문제점들을 예방하거나 탐지할 수 있는 합목적적이고 시기적절한 정보를 제공한다. 뿐만 아니라 원가회계는 과거 의사결정의 결과를 시기적절하게 보고함으로써 경영자로 하여금 사업운영을 보다 잘 통제하고 현행 및 잠재적인 문제점들을 해결할 수 있게 한다.

03 경영자의 기능

관리회계 담당자들은 경영자들이 수행하는 의사결정에 유용한 정보를 효과적으로 제공하기 위해서 경영자들이 수행하는 주요 기능을 이해하고 있어야 한다. 경영자들의 주요 기능은 첫째, 목표를 설정하고 목표를 달성하기 위한 계획을 수립하는 일, 둘째, 설정된 목표를 달성하기 위해서 조직구조를 설계하고 계획을 집행·감독하는 일, 셋째, 계획과 실적을 비교하여 통제하는 일, 넷째, 그 밖에 수많은 의사결정을 내리는 일 등으로 요약할 수 있다.

관리회계란 경영자들을 위한 회계이다. 따라서 관리회계를 보다 잘 이해하기 위해서는 경영자들이 수행하는 업무를 이해할 필요가 있다. 일반적으로 경영자의 기능은 계획수립(planning), 조직편성(organizing), 그리고 통제(controlling) 등으로 구분할 수 있다. 경영자의 기능은 통상적으로 동시에 수행되어져야 하는 경우가 많기 때문에 기능들 간의 상호의존성을 무시하고 각 기능별로 분류하는 것은 매우 어렵다. 또한 주요 기능에는 포함시키지 않았지만 경영자의 가장 중요한 기능 중의 하나인 의사결정(decision making)은 경영자의 모든 기능과 관련이 있다. 이러한 경영자의 기능은 관리회계의 역할인 계획–통제–평가의 기능과 유사하다.

본서의 각 장에서 설명될 주제들은 결국 경영자의 기능수행에 도움을 줄 수 있는 정보는 무엇이며, 이들 정보를 어떻게 창출할 것인가에 관한 것이다. 즉, 관리회계는 '경영자가 조직의 희소한 자원을 효율적으로 활용하기 위하여 조직 내에서 계획수립·조직구조의 설계·계획집행·감독·통제 등의 기능을 수행하는 데 있어 필요한 정보를 식별·측정·축적·분석·작성·해석·전달해 주는 정보시스템이다'라고 정의할 수 있다.

3.1 계획수립

경영자는 반드시 조직이 추구할 장·단기적인 조직의 목표를 설정해야 한다. 경영자가 목표를 설정하지 않고 임기응변식으로 조직을 운영한다면 그 기업은 장기적으로 성장·존속할 수 없게 될 것이다. 계획수립이란 기업의 장·단기적인 목표를 설정하고, 설정된 목표를 달성하기 위해 필요한 구체적인 방법을 강구하는 과정이다. 계획수립에는 특정기간에 판매해야 할 판매량, 생산량, 생산에 투입시킬 원재료의 수량결정이나, 제품생산에 투입하여야 할 종업원 수 등과 같은 단기적인 계획수립뿐만 아니라, 새로운 제품이나 새로운 생산설비 도입 등을 위한 장기적인 계획수립도 포함된다. 장기적인 계획을 수립하려면 기업목표 달성을 위한 기업전략을 고려해야 하기 때문에 장기적 계획수립은 전략적 계획수립(strategic planning)이라 일컫는다. 계획이란 특정목표의 달성방법에 관한 의사결정이 포함되기 때문에 계획수립은 의사결정의 일부분이다.

3.2 조직편성

조직편성에는 크게 두 가지 기능이 포함되어 있다. 첫 번째 기능은 조직구조를 설계하는 것이다. 어떤 종업원이 어떤 직무를 수행할 것인지를 결정하는 일이며, 이러한 기능은 보통 조직도 및 직무분장에 나타난다.

조직편성의 두 번째 기능은 계획을 집행책임자들에게 알려주는 일이다. 조직은 누군가가 구성원에게 무엇을 하라고 얘기하지 않는다면 종업원들은 움직이지 않게 되어 있는데, 이를 흔히 감독(directing)이라 한다. 조직편성에서 감독기능은 조직목표가 수행되는 것을 확실시 해 주는 조정요소가 된다. 즉, 경영자들은 감독을 통해서 일상 활동을 관장하며, 조직이 원활하게 그 기능을 수행하도록 조정한다.

3.3 통 제

통제는 목표가 성취되었는지의 여부를 결정하는 일련의 과정을 말한다. 실제 결과에 관한 성과보고서는 계획상의 목표와 비교된다. 목표가 달성되지 못하였다면 경영자들은 목표를 달성하기 위해서 업무수행 과정이나 방법을 어떻게 변경시켜야 하는지 혹은 목표를 어느 정도 수정을 해야 하는지 등을 검토하여야 한다.

중간 및 최고경영자들이 각 사업부문의 매일 매일의 활동을 항상 관찰할 수는 없기 때문에 통제기능은 상당부분을 내부보고서에 의존하게 된다. 이들 보고서에서 경영자들에게 제공되는 정보를 흔히 피드백(feedback)이라고 한다. 이와 같은 계획목표와 실제성과를 비교하는 통제과정이 생략된다면 차후 계획과정은 효과적이지 못할 것이다. 따라서 계획수립 과정과 통제과정은 마치 동전의 앞면과 뒷면처럼 밀접한 관계를 지닌다. 즉, 계획수립이 이루어지지 않으면 통제과정이 있을 수 없으며, 통제과정이 없는 계획수립은 아무런 의미가 없게 된다.

3.4 의사결정

경영자의 모든 기능은 의사결정을 포함하고 있다. 관리회계는 경영자들이 계획을 수립하고 통제하는 등의 기능을 수행하는 데 도움이 되는 정보를 제공하도록 설계되어져야 한다. 또한 관리회계는 특정 종류의 의사결정에 초점을 맞추어 정보를 제공할 수도 있어야 한다. 경영자가 수행하는 의사결정의 예로는 제품의 가격결정, 사업부문의 확장 및 폐쇄, 부품의 자가제조 및 외부구입 등과 같은 다양한 형태의 의사결정이 포함된다. 이들 의사결정의 유형에 관해서는 본서의 중반부에서 자세하게 설명될 것이다. 여기서 한 가지 중요한 사실은 관리회계 정보가 경영자들을 위해 자동적으로 의사결정을 내려주는 것이 아니라, 단지 경영자들이 의사결정을 내리는 데 필요한 유용한 정보를 제공하는 것이며, 의사결정은 전적으로 경영자의 몫이라는 것이다.

한편, 조직의 목적달성을 위한 구체적 목표가 설정되면, 경영자는 목표의 효율적 달성을 위해 최선의 노력을 기울일 책임을 맡게 된다. 경영자의 활동은 조직의 목표를 효율적으로 달성하기 위해 계획(plan)을 수립하는 것에서 시작하여 계획을 실행(do)하고, 사후적으로 실적이 계획과 잘 맞는지 여부를 검토(see)한다. 그 결과에 관한 정보는 다시 이후의 계획과정에 피드백 됨으로써 더욱 더 경영의 효율성을 증대시킨다. 경영자의 활동은 결국 이러한 과정의 연속이라고 볼 수 있으며, 이 연속된 과정은 개념적으로 하나의 순환과정을 이루게 되는데 이를 경영사이클(management cycle)이라고 한다.

04 관리회계 환경의 변화

4.1 기업의 경영환경 변화

최근 제조기업들을 둘러싸고 있는 환경은 급속하게 변화하고 있다. 기술발전이 가속화되고 있으며, 경쟁은 보다 치열해지고 있고, 제반 규제조치의 변화가 일어나고 있는가 하면 소비자의 욕구에도 커다란 변화가 일어나고 있음은 주지의 사실이다. 이러한 환경변화에 대응하여 기업들은 내적 변신을 꾀하고 있다.

최근 대표적인 기업환경 변화는 4차산업혁명이라 불리는 디지털혁명시대의 도래일 것이다. 이것은 기존 제품의 혁신뿐만 아니라 생산방식의 혁신, 경영관리방식의 혁신을 주도하고 있다. 말 그대로 한번도 경험하지 못했던 새로운 세상이 전개되고 있으며, 현재 그 방향으로 빠르게 나아가고 있다. 이러한 변화에 적응하지 못하는 기업은 도태될 것이며, 이를 주도하는 기업은 끊임없는 변화와 혁신을 고민해야 한다.

4.2 제조환경의 변화

이러한 외적 환경변화에 순응하기 위해 기업은 자동화 설비투자에 적극 나서 제조방식과 기술이 크게 달라지고 있다. 자동화를 중심으로 한 새로운 생산시스템에 대한 투자는 가격경쟁력뿐만 아니라, 품질 및 납기 등의 측면에서도 경쟁력을 향상시킬 수 있다. JIT(just-in-time), TQC(total quality control), CIM(computer-integrated manufacturing) 및 FMS(flexible manufacturing system) 등의 도입 및 강조가 경쟁력 향상의 수단으로 이해되고 있다.

자동화의 정도와 필요성은 산업 특성에 따라 크게 좌우된다. 특히 철강, 석유화학과 같은 장치산업에서는 공장설치 단계에서부터 자동화가 이루어져 왔으나, 기계 및 자동차와 같은 가공 조립형 산업에서 자동화의 이점을 인식하기 시작한 것은 보다 최근의 일이다.

과거의 소품종 대량생산에 의한 경영전략이 소비자의 개성화, 다양화, 그리고 고급화에 따라 다품종 소량생산으로 변화되고 있다. 그런데 다품종 소량생산을 효과적으로 실행에 옮길 수 있는 한 가지 방안이 바로 자동화인 것이다. 또한 전자기술의 발달과 이로 인한 자동화 설비의 저렴화는 기업들로 하여금 자동화 설비에 대한 투자를 가능하게 하였다. 기업들은 공장 자동화를 통해서 제품수명주기의 단축이라는 수요 측면에서의 변화에 보다 효과적으로 대응할 수 있다.

이에 따라 최근의 관리회계 연구는 관심의 초점에 따라 관리회계의 새로운 패러다임, 소위 전략적 관리회계로의 연구가 활발히 이루어지고 있다.

4.3 관리회계에의 영향

기업 경영자들에게 유용한 정보를 제공함을 목적으로 하는 관리회계 제도도 그 기능을 제대로 수행하려면 이러한 변화에 맞추어 적절하게 변모되어야 한다. 그러나 현재의 관리회계 제도는 이러한 제조환경의 변화에 적응하지 못하고 지체현상을 보이고 있다. 관리회계에서 이러한 지체현상이 나타나는 이유를 요약하면 다음과 같다.

첫째, 적절한 관리회계의 역할 모형이 없기 때문이다. 제조기술 및 조직에서의 혁신적인 변화는 외부적으로 나타나지만 원가회계 및 통제시스템은 상세하게 관찰되기가 쉽지 않다. 또한 지금까지의 교과서 및 각종 논문에서는 대부분 단순하고 정태적인 상황에서의 관리회계 모형을 설정·사용하고 있는데, 이러한 모형은 실제로 기업에 적용할 수 있는 대안을 제시하기에는 부적절하다.

둘째, 컴퓨터화된 회계시스템 때문이다. 컴퓨터는 회계분야에서 큰 변화를 가져다 주었지만 주로 재무거래를 중심으로 시스템화가 이루어져 왔기 때문에 관리회계에 적용시키기에는 많은 어려움이 따른다. 왜냐하면 관리회계에 컴퓨터를 사용하기 위해서는 컴퓨터화된 회계시스템을 전체적으로 수정해야 하는데, 이는 비용과 시간을 필요로 하는 작업이기 때문이다. 최근에는 ERP(enterprise resource planning) 및 EWS(enterprise-wide systems) 기술의 발전으로 많은 기업에서 새로운 ERP 및 EWS의 도입을 고려하고 있으나, EWS의 정착에는 많은 자금과 노력 그리고 시간이 소요되므로 아직까지는 초기단계라 할 수 있다.

셋째, 관리회계 제도가 재무회계식 사고에 그 바탕을 두고 있기 때문이다. 기존의 관리회계는 공장운영에 대하여 많은 지식을 가지고 있지 않은 사람들이 담당하여 왔다. 이들의 주된 관심은 재무회계식 사고인 객관적이고 일관성 있는 방법으로 거래를 기록하고 간접원가를 배부하는 데 집중되어 있다. 경영을 하다 보면, 객관적이지는 않더라도 시의적절하게 의사결정에 유용한 정보의 제공이 더 중요해진다.

넷째, 기존 경영층의 관심부족이다. 기업의 제조환경이 변화함에도 불구하고 경영자료는 관리회계시스템이 이러한 변화에 적응하고 목적적합한 정보를 제공해 줄 수 있도록 개선되어야 한다는 요구의 필요성을 느끼지 못하고 있다.

05 관리회계 담당자의 역할

관리회계의 역할은 경영자가 조직의 목적을 효율적으로 달성하도록 계획과 통제과정에 필요한 정보를 제공하는데 있다. 이러한 기능의 관리회계는 조직의 어느 부문에서 수행되며, 관리회계 담당조직은 조직구조에서 어떠한 위치를 차지하고 기능하는가? 관리회계시스템의 역할과 기능은 우선 조직 내 라인과 스탭의 관계에서 파악하여야 한다. 라인과 스탭의 관계는 조직 내의 책임·권한·전문화 등에 대한 면밀한 계획을 나타내는 조직도에서 살펴볼 수 있다. 제조기업의 조직도의 경우, 계층적 수직구조는 여러 수준의 권한을 나타내는 반면, 수평구조는 전문화에 의한 조직분화, 즉 부문화(divisionalization)를 나타낸다고 할 수 있다.

조직 내 라인·스탭의 구조와 관리회계의 관계를 보면, 우선 관리회계시스템은 본질적으로 조직 내 다른 조직단위에 도움을 주는 지원기능으로서의 역할을 담당한다. 흔히 콘트롤러(controller)라고 불리우는 관리회계 책임자는 스탭구성원이면서, 관리회계 조직 내에서는 한정적이지만 라인의 권한을 가지기도 한다. 조직의 규모가 커지고 복잡해지면서 콘트롤러의 전문적 지식이 크게 요구되고, 조직 내 지위는 점차 높아지는 경향이 있다. 그러나 콘트롤러가 조직 내에서 어떠한 지위를 차지하고 어떠한 추가적 권한을 가진다 하더라도 관리회계시스템이 의사결정지원시스템(decision support system)으로서의 본질을 벗어나지는 않을 것이다.

오늘날의 관리회계 담당자는 단순히 관리회계 정보의 제공자에 그치지 않고 보다 폭넓은 역할이 요구된다. 그 역할을 요약해 보면 다음과 같다.

첫째, 관리회계 담당자는 변화하는 환경에서 많은 새로운 도전에 직면하게 된다. 우선 기업들이 국경이 없는 경쟁을 벌이고 있기 때문에 어느 경영자들과 마찬가지로 관리회계 담당자들도 국제적 감각을 갖출 것이 어느 때보다 절실히 요구되고 있다. 해외시장에서의 기회포착을 위한 의사결정을 보다 합리적으로 내리기 위해선 다른 국가의 정치 및 경제에 대해서도 관심을 가져야 한다.

둘째, 관리회계 담당자들은 기업의 각 기능을 가치사슬의 개념으로 연결시켜 볼 줄 아는 새로운 통찰력을 지녀야 한다. 지나친 기능 세분화를 바탕으로 한 개별 기능분야의 효율성 제고는 오히려 기업 전체의 목적달성에 방해가 되는 수가 있다. 예를 들면 생산과 판매기능을 통합시켜 상호 보완하고자 하는 것은 이러한 경영층의 노력의 일환이다. 관리회계 담당자들은 경영층의 이러한 노력을 진작시킬 수 있는 분위기와 정보를 제공해야 한다.

셋째, 관리회계 담당자들은 단순히 원가측정만 고집해서는 안 된다. 기업의 주요성공요인(critical success factor)은 단순히 원가의 절감에만 있지 않고 품질향상, 반응시간의 단축, 그리고 전반적 대 고객 서비스 향상이 포함된다. 품질, 시간, 그리고 고객 서비스를 무시하는 원가절감은 기업을 성공의 길로 이끌 수가 없다.

넷째, 관리회계 담당자들은 환경변화에 맞추어 과거의 잘못된 관습에서부터 과감히 탈피해야 한다. 급격한 환경변화 이전에 설정한 원가회계시스템에서 산출되는 원가정보는 왜곡되고 진부화된 것일 수 있기 때문에 환경변화를 잘 포착하고 올바른 정보를 전달하도록 세심한 노력을 기울여야 한다.

다섯째, 관리회계 담당자들은 부문효율화보다는 전체 목표달성을 강조하는 방향에서 정보를 측정·제공해야 한다. 관리회계 담당자들은 사실상 기업조직의 모든 국면을 원가계산·보고·측정하는 포괄적인 위치에 있다.

이상에서 살펴본 바와 같이 변화하는 환경 속에서 관리회계 담당자의 역할은 점점 중요시되고 있다. 그만큼 관리회계 담당자들은 그 기능을 수행하는 데 막중한 책임과 보람을 느낄 수 있을 것이다.

한편, 기업의 규모가 커지고 경제활동 범위가 넓어지면서 경영활동이 더욱 복잡해짐에 따라 점차 정보시스템의 통합자로서 관리회계 전문가의 필요성과 중요성은 커지게 될 것이다. 즉, 경영자에 대한 핵심적 스탭기능을 수행하는 관리회계 전문가의 직업적 기회는 점차 커지게 될 것이다. 미국의 경우, 관리회계사회(Institute of Management Accountants : IMA)의 주관으로 공인관리회계사(Certified Management Accountant : CMA)를 배출하여 기존의 공인회계사와는 다른 관리회계 전문가의 영역을 확장하고 있다. 미국 이외에도 캐나다, 영국, 오스트레일리아 등 세계적으로 많은 나라에서 관리회계 전문가 조직이 활동하고 있는 추세이다. 그러나 우리나라에는 아직 공인된 관리회계사 자격이 없는 실정이다.

특히, 미국의 IMA는 공인관리회계사 직무의 중요성에 비추어 스스로는 물론 동료 CMA 및 조직에 대하여 높은 수준의 직업윤리를 요구하는 윤리강령을 다음과 같이 규정하고 있다. 첫째, CMA는 직무수행을 위한 충분한 능력(competence)을 유지하여야 한다. 둘째, CMA는 직무와 관련된 비밀을 철저히 유지(confidentiality)하여야 한다. 셋째, 개인의 이해관계에 매달리거나 금품수수 등 비윤리적 행동을 금하며, 유리한 판단과 더불어 불리한 판단도 전달하는 등 직무를 정직하고 성실(integrity)하게 수행하여야 한다. 마지막으로 CMA는 정보를 공평하고 객관적(objectivity)으로 전달하고 모든 관련 자료 및 권고사항을 제시하여야 한다.

제 2 장

원가 분류 및 추정

01 원가의 정의

1.1 원가의 개념

제 1 장에서 설명한 바와 같이, 합리적이고 시의적절한 의사결정을 내리는 데 있어서 관리회계 정보는 필수적이다. 경영자들은 효과적인 의사결정을 내리기 위해서 적절한 관리회계 정보를 선택적으로 활용해야 한다. 이러한 의사결정 과정에서 중요한 것은 조직의 성격(영리/비영리)에 관계없이 경영자가 원가 및 관리회계를 얼마나 잘 이해하고 있느냐이다. 특히 현명한 경영자는 원가의 특성과 원가용어 및 분류에 대해서 잘 이해하고 있어야 하며, 기업의 조업도(활동수준)가 변화함에 따라 원가가 어떻게 변화할지에 대한 원가추정의 개념에 대해서도 정확히 파악해야 한다.

원가라는 용어는 사람에 따라 다른 의미를 지닌다. 원가란 대부분 화폐단위로 측정되지만, 경우에 따라서는 특정업무를 수행하는데 소요된 시간 혹은 여러 대안 중 하나를 선택함으로써 상실되는 기회로 측정하기도 한다. 오늘날 일상 대화에서 원가라는 용어는 자주 사용되는 회계용어이다. 예를 들어, 사람들은 생활비, 음식값, 주택가격, 전세값, 전기료, 교통비, 유류비, 그리고 휴가비 등이 인상되었다고 이야기할 때, 이들 비용이 모두 원가가 되는 것이다.

회계담당자는 기업활동과 관련한 모든 행태의 원가를 측정한다. 예를 들면 제품을 제조하는 데 소요되는 원가, 서비스를 제공하는데 소요되는 원가, 제품을 운송하는데 투입되는 원가 또는 전산부서를 운영하는 원가 등의 측정이 포함된다. 전형적으로 한 활동의 원가는 화폐단위로 측정되어 다른 활동의 원가와 함께 보고될 수 있고 경우에 따라서는 이전 기간의 유사한 활동의 원가와 비교되어질 수도 있다. 기업에는 많은 다양한 형태의 원가가 있지만 원가의 기본 개념은 매우 단순하다.

원가(cost)는 어떤 재화나 서비스를 획득하기 위해 포기한 자원을 화폐가치로 나타낸 것이다. 흔히 포기된 자원은 현금인데, 예를 들어 자동차 기름을 리터당 ₩1,900씩 40리터를 주유하고 현금 ₩76,000을 지불했다면 자동차 기름의 원가는 ₩76,000이다. 어떤 재화나 서비스를 획득하기 위해 현금 이외의 것을 제공하였다면 그 포기한 자원의 양은 공정가치를 추정·측정하여 결국 원가는 화폐가치로 표현된다. 예를 들면, 한 기업이 소유하고 있던 운반용 차량을 주고 새 기계를 취득했다면 그 기계는 포기한 운반용 차량의 공정가치로 평가된다. 즉, 제품이나 서비스의 원가는 단순히 그 구매가격이거나 구매한 자원과 교환하기 위해 포기한 자산의 가치인 것이다.

특정 제품의 원가를 보고하는 목적은 어떤 원가들이 그 보고서에 포함되는지를 결정하는 데 있다. 외부보고목적을 위해 재무회계 담당자들은 이 보고서에 제품이나 서비스를 생산하는데 소요된 모든 원가를 포함시킨다. 그러나 경영자는 특정 의사결정을 위해서 단지 특정 원가정보만을 필요로 한다. 그러므로 다양한 관리 요구를 충족시키기 위해서 다양한 형태의 원가회계보고서가 제공되는 것이다. 원가를 정확하게 측정하고 특정 형태의 원가보고서를 요구하는 경영자의 욕구를 충족시키기 위해서는 우선 원가가 보고되어지는 특정 제품이나 기업활동이 명확히 정의되고 기술되어져야 한다.

1.2 원가대상의 정의

어떤 제품이나 기업활동의 원가를 결정하기 위한 첫 번째 단계는 정확하게 원가대상을 정의하는 것이다. 원가대상(cost objective)은 원가가 측정되어지는 어떤 제품, 활동, 부서, 또는 프로젝트 등이다. 이를 테면 경영자가 어떤 것의 원가를 알고 싶다면 그 어떤 것이 바로 원가대상인 것이다. 원가대상을 좀 더 정확하고 명확하게 정의하게 되면 의사결정에 사용되는 원가측정 결과는 더욱 정확해진다. 원가대상이 불명확하면 그 대상의 원가측정 또한 부정확해진다.

제조기업에서 주요 원가대상은 생산되는 제품이다. 그렇지만 제품만이 경영자들이 관심을 갖는 유일한 원가대상은 아니다. 경영자들은 기업의 모든 측면을 효과적이고 효율적으로 관리해야 하기 때문에 다양한 원가정보를 요구한다. 제품 이외에 경영자들이 관심을 갖는 원가대상으로는 광고 캠페인, 완제품의 유통, 인사부서의 운영 등 매우 다양하다. 원가대상이 무엇이든지 간에 원가를 정확하게 측정하기 위해서는 먼저 원가대상이 명확히 정의되어져야만 한다.

02 원가의 분류

"서로 다른 목적에는 서로 다른 원가(different costs for different purposes)" 정보가 필요하다. 경영자는 자신이 필요로 하는 목적에 따라 서로 다른 원가정보를 요구한다. 따라서 관리회계에서 제공되는 정보가 목적적합성을 가지기 위해서는 경영자의 요구사항에 적합한 원가정보를 제공할 필요가 있다. 원가의 분류는 이러한 경영자의 정보이용 목적에 따라 다양하게 구분될 수 있다.

원가는 소멸된 원가와 소멸되지 않은 원가로 구분되는데, 손익계산서에서 수익과 대응되는 비용은 소멸 원가(expired costs)이고, 발생된 원가 중에서 현시점까지 수익창출 목적의 기업활동에 기여하지 않은 미소멸 원가(unexpired costs)는 자산으로 구분된다. 이후 자산이 기업활동에 사용되면 비로소 원가는 소멸되며, 이때 소멸된 원가는 손익계산서 상에 비용으로 처리된다. 따라서 원가라 하면 비용(소멸 원가)이 될 수도 있고 자산(미소멸 원가)이 될 수도 있다.

예를 들어, 한 상기업이 내용연수가 5년이며, 잔존가치가 없는 기계장치를 ₩3,000,000에 구입하였고, 정액법에 의해 감가상각을 실시한다고 하자. 이때 영업용 자산의 원가는 ₩3,000,000이다. 취득시점에서 소멸된 것이 없기 때문에 비용이 아니며, 유형자산 중 기계장치라는 자산으로 기록되게 된다. 그러나 취득 후 영업활동에 사용되어 1년이 경과되면 ₩3,000,000의 원가 가운데 ₩600,000은 소멸된 것으로 인식되어 손익계산서 상에 감가상각비라는 영업비용으로 계상되게 된다. 물론 나머지 ₩2,400,000은 아직 소멸되지 않은 채 유형자산으로 남아 있게 된다. 이 금액은 앞으로 잔여 내용연수인 4년 동안에 걸쳐 소멸되어질 자산인 것이다.

위에서 언급한 소멸 원가와 미소멸 원가로 분류하는 것 외에 일반적으로 원가를 분류하는 기준으로는 추적가능성에 따른 분류, 제조활동과의 연관성에 따른 분류, 원가행태에 따른 분류, 그리고 의사결정의 관련성에 따른 분류 등이 있다.

2.1 추적가능성에 따른 분류

2.1.1 직접원가

직접원가(direct costs)는 특정 제품 혹은 서비스와 관련하여 개별적으로 추적가능한 원가를 말한다. 어떤 원가가 직접원가로 분류되기 위해서는 일반적으로 두 가지 기준을 만족시켜야 한다. 첫째, 원가대상인 제품 혹은 서비스에 대한 추적가능성이다. 이는 어떤 원가가 발생했을 때 원가를 발생시킨 대상을 명확하게 추적할 수 있어야 함을 의미한다. 둘째는 중요성이다. 원가대상에 대한 추적가능성이 있다고 하더라도 그 금액이 중요하지 않다면 보통 간접원가로 분류된다. 가장 대표적인 직접원가로는 직접재료원가와 직접노무원가가 있다.

2.1.2 간접원가

간접원가(indirect costs)는 특정 제품 혹은 서비스 등 원가대상에 개별적으로 추적이 불가능하거나 불필요한 원가이다. 간접원가는 원가대상별로 원가집계가 이루어지지 않고 원가가 발생할 경우 일단 원가집합(costs pool)에 집계한 후 발생원가별 배부기준에 따라 각 원가대상(제품 혹은 서비스)에 배부된다. 예를 들어 생산공정에 사용되는 용접봉과 같은 것은 다수의 제품생산에 동시에 사용된다. 용접봉의 원가는 원가대상별로 추적할 수도 있을 것이다. 그러나 전체원가에서 용접봉이 차지하는 비중이 극히 작은 경우에는 용접봉의 원가를 원가대상별로 집계하는 것이 무의미할 수도 있다. 이 경우에는 용접봉의 원가를 간접재료원가로 처리하고 이를 적절한 배부기준을 이용하여 원가대상에 배부하는 것이 유리할 수도 있다.

원가의 추적가능성에 따라 간접원가로 분류되는 예로는 다수의 제품을 생산하는 공장에서의 공장장 임금, 공장건물의 감가상각비, 공장경비원의 임금 등 직접원가로 분류되는 직접재료원가와 직접노무원가를 제외한 모든 원가는 간접원가로 분류된다.

2.2 제조활동과의 연관성에 따른 분류

제품을 제조하는데 발생되는 주요 원가는 직접재료원가, 직접노무원가, 그리고 제조간접원가의 세 가지 형태로 구성되며, 이들을 제품원가의 3요소(three elements of product cost)라 한다.

직접재료원가(direct materials costs)는 직접재료의 원가인데 특정제품의 생산에 구체적으로 식별시킬 수 있는 원재료의 원가이다. 원재료는 완성된 제품의 부분이 되는데 직접재료는 많은 경우 세 가지 제조원가요소 중 가장 큰 비중을 차지한다. 제조과정에서 사용되는 원재료 가운데는 제품의 부분을 형성하지 않거나 형성하더라도 전체 제조원가에 견주어서 그 중요성이 미약한 것이 있는데, 이러한 원재료는 간접재료(indirect materials)로 분류한다. 간접재료의 원가인 간접재료원가는 제조간접원가에 포함된다.

직접노무(direct labor)는 특정제품이나 제품군의 생산과 구체적으로 식별되어질 수 있는 노동이며 제품의 완성에 직접적으로 기여한다. 예를 들면, 자동차 조립라인에서 자동차를 완성시키기 위해 자동차의 부품을 조립하는 종업원은 직접노무로 분류되며 직접노무의 원가는 직접노무원가(direct labor costs)라 부른다. 직접노무와는 달리 생산공정에 필수적인 직무를 수행하지만 개별제품이나 제품군의 생산과 용이하게 식별되어질 수 없는 노동이 있는데 이를 간접노무(indirect labor)라 부른다. 간접노무의 예로는 생산기계를 유지·보수하는 종업원, 생산감독자 등 직접노무를 제공하는 종업원 이외의 생산현장의 모든 종업원이 이에 포함된다. 이들 간접노무를 제공하는 종업원의 노무원가는 간접노무원가(indirect labor costs)라 하는데, 간접노무원가는 앞에서 설명한 간접재료원가와 그 밖의 제조간접원가 항목과 함께 제조간접원가에 포함된다. 특히 직접노무를 제공하는 종업원에게 제공되는 노무원가라 하더라도 유휴시간에 대한 노무원가, 초과근무수당, 종업원의 복리후생비 등은 간접노무원가에 속한다.

제조간접원가(manufacturing overhead costs)는 직접재료원가와 직접노무원가를 제외한 제품생산에 필요한 모든 원가로 구성된다. 즉 모든 간접제조원가를 총칭하여 제조간접원가라 하는데, 이의 특징은 제품생산에 필요한 원가이지만 특정 제품군과 직접적으로 연계시켜 식별하기는 어렵다는데 있다. 제조간접원가에는 이미 거론된 간접재료원가와 간접노무원가 이외에 제조공장에서 발생된 감가상각비, 유지비, 보험료, 광열비, 재산세, 임차료 등이 포함된다. 이 밖에도 직접재료원가와 직접노무원가를 제외한 제조공장에서 발생된 모든 비용이 제조간접원가에 포함된다. 제조간접원가는 제조원가의 한 요소이기 때문에 제품원가계산에 포함시켜야 한다. 그러나 제조간접원가는 특성상 특정 제품군과 직접적으로 연계시켜 추적할 수 없기 때문에 직접원가처럼 관련 제품군에 직접 할당시키지는 못하고 인위적인 배부기준을 통해 특정 제품군에 간접적으로 배부시킬 수밖에 없다.

이상에서 제품원가 3요소인 직접재료원가, 직접노무원가, 그리고 제조간접원가에 대해 살펴보았다. 제품원가에 대해서 이야기할 때 이들 3요소를 개별적으로 칭하는 것 이외에 둘씩 합쳐서 부르는 경우도 있다. 직접재료원가와 직접노무원가를 합쳐서 총칭할 때는 기본원가(prime costs)라 한다. 기본원가는 완제품과 직접적으로 연계시켜 추적할 수 있는 원가의 총칭이다. 또한 기본원가는 전통적으로 원가통제를 하려는 경영자들에게 가장 많은 관심의 초점이 된 원가이다. 물론 지금은 원가통제의 초점이 제조간접원가에도 많이 집중되고 있다. 또한 직접노무원가와 제조간접원가를 합쳐서 부를 때는 가공원가 또는 전환원가(conversion costs)라 한다. 전환원가는 직접재료인 원재료를 완제품으로 가공하는 데 또는 전환하는 데 소요되는 원가를 총칭하는 것이다.

한편 전통적으로 회계담당자들은 재무보고를 위해 발생된 원가를 제품을 제조하는 데 소요된 원가와 비제조 활동에서 발생된 원가로 분류하기도 한다. 전자를 제품원가(product costs)라 하고 후자를 기간비용(period costs)이라 하는데, 이렇게 원가를 분류하는 이유는 발생된 원가가 어느 항목에 속하느냐에 따라서 회계처리가 달라지기 때문이다. 제조활동과 관련해서 발생된 제품원가는 발생되면 일단 자산으로 기록되었다가 제품이 판매되면 비용으로 처리된다. 기간비용은 소비된 회계기간에 비용으로 기록되는 재화나 서비스의 원가이다.

2.3 원가행태에 따른 분류

원가행태(cost behavior)는 조업도가 변화함에 따라 총원가가 어떻게 변화하는지를 나타내준다. 조업도의 측정치로는 매출액, 생산량, 기계사용시간, 원재료 소모량, 서비스를 제공받은 고객 수 등이 있다. 보통 원가행태는 다양한 조업도에서의 총원가를 분석하여 다양한 조업도간에 총원가가 어떻게 변화하였는지를 관찰함으로써 결정된다. 예를 들어, 회계담당자가 월별로 광열비와 생산량을 기록하였다고 하자. 이때 회계담당자는 월별 광열비의 변화를 월별 생산량의 변화와 비교해 봄으로써 생산량의 변화에 따른 광열비의 원가행태 패턴이 어떠한지를 알게 될 것이다.

기본적인 원가행태의 패턴은 크게 변동원가, 고정원가, 준변동원가, 그리고 준고정원가의 네 가지로 구분할 수 있다. 이들 원가를 그림으로 나타내면 [도표 2-1]과 같다.

[도표 2-1] 4가지 원가행태의 패턴

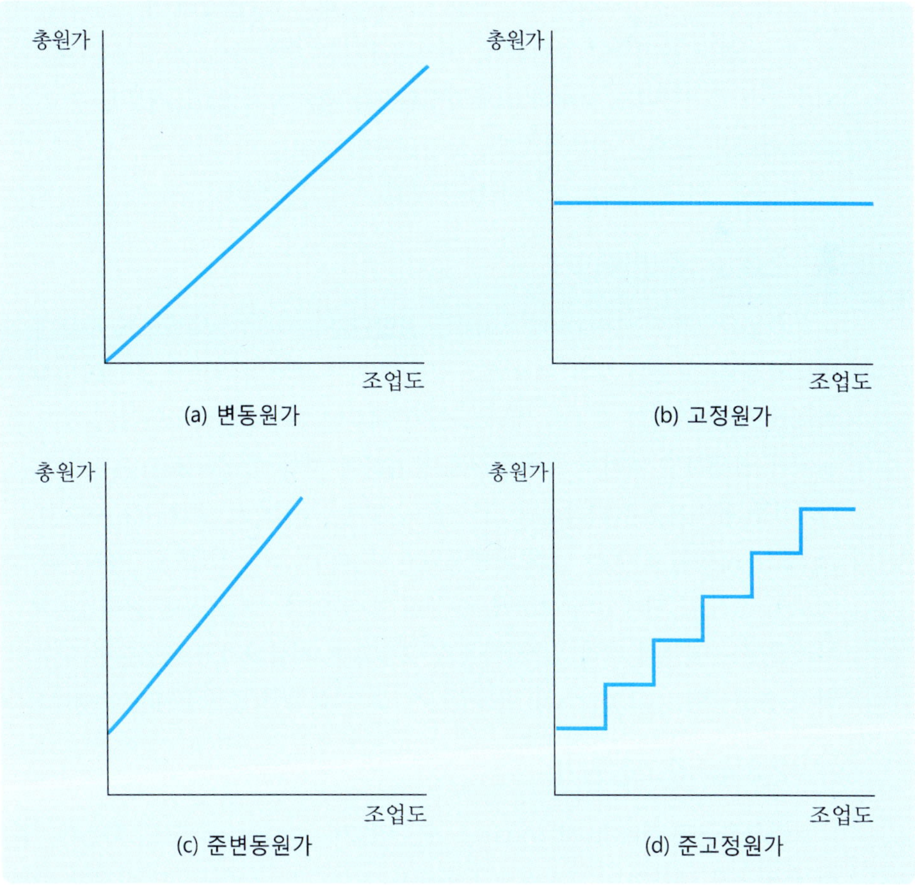

2.3.1 변동원가

총원가가 조업도의 변화에 따라 비례적으로 변화하는 원가를 변동원가(variable costs)라 한다. 조업수준과 총변동원가와의 관계를 그림으로 나타내면 [도표 2-1]의 (a)와 같으며, 함수식으로는 $Y = bX$라는 등식으로 표현된다. 여기에서 Y는 총원가, b는 단위당 변동원가, X는 조업도를 가리킨다. 따라서 총변동원가선의 기울기는 단위당 변동원가 b를 나타낸다. 단위당 변동원가가 증가하면 기울기는 커진다. 변동원가의 예로는 직접재료원가, 직접노무원가, 판매수수료 등을 들 수 있다. 예를 들면 제품 한 단위 생산에 직접재료원가 ₩10,000이 소요된다면 10단위 생산하는 데에는 총직접재료원가가 비례적으로 증가하여 10배인 ₩100,000이 소요될 것으로 예상할 수 있다.

2.3.2 고정원가

조업도의 변화에도 불구하고 총원가가 전혀 변화하지 않는 원가를 고정원가(fixed costs)라 한다. 조업수준과 총고정원가와의 관계는 [도표 2-1]의 (b)와 같으며, 함수식은 $Y = a$라는 등식으로 표현된다. 여기에서 Y는 총원가, a는 고정원가를 가리킨다. 조업수준이 증가함에도 불구하고 총고정원가는 증가하지 않기 때문에 총고정원가선은 x축(조업도)과 평행을 이루고 있다. 고정원가의 예로는 감가상각비, 재산세, 임차료, 관리직의 급여, 연구개발비, 광고비 등이 있다.

2.3.3 준변동원가

준변동원가(semi-variable costs)는 혼합원가(mixed costs)라고도 하는데, 고정원가와 변동원가 두 요소를 모두 포함하고 있는 원가를 말한다. [도표 2-1]의 (c)에 나타난 바와 같이 고정원가의 요소를 지니고 있기 때문에 조업수준이 0인 경우에도 일정 수준의 원가가 발생하고 거기서 조업수준이 증가함에 따라 일정비율로 총원가가 증가하고 있다. 이를 함수식으로 나타내면, $Y = a + bX$라는 등식으로 표현된다. 여기에서 Y는 총원가, a는 고정원가, b는 단위당 변동원가, 그리고 X는 조업도를 가리킨다. 혼합원가의 예로는 전력료, 판매원의 보상액, 수선비 등이 있다. 예를 들면 판매원에게 기본급여에 부가해서 판매액에 따라 일정 비율로 수수료를 지급하기로 하였다면 판매원에게 지급되는 총보상액은 고정원가와 변동원가가 모두 포함된 준변동원가의 행태를 띠게 된다.

2.3.4 준고정원가

준고정원가(semi-fixed costs)는 계단식원가(step costs)라고도 하는데, 총원가가 일정 조업구간 내에서는 고정원가의 행태를 보이다가 조업구간이 바뀌면 총원가가 일정

수준 변화 후, 다시 고정원가의 행태를 보이는 원가를 말한다. [도표 2-1]의 (d)에 나타난 바와 같이 일정 조업구간 내의 고정원가가 지속적으로 점프하여 마치 계단 층계처럼 보인다. 계단식원가의 행태를 보이는 대표적인 원가로는 감독자의 급여를 들 수 있다. 즉 일정 조업구간에는 한 명의 감독자가 필요한데 조업수준이 관련범위를 넘어서면 또 한 명의 감독자가 필요하게 되고, 이런 행태가 반복되면 감독자의 급여는 계단식원가의 행태를 취하게 된다.

2.4 의사결정을 위한 원가분류

앞에서 살펴본 바와 같이 관리회계의 목적은 경영자의 의사결정에 유용한 정보를 제공하는 것으로 정의할 수 있다. 경영자의 의사결정 유형은 매우 다양하다. 따라서 관리회계시스템에서 산출되는 정보가 유용성을 갖기 위해서는 경영자의 다양한 의사결정 유형에 적합한 원가정보를 제공해 주어야 한다.

2.4.1 관련원가

의사결정에 영향을 미치는 원가를 관련원가(relevant costs)라 하는데, 관련원가는 다음의 두 가지 중요한 특성을 지닌다.

1. 관련원가는 미래에 발생될 원가이다.
2. 관련원가는 의사결정 대안 간에 차이가 있어야 한다.

다시 말해서 관련원가란 의사결정 대안 간에 차이가 있을 것으로 기대되는 미래원가(expected future costs)로 정의할 수 있다. 반면에 역사적 원가는 과거에 이미 발생한 원가이기 때문에 그 자체로는 관련원가가 아니다. 단지 미래원가의 대용치로 사용한다면 역사적 원가도 관련원가가 될 수 있다. 또한 어떤 원가가 관련원가가 되려면 의사결정 대안이 달라짐에 따라 원가도 달라져야 한다. 만약 의사결정 대안 간에 차이가 없다면 대안의 선택에 아무런 영향을 미치지 못하기 때문에, 이러한 원가는 비관련원가가 된다.

대안간의 원가의 차이를 차액원가(differential costs)라 한다. 또한 많은 기업에서 단기의사결정을 내릴 때 증분원가(incremental costs)의 개념을 사용한다. 증분원가의 개념은 크게 두 가지로 분류할 수 있다. 단순히 조업수준이 증가함에 따라 이전 조업도 수준에 비해 증가된 원가를 의미하기도 하고, 어떤 의사결정 대안을 선택함으로써 증가하는 원가를 의미하기도 한다. 일반적으로 관리회계에서 사용되는 증분원가의 개념은 후자를 의미하는 경우가 대부분이다.

2.4.2 매몰원가

매몰원가(sunk costs)는 과거에 이미 발생한 원가로서 현재 또는 미래에 어떤 의사결정이 내려지더라도 변경될 수 없는 원가이다. 즉, 경영자가 더 이상 통제할 수 없는 과거의 의사결정으로부터 기인하는 역사적 원가이다. 따라서 매몰원가는 미래의 의사결정에는 전혀 관련성이 없다. 예를 들면, 과거 주당 ₩15,000에 구입한 주식의 현재 시장가격이 주당 ₩12,000이라 하자. 이때 과거 취득가격 ₩15,000은 역사적 원가로서 매몰원가이다. 이 매몰원가는 소유주식을 처분할 것인가 혹은 계속 보유할 것인가의 의사결정에 전혀 영향을 미치지 않는다. 이 경우 의사결정에 영향을 미치는 것은 단지 소유주식의 가격이 미래에 어떻게 변화할 것인가 또는 다른 주식의 가격은 어떻게 변화할 것인가 등에 관한 정보이다. 그럼에도 불구하고 현행가액 ₩12,000을 매몰원가인 ₩15,000에 견주어 주당 ₩3,000의 유가증권처분손실을 생각해서 주식처분 의사결정에 영향을 받게 된다면 이는 합리적이지 않다. 물론 재무보고 목적으로는 매몰원가인 취득가격 ₩15,000은 중요한 정보이다. 그러나 경영의사결정에서는 매몰원가는 유용한 정보가 아니다.

2.4.3 기회원가

기회원가(opportunity costs)란 여러 대체안 중 하나의 대체안을 선택하는 경우, 포기하게 되는 차선의 대체안을 선택할 경우에 얻을 수 있는 이익(최대효익)이다. 즉, 특정 대안을 선택한 것의 기회원가는 차선의 대안을 동시에 선택하지 못함으로써 포기해야 하는 순효익으로 정의할 수 있다. 기회원가는 유한한 자원의 활용과 관련되어 나타난다. 가용자원이 무제한적이라면 기회원가는 발생되지 않을 것이다. 또한 기회원가는 재무회계 장부에는 기록되지 않지만 행동경로를 평가하는 데에는 반드시 고려되어야 하는 원가이다.

예제 2-1 의사결정을 위한 원가개념

아래 문항에 다음에서 가장 알맞은 원가를 찾아 넣어 보시오.

매몰원가, 증분원가, 변동원가, 고정원가, 준변동원가, 기회원가

(1) 스마트(주)는 USB를 단위당 ₩20,000에 구입하여 ₩30,000에 판매해 왔다. 그러나 최근 USB시장의 가격하락으로 더 이상 판매할 수 없게 되었다. 스마트(주)는 USB재고를 10단위 가지고 있다. 어느 구매자가 이 USB를 단위당 ₩5,000에 구입하려고 한다. 이때 ₩20,000은 (　　　)이다.

(2) 구기계에 대한 대안으로서 스마트(주)는 신기계의 리스를 고려하고 있다. 리스료는 1년에 ₩1,500,000이다. 행태별 원가분류시 연간 리스료는 (　　　)이다.

(3) 신기계를 가동하는 직원에게는 기본급에 추가로 생산 단위당 일정금액의 성과급을 지급하려 한다. 이 직원의 급여는 행태별 원가분류시 (　　　)이다.

(4) (2)에서 언급한 구기계는 ₩2,000,000에 팔 수 있는데, 스마트(주)는 계속해서 이 기계를 사용하려 한다. 이때 ₩2,000,000은 (　　　)이다.

(5) 스마트(주)는 현재 기계의 조업수준을 10% 늘리려 한다. 그러기 위해서 추가로 수선비용이 소요된다. 조업수준을 10% 늘리려 할 때 수선비용의 증가분은 (　　　)이다.

(6) 스마트(주)는 기계사용원가를 각 부서에 기계사용시간당 일정 금액으로 할당시킨다. 이때 부서의 기계사용원가는 (　　　)가 된다.

(해　답)

(1) 매몰원가 (2) 고정원가 (3) 준변동원가 (4) 기회원가 (5) 증분원가 (6) 변동원가

03 원가추정

3.1 원가추정의 의의

회계담당자들은 원가를 기업의 기능에 따라 분류한다. 제조기업이 제조기능과 판매기능을 가지고 있다면 이에 따라 원가를 분리해서 제조원가와 판매비로 보고한다. 이와 같은 원가의 기능적 분류는 경영자들이 기업의 기능 활동을 분석·평가·보고하는데 도움을 준다. 경영자들은 과거에 발생된 원가를 알고 싶어 하지만 이와 동시에 원가가 어떻게 움직여서 미래에 원가가 얼마나 발생할 것인가를 예측하고 싶어 한다. 이러한 경영자의 욕구를 충족시켜 주려면 원가는 우선 행태별로 분류되어야 한다. 여기서 원가행태(cost behavior)는 조업도가 변화함에 따라 원가가 변화하는 모양을 의미한다. 우리는 이미 제 2 절에서 원가는 그 행태에 따라 변동원가, 고정원가, 준변동원가, 그리

고 준고정원가 등으로 분류될 수 있음을 알았다. 이렇게 분류된 원가의 공통점은 그 행태가 선형적이라는 점이다. 그러한 선형적인 원가행태는 모든 구간에 다 유효한 것은 아니다. 단지 일정 범위의 조업도 구간에 한정된다. 이와 같이 선형적인 원가행태가 옳고 유효한 조업도의 일정범위를 관련범위(relevant range)라 칭한다. 그러므로 관련범위를 넘어서면 선형적인 원가행태는 더 이상 유효하지 않게 된다.

관련범위 내에서 선형적으로 표시되는 원가는 어떤 종류라도 $Y=a+bX$라는 등식에 의해서 표현될 수 있다. 여기서 Y는 총원가, a는 총고정원가, b는 단위당 변동원가, 그리고 X는 조업도를 가리킨다. 위의 등식에서 변동원가는 $a=0$인 경우이고, 총고정원가는 $b=0$인 경우이다. 또한 준변동원가는 a값과 b값이 모두 0이 아닌 경우이다. 이 장의 주된 내용은 원가행태 분석 또는 원가예측이다. 원가행태 분석이란 (x, y)로 표시되는 과거의 자료를 활용하여 $Y=a+bX$의 등식에서 a값과 b값을 추정해 내는 것이다. 이렇게 a값과 b값을 추정해 내는 방법은 여러 가지가 있다. 또한 같은 자료를 이용하는 경우라도 적용하는 추정방법에 따라 추정된 a값과 b값은 달라진다. 따라서 각 추정방법에 대해 설명한 후 어떤 a값, b값을 지닌 추정등식을 사용할 것인가에 대해 알아보기로 하자.

추정등식이 결정되면 미래 활동계획에 대한 발생 원가를 예측할 수 있는데 이러한 정보는 앞으로 설명될 원가·조업도·이익분석, 특수의사결정, 종합예산, 자본예산편성 그리고 표준설정에 유용하다.

3.2 기본적인 원가추정방법

3.2.1 공학적 방법

원가추정의 공학적 방법은 다른 분석방법과는 달리 과거의 원가자료 분석에 의존하지 않고 효율적인 상태에서의 투입물과 산출물의 물리적 관계에 의존한다. 이 방법은 제조에 있어서 투입물과 산출물 간의 물리적 관계가 제품의 공학적 시방서(specification)로부터 도출되기 때문에 공학적 방법(engineering method)이라 불리어진다. 생산의 주요 요소와 산출물 간의 관계가 설정되고 나면, 소요되는 물리적 투입요소에 가격과 임률을 할당시켜 총노무원가와 재료원가를 산정할 수 있다. 잘 알려진 공학적 연구로는 잘 구조화된 활동에 소요되는 시간을 결정하는데 유용한 시간 및 동작연구가 있다.

공학적 방법을 사용해서 모든 발생된 원가를 추정할 수는 없다. 공학적 방법은 일반적으로 원재료 주요항목 및 직접작업시간과 산출물 간의 관계를 추정하는 데에만 사용된다. 다른 원가항목들의 추정식은 과거 원가자료의 분석이나 순수한 주관적 추정에 의해 얻어진다. 그 밖에 공학적 방법의 단점은 실행하는데 비용이 많이 소요되며 복잡하다는 것이다.

그러나 앞서 설명한 바와 같이 이 방법은 과거의 원가자료 분석에 의존하지 않기 때문에 과거 자료가 없어도 원가표준을 설정하거나 원가를 추정할 수 있다는 장점도 가지고 있다.

3.2.2 계정분석법

계정분석법(account analysis method)은 회계담당자의 전문지식을 활용하여 원가를 추정하는 방법이다. 모든 원가요소를 고정원가와 변동원가로 구분한 후, 각각 총계를 구하여 총고정원가는 그대로 고정원가의 추정치로 이용하고, 총변동원가는 총생산량(적절한 조업도 기준)으로 나누어 단위당 변동원가의 추정치로 사용하는 방법이다.

예제 2-2 계정분석법

스마트(주)는 지난 한 달간 책상 4,000개를 생산하였는데 이때 발생된 각 계정별 원가와 회계담당자에 의한 계정분류는 [도표 2-2]와 같다.

단, 회계담당자는 주관적인 판단에 의해 간접노무원가의 75%는 고정원가로 그리고 나머지 25%는 변동원가로 분류하였다. 소모품비와 수선비는 변동원가, 감가상각비와 기타 제조간접원가는 고정원가로 분류하였다.

[도표 2-2] 스마트(주)의 계정분석

계 정	금 액	추정고정원가	추정변동원가
직접재료원가	₩50,000		₩50,000
직접노무원가	60,000		60,000
제조간접원가			
간접노무원가	20,000	₩15,000	5,000
소모품비	3,000		3,000
수선비	4,000		4,000
감가상각비*	18,000	18,000	
기타제조간접원가	5,000	5,000	
총계	₩160,000	₩38,000	₩122,000

생산량: 4,000개
단위당 변동원가: ₩ 122,000 / 4,000개 = ₩ 30.5/개
*정액법

(요구사항)
[도표 2-2]에 나타난 계정분류 결과를 토대로 원가추정식을 산출하시오.

(해 답)
계정분석법에 의한 원가추정식은 다음과 같다.
$y = ₩38,000 + ₩30.5 \times x$

미래에 가격수준, 기술수준 등의 변화가 예상되지 않는다면 스마트(주)는 위의 추정식을 사용하여 예상생산량이 결정되었을 때의 총발생원가를 예측할 수 있다. 예를 들면 다음 달에 5,000단위를 생산할 예정이라면 이때 예상되는 총원가는 ₩190,500[=₩38,000+(₩30.5×5,000단위)]이다. 계정분석법의 가장 큰 특징은 회계담당자의 주관적인 판단에 크게 의존된다는 점이다. 따라서 원가를 어떻게 분류하느냐에 따라서 그 결과가 달라질 수 있다. 또한 이 방법은 원가추정식을 얻기 위해서 단지 하나의 관측치만을 요구한다. 따라서 이 방법은 새로운 제품이 개발된 직후라든지, 새로운 상황이 전개된 직후 관측치가 많지 않은 경우에 활용하기 적합하다. 그러나 관측치를 많이 가지고 있는 경우라면 하나의 관측치만 사용하는 계정분석법은 적합한 방법이라고 볼 수 없다. 계정분석법은 하나의 관측치에 의존하므로 관측치가 달라짐에 따라 원가관계가 변동할 수 있는 가능성을 전혀 고려할 수 없다. 또한 [도표 2-2]의 간접노무원가와 같이 혼합원가인 경우에는 주관적인 판단에 의해 고정원가와 변동원가를 구분해야 한다.

3.2.3 고저점법

계정분석법이 하나의 관측치에 의존하는 단점을 지니고 있으므로 두 개의 관측치를 사용하는 방법을 자연스럽게 그 대안으로 생각할 수 있다. 고저점법(high-low method)은 가장 높은 조업도와 가장 낮은 조업도 두 개의 극단적 조업도를 기초로 활동의 변화에 기인되는 원가의 변화를 분석하여 고정원가와 단위당 변동원가를 추정한다. 즉, 가장 낮은 조업도와 가장 높은 조업도에서의 고정원가는 같다고 가정할 수 있기 때문에 두 극단적 관측치에서의 원가상의 차이는 순전히 변동원가의 차이에서 기인하는 것으로 볼 수 있다. 또한 변동원가의 차이는 두 관측치의 조업도 수준의 차이에서 기인된다. 따라서 단위당 변동원가는 다음과 같이 산정된다.

$$단위당\ 변동원가(b) = \frac{두\ 관측치의\ 총원가상의\ 차이}{두\ 관측치의\ 조업도의\ 차이}$$

$$또는\quad b = \frac{y_2 - y_1}{x_2 - x_1} \qquad (식\ 2\text{-}1)$$

(식 2-1)에서 가장 높은 조업도의 생산량과 원가는 각각 x_2, y_2이고 가장 낮은 조업도의 생산량과 원가는 각각 x_1, y_1이다.

단위당 변동원가가 산정된 다음 고정원가는 총원가에서 총변동원가를 차감하여 다음과 같이 산정된다.

고정원가 = 최고조업도에서의 원가 − 단위당 변동원가(b) × 최고조업도
또는 최저조업도에서의 원가 − 단위당 변동원가(b) × 최저조업도 (식 2-2)

[도표 2-3] 스마트(주)의 월별 생산량과 원가자료

기 간	생산량	총제조원가
20×4년 1월	2,000	₩90,000
2월	1,600	70,000
3월	2,700	115,000
4월	2,300	95,000
5월	1,600	80,000
6월	3,300	150,000
7월	2,900	135,000
8월	1,200	55,000
9월	2,400	120,000
10월	4,000	160,000

예제 2-3 고저점법

스마트(주)의 지난 10개월간 월별 생산량과 총제조원가는 [도표 2-3]과 같다.

(요구사항)

고저점법을 사용하여 원가추정식을 산출하시오.

(해 답)

[도표 2-3]의 자료에서 조업도가 가장 큰 관측치와 가장 작은 관측치는 각각 10월의 (x_2, y_2)=(4,000, ₩160,000)과 8월의 (x_1, y_1)=(1,200, ₩55,000)이다. 따라서 단위당 변동원가와 고정원가는 다음과 같이 추정된다.

$$b = \frac{y_2 - y_1}{x_2 - x_1} = \frac{₩160,000 - ₩55,000}{4,000 - 1,200} = \frac{₩105,000}{2,800} = ₩37.5$$

$$a = y - bx = ₩160,000 - (₩37.5 \times 4,000) = ₩10,000$$

$$[\text{또는 } ₩55,000 - (₩37.5 \times 1,200) = ₩10,000]$$

따라서 고저점법에 의한 원가추정식은 다음과 같다.

$$y = ₩10,000 + ₩37.5 \times x$$

따라서 5,000단위를 생산하는 경우의 추정원가는 ₩197,500[=₩10,000+(₩37.5×5,000단위)]이 된다. 참고로 계정분석법에 의하면 원가는 ₩190,500으로 추정되었다. 이와 같이 어떤 원가행태 분석방법을 사용하느냐에 따라서 추정등식이 달라지고 원가 예측이 달라진다.

계정분석법은 하나의 관측치를 사용하는 데 반해 고저점법은 두 개의 관측치를 사용하므로 더 객관적인 방법이다. 그리고 고저점법은 비교적 계산절차가 간단하다는 이점을 지니고 있다. 그러나 두 개의 극단적인 관측치에만 의존하기 때문에 나머지 다른 관측치들로부터 얻을 수 있는 정보는 무시하게 된다는 단점도 지닌다. 특히 극단적인 관측치는 정상적인 상태를 반영하지 않을 가능성도 많이 있기 때문에 정상적인 미래 상태를 예측하는 데는 적절하다고 말할 수 없다. 극단적인 관측치가 정상적인 상태가 아닌 것으로 판단될 경우에는 그 다음으로 극단적인 관측치를 대신 사용하는 것이 합리적이다.

3.2.4 준평균법

준평균법(semi-average method)은 앞에서 설명한 고저점법이 양극단의 두 점을 연결함으로써 발생할 수 있는 원가함수의 왜곡 현상을 극복하기 위한 대체적인 방법이다. 준평균법을 적용하는 방법은 고저점법과 유사하나 모든 관측치를 간접적으로나마 사용한다는 측면에서 고저점법과 다르다. [예제 2-3]에서 사용한 자료를 이용하여 준평균법을 적용하는 과정을 단계별로 살펴보자.

[도표 2-4] 조업도에 따른 그룹분리

조업도가 낮은 달			조업도가 높은 달		
월	생산량	총제조원가	월	생산량	총제조원가
1	2,000	₩90,000	3	2,700	₩115,000
2	1,600	70,000	6	3,300	150,000
4	2,300	95,000	7	2,900	135,000
5	1,600	80,000	9	2,400	120,000
8	1,200	55,000	10	4,000	160,000
합계	8,700	₩390,000	합계	15,300	₩680,000
	÷ 5	÷ 5		÷ 5	÷ 5
평균값	1,740	₩78,000	평균값	3,060	₩136,000

먼저 주어진 과거의 관측 자료를 이용하여 조업도를 기준으로 모든 관측치를 조업도가 높은 달과 조업도가 낮은 달의 두 그룹으로 분리한다. 주어진 관측치가 10개이기 때문에 각 그룹에는 5개씩의 관측치들이 포함되게 된다. 준평균법을 적용하기 위하여 두 그룹으로 분리한 결과는 [도표 2-4]와 같다.

관측치를 두 개의 그룹으로 분리한 후, 각 그룹의 생산량과 총제조원가에 대한 평균값을 산출한다. 각 그룹에 5개의 관측치가 포함되어 있으므로 각 그룹별 생산량과 총제조원가의 합계를 산출하여 5로 나누면 평균값이 산출되며, 그 결과가 [도표 2-4]의 하단부분에 나타나 있다. 조업도가 높은 5개월의 평균생산량은 3,060단위이며, 이때의 평균 총제조원가는 ₩136,000이다. 반면 조업도가 낮은 5개월의 평균생산량은 1,740단위이며, 이때의 평균 총제조원가는 ₩78,000이다. 이렇게 함으로써 최고평균점(3,060, ₩136,000)과 최저평균점(1,740, ₩78,000)을 구하였다.

이제 앞에서 산출한 각 그룹별 평균조업도와 평균원가(높은 그룹 평균점과 낮은 그룹 평균점)를 이용하여 고저점법에서 실시한 것과 동일한 방법을 이용하여 평균변동원가와 총고정원가를 차례로 산출한다. 준평균법에서의 평균변동원가 산출 공식은 고저점법의 공식과 동일하나 단지 공식에 대입되는 조업도와 원가정보가 양극단치가 아니라 두 그룹의 평균값을 이용한다는 것이 차이점이다. 예시된 자료를 이용하여 단위당 변동원가를 산출하면 다음과 같다.

$$b = \frac{\text{조업도가 높은 그룹의 평균원가} - \text{조업도가 낮은 그룹의 평균원가}}{\text{조업도가 높은 그룹의 평균조업도} - \text{조업도가 낮은 그룹의 평균조업도}}$$

$$= \frac{₩136{,}000 - ₩78{,}000}{3{,}060 - 1{,}740} = \frac{₩58{,}000}{1{,}320} = ₩43.94/\text{단위}$$

위에서 산출한 평균변동원가와 조업가 높은 그룹의 평균점(혹은 낮은 그룹의 평균점)을 이용하여 총고정원가를 산출하면 다음과 같다.

$$\text{총고정원가}(a) = Y - bX = ₩136{,}000 - ₩43.94 \times 3{,}060$$
$$= ₩1{,}544$$

따라서 준평균법에 의한 총제조원가에 대한 원가함수는 다음과 같이 나타낼 수 있다.

$$y = ₩1{,}544 + ₩43.94 \times x$$

준평균법에 의한 원가함수와 고저점법에 의한 원가함수의 차이를 그림으로 나타내면 [도표 2-5]와 같다.

[도표 2-5] 고저점법과 준평균법의 비교

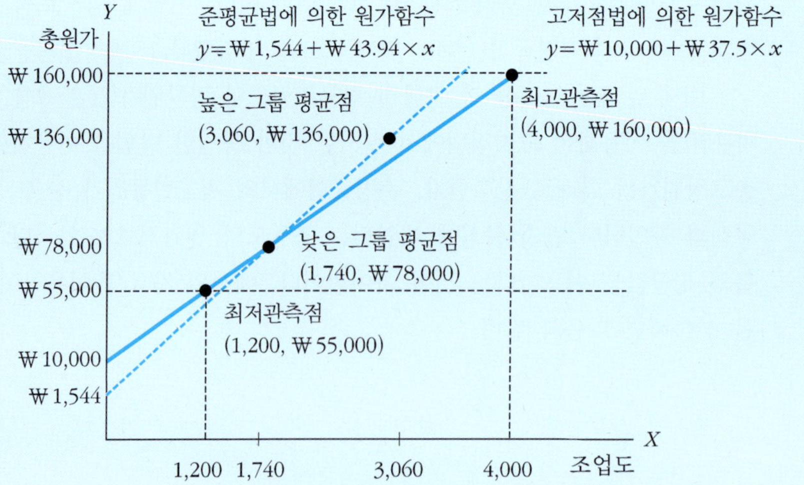

[도표 2-5]에 나타난 바와 같이 고저점법과 준평균법은 어떠한 두 점을 연결시키느냐에 따라 결정된다. 고저점법에서는 최저관측점과 최고관측점의 두 극점을 연결한 것이 원가함수가 되고, 준평균법에서는 낮은 그룹 평균점과 높은 그룹 평균점을 연결하면 원가함수가 된다. 이와 같이 원가함수의 추정은 같은 과거의 원가자료를 이용하고 있지만 고저점법과 준평균법 가운데 어느 방법을 적용하느냐에 따라서 원가함수가 달라지게 된다. 고저점법에 의한 원가함수는 $y=₩10,000+₩37.5\times x$인 데 반해 준평균법에 의한 원가함수는 $y=₩1,544+₩43.94\times x$로 고저점법에 비해 총고정원가는 낮게 추정된 반면에 단위당 변동원가는 높게 추정되었다.

그러면 두 방법 중에서 어느 방법이 더 나은 방법일까? 더 나은 원가함수 추정방법은 추정 원가함수에 의한 추정원가와 실제원가의 비교를 통해 오차가 적게 발생하는 원가함수가 우수한 원가함수라고 할 수 있다. 이러한 판정기준을 가지고 고저점법과 준평균법에 의한 원가함수를 평가해 본 결과는 [도표 2-6]과 같다.

우선 고저점법의 추정오차(실제원가와 추정원가간의 차이)는 10의 관측치 중 7개의 관측치에서 오차가 발생하였으며, 추정오차의 절대값은 비교적 큰 편으로 추정오차 절대값의 합계는 ₩72,500으로 나타났다. 반면에 준평균법에서는 추정오차가 10개 관측치 모두에서 발생하였으며, 추정오차의 절대값은 비교적 작은 편으로 추정오차 절대값의 합계는 ₩63,880이다. 따라서 추정오차의 절대값 합의 크기를 통해 원가함수의 우수

[도표 2-6] 고저점법과 준평균법의 비교평가

월	기계사용시간	총제조원가	고저점법 $y=₩10,000+₩37.5x$		준평균법 $y=₩1,544+₩43.94x$	
			추정 총제조원가	오차	추정 총제조원가	오차
1	2,000	₩90,000	₩10,000+₩37.5×2,000=₩85,000	₩5,000	₩1,544+₩43.94×2,000=₩89,424	₩576
2	1,600	70,000	10,000+37.5×1,600= 70,000	0	1,544+43.94×1,600= 71,848	−1,848
3	2,700	115,000	10,000+37.5×2,700=111,250	3,750	1,544+43.94×2,700=120,182	−5,182
4	2,300	95,000	10,000+37.5×2,300= 96,250	−1,250	1,544+43.94×2,300=102,606	−7,606
5	1,600	80,000	10,000+37.5×1,600= 70,000	10,000	1,544+43.94×1,600= 71,840	8,152
6	3,300	150,000	10,000+37.5×3,300=133,750	16,250	1,544+43.94×3,300=146,546	3,454
7	2,900	135,000	10,000+37.5×2,900=118,750	16,250	1,544+43.94×2,900=128,970	6,030
8	1,200	55,000	10,000+37.5×1,200= 55,000	0	1,544+43.94×1,200= 54,272	728
9	2,400	120,000	10,000+37.5×2,400=100,000	20,000	1,544+43.94×2,400=107,000	13,000
10	4,000	160,000	10,000+37.5×4,000=160,000	0	1,544+43.94×4,000=177,304	−17,304
			추정오차의 절대값의 합	₩72,500	추정오차의 절대값의 합	₩63,880

성을 판단한다면 제시된 예에서는 준평균법에 의한 원가함수 추정이 보다 좋은 방법으로 볼 수 있다.

3.2.5 산포도법

산포도법은 단순히 가장 높은 원가점과 가장 낮은 원가점을 연결하는 직선을 찾는 것은 아니다. 일반적으로 많이 사용되는 기준은 그 직선 상하에 있는 점들의 수가 대략 동일하게 되는 직선을 찾는 것이다. 즉, 원가추정선인 회귀선은 관리자료에 기초를 둔 평균선으로서의 의미를 가지며, 기울기는 단위당 평균변동원가, 절편은 평균총고정원가를 나타낸다. [도표 2-3]에 나타난 스마트(주)의 자료를 가지고 산포도법에 의해 추정선을 그려보면 [도표 2-7]과 같다.

[도표 2-7] 스마트(주)의 원가자료의 산포도

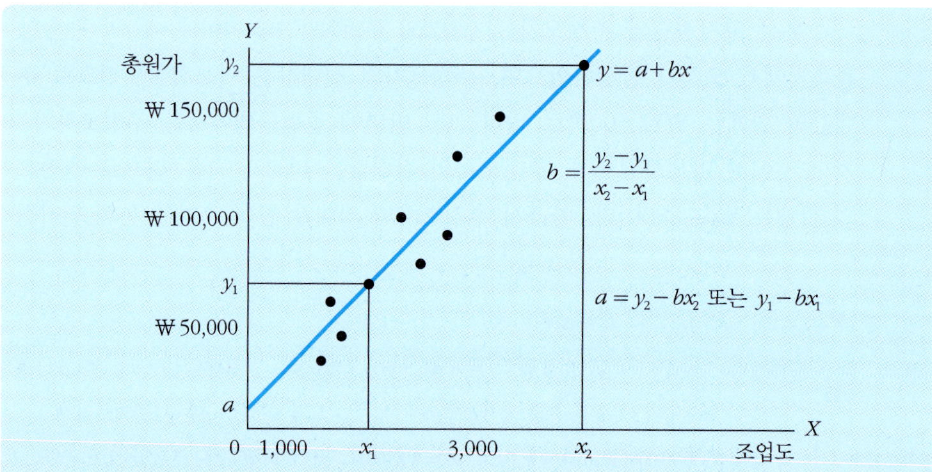

추정선상에 읽기 좋은 두 점을 골라 고저점법에서 사용했던 방법을 적용해 b값과 a값을 추정할 수 있다. 두 변수 간의 관계의 가능성을 결정하는데 산포도법은 쉽게 적용될 수 있다. 그리고 산포도법은 전체 자료가 선형관계에 있는지의 여부를 파악하는데 도움을 줄 수 있으며, 또한 특정관측치가 비정상적인 극단적 관측치인지의 여부를 밝히는데도 편리한 방법이다. 산포도법의 주요 단점은 객관성이 결여된다는데 있다. 회계담당자에 따라서 추정선을 달리 그릴 수 있다. 일반적으로 산포도법은 좀더 정교한 방법을 사용하기에 앞서 원가자료의 예비분석단계에서 주로 사용된다.

3.2.6 회귀분석

회귀분석은 하나 또는 그 이상의 독립변수의 한 단위 변화가 종속변수의 평균변화량에 미치는 영향을 측정하는 통계적 모형이다. 원가 및 조업도 관계를 측정함에 있어 통계적 회귀분석을 사용하면 앞절에서 설명한 어떠한 원가행태 분석방법보다 정밀한 원가예측의 틀을 제공받을 수 있다. 회귀분석에 의해 산출되는 추정선은 모두 실제관측치와 해당추정치 간의 차이의 제곱을 다 합친 수치를 최소화시켜주는 선형선이다. 따라서 회귀분석법은 실제관측치의 군에 가장 근접하는 추정선을 제공해 준다고 말할 수 있다. 그리고 회귀분석법은 관측된 원가행태를 설명하는 데 두 개 이상의 활동변수를 사용할 수 있다. 회귀분석에서는 원가를 추정하는 데 있어 독립변수 하나를 사용하면 단순선형회귀(simple linear regression)라 하고, 두 개 이상의 독립변수를 사용하면 다중선형회귀(multiple linear regression)라 한다.

원가행태 분석방법은 $\hat{y} = a + bx$의 추정선에서 a값과 b값을 추정하는 방법이라고 말할 수 있다. 단순선형회귀분석에서는 추정선에서 얻게 되는 추정값 $\hat{y}$이 실제값 y에 가장 근접하도록 a값과 b값을 추정하려 하는 것이다. 가장 근접하게 한다는 것은 오차제곱의 총합계를 기준으로 판정된다. 이를 최소자승법(least-squares method)이라 하는데 수학적 기호를 사용하여 표현하면 다음과 같다.

$$q = \text{Min} \sum_{i=1}^{n} (y_i - \hat{y_i})^2 = \underset{a,\,b}{\text{Min}} \sum_{i=1}^{n} (y_i - a - bx_i)^2 \qquad (식\ 1)$$

여기서, Σ = 합계기호

y_i = i번째 관측치의 실제원가

$\hat{y_i}$ = i번째 관측치에 대한 추정원가

i = 특정 관측치

n = 관측치 갯수

이를 풀어서 a, b에 대해서 간단하게 정리하면 다음과 같다.

$$b = \frac{\Sigma XY - \overline{X} \Sigma Y}{\Sigma X^2 - \overline{X} \Sigma X}$$

$$a = \overline{Y} - b\overline{X}$$

[도표 2-8] 최소자승법

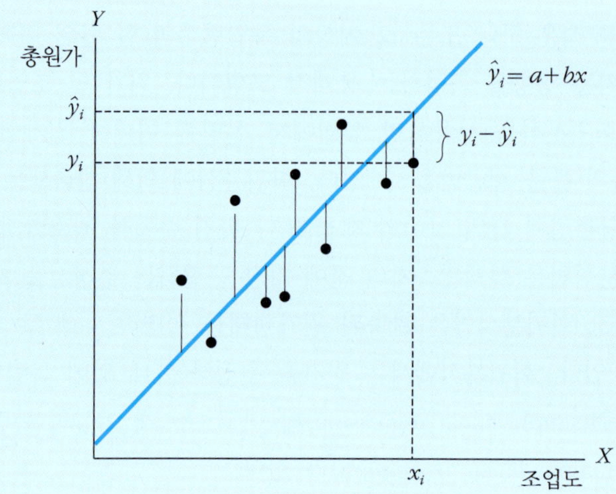

최소자승기준을 그림으로 나타내면 [도표 2-8]과 같다. 고저점법은 원가함수를 추정하는데 양극단의 두 개의 관측치만을 사용하고, 산포도법에서는 모든 관측치를 이용한다. 반면에 회귀분석법은 원가함수를 추정하기 위해 모든 관측치를 사용하며, 모든 관측치들에 대한 잔차의 제곱의 합을 최소화하는 평균선을 이용하기 때문에 이들 원가함수 추정방법 중에서 가장 객관적인 방법이라고 할 수 있다. 그러나 경영자가 원가함수를 추정하기 위해 어떤 방법을 선택할 것인가는 원가함수 추정에 따른 효익－비용을 고려하여 결정해야 한다. 만약 경영자의 의사결정이 추정원가의 작은 오류에 의해 영향을 받는다면 회귀분석법과 같이 가장 객관적이고 과학적인 방법이 요구되지만, 그 의사결정이 추정원가의 작은 오류에 의해 영향을 받지 않는다면 다른 원가함수 추정방법을 사용할 수 있을 것이다.

예제 2-4 단순선형회귀

(요구사항)

앞의 [도표 2-3]에 나타난 자료를 가지고 단순선형회귀를 사용하여 추정등식의 a값, b값을 산출해 보시오.

[도표 2-9] 단순회귀분석 계산

기 간	생산량(x)	총제조원가(y)	xy	x^2
20×4년 1월	2,000	₩90,000	₩180,000,000	4,000,000
2월	1,600	70,000	112,000,000	2,560,000
3월	2,700	115,000	310,500,000	7,290,000
4월	2,300	95,000	218,500,000	5,290,000
5월	1,600	80,000	128,000,000	2,560,000
6월	3,300	150,000	495,000,000	10,890,000
7월	2,900	135,000	391,500,000	8,410,000
8월	1,200	55,000	66,000,000	1,440,000
9월	2,400	120,000	288,000,000	5,760,000
10월	4,000	160,000	640,000,000	16,000,000
총계	24,000	₩1,070,000	₩2,829,500,000	64,200,000

$$b = \frac{₩2{,}829{,}500{,}000 - \dfrac{24{,}000}{10} \times ₩1{,}070{,}000}{64{,}200{,}000 - \dfrac{24{,}000}{10} \times 24{,}000} = ₩39.62$$

$$a = \frac{₩1{,}070{,}000}{10} - ₩39.62 \times \frac{24{,}000}{10} = ₩11{,}912$$

(해 답)

[도표 2-9]에 나타난 결과에 의해서 단순회귀분석에 의한 추정식은 다음과 같이 산출된다.

$$\hat{y} = ₩11{,}912 + ₩39.62x$$

다음 달에 5,000단위를 생산하려 한다면 단순회귀분석에 의한 예상총원가는 ₩210,012 [₩11,912 + (₩39.62 × 5,000단위)]으로 추정된다. 수많은 가능한 추정선 가운데 $a = 11{,}912$, $b = 39.62$로 표현되는 위의 추정선이 $\sum_{i=1}^{n}(y_i - \hat{y}_i)^2$ 값을 최소화시킨다. 따라서 회귀분석에 의해 산출한 a값, b값은 최소자승추정치(least squares estimator)라 부른다.

04 학습곡선

4.1 학습곡선의 의의

사람들이 새로운 활동을 수행할 땐 처음엔 다소 비능률적이다가 그 활동을 반복적으로 하다 보면 성과가 개선된다. 효율성의 향상은 천천히 나타날 수도 있고 빠르게 나타날 수도 있다. 이러한 작업효율성의 향상을 학습효과라 하는데 이는 학습곡선으로 측정·기술될 수 있다. 즉, 학습곡선(learning curve)은 과업을 반복적으로 수행함으로써 보다 효율적으로 수행케 하는 학습으로부터 발생된 효율개선을 나타낸다. 학습곡선은 과업을 수행하는 데 요구되는 노력이 더 이상 학습이 나타나지 않을 시점까지 계속 감소됨을 보여준다.

최근 기업들은 글로벌한 기업환경 하에서 치열하게 경쟁하고 있다. 우량기업들은 고품질의 제품이나 서비스를 경쟁력 있는 가격으로 제공해야 한다. 또한 품질, 가격, 그리고 서비스 등의 기준도 지속적으로 변화하고 있다. 따라서 기업들은 경쟁우위를 달성하기 위해 이러한 요인들을 지속적으로 감시해야 한다. 품질, 가격, 그리고 서비스 등에 있어서 지속적인 개선을 유지하려면 제품생산과 서비스를 제공하는데 소요되는 원가의 지속적인 개선이 필수적이다. 최근에 들어와서 제조환경이 급격히 변화하고, 제품수명주기가 단축되며, 지속적인 개선이란 경영개념이 널리 확산됨에 따라 학습곡선은 경영에 보다 중요한 개념으로 자리잡고 있다. 경영자들은 학습곡선모형을 사용하여 조직구성원의 효율향상을 측정할 수 있다. 지속적인 개선은 비단 생산분야뿐만 아니라 모든 성과분야에서 나타나야 한다. 처음에 학습곡선은 주로 생산활동에 적용되었지만 지금은 모든 가치사슬에 걸쳐서 노동관련 서비스의 효과적인 관리를 위해 필수적인 정보기능을 담당하고 있다. 만약 어떤 기업이 지속적인 학습효과를 식별하는데 실패하고 있다면 그 기업은 운영환경을 변화시켜야 할지도 모른다.

4.2 학습곡선모형

원가의 분석 및 예측을 위해 학습효과는 수학적 모형인 학습곡선모형으로 표현될 수 있다. 학습곡선모형은 종속변수를 단위당 누적평균시간을 사용하느냐 또는 증분단위시간을 사용하느냐에 따라 두 가지 유형으로 구분할 수 있다.

4.2.1 누적평균시간모형

학습곡선효과는 활동이 반복됨에 따라 특정활동 수행에 소요되는 작업시간이 감소되는 것을 의미한다. 예를 들면, 첫 번째로 제품 한 단위를 생산하는 데 20시간이 소요된다고 가정하자. 두 번째 단위를 생산하는 데는 단지 18시간이 소요되고 세 번째 단위를 생산하는 데에는 이보다 덜 소요될 것이다. 학습이 멈춰지면 감소상태(declining state)에서 정지상태(steady state)에 도달된다. 학습곡선의 구체적 모양은 학습의 정도 또는 효율향상의 정도를 기술하는 학습률(learning rate)에 의존한다. 학습률은 80%, 95% 등과 같이 비율로 나타낸다. 누적평균시간모형은 산출물이 두 배가 될 때마다 산출물의 평균누적작업시간(average cumulative labor hour)이 이전의 평균누적작업시간에 학습률을 곱한 것과 같은 것을 말한다.

예제 2-5　학습률의 산정

첫 단위 생산에 20시간이 소요되고 두 번째 단위생산에 18시간이 소요된다고 하자.

(요구사항)
이때 학습률은 얼마인가?

(해　답)
두 단위생산에 소요되는 누적시간은 38시간이고 평균누적작업시간은 단위당 19시간이다. 따라서 학습률은 95%(=19시간/20시간)이다. 즉,

두 단위의 평균누적작업시간=첫 단위의 평균누적작업시간×학습률
19시간=20시간×95%

학습률이 작아질수록 학습효과는 증대된다.

예제 2-6　생산소요 시간의 결정

첫 단위생산에 20시간이 소요되고 80% 학습곡선을 지닌다고 하자.

(요구사항)

이때 두 번째 단위생산에 소요되는 시간은 얼마인가?

(해 답)

두 단위생산의 평균누적작업시간＝첫 단위의 평균누적작업시간×학습률
＝20시간×80%＝16시간

두 단위 생산소요 누적작업시간＝16시간×2＝32시간

두 번째 단위생산 작업시간＝두 단위 생산소요 누적작업시간－첫 단위 평균누적작업시간
＝32시간－20시간＝12시간

즉, 80% 학습곡선을 지닌다면 두 단위 생산의 평균누적시간은 16시간이고 총누적시간은 32시간이다. 그런데 첫 단위 생산에 20시간이 소요되므로 두 번째 단위생산 소요시간은 12시간이 된다. [예제 2-5]에서는 학습률이 95%인 경우 두 번째 단위생산 소요시간은 18시간이었다. 이와 같이 학습률이 작아지면 학습효과는 더 크게 나타난다.

누적평균시간모형(cumulative average-time model)에서는 누적생산량이 두 배로 증가될 때마다 단위당 누적평균시간이 일정률로 감소된다. [도표 2-10]은 첫 단위생산소요시간이 125시간이고 학습률이 80%인 누적평균시간 학습곡선모형을 나타내준다.

누적평균시간모형에서 80% 학습곡선이란 누적생산량이 두 배로 증가될 때마다 단위당 누적평균시간이 이전의 단위당 누적평균시간의 80%가 됨을 의미한다. 즉, 단위당 평균시간이 20% 감소됨을 의미한다. [도표 2-10]에서 첫 단위생산 소요시간이 125시간이고 학습률이 80%이므로 두 번째 단위를 생산해서 누적생산량이 두 배가 될 때 단위당 누적평균작업시간은 100시간(＝125시간×0.8)이 된다. 이때 누적 총작업시간은 200시간(＝100시간×2)이 되므로 두 번째 단위생산에 소요되는 시간은 75시간(＝200시간－125시간)이 된다. 또한 누적생산량이 4단위인 경우 단위당 누적평균 작업시간은 80시간(＝100시간×0.8)이 되고 이때의 누적 총작업시간은 320시간(＝80시간×4)이 된다. 누적생산량이 두 단위인 경우 누적총작업시간이 200시간이므로 셋째와 넷째 단위의 두 단위생산에 소요되는 시간은 120시간(＝320시간－200시간)이 된다.

누적평균시간모형을 수학적으로 표현하면 (식 2-3)과 같다.

[도표 2-10] 80% 누적평균시간 학습곡선모형

누적생산량 (X)	단위당 누적평균 작업시간(Y)	누적총작업시간 $(X \cdot Y)$	증분작업시간 $(\triangle X \cdot Y)$	
1단위	125시간	125시간	125시간	첫째 단위(1단위)
2	100 (125×0.8)	200 (100×2)	75	둘째 단위(1단위)
·	·	·	·	셋째와
4	80 (100×0.8)	320 (80×4)	120	넷째 단위(2단위)
·	·	·	·	
·	·	·	·	다섯째부터
·	·	·	·	여덟째 단위
8	64.0(80×0.8)	512 (64×8)	192	(4단위)
·	·	·	·	
·	·	·	·	아홉째 단위부터
·	·	·	·	열여섯째 단위
16	51.2(64×0.8)	819.2(51.2×16)	307.2	(8단위)

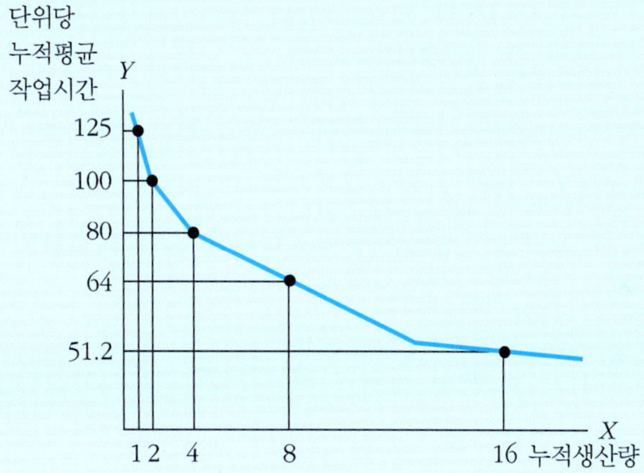

$$Y = aX^{-b} \qquad \text{(식 2-3)}$$

여기서, Y= 누적생산량이 x단위일 때 소요되는 단위당 누적평균작업시간

a = 첫 번째 단위를 생산하는 데 소요되는 작업시간

X= 누적생산량

b = 학습지표$\left(\dfrac{-\ln \text{학습률}}{\ln 2}\right)$

학습지표 b는 학습률의 수학적 표현인데 학습률의 자연로그값을 ln 2로 나누어서 계산된다.

예제 2-7 학습지표 b 값의 산출

(요구사항)

80% 학습곡선모형에서 학습지표 b 값은 얼마인가?

(해　답)

첫 단위 생산에 소요시간이 a 라면 80% 학습곡선모형에서 두 단위 생산하는 데 소요되는 단위당 누적평균작업시간은 $0.8a$ 이다. 또한 (식 2-3)에 의하면 두 단위 생산하는 데 소요되는 단위당 누적평균작업시간, $Y_{x=2}$는 $a \cdot 2^{-b}$이다. 따라서 80% 학습곡선 모형에선, $0.8a = a \cdot 2^{-b}$이다.

$$0.8a = a \cdot 2^{-b}$$
$$0.8 = 2^{-b}$$
$$\ln 0.8 = -b \ln 2$$
$$\therefore\ b = \frac{-\ln 0.8}{\ln 2} = 0.3219$$

그러므로 [도표 2-10]에 학습곡선형태를 수학적 모형으로 나타내면 다음과 같다.

$$Y = 125X^{-0.3219} \qquad \text{(식 2-4)}$$

[도표 2-10]에서는 누적생산량이 두 배로 증가될 경우에만 단위당 누적평균작업시간과 누적총작업시간을 산출하였는데 위의 수학적 등식을 사용하면 어떠한 누적생산량에 대하여서도 필요한 자료를 산출할 수 있다. 예를 들어, (식 2-4)를 사용해서 누적생산량이 8단위일 때와 10단위일 때의 단위당 누적평균작업시간을 각각 구해 보면 다음과 같다.

$$Y_{x=8} = 125(8)^{-0.3219} = 64.00\text{시간}$$
$$Y_{x=10} = 125(10)^{-0.3219} = 59.57\text{시간}$$

4.2.2 증분단위시간모형

증분단위시간모형(incremental unit-time model)에서는 누적생산량이 두 배로 증가될 때마다 증분단위시간이 일정률로 감소된다. 위에서 설명한 누적평균시간모형에서는 종속변수로 누적평균시간을 사용한 데 반해 여기서는 증분단위시간을 사용한다. 증분단위시간이란 맨 마지막 단위를 생산하는 데 소요되는 시간을 의미한다. [도표 2-11]은 첫 단위생산 소요시간이 125시간이고 학습률이 80%인 증분단위시간 학습곡선모형을 나타내 준다.

증분단위시간모형에서 80% 학습곡선이란 누적생산량이 두 배로 증가될 때마다 마지막 단위를 생산하는 데 소요되는 시간이 이전의 마지막 단위생산 소요시간의 80%가 됨을 의미한다. [도표 2-11]에서 첫 단위생산 소요시간이 125시간이고 학습률이 80%이므로 두 번째 단위를 생산하는 데 소요되는 시간은 100(=125×0.8)시간이 된다. 따라서 두 단위 생산하는 데 소요되는 누적총작업시간은 225(=125+100)시간이며 단위당 누적평균작업시간은 112.5(=225/2)시간이다. 참고로 80% 학습률에서 누적평균시간모형에선 두 단위 생산하는 데 단위당 누적평균작업시간은 100시간이었다. 이상에서 볼 수 있는 바와 같이 학습률이 같을 때 누적평균시간모형의 학습효과는 증분단위시간모형의 학습효과보다 크게 나타남을 알 수 있다. 이하에서는 별도의 언급이 없는 한 누적평균시간모형을 활용하여 학습곡선을 설명할 것이다.

$$Y = aX^{-b} \qquad \text{(식 2-5)}$$

여기서, Y=누적생산량이 x단위일 때 소요되는 단위당 증분단위작업시간
a=첫 번째 단위를 생산하는 데 소요되는 작업시간
X=누적생산량
b=학습지표$\left(\dfrac{-\ln \text{학습률}}{\ln 2}\right)$

[도표 2-11] 80% 증분단위시간 학습곡선모형

누적생산량 (X)	X번째 단위 소요시간(Y)	누적총작업시간 ($\sum Y$)	단위당 누적평균 작업시간($\sum Y \div X$)
1단위	125.00 시간	125.00시간	125.00시간
2	100.00(125×0.8)	225.00(125+100)	112.50(225/ 2)
3	87.77	312.77(225+87.77)	104.26(312.77/ 3)
4	80.00(100×0.8)	392.77(312.77+80)	98.19(392.77/ 4)
5	74.46	467.23(392.77+74.46)	93.45(467.23/ 5)
6	70.21	537.44(467.23+70.21)	89.57(537.44/ 6)
7	66.81	604.25(537.44+66.81)	86.32(604.25/ 7)
8	64.00(80×0.8)	668.25(604.25+64)	83.53(668.25/ 8)
.	.	.	.
.	.	.	.
.	.	.	.
16	51.20(64×0.8)	1,115.05(668.25+446.80)	69.69(1,115.05/ 16)

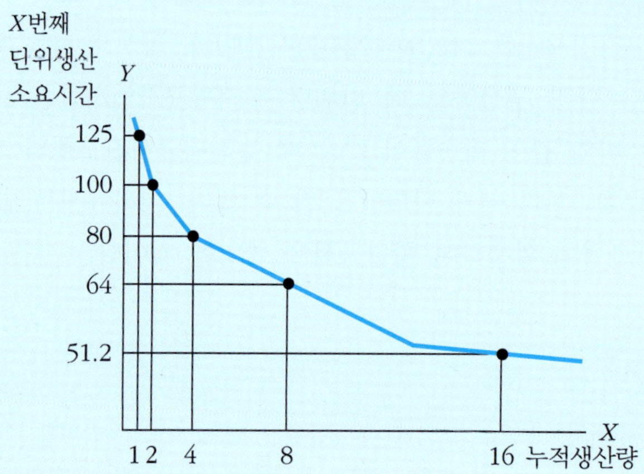

4.3 학습곡선의 적용

4.3.1 학습곡선모형을 이용한 원가예측

직접작업시간이 학습곡선을 따라 움직이는 경우에는 학습곡선모형을 이용하여 원가를 추정하는 것이 보다 정확한 원가자료를 제공할 수 있다.

예제 2-8 **학습곡선모형을 이용한 원가예측**

스마트(주)는 새로운 제품을 개발하여 처음 25단위를 생산하였는데 그 원가는 다음과 같이 발생하였다.

직접재료원가	₩100,000
직접노무원가(500시간 ₩500)	250,000
변동제조간접원가(직접노무원가의 20%)	50,000
고정제조간접원가	62,500
총발생원가	₩462,500

이 회사는 직접작업시간이 90%의 학습곡선을 따라 움직이는 것으로 가정하고 있다. 단, 누적평균시간모형을 따른다.

(요구사항)

추가로 75단위를 생산하는 경우 제조원가는 얼마나 발생하겠는가? 단, 추가로 고정제조간접원가는 발생하지 않는 것으로 가정한다.

(해　　답)

직접작업시간이 90%의 학습곡선을 따라 움직인다고 가정하고 있기 때문에 추가로 75단위를 생산하는 데 소요되는 작업시간은 1,500시간(500시간의 3배)보다 적을 것이다. 이를 계산하면 다음과 같다.

누적생산량	단위당 누적평균작업시간		누적총작업시간		증분작업시간
25단위	20시간(500시간/25)		500시간		–
50	18	(20시간×0.9)	900	(18시간×50)	400시간
100	16.2	(18시간×0.9)	1,620	(16.2시간×100)	720

즉, 25단위를 생산한 후 추가로 25단위를 생산하는 데 소요되는 증분작업시간은 400시간(900시간−500시간)이며 그 후 다시 추가로 50단위를 생산하는 데 소요되는 증분작업시간은 720시간(1,620시간−900시간)이다. 따라서 추가로 75단위를 생산하는 데 소요되는 총작업시간은 1,120시간(400시간+720시간 또는 1,620시간−500시간)이 된다. 이 자료를 이용하여 추가로 75단위를 생산하는 데 소요되는 제조원가를 추정하면 다음과 같다.

직접재료원가(₩100,000×3)	₩300,000
직접노무원가(1,120시간×₩500)	560,000
변동제조간접원가(직접노무원가의 20%)	112,000
고정제조간접원가	–
총추정원가	₩972,000

4.3.2 적용분야

이 밖에도 학습곡선모형은 표준설정, 자본예산 편성, 작업스케줄 편성, 그리고 초과근무 의사결정 등에 이용될 수 있다.

첫째, 표준설정에 사용된다. 학습곡선을 무시하고 표준수준을 일정하게 고정시킨다면 초기에는 실제가 표준보다 커서 불리한 차이가 나타나고 나중에는 오히려 실제가 표준보다 작아져서 유리한 차이가 발생할 수도 있다. 이런 상황에서는 학습곡선에 맞추어 표준을 일정시간 간격을 두고 수정함이 동기부여 차원에서 바람직스럽다.

둘째, 자본예산 편성에 사용된다. 학습곡선에 의하면 처음엔 지출이 많았다가 나중에는 서서히 지출이 줄어드는 경향을 보인다. 자본예산 편성에서 이러한 점을 감안한다면 효율화를 도모할 수 있다.

셋째, 작업스케줄 편성에 사용된다. 학습곡선을 고려한다면 경영자들은 노동소요량을 보다 정확하게 예측할 수 있다.

넷째, 초과근무의 결정에 사용된다. 학습곡선을 고려한다면 경영자들은 새로운 종업원의 고용보다 기존 종업원에게 초과근무를 시키는 것이 유리하다는 것을 알 수 있다.

학습곡선의 형태를 정확하게 예측하기란 매우 어렵다. 그러나 학습곡선이 존재한다면 학습곡선을 무시하는 것보다 적극적으로 활용하는 것이 경영자의 의사결정에 도움이 될 것이다. 한 연구에 의하면 경영자가 학습곡선을 명시적으로 인식하여 계획을 수립하면 그렇지 않는 경우보다 학습효과가 보다 잘 유발된다고 한다.

05 종합예제

다음은 스마트(주)의 20×5년 1년간의 기계사용시간, 제조간접원가에 대한 월별 자료이다.

월	기계사용시간	제조간접원가
1	350	₩8,260
2	340	8,000
3	320	7,560
4	380	8,480
5	350	8,300
6	390	8,700

7	320	7,600
8	300	7,400
9	420	8,910
10	360	8,410
11	340	8,050
12	270	7,050

(요구사항)

1. 기계사용시간을 기준으로 제조간접원가를 추정할 경우 고저점법에 의한 제조간접원가 원가함수를 추정하시오.
2. 기계사용시간을 기준으로 제조간접원가를 추정할 경우 준평균법에 의한 제조간접원가 원가함수를 추정하시오.
3. 20×6년 1월 430시간의 기계를 사용할 것으로 예상된다면, 20×6년 1월 제조간접원가를 (요구사항 1)과 (요구사항 2)에 의해 추정할 경우 예상제조간접원가는 얼마인가?

(해　답)

1. 고저점법

고점: 9월 420시간, ₩8,910

저점: 12월 270시간, ₩7,050

$$Y = a + bX$$

$$b = \frac{₩8,910 - ₩7,050}{420 - 270} = ₩12.4$$

$$a = ₩8,910 - ₩12.4 \times 420 = ₩3,702$$

원가함수 $Y = ₩3,702 + ₩12.4X$

2. 준평균법

낮은 조업도 그룹			높은 조업도 그룹		
2월	340시간	₩8,000	1월	350시간	₩8,260
3월	320	7,560	4월	380	8,480
7월	320	7,600	5월	350	8,300
8월	300	7,400	6월	390	8,700
11월	340	8,050	9월	420	8,910
12월	270	7,050	10월	360	8,410
평균	315	₩7,610	평균	375	₩8,510

$$Y = a + bX$$

$$b = \frac{₩8,510 - ₩7,610}{375 - 315} = ₩15$$

$$a = ₩8,510 - ₩15 \times 375 = ₩2,885$$

원가함수 $Y = ₩2,885 + ₩15X$

3. 제조간접원가 예상액

1) 고저점법에 의한 추정

$$Y = ₩3,702 + ₩12.4X$$
$$= ₩3,702 + ₩12.4 \times 430$$
$$= ₩9,034$$

2) 준평균법에 의한 추정

$$Y = ₩2,885 + ₩15X$$
$$= ₩2,885 + ₩15 \times 430$$
$$= ₩9,335$$

연습문제 EXERCISE

객관식 문제

[2-1] 다음 중 원가에 대한 설명 중 틀린 것은? (기업회계 1급)

① 기초원가는 직접재료원가와 직접노무원가를 합한 것이다.

② 가공원가는 직접노무원가와 제조간접원가를 합한 것이다.

③ 원가 중에서 수익을 얻기 위하여 이미 사용된 부분, 즉 소멸된 원가를 손실이라고 하고, 사용되지 않은 부분, 즉 미소멸된 원가를 자산이라 한다.

④ 제품원가는 재고가능원가라고도 하며 판매되지 않은 부분은 재무상태표에 자산으로 기재되고, 기간원가는 재고불능원가라고도 하며 발생기간에 비용처리된다.

[2-2] 관련범위 내에서 단위당 변동원가는 어떤 행태로 설명될 수 있는가? (기업회계 1급)

① 각 생산수준에서 일정하다.

② 생산량이 증가함에 따라 감소한다.

③ 각 생산수준에서 다르다.

④ 생산량이 증가함에 따라 증가한다.

[2-3] 스마트병원의 급여를 분석해보니 의사의 급여는 월 20일 근무기준으로 지급되며 월 20일 이상 근무하는 경우에는 기본급에 ₩1,000,000이 추가적으로 지급된다. 이 경우 의사의 급여는 어떤 원가행태에 속하다고 할 수 있는가? (기업회계 1급)

① 관련원가　　② 혼합원가

③ 고정원가　　④ 준고정원가

[2-4] 다음 그래프의 종축은 총원가를 나타내며, 횡축은 1년간의 생산량을 나타낸다. 다음 중 그래프를 적정하게 설명하지 못한 것을 고르시오.

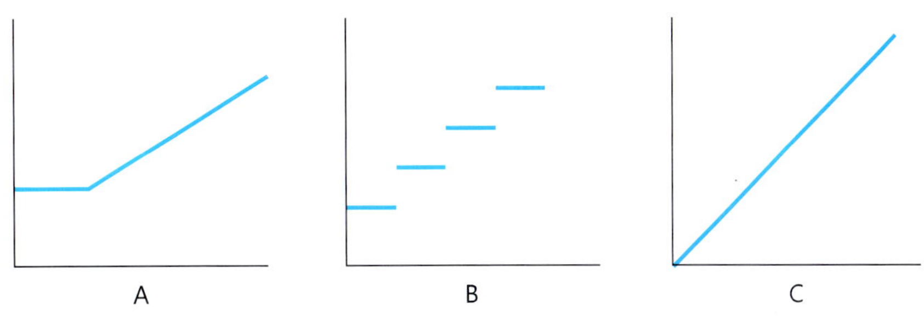

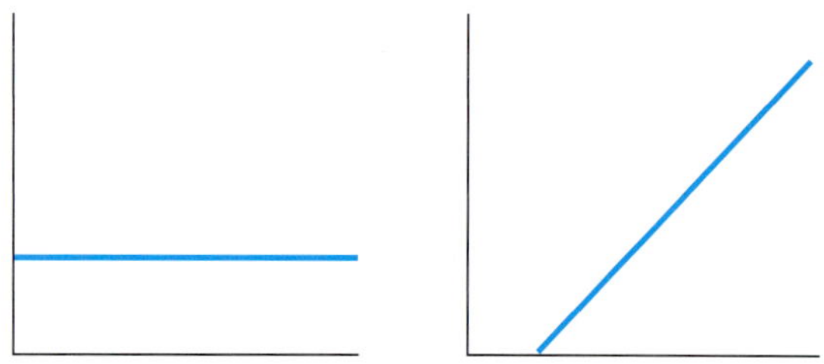

D　　　　　　　E

① A: 일정량의 kwh까지는 기본요금을 내고 그것을 초과하는 경우에는 변동원가가 추가된다(kwh는 생산량에 비례하여 증가).

② B: 수도요금 청구액은 다음과 같이 계산된다.

100,000갤런 이하	기본요금	₩100,000
추가 10,000갤런	추가 사용된 갤런당	₩3
추가 10,000갤런	추가 사용된 갤런당	₩6

③ C: 기계사용시간(생산량에 비례)을 기준으로 계산되는 설비의 감가상각비

④ D: 정액법에 의한 설비의 연간 감가상각비

⑤ E: 어떤 조업도 수준 이상으로 생산되는 매 생산단위마다 ₩100을 관리자에게 지급하는 상여금 제도

[2-5] 다음 중 원가추정방법에 관한 설명으로 옳지 않은 것은? (CTA)

① 회귀분석법은 결정계수(R^2)가 1에 가까울수록 만족스러운 추정을 달성한다.

② 고저점법은 원가자료 중 가장 큰 원가수치의 자료와 가장 작은 원가수치의 자료를 사용하여 추정하는 방법으로 두 원가수치의 차이는 고정원가라고 가정한다.

③ 계정분석법을 사용하면 각 계정을 변동원가와 고정원가로 구분하는 데 자의성이 개입될 수 있다

④ 산업공학분석법(또는 공학분석법)은 간접원가 추정에 어려움이 있다.

⑤ 산업공학분석법(또는 공학분석법)은 과거자료 없이 미래원가를 추정하는 데 사용된다.

[2-6] 스마트(주)는 6개월 전에 차량을 ₩4,000,000에 구입하였으나 침수로 인해 이 차량을 더 이상 사용할 수 없게 되었다. 회사는 동 차량에 대하여 수리비용 ₩2,000,000을 들여 ₩2,500,000에 팔거나 현재 상태로 거래처에 ₩1,000,000에 팔 수 있다. 이런 경우에 매몰원가는 얼마인가? (재경관리사)

① ₩1,000,000　　② ₩2,000,000

③ ₩2,500,000　　④ ₩4,000,000

[2-7] 스마트산업은 총제조원가 ₩1,000,000 상당액의 재고자산이 태풍으로 인하여 파손되었다. 이 재고자산에 ₩200,000을 들여 재작업을 하면 ₩900,000에 판매할 수 있고, 재작업을 하지 않으면 ₩500,000에 판매할 수 있다. 만약 재작업을 한다고 가정하면 기회원가는 얼마인가? (기업회계 1급)

① ₩200,000 ② ₩500,000
③ ₩700,000 ④ ₩900,000

[2-8] 스마트산업의 지난 2개월간의 생산량과 총제조원가는 다음과 같다. 1월과 2월에는 고정원가와 단위당 변동원가가 일정하였으며, 3월에는 고정원가가 50% 증가하고 단위당 변동원가는 25% 감소할 것으로 예상되고 있다. 3월에 400개를 생산한다면 총제조원가는 얼마인가? (기업회계 1급)

월	생산량	총제조원가
1월	100개	₩50,000,000
2월	200개	₩70,000,000

① ₩100,000,000 ② ₩105,000,000
③ ₩110,000,000 ④ ₩115,000,000

[2-9] 다음은 스마트(주)의 조업도수준에 따른 자료이다.

	조업도수준	
	낮음	높음
생산수량	25,000 단위	30,000 단위
총제조원가	₩575,000	₩680,000
단위당 직접재료원가	₩5	₩5
단위당 직접노무원가	₩6	₩6

고저점법을 사용하여 제조간접원가의 원가행태를 분석할 경우 다음 중에서 옳은 것은? (CTA)

① 기간당 ₩50,000, 단위당 ₩10 ② 기간당 ₩50,000, 단위당 ₩21
③ 기간당 ₩50,000, 단위당 ₩22 ④ 기간당 ₩50,000, 단위당 ₩23
⑤ 기간당 ₩347,000, 단위당 ₩0.1

[2-10] 스마트(주)는 신형항공기를 개발하여 1대를 생산하였으며 발생한 원가와 관련된 자료는 다음과 같다. 스마트(주)의 직접노무시간은 90%의 학습률을 가지는 누적평균시간 학습효과가 존재한다고 가정하는 경우에 5번째 단위부터 8번째 단위까지의 제품을 생산할 때 추가적으

로 소요되는 원가는 얼마로 추정되는가? (기업회계 1급)

- 직접재료원가: ₩10,000/대
- 직접노무시간: 100시간
- 직접노무원가: ₩100/시간
- 변동제조간접원가: ₩50/시간(직접노무시간에 비례하여 발생)

---

① ₩78,880 ② ₩88,880
③ ₩98,880 ④ ₩108,880

주관식 문제

[2-1] 다음은 원가분류에 많이 사용되는 원가용어이다.

변동원가	제품원가	고정원가
기간비용	기본원가	가공원가

다음 설명의 빈 칸에 적합한 용어를 위의 예에서 찾아 넣으시오.

1) 조선회사의 경우 선박건조에 사용되는 강판은 직접재료에 해당한다. 제조활동과 연관성에 따르면 이 강판의 원가는 __________(으)로 분류된다. 또한 원가행태의 관점에서 볼 때, 이러한 직접재료원가는 __________(이)라고 할 수 있다.
2) 선박건조에 소요되는 직접재료원가와 직접노무원가를 합하여 __________(이)라고 한다.
3) 선박건조에 소요되는 직접노무원가와 제조간접원가를 합하여 __________(이)라고 한다.
4) 선박건조에 사용된 기계장비에 대한 보험료는 __________(으)로 분류된다. 그러나 본사건물에 대한 보험료는 __________(으)로 분류된다. 그리고 원가행태의 관점에서 볼 때 이들 보험료는 __________(으)로 분류된다.
5) __________(은)는 일반적으로 재고가능원가로 인식되고 있다. 이는 이들 원가(비용)가 재공품 계정으로 이전되고, 또한 매출원가의 일부분이 되기 전까지는 완성품 계정에 남아 있기 때문이다.
6) 이 회사 사장의 월급은 __________(으)로 분류된다. 왜냐하면 사장에게 지급되는 급여는 당해연도 손익계산서에 비용항목으로 나타나기 때문이다.

[2-2] 다음 항목은 제조업이나 서비스업체에서 발생할 수 있는 원가나 비용항목이다. 이들 항목이 변동원가에 속하는지 아니면 고정원가에 속하는지를 구분하시오.

항 목	변동원가	고정원가
1) 자동차생산에 투입된 바퀴		
2) 건물에 대한 감가상각비		
3) 제품의 광고선전비		
4) 기계가동에 대한 전기료		
5) 대표이사에 대한 급여		
6) 병원에서의 방사선 필름		
7) 판매실적에 대한 판매수수료		
8) 공장건물에 대한 재산세		
9) 공장에서의 직접노무원가		
10) 병원의 건물임차료		

[2-3] 다음의 그래프들은 기업의 원가구조에서 발견될 수 있는 원가행태 유형을 도식화한 것이다(단, 그래프의 수직축은 총원가를, 수평축은 조업도수준을 나타낸다).

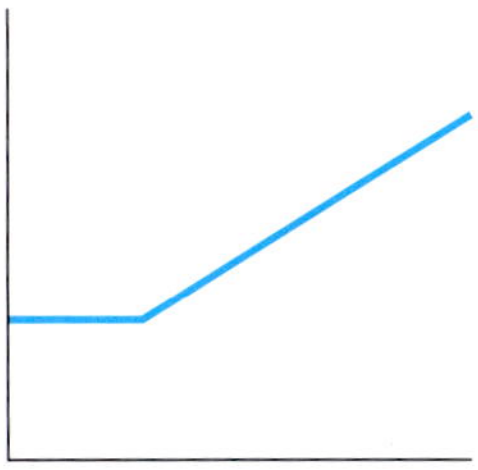
A

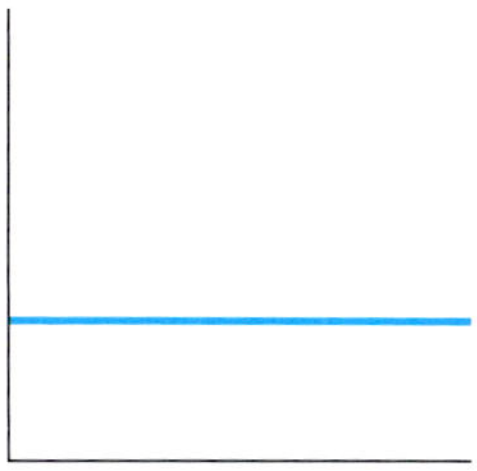
B

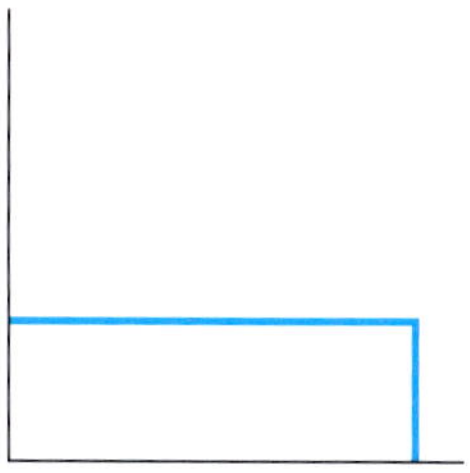
C

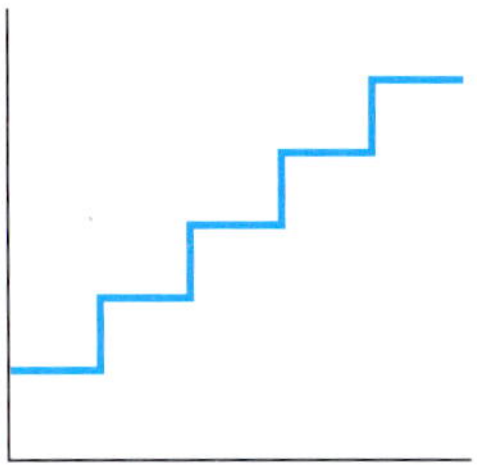
D

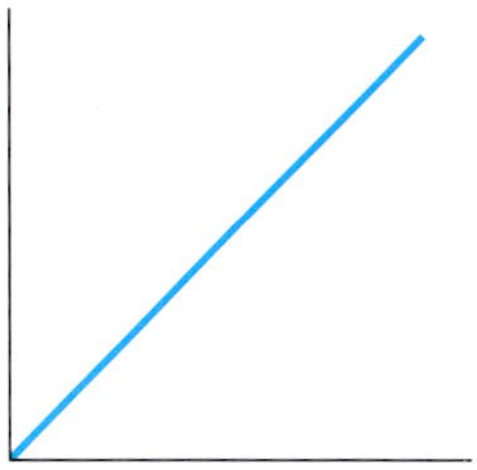
E

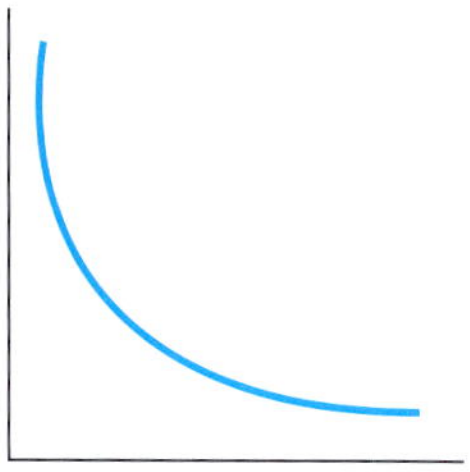
F

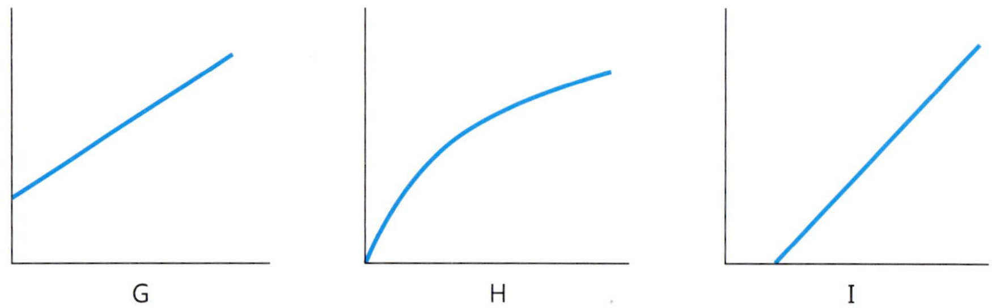

(요구사항)

1. 그래프를 자세히 검토한 후 다음의 각 항목 혹은 설명에 부합되는 것을 A~I 중에서 찾아 공란에 기입하시오(단, 각 항목은 독립적이므로 한 번 이상 선택될 수도 있음).
   ① ________단기간의 자동차 임차료: 기간부과료+주행거리당 일정 비율씩 임차료 증가
   ② ________공장감독자의 급여: 일정한 조업도 범위에서 일정한 수준을 유지하나, 어떤 수준에 도달하면 추가감독 인력을 필요로 한다.
   ③ ________전력요금 및 수선유지비: 기업에서 제품을 전혀 생산하지 않는다 하더라도 일정 수준의 비용이 발생한다.
   ④ ________정액법에 의한 공장건물의 감가상각비나 임차료: 기업이 현재의 조업도 수준을 유지하기 위해서는 반드시 필요한 원가이다.
   ⑤ ________도매기업의 매출원가: 판매가 증가하면 매출원가는 비례적으로 증가한다.
   ⑥ ________숙련노동자들에 대한 직접노무원가
   ⑦ ________수도광열비, 전화료
   ⑧ ________학습곡선 현상에 따른 총변동원가
   ⑨ ________소비된 재료의 원가
   ⑩ ________일정 수준 이상의 생산량을 달성한 작업자에게 단위당 ₩100씩 지급하기로 한 임금
   ⑪ ________생산단위당 평균고정원가
   ⑫ ________기계운전시간 500시간마다 수리공 한 사람씩 증원하게 되는 경우 수리공의 고정급으로서의 급여
   ⑬ ________시에서 기증한 공장건물에 대한 임차료: 계약에 따르면 직접작업시간이 20,000시간 이하이면 고정금액을 지불해야 하고, 그 시간 이상 작업한 경우에는 임차료를 지불할 필요가 없다.
2. 원가행태에 대한 지식이 경영자가 기업의 원가구조를 분석함에 있어서 어떻게 도움이 될 수 있겠는가?

[2-4] 홍길동은 스마트(주)에서 다음과 같은 3개 사업부문에 대한 10개의 원가항목을 분류해 줄 것을 요청받았다.

- 서비스부문(회계법인)

① 컴퓨터 구매원가:	₩20,000,000
② 월별 사무실 임차료:	5,000,000
③ 비서에 대한 임금:	1,500,000

- 상점(가구판매점)

④ 판매원에 대한 성과급:	₩500,000
⑤ 상품구매원가:	50,000,000
⑥ 판매점에 대한 전력비:	200,000

- 제조기업(철강회사)

⑦ 새로운 용광로의 취득원가:	₩200,000,000
⑧ 공장 노동자의 임금:	100,000,000
⑨ 원재료의 원가:	500,000,000
⑩ 판매원을 위한 차량 구입원가:	15,000,000

(요구사항)

1. 10개의 원가항목을 소멸원가와 미소멸원가로 분류하시오.
2. (요구사항 1)에서 미소멸원가로 분류한 항목을 재고가능원가 또는 재고불능원가로 다시 분류하고, 그 이유를 설명하시오.

[2-5] 스마트(주)의 경영자는 회계담당자인 귀하에게 다음의 원가를 분류해서 제시할 것을 요구하였다.

1) 판매원용 자동차의 감가상각비
2) 공장장비 임차료
3) 기계보수유지용 윤활유비용
4) 완성품 보관창고 관리인 급료
5) 공장감독자의 급료
6) 공장사용 수도광열비
7) 수출용 제품의 포장재료(내수용은 포장을 하지 않는다고 가정함)
8) 근로자 산재보험료
9) 공장식당용 식탁의 감가상각비
10) 회사 기획조정실 직원의 급료

11) 경영진의 업무용 비행기에 대한 감가상각비
12) 판매전략회의를 위한 회의장 임차료

(요구사항)
위에 제시된 원가항목을 그 성격에 따라 제품원가와 기간비용으로 분류하시오.

[2-6] 스마트(주)는 단일 품목을 제조하고 있다. 20×5년의 생산 및 원가는 다음과 같다(*V*는 변동원가, *F*는 고정원가를 나타낸다).

완성된 제품수량	100,000단위	
발생원가:		
직접재료원가	₩165,000	*V*
직접노무원가	70,000	*V*
동력비	5,000	*V*
간접노무원가	10,000	*V*
간접노무원가	20,000	*F*
기타제조간접원가	8,000	*V*
기타제조간접원가	20,000	*F*
판매비	30,000	*V*
판매비	20,000	*F*
일반관리비	50,000	*F*
재공품재고(20×5년 12월 31일)	–	
직접재료재고수량(20×5년 12월 31일)	2,000kg	
제품재고(20×5년 12월 31일)	₩26,820	

20×5년의 매출액은 ₩318,500이다. 20×5년의 기초재고자산은 없었다. 회사의 기말제품재고는 20×5년의 단위당 평균제조원가로 계산되었다. 직접재료의 가격은 연중 변함이 없었다. 제품 한 단위를 제조하기 위해서는 직접재료 3kg이 필요하다.

(요구사항)
1. 20×5년 12월 31일의 직접재료재고액을 계산하시오.
2. 20×5년 12월 31일의 제품재고수량을 산출하시오.
3. 20×5년의 판매가격을 산출하시오.

[2-7] 스마트(주)는 새로운 기계장치를 ₩1,200,000에 구입하여 다음과 같은 용도로 사용하고자 한다.

대안 1: 제품A를 생산할 경우 순현금유입액은 ₩1,500,000으로 예상된다.
대안 2: 기계장치를 임대하여 ₩1,000,000의 임대수익을 얻는 방법이다.
대안 3: 기계장치를 외부에 ₩1,300,000에 판매하는 것이다.

(요구사항)

1. 순현금유입액이 가장 큰 대안 1을 선택할 경우 기회원가는 얼마인가?
2. 위의 문제에서 매몰원가는 무엇인가?

[2-8] 20×5년 4월 한 달 동안 스마트(주)는 15,000단위의 A제품을 생산하였는데, 이에 소요된 제조원가는 다음과 같다.

직접재료원가		₩15,000,000
직접노무원가		12,000,000
제조간접원가:		
공장설비의 감가상각비	₩2,000,000	
공장건물에 대한 보험료	1,200,000	
공장건물에 대한 수도광열비	3,000,000	6,200,000
총제조원가		₩33,200,000

스마트(주)는 4월에 발생한 수도광열비 중 70%는 고정원가, 나머지 30%는 변동원가인 것으로 추정하고 있다.

(요구사항)

1. 각 제조원가를 원가행태에 따라 분류하시오.
2. 계정분석법을 이용하여 총제조원가 ₩33,200,000을 총고정원가와 총변동원가로 분류하시오.
3. (요구사항 2)에서 산출한 답을 근거로 스마트(주)의 총제조원가에 대한 원가함수를 추정하시오.

[2-9] 다음 자료는 지난 몇 달 동안 스마트(주)의 제조간접원가 발생액을 조업도 수준에 따라 요약한 것이다.

	기계시간	총제조간접원가
7월	5,000	₩50,620
8월	8,000	90,040
9월	6,000	54,080
10월	9,000	63,100

스마트(주)는 제조간접원가를 변동원가와 고정원가로 나누기 위하여 원가분석을 한 결과, 제조간접원가가 전력요금, 감독자 임금, 수선유지비로 구성되어 있다는 것을 알았다. 그러나 이들을 완전히 고정원가와 변동원가로 구분하지는 못했다. 7월의 실제제조간접원가는 다음과 같다.

7월	
전력요금(변동원가)	₩10,500
감독자 임금(고정원가)	24,000
수선유지비(혼합원가)	16,120
합 계	₩50,620

(요구사항)

1. 10월의 제조간접원가 중에 포함되어 있는 수선유지비를 추정하시오.
2. 고저점법을 이용하여 수선유지비의 원가함수를 추정하시오.

[2–10] 스마트(주)의 다음 자료를 참조하여 물음에 답하시오.

월	직접노무시간(x)	총제조간접원가(y)
1월	3,500시간	₩270,000
2월	4,200	354,000
3월	3,700	312,000
4월	4,600	397,100
5월	5,300	405,000
6월	5,400	403,000
계	26,700시간	₩2,141,100

(요구사항)

1. 고저점법을 이용하여 총제조간접원가의 원가함수를 추정하시오.
2. 준평균법을 이용하여 총제조간접원가의 원가함수를 추정하시오.
3. 7월의 실제직접노무시간이 5,900시간이라고 할 때, (요구사항 1) 고저점법과 (요구사항 2) 준평균법에 따르면 실제제조간접원가는 얼마라고 추정할 수 있는가?
4. 스마트(주)는 직접노무시간을 기준으로 제조간접원가를 배부하고 있으며, 고저점법에 의해 제조간접원가 예산을 편성하고 있다. 20×5년 예산조업도가 20,000 직접노무시간으로 예측될 경우 20×5년의 직접노무시간당 제조간접원가 예정배부율은 얼마가 되겠는가?

[2-11] 스마트병원은 100개의 침상을 보유하고 있는 암전문병원이다. 환자입원일당 수익은 ₩100,000이며 당년도 5월과 6월에 집계된 원가자료는 다음과 같다.

	20×5년 5월	20×5년 6월
환자입원일수	2,000일	2,200일
간호사 급료	₩40,800,000	₩44,580,000
실험실 비용	17,600,000	18,860,000
조제실 비용	25,000,000	27,500,000
세탁소 비용	17,000,000	18,700,000
일반관리비	22,000,000	22,000,000
의료장비유지 · 보수비	60,000,000	60,000,000
계	₩182,400,000	₩191,640,000

병원장은 상기 원가에 대하여 고저점법을 이용하여 다음과 같은 원가함수를 추정하였다.

$$Y = a + bX \ (X\text{: 환자입원일수})$$

(요구사항)

1. 원가함수를 결정하시오.
2. 병원장은 원가함수의 신뢰성을 높이고자 전문가에게 원가함수의 추정을 의뢰한 바 활동기준원가회계시스템하에서 도출된 원가함수는 다음과 같다.

$$Y = ₩40,000,000 + ₩40,000X_1 + ₩10,000X_2$$
$$\text{단, } X_1 = \text{환자입원일수, } X_2 = \text{환자수이다.}$$

 20×5년 7월의 환자입원일수와 환자수가 각각 2,200일, 8,500명으로 추정된다. 7월의 달성 가능한 이익은 얼마인가?

[2-12] 스마트(주)의 20×5년 제조간접원가 발생액은 다음과 같다.

감가상각비	₩128,000
간접노무원가	33,600
전 력 비	40,000
	₩201,600

감가상각비는 전액 공장설비에 대해 정액법으로 계상한 것이며 20×6년에 추가적인 설비 취득이나 처분은 없을 것이다. 모든 종업원의 임금이 20×5년 7월 1일부터 10% 인상되었으며, 20×6년의 추가 인상 계획은 없다. 인원 변동도 없다고 가정한다. 전력비는 20×6년 1월

1일부터 25% 인상될 것이다. 회사는 20×5년의 간접노무원가와 전력비 중 25%가 고정원가일 것으로 추정하고 있다. 또 20×6년에는 전력사용량 감소를 통해 변동전력비의 10%를 절감할 예정이다.

(요구사항)

20×5년의 제품 생산량은 50,000개이다. 계정분석법을 사용하여 20×6년의 제조간접원가 추정식을 만들면? 단, Y는 총제조간접원가, X는 생산량이다.

[2–13] 스마트(주)는 무전기 600단위에 대한 납품계약의 입찰에 참여할 것을 고려하고 있다. 동일한 회계연도에 속하는 2달 전에 동일한 무전기 200단위를 아래와 같은 금액으로 계약체결 및 생산한 바 있다.

직접재료원가	₩5,000
직접노무원가(3,000시간×₩20)	60,000
고정제조간접원가[1]	3,000
변동제조간접원가[2]	7,500
기 타[3]	12,000
합 계	₩87,500

1) 고정제조간접원가는 처음 생산량 200단위에 그 원가를 전부 배분하여 보상받았기 때문에 600단위 입찰에는 보상청구하지 않는다.
2) 변동제조간접원가는 직접노무원가에 비례하여 발생한다.
3) 기타는 일반관리비 및 이윤보상 목적으로 직접노무원가의 20%를 일정하게 설정한다.

(요구사항)

스마트(주)가 누적평균시간모형으로 90%의 학습곡선을 사용하고 있다고 가정할 경우에 600단위의 계약에 입찰하기 위해 제시할 예상금액은 얼마인가?

[2–14] 스마트(주)는 20×5년 3월 신제품 W의 개발을 완료하고 생산을 개시하였다. 최초 1단위 생산에 소요되는 원가는 다음과 같았으나, 회사는 이 제품의 생산에 학습효과가 있을 것이며 누적평균원가모형에 의한 학습률은 90%로 추정하고 있다.

최초 1단위의 변동원가:

직접재료원가	₩1,000
직접노무원가	2,000
변동제조간접원가	1,500
	₩4,500

직접노무시간당 임률은 변함이 없을 것이며, 변동제조간접원가는 직접노무시간에 비례하여 발생한다. 20×5년 3월에 최초로 4단위를 생산·판매하였으며, 4월에 추가로 4단위를 생산·판매하였다.

(요구사항)

20×5년 3월과 4월의 이익차이는 얼마나 될 것인가? 판매가격은 일정하며, 주어진 자료 이외의 원가변화는 고려하지 말 것.

[2–15] 고속철도 차량 제조회사인 스마트(주)는 새로운 차량의 개발을 완료하였다. 얼마 전 회사는 시제품으로 고속철도 차량 1대를 생산하였는데 그 원가자료는 다음과 같다.

직접재료원가		₩300,000
직접노무원가	2,000시간×₩100=	200,000
변동제조간접원가*		120,000
기타제조간접원가**		60,000
합 계		₩680,000

* 변동제조간접원가는 직접노무원가에 비례하여 발생한다.

** 기타제조간접원가는 기계장치와 관련된 비용으로 시제품 생산시 모두 비용처리하였으며, 추가적으로 발생하지 않는 것으로 가정한다.

(요구사항)

회사는 신형 차량 7대의 주문을 받았다. 이미 생산한 시제품 1대는 전시목적으로 보관하려고 한다. 다음의 각 상황에서 주문받은 신형 차량 7대를 생산하는 데 소요될 것으로 예상되는 총원가를 추정하시오(단, 80% 학습곡선의 학습지수 $b=0.3219$이다).

1. 80%의 누적평균시간 학습곡선이 적용될 경우
2. 80%의 증분단위시간 학습곡선이 적용될 경우
3. 학습곡선이 적용되지 않을 경우

참고)

x	$x^{-0.3219}$	x	$x^{-0.3219}$
1	1.000	5	0.596
2	0.800	6	0.562
3	0.702	7	0.535
4	0.640	8	0.512

01 사업성 분석

새로운 사업을 시작하려면 수많은 의사결정 상황에 놓이게 된다. 그 중에서도 가장 중요한 것은 아마도 지금 하려는 사업에서 이익을 얻을 수 있을까라는 점일 것이다. 이는 사업의 존폐를 가름할 중요한 질문이다. 특히 새로운 사업을 시작하면서 과연 얼마나 팔아야 이익을 얻을 수 있을지 반드시 살펴보아야 할 문제이다. 스마트(주)는 제품을 생산하여 판매하려고 한다고 가정하자. 시장조사를 통해 [예제 3-1]과 같은 자료를 얻었다.

예제 3-1 변동원가와 고정원가 구분

스마트(주)는 제품을 단위당 ₩2,000에 판매 한다. 제품의 직접재료원가는 단위당 ₩800이며, 월 임차료는 ₩100,000이고, 기계감가상각비는 매월 ₩60,000씩 발생한다. 고정판매관리비는 매월 ₩20,000이 발생하며, 변동판매관리비는 단위당 ₩600이 발생된다.

(요구사항)
주어진 자료를 변동원가와 고정원가로 구분하고, 그 금액이 얼마인지를 제시하시오.

(해 답)

원가항목	원가행태	단위당 변동원가	총고정원가
재 료 원 가	변동원가	₩800	–
임 차 료	고정원가		₩100,000
기계감가상각비	고정원가	–	₩60,000
고정판매관리비	고정원가		₩20,000
변동판매관리비	변동원가	₩600	–
합 계		₩1,400	₩180,000

위와 같이 새로운 사업을 시작할 때 혹은 기존 사업을 지속하면서 많은 경영자들은 다양한 문제들에 봉착하게 된다. 이때 원가(cost), 조업도(volume), 그리고 이익(profit) 간의 관계를 분석해보면 다양한 상황에서 합리적인 의사결정을 수행할 수 있고 적절한 해법을 구할 수 있다. 예를 들어 CVP분석을 통해 다음과 같은 다양한 질문에 대해 그 해법을 얻을 수 있다.

- 제품 몇 개를 팔아야 이익을 얻을 수 있는가?
- 목표이익을 얻으려면 몇 개의 제품을 판매해야 하는가?
- 지금보다 제품을 더 판매할 수 있다면 이익은 얼마나 증가하는가?
- 판매원에게 고정급으로 급여를 지급할 것인가 아니면 성과급으로 지급할 것인가?
- 원가 이하의 가격으로 특별주문을 받은 경우 이를 수락해야 하는가?
- 판매가격을 인하할 것인가, 또는 기타비용을 증대시킬 것인가?

02 공헌이익

2.1 공헌이익의 산출

CVP분석을 적용하기 위해서는 공헌이익(contribution margin)에 대하여 명확하게 이해해야 한다. 다음과 같은 이익 산출 공식에서 공헌이익의 개념을 도출해 보기로 하자.

$$이익 = 총수익 - 총원가$$

이때 총수익의 대표적인 계정은 매출액이며, 총원가의 대표적인 계정은 매출원가와 판매관리비이다. 모든 원가는 변동원가와 고정원가로 구분할 수 있다고 할 때, 위 식은 다음과 같이 전개할 수 있다.

$$\begin{aligned}
&= (단위당\ 판매가격 \times 판매량) - (총변동원가 + 총고정원가) \\
&= (단위당\ 판매가격 \times 판매량) - (단위당\ 변동원가 \times 판매량 + 총고정원가) \\
&= (단위당\ 판매가격 - 단위당\ 변동원가) \times 판매량 - 총고정원가 \\
&= 단위당\ 공헌이익 \times 판매량 - 총고정원가
\end{aligned}$$

즉, 공헌이익은 판매가격에서 변동원가를 제외한 것이다. 그러면 공헌이익이 의미하는 것은 무엇인가? 이것을 좀더 자세히 알아보기 위해 다음과 같은 그림을 생각해 보

[도표 3-1]

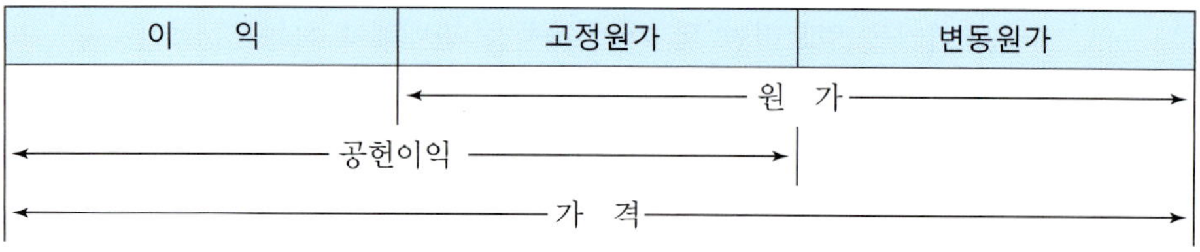

기로 하자.

위의 그림은 가격의 구성요소를 세부적으로 나타낸 것이다. 제품의 가격에는 원가와 이익이 포함되어 있는데, 그 원가는 고정원가와 변동원가로 구분될 수 있다. 이 가운데 변동원가를 제외한 나머지가 공헌이익이다. 따라서 공헌이익 속에는 원가 중에서 변동원가를 제외한 고정원가와 이익이 포함되어 있다. 즉, 공헌이익은 제품을 판매할 때 고정원가와 이익을 어느 정도 회수(기여 또는 공헌)할 수 있는지를 나타낸다.

2.2 공헌이익의 의미

공헌이익은 다음과 같이 산출된다.

공헌이익 = 단위당 공헌이익 × 판매량

공헌이익과 고정원가를 비교해 보자. 이때 나타날 수 있는 상황은 크게 다음과 같은 세 가지이다. 첫째, 공헌이익>고정원가인 경우 이익이 발생할까, 손실이 발생할까? 둘째, 공헌이익<고정원가인 경우에는 어떤가? 셋째, 공헌이익=고정원가인 경우에는 이익인가 손실인가? 이에 대한 해답을 얻기 위하여 위의 그림을 이용하여 다음과 같이 나타내 보자.

첫 번째, 공헌이익>고정원가의 상황을 보면, 공헌이익 속에 고정원가와 이익이 포함되어 있는 경우이다. 예를 들어 공헌이익이 ₩100이라면 그 속에는 고정원가 ₩70, 이익 ₩30이 포함되어 있다는 의미이다. 따라서 이 경우에는 이익이 발생한다.

두 번째, 공헌이익<고정원가는 공헌이익이 고정원가만큼도 안 되는 경우이다. 예를 들어 공헌이익이 ₩100이라면 고정원가는 ₩130이라는 의미이다. 따라서 이 경우에는 손실이 발생하게 된다.

[도표 3-2]

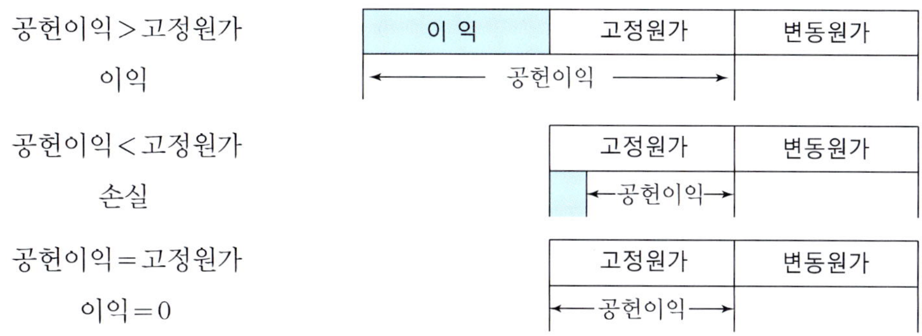

세 번째, 공헌이익=고정원가는 공헌이익이 고정원가와 동일한 경우이다. 예를 들어 공헌이익이 ₩100이라면 고정원가도 ₩100이라는 의미이다. 따라서 이 경우에는 손실도 이익도 발생하지 않는, 즉 이익이 ₩0인 상태가 된다. 이를 손익분기점(break-even point: BEP)이라고 한다.

한편, 가격은 단위당 공헌이익과 단위당 변동원가로 구분되므로 각각의 가격에서 차지하는 비율, 즉 공헌이익률과 변동원가율을 구할 수 있다. 공헌이익률은 단위당 판매가격에서 단위당 공헌이익이 차지하는 비율을 말한다. 공헌이익률을 제외한 나머지를 변동원가율이라고 한다. 즉, 단위당 판매가격에서 단위당 변동원가가 차지하는 비율을 말한다. 이를 식으로 나타내면 다음과 같다.

$$\text{공헌이익률} = \frac{\text{단위당 공헌이익}}{\text{단위당 판매가격}} \quad \text{또는} \quad \frac{\text{공헌이익}}{\text{매출액}}$$

$$\text{변동원가율} = \frac{\text{단위당 변동원가}}{\text{단위당 판매가격}} \quad \text{또는} \quad \frac{\text{변동원가}}{\text{매출액}}$$

위의 식에서 좌측은 단위당 개념으로 구한 것이며, 우측은 총액의 개념으로 구한 것이다. 공헌이익률과 변동원가율의 합은 항상 1이다. 가격은 단위당 공헌이익과 단위당 변동원가로 분리되기 때문이다. 따라서 공헌이익률은 다음과 같은 방법으로도 구할 수 있다.

$$\text{공헌이익률} = 1 - \text{변동원가율}$$

예제 3-2 **단위당 공헌이익, 공헌이익률, 변동원가율**

[예제 3-1]의 스마트(주)의 사례를 이용하여 단위당 공헌이익과 공헌이익률 그리고 변동원가율을 구하라.

(해 답)

- 단위당 공헌이익: ₩2,000 − ₩1,400 = ₩600
- 공헌이익률: ₩600 ÷ ₩2,000 = 30%
- 변동원가율: ₩1,400 ÷ ₩2,000 = 70% 또는 1 − 0.3 = 0.7

03 손익분기점

앞서 손익분기점(BEP)에서는 공헌이익과 고정원가가 일치한다고 하였다. 즉 영업이익이 ₩0 되는 지점이 BEP판매량이 된다. '이익 = 수익 − 비용'에서 영업이익을 0으로 놓으면 다음과 같은 식을 도출할 수 있다.

$$\text{영업이익} = (\text{단위당 판매가격} - \text{단위당 변동원가}) \times \text{손익분기점 판매량} - \text{고정원가}$$

이 식의 좌변을 손익분기점 판매량으로 정리하면 다음과 같다. 고정원가를 단위당 공헌이익으로 나눈 값이 손익분기점에서의 판매량이다. 즉, 단위당 공헌이익으로 고정원가만 회수할 수 있는 판매량이 손익분기점 판매량이다.

$$\text{손익분기점 판매량} = \frac{\text{고정원가} + 0(\text{영업이익})}{(\text{단위당 판매가격} - \text{단위당 변동원가})} = \frac{\text{고정원가}}{\text{단위당 공헌이익}}$$

이때 손익분기점 매출액은 다음과 같이 구할 수 있다.

$$\text{손익분기점 매출액} = \text{손익분기점 판매량} \times \text{단위당 판매가격}$$

또는

$$= \frac{\text{고정원가}}{\text{단위당 공헌이익}} \times \text{단위당 판매가격}$$

$$= \frac{\text{고정원가}}{\text{공헌이익률}}$$

예제 3-3 손익분기점 판매량과 매출액

[예제 3-1]의 스마트(주) 사례를 이용하여 손익분기점의 판매량과 매출액을 구하라.

(해 답)

- 손익분기점 판매량 = ₩180,000 ÷ ₩600 = 300개
- 손익분기점 매출액 = 300개 × ₩2,000 = ₩600,000(또는 ₩180,000 ÷ 30%)

만약 손익분기점 판매량인 제품 300개에서 1개를 더 판매한다면 이익은 얼마나 변화할까? 그 해답은 단위당 공헌이익만큼, 즉 ₩600의 이익이 발생한다. 단위당 변동원가는 1개의 제품이 추가로 판매될 때마다 회수가 되고 있으며, 손익분기점인 300개의 제품을 판매함으로써 고정원가는 완전히 회수하였기 때문이다. 따라서 400개의 제품을 판매하는 경우 이익이 얼마인지를 쉽게 구할 수 있다. 즉, 손익분기점을 초과하는 100개의 제품에 단위당 공헌이익 ₩600을 곱함으로써 ₩60,000임을 알 수 있다. 이 외에 다른 상황, 예를 들어 판매가격을 인하하거나 판매원을 고용한다든지 하는 것은 후에 다시 언급하기로 한다.

위의 스마트(주)의 운영사례를 그래프로 분석해 볼 수 있다. 이 그래프는 조업도의 변화에 따라 이익이 어떤 변화를 보이는지 시각적으로 보여주는 것이다. 스마트(주)의 사례를 그래프로 나타내 보면 다음과 같다. [도표 3-3]을 CVP도표(cost-volume-profit chart) 또는 손익분기도표(break-even chart)라고 하며, [도표 3-4]는 PV도표(profit-volume chart)라 한다.

[도표 3-3]의 CVP도표는 총원가와 조업도 그리고 이익 간의 관계를 보여주고 있

[도표 3-3] CVP 도표

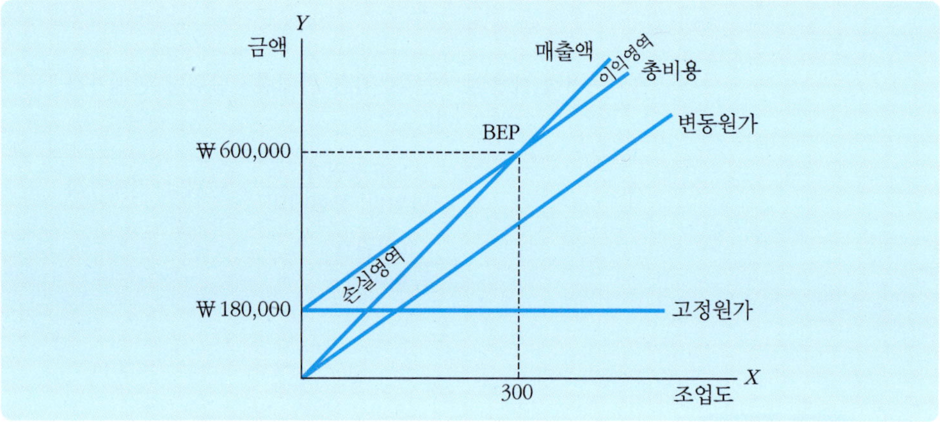

[도표 3-4] PV 도표

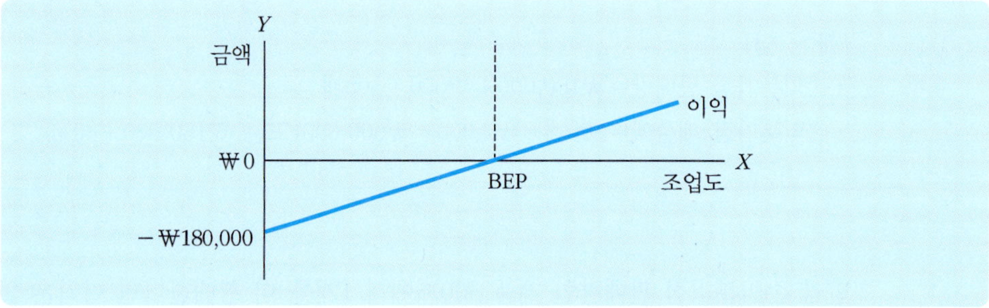

다. 그림을 보면 매출액선의 기울기가 총비용선의 기울기보다 크다. 이것은 단위당 판매가격이 단위당 변동원가보다 더 크기 때문이다. 손익분기점은 매출액선과 총비용선이 만나 교차하는 지점이다. 손익분기점보다 낮은 조업도(판매량) 수준에서는 손실이 발생하며, 손익분기점보다 높은 조업도 수준에서는 이익이 발생한다.

[도표 3-4]의 PV도표는 이익과 조업도 간의 관계만을 나타낸 것이다. 조업도가 증가함에 따라 이익 또는 손실이 어떻게 변화하는지를 보여주고 있다. 조업도가 0일 때, 즉 판매량이 하나도 없을 때는 변동원가는 발생하지 않고, 고정원가만 발생한다. 이후 조업도가 증가함에 따라 손실의 폭이 줄어들면서 손익분기점에서는 이익이 ₩0이 되며, 손익분기점보다 더 높은 조업도 수준에서는 이익이 점점 증가하게 된다.

04 목표이익을 고려한 CVP분석

경영계획을 수립할 때, 일반적으로 장단기 목표이익도 같이 설정한다. 목표이익을 고려한 CVP분석에서도 손익분기점 분석방법을 그대로 이용할 수 있다. 손익분기점에서는 이익이 ₩0이다. 이익이 ₩0이기 때문에 고정원가만을 단위당 공헌이익으로 나누어 주는 것이고 이때의 판매량을 BEP판매량이라고 한다. 그렇다면 ₩0보다 큰 목표이익을 고려한 판매량이나 매출액을 구할 수도 있을 것이다. 즉, 이제는 고정원가만 겨우 회수하는 것이 아니라 목표이익도 달성하는 상황으로 좀 더 확대해 보는 것이다. 목표이익을 고려할 경우 CVP분석은 다음과 같은 식에 의해 산출된다.

$$\text{목표판매량} = \frac{\text{고정원가} + \text{목표이익}}{\text{단위당 공헌이익}}$$

$$\text{목표매출액} = \text{목표판매량} \times \text{단위당 가격}$$

또는

$$= \frac{\text{고정원가} + \text{목표이익}}{\text{공헌이익률}}$$

예제 3-4 **목표이익 CVP분석**

[예제 3-1]의 스마트(주) 사례를 이용한다. 만일 월 ₩120,000의 이익을 확보하고 싶다면 제품 몇 개를 판매해야 하는가?

(해 답)

(₩180,000 + ₩120,000) ÷ ₩600 = 500개

05 법인세를 고려한 CVP분석

앞서 살펴본 목표이익을 고려한 CVP분석은 법인세를 고려하지 않은 것이다. 즉, 목표이익 ₩200,000에는 세금까지 포함된 것이기 때문에 실제 이익 금액은 세금을 제외한 나머지이다. 만일 회사가 세금을 제외한 실제 이익으로 ₩200,000을 얻고 싶을 경우에는 CVP분석을 어떻게 할 것인가? 이때도 앞서 사용한 산식을 그대로 이용할 수 있다. 다만 산식에는 법인세차감전순이익을 대입하여야 하므로 법인세차감후순이익 ₩200,000을 법인세차감전순이익으로 바꿔주면 된다. 법인세차감전순이익을 계산하는 방법은 다음과 같다.

$$
\begin{aligned}
\text{법인세차감후순이익} &= \text{법인세차감전순이익} - \text{세금} \\
&= \text{법인세차감전순이익} - \text{법인세차감전순이익} \times \text{법인세율} \\
&= \text{법인세차감전순이익} \times (1 - \text{법인세율})
\end{aligned}
$$

$$\therefore\ \text{법인세차감전순이익} = \frac{\text{법인세차감후순이익}}{(1 - \text{법인세율})}$$

위의 산식에 의해 법인세차감후순이익은 법인세차감전순이익으로 바꿀 수 있다. 이를 앞서 살펴본 목표이익을 고려한 CVP분석의 산식에 그대로 대입하면 다음과 같이 변형시킬 수 있다.

$$\text{목표이익을 고려한 판매량} = \frac{\text{고정원가} + \dfrac{\text{법인세차감후순이익}}{(1 - \text{법인세율})}}{\text{단위당 공헌이익}}$$

$$\text{목표이익을 고려한 매출액} = \text{목표이익을 고려한 판매량} \times \text{단위당 판매가격}$$

또는

$$= \frac{\text{고정원가} + \dfrac{\text{법인세차감후순이익}}{(1 - \text{법인세율})}}{\text{공헌이익률}}$$

예제 3-5　법인세를 고려한 CVP분석

[예제 3-1]의 스마트(주) 사례를 그대로 이용한다. 만일 세금차감 후 월 ₩120,000의 이익을 확보하고 싶다면 제품을 몇 개 판매해야 하는가? 이때 세율은 20%라고 가정하자.

(해　　답)

[₩180,000 + {₩120,000 ÷ (1 − 0.2)}] ÷ ₩600 = 550개

06 안전한계

안전한계(safety margin)는 안전여유, 안전이익 혹은 여유한계 등으로 불리기도 하는데, 이것은 현재의 실제매출액(예산매출액)이 손익분기점까지 얼마나 여유가 있는지를 나타내 준다. 즉, 실제매출액이 손익분기점 미만으로 떨어지게 되면 손실이 발생하기 때문에 안전한계는 적어도 손실을 보지 않기 위해서는 현재 매출수준이 어느 정도 여유가 있는지를 보여주고자 하는 것이다. 수영장에 빠진 키가 큰 사람과 작은 사람을 연상하면 될 것이다. 수면이 손익분기점이라고 한다면 키가 큰 사람은 그 만큼 많은 여유가 있는 것이며, 키가 작은 사람은 그 만큼 여유가 없는 것이다. 따라서 안전한계는 다음과 같이 구해진다.

$$\text{안전한계} = \text{실제매출액} - \text{BEP매출액}$$

안전한계를 실제매출액으로 나눈 비율을 안전한계율이라고 한다. 이를 이익의 관점에서 생각해 보면 실제매출액에서 발생하는 이익은 공헌이익이 되고 안전한계는 공헌이익에서 총고정원가를 차감한 부분이므로 영업이익이 된다. 따라서 안전한계율은 영업이익을 공헌이익으로 나눈 비율로도 표시가 가능하다.

$$\text{안전한계율} = \frac{\text{안전한계}}{\text{실제매출액}} \quad \text{또는} \quad \frac{\text{영업이익}}{\text{공헌이익}}$$

예제 3-6 안전한계, 안전한계율

[예제 3-1]의 스마트(주) 사례를 그대로 이용한다. 단, 현재 매출액이 ₩750,000일 때 안전한계와 안전한계율은 얼마인가?

(해　답)

- 안전한계: ₩750,000 − ₩600,000 = ₩150,000
- 안전한계율: ₩150,000 ÷ ₩750,000 = 20%

07 영업레버리지

경영환경의 변화, 예를 들어 판매량이 급격하게 변화하는 기업환경이라면 순이익은 판매량의 변화에 따라 어떤 영향을 받을 것이다. 그런데 어떤 기업은 판매량이 변화하더라도 영업이익의 변화폭은 크지 않는 반면 어떤 기업은 상당히 큰 폭으로 변화한다. 다음의 [예제 3-7]을 보면서 그 이유를 알아보기로 하자.

예제 3-7 영업레버리지

A사와 B사 두 기업의 손익구조가 현재와 같다. 두 기업의 판매량이 각각 30% 증가 혹은 감소하는 경우 영업이익에 어떤 영향을 미치는지를 분석하면 다음과 같다. 단, 판매량의 증감 30%는 관련범위 내에 있다고 가정한다.

	현재		판매량 30% 증가시		판매량 30% 감소시	
	A사	B사	A사	B사	A사	B사
매 출 액	₩20,000	₩20,000	₩26,000	₩26,000	₩14,000	₩14,000
변동원가	13,000	6,000	16,900	7,800	9,100	4,200
공헌이익	7,000	14,000	9,100	18,200	4,900	9,800
고정원가	3,500	10,500	3,500	10,500	3,500	10,500
영업이익	₩3,500	₩3,500	₩5,600	₩7,700	₩1,400	(₩700)

예제의 사례를 좀 더 자세히 살펴보자. 두 기업 모두 현재의 매출액과 영업이익은 각각 ₩20,000과 ₩3,500으로 동일하다. 다만 변동원가와 고정원가의 수준에서 차이가 발생한다. A사는 변동원가가 높은 기업으로 주로 경공업분야의 기업이 여기에 속한다. B사는 고정원가가 높은 기업으로 장치산업(주로 중공업분야)이 여기에 속한다고 볼 수 있다.

만약 판매량이 30% 증가하면 변동원가도 30% 증가하게 된다. 반대로 판매량이 30% 감소하면 변동원가는 30% 감소하게 된다. 그러나 고정원가는 판매량이 30% 증가하든지 감소하든지 관계없이 관련범위 내에서는 항상 일정하게 발생한다.

판매량이 30% 증가하는 경우 고정원가가 높은 B사가 훨씬 많은 이익의 증가를 보여주고 있다. 반면에 판매량이 30% 감소하면 B사가 훨씬 큰 폭으로 이익이 감소하게 된다. 이렇게 나타난 이유는 B사의 높은 고정원가 때문이다. 즉, 판매량이 증가하면 단위당 고정원가가 A사보다 더 큰 폭으로 줄어들며, 판매량이 감소하면 단위당 고정원가는 A사보다 더 늘어나기 때문이다.

이것을 일명 '지렛대효과'라고 하며, 이를 영업레버리지(operating leverage)라고 한다. 영업레버리지의 측정치를 영업레버리지도(degree of operating leverage: DOL)라고 한다. 고정원가가 적고 변동원가가 큰 기업(A사)은 영업레버리지도가 낮으며, 고정원가가 크고 변동원가가 적은 기업(B사)은 영업레버리지도가 높게 나타난다.

$$\text{영업레버리지도(DOL)} = \frac{\text{공헌이익}}{\text{영업이익}} \quad \text{또는} \quad \frac{1}{\text{안전한계율}}$$

A사와 B사의 영업레버리지도를 구해 보면 A사는 2(=₩7,000÷₩3,500), B사는 4(=₩14,000÷₩3,500)이다. 이러한 영업레버리지도를 사용하여 영업이익의 증감률을 다음과 같이 구할 수 있다.

$$\text{영업이익 증감률} = \text{영업레버리지도} \times \text{판매량의 증감률}$$

A사와 B사의 영업이익 증감률을 구해 보면 판매량이 30% 증가했을 때 A사는 60%(=2×30%)이며, B사는 120%(=4×30%)이다. 이를 검산해 보았을 때 A사의 현재 영업이익이 ₩3,500이므로 ₩3,500+(₩3,500×60%)하면 ₩5,600이 산출된다. 마찬

가지로 B사도 현재 영업이익이 ₩3,500이므로 ₩3,500+(₩3,500×120%)하면 ₩7,700이 된다.

08 민감도 분석 – CVP분석의 활용

민감도 분석(sensitivity analysis)은 모형에서 하나 또는 그 이상의 독립변수가 변화함에 따라 종속변수가 어떻게 반응하는지를 분석하는 것이다. 만약에 독립변수의 변화에 대해 종속변수가 민감하게 반응한다면 그 독립변수는 민감도가 높기 때문에 그 값을 예측하는 데 세심한 주의가 요구된다. CVP분석에서 민감도 분석의 개념을 적용하여 다음과 같은 질문을 던질 수 있다.

- 단위당 판매가격이 ₩200 인상된다면 이익은 어떻게 변할까?
- 원재료 가격이 10% 인하된다면 이익은 어떻게 변할까?
- 광고비 예산이 40% 증액되고 이에 따라 생산판매량이 10% 늘어난다면 이익은 또한 어떻게 변할까?

이러한 질문에 대답하기 위해서 경영자들은 불확실성이 미치는 잠재적 영향을 파악해야만 한다. 그리고 종속변수에 가장 큰 영향을 줄 수 있는 민감한 변수의 예측에 대해선 세심한 주의를 기울여야 한다. 민감도 분석은 유용한 도구이지만 나타날 수 있는 변화에 대한 확률을 명시적으로 고려하지 않는 한계를 지니고 있다. 즉, 독립변수의 변화에 대해 확률로 표시하지 못한다는 한계가 있다.

여기서는 다양한 사례를 중심으로 그 적용 예를 살펴보기로 하자. 우선 첫 머리의 스마트(주)의 사례를 다음과 같이 그대로 이용하기로 한다.

> 기본자료: 스마트(주)는 제품을 단위당 ₩2,000에 판매한다. 제품의 직접재료원가는 단위당 ₩800이며, 월 임차료는 ₩100,000이고, 기계감가상각비는 매월 ₩60,000씩 발생한다. 고정판매관리비는 매월 ₩20,000이 발생하며, 변동판매관리비는 단위당 ₩600이 발생한다. 제품은 매월 370개를 판매할 수 있을 것으로 예측된다.

예제 3-8 CVP분석 1

고정판매관리비를 월 ₩10,000 증가시키면 월간 10개의 제품을 더 판매할 수 있을 것으로 예상된다. 고정판매관리비를 추가로 지출하는 것이 타당한가?

(해 답)

공헌이익의 증가(₩600×10개)	₩6,000
고정판매관리비의 증가	10,000
이익의 증감	(₩4,000)

위의 [예제 3-8]에서 고정판매관리비를 추가 지출하게 되면 이익이 ₩4,000 감소하므로 고정판매관리비 추가지출(안)은 기각하는 것이 바람직하다. 이 사례의 분석방법을 보면 과거 판매량이나 매출액에 대한 정보를 전혀 고려하지 않고 고정판매관리비 추가지출이라는 사건이 유발하는 변동항목만을 고려하여 분석하였다. 이와 같은 방법을 차액분석법(incremental method)이라고 한다. 이에 대비되는 개념으로 총액분석법이 있는데, 이 방법은 미래에 발생할 모든 수익 및 원가항목을 추정하여 비교한다. 따라서 두 대안 간에 차이가 없는 항목에 대해서도 수익이나 원가를 추정해야 하므로 많은 노력이 투입되어야 한다. 따라서 실무에서는 총액분석법보다는 차액분석법을 많이 사용하고 있다.

예제 3-9 CVP분석 2

재료의 구입가격을 단위당 ₩800에서 ₩700으로 바꾸고자 한다. 만약 ₩700으로 바꾸게 되면 판매량이 6개 줄어들 것으로 예상된다. 이 의사결정이 타당한가?

(해 답)

예상공헌이익(₩700×364개)	₩254,800
현재공헌이익(₩600×370개)	222,000
이익의 증감	₩32,800

위의 [예제 3-9]에서는 재료의 구입가격이 ₩800에서 ₩700으로 줄어들기 때문에

단위당 공헌이익이 ₩600에서 ₩700이 된다. 그러나 판매량은 현재 370개에서 364개로 줄어든다. 따라서 현재의 공헌이익과 비교해 보면 ₩32,800의 추가 이익이 생기므로 재료를 바꾸는 것이 타당하다. 그러나 이러한 의사결정은 조심스럽게 이루어져야 한다. 재료의 가격이 낮기 때문에 품질에 차이를 가져온다면 장기적으로는 손님을 잃어버리는 결과를 초래할 수 있다. 따라서 현재는 이익이 발생할지 모르지만 장기적으로는 스마트(주)의 운영자체에 영향을 미칠 수도 있다.

예제 3-10 CVP분석 3

제품의 판매가격을 ₩200 인상하고 고정판매관리비를 월 ₩10,000 증가시키려 한다. 이 경우 제품의 판매량이 6개 늘어날 것으로 예상한다. 이 의사결정은 타당한가?

(해　　답)

예상공헌이익(₩800×376개)	₩300,800
현재공헌이익(₩600×370개)	222,000
고정판매관리비의 증가	10,000
이익의 증감	₩68,800

위의 [예제 3-10]에서는 판매가격이 ₩2,000에서 ₩2,200으로 늘어나기 때문에 공헌이익 ₩200이 추가되는 셈이다. 이때 추가로 발생하는 고정판매관리비는 고정원가다. 제품의 판매량(조업도)이 늘어난다고 해서 고정판매관리비도 비례적으로 늘어나는 것이 아니기 때문이다. 분석결과를 보면 이 의사결정은 ₩68,800의 이익을 증가시키므로 타당하다고 볼 수 있다.

예제 3-11 CVP분석 4

제품을 판매할 수 있도록 판매원을 고용하려고 한다. 판매원에게는 월 ₩15,000의 월급을 지급해야 한다. 이때 제품의 판매량이 20개 늘어날 것으로 예상된다. 판매원을 고용하는 것이 타당한가?

(해　　답)

예상공헌이익(₩600×390개)	₩234,000
현재공헌이익(₩600×370개)	222,000
판매원 월급	15,000
이익의 증감	(₩3,000)

위의 [예제 3-11]에서 판매원에게 지급되는 월급 ₩15,000은 고정원가이다. 제품의 판매량이 늘어난다고 판매원의 월급도 비례적으로 늘어나는 것이 아니기 때문이다. 분석결과를 보면 판매원을 고용하게 되면 ₩3,000의 이익이 감소하게 되므로 고용하지 않는 것이 타당하다.

예제 3-12 CVP분석 5

[예제 3-11]을 이용한다. 그렇다면 판매원에게 제품 한 개를 판매할 때마다 ₩50씩 지급하는 성과급으로 변경하고자 한다. 만약 성과급으로 할 경우 판매량이 40개 늘어날 것으로 예상된다.

(해　　답)

예상공헌이익(₩550×410개)	₩225,500
현재공헌이익(₩600×370개)	222,000
이익의 증감	₩3,500

위의 [예제 3-12]에서 판매원에게 지급되는 성과급 ₩50은 변동원가이다. 따라서 단위당 공헌이익은 ₩600에서 ₩550으로 감소된다. 분석결과를 보면 성과급으로 할 경우 ₩3,500의 이익이 추가로 발생하기 때문에 판매원을 고용하더라도 ₩15,000의 고정급보다는 단위당 ₩50 수준에서 성과급을 지급하는 것이 더 나은 방법으로 볼 수 있다. 이익은 ₩3,500 늘어나는 것으로 나타났다.

예제 3-13 CVP분석 6

제품 10개를 ₩16,000에 구입하겠다는 특별주문이 들어왔다. 이 주문을 받아들이더라도 정상적인 영업활동에는 지장이 없다. 이 주문을 받아들이는 것이 타당한가?

(해 답)

단위당 예상공헌이익(₩1,600 − ₩1,400)	₩200
추가비용	0
단위당 이익의 증감	200
특별주문수량	× 10
이익의 증가	₩2,000

위의 [예제 3-13]은 현재 ₩2,000에 판매하고 있는 제품을 ₩1,600에 구매하려는 특별주문에 대한 것이다. 변동원가가 ₩1,400이기 때문에 단위당 공헌이익은 단지 ₩200뿐이다. 그러나 추가로 소요되는 비용이 없다. 변동원가 ₩1,400은 이미 단위당 공헌이익을 구하면서 제외시켰고, 기존의 고정원가도 특별주문을 받아들이더라도 추가 지출되는 비용이 없다. 따라서 단위당 공헌이익 ₩200은 그대로 이익으로 남는다. 제품 10개의 특별주문을 받아들일 경우 총 ₩2,000의 추가이익이 생긴다.

예제 3-14 CVP분석 7

제품 50개를 구입하겠다는 특별주문이 들어왔다. 이 주문을 받아들이더라도 정상적인 영업활동에는 지장이 없다. 이 주문으로부터 ₩15,000의 이익을 얻기 위해서는 판매가격을 얼마로 하여야 하는가?

(해 답)

단위당 변동원가	₩1,400
단위당 목표이익(₩15,000/50개)	300
단위당 판매가격	₩1,700

위의 [예제 3-14]는 앞의 사례와 유사하다. 즉 특별주문의 경우 판매가격에서 변

동원가를 제외한 나머지는 모두 이익이 된다. 따라서 적어도 ₩1,400의 단위당 변동원가를 회수할 수 있어야 하며, ₩300의 단위당 목표이익도 회수할 수 있어야 하기 때문에 판매가격은 ₩1,700으로 책정하는 것이 타당하다.

09 종합예제

스마트(주)는 단위당 판매가격이 ₩65인 단일제품을 생산·판매하고 있다. 이와 관련된 원가자료는 다음과 같다.

	단위당 변동원가	연간고정원가
직접재료원가	₩18	
직접노무원가	15	
제조간접원가	7	₩240,000
판매관리비	5	60,000
	₩45	₩300,000

이 자료를 이용하여 상호독립적인 아래 물음에 답하시오.

(요구사항)

1. 손익분기점판매량과 매출액을 구하라.
2. 목표판매량이 12,000단위라면, 이때의 이익은 얼마인가?
3. 판매가격이 10% 하락할 경우의 손익분기점 판매량은?
4. 직접노무원가가 20% 상승할 경우의 손익분기점 판매량은?
5. 예상판매량이 25,000단위라면 안전한계는 얼마인가?
6. 목표이익 ₩50,000을 얻기 위한 매출액은?
7. 이 제품을 생산·판매하기 위하여 지금까지 이루어진 설비투자액은 ₩500,000이며, 동사의 최저투자수익률(ROI)은 10%, 차입이자율은 8%라고 가정한다. 이에 대한 기회원가를 고려한 손익분기점 판매량은 얼마인가?
8. 이 회사에 적용되는 법인세율은 40%이다. 세후순이익 ₩45,000을 얻기 위한 판매량은 얼마인가?

(해 답)

1. 자료의 요약

	요구사항				
	기본자료	3	4	7	8
단위당 판매가격	₩65	₩58.50[1)]	₩65	₩65	₩65
단위당 변동원가	(45)	(45)	(48)[2)]	(45)	(45)
단위당 공헌이익	₩20	₩13.5	₩17	₩20	₩20

연간고정원가 ₩300,000

1) ₩65 × (1 − 0.1) = ₩58.50
2) ₩45 + (₩15 × 0.2) = ₩48

2. 요구사항에 대한 해답

1) 손익분기점

$$\text{손익분기점 판매량} = \frac{₩300,000}{₩20} = 15,000\text{단위}$$

손익분기점 매출액 = 15,000단위 × ₩65 = ₩975,000

2) 12,000단위 판매시의 이익

매 출 액	12,000 × ₩65	₩780,000
변 동 비	12,000 × ₩45	540,000
공헌이익		240,000
고 정 비		300,000
순 이 익		(₩60,000)

혹은 간단하게

순이익(손실) = 공헌이익 − 고정원가 = ₩20 × 12,000단위 − ₩300,000 = (₩60,000)

3) 판매가격 10% 하락시

$$\text{손익분기점 판매량} = \frac{₩300,000}{₩13.5} \fallingdotseq 22,223\text{단위}$$

4) 직접노무원가 20% 상승시

$$\text{손익분기점 판매량} = \frac{₩300,000}{₩17} \fallingdotseq 17,648\text{단위}$$

5) 안전한계

	판매량	매출액	비율
예상판매	25,000단위	₩1,625,000	100%
손익분기점	(15,000)	(975,000)	(60)
안전한계(M/S)	10,000단위	₩650,000	40%

6) 목표이익 매출액

목표이익 달성을 위한 판매량 $=\dfrac{₩300,000+₩50,000}{₩20}=17,500$단위

목표이익 달성을 위한 매출액 $=17,500$단위 $\times ₩65=₩1,137,500$

7) 목표이익액: 투자액 × 목표수익률 $=₩500,000\times 10\%=₩50,000$

지급이자액: $₩500,000\times 8\%=₩40,000$

따라서 추가로 필요한 공헌이익액 = 목표이익액 + 지급이자액 $=₩90,000$

손익분기점 판매수량 $=\dfrac{₩300,000+₩90,000}{₩65-₩45}=19,500$단위

8) 세후이익 ₩45,000을 얻기 위해 필요한 세전이익 $=\dfrac{₩45,000}{(1-0.4)}=₩75,000$

손익분기점 판매수량 $=\dfrac{₩300,000+₩75,000}{₩65-₩45}=18,750$단위

연습문제 EXERCISE

객관식 문제

[3-1] 다음 중 CVP분석의 기본 가정으로 옳은 것은?

① 일정범위 내에서 판매량이 증가할수록 판매가격은 하락한다.
② 모든 원가는 변동원가와 고정원가로 나누어질 수 있다.
③ 수익과 원가행태는 관련범위 내에서 곡선적이다.
④ 원가요소 능률, 생산성은 일정범위 내에서 지속적으로 개선된다.
⑤ 항상 생산량이 판매량보다 많다.

[3-2] 스마트(주)의 매출액은 ₩200,000, 변동원가율은 60%, 고정원가는 ₩60,000이다. 법인세율이 20%일 때 다음 중 틀린 것은? (기업회계 1급)

① 손익분기점 매출액은 ₩150,000이다.
② 안전한계율은 25%이다.
③ 영업레버리지도는 5이다.
④ 세후 당기순이익은 ₩16,000이다.

[3-3] 스마트(주)의 손익분기점 매출액은 ₩360,000이고 공헌이익률은 30%이다. 회사가 ₩84,000의 영업이익을 달성하고자 한다면 총매출액은 얼마이어야 하는가? (CTA)

① ₩280,000 ② ₩640,000 ③ ₩480,000
④ ₩560,000 ⑤ ₩660,000

[3-4] 다른 조건은 모두 동일한 상황에서 고정원가만 20% 증가하였다. 이 때 손익분기점 매출액은 어떻게 변하겠는가? (CPA)

① 20% 증가 ② 20% 감소 ③ 20%보다 적게 증가
④ 20%보다 적게 감소 ⑤ 법인세율에 따라 다름

[3-5] 영업레버리지도(Degree of Operating Leverage)에 대한 다음의 설명 중 옳지 않은 것은? (단 모든 경우에 영업이익은 0보다 크다고 가정한다) (CPA)

① 단위당 변동원가가 증가하면 영업레버리지도는 높아진다.
② 고정원가가 감소하면 영업레버리지도는 낮아진다.
③ 안전한계율(margin of safety ratio)이 높아지면 영업레버리지도는 낮아진다.

④ 단위당 판매가격이 증가하면 영업레버리지도는 낮아진다.
⑤ 판매량이 증가하면 영업레버리지도는 높아진다.

[3-6] 스마트(주)의 20×1년 매출액은 ₩150,000이며, 손익분기점 매출액은 ₩100,000, 공헌이익률은 25%이다. 회사의 20×1년 순이익은 얼마인가? (재경관리사)

① ₩11,000 ② ₩11,500
③ ₩12,000 ④ ₩12,500

※ [3-7]~[3-9]

스마트(주)는 단일제품을 제조·판매하고 있다. 단위당 판매가격은 ₩65이다. 이와 관련된 아래의 원가정보를 이용하여 물음에 답하시오.

구 분	단위당 변동원가	연간고정원가
직접재료원가	₩18	
직접노무원가	15	
제조간접원가	7	₩240,000
판매관리비	5	60,000
합 계	₩45	₩300,000

[3-7] 손익분기점 매출액은 얼마인가?

① ₩775,000 ② ₩780,000 ③ ₩875,000
④ ₩880,000 ⑤ ₩975,000

[3-8] 목표판매량이 24,000단위라고 할 때 순이익은 얼마인가?

① ₩80,000 ② ₩180,000 ③ ₩280,000
④ ₩380,000 ⑤ ₩480,000

[3-9] 적용되는 법인세율이 40%일 때 세후순이익 ₩45,000을 얻기 위한 판매량은 얼마인가?

① 18,250개 ② 18,750개 ③ 19,000개
④ 19,250개 ⑤ 19,750개

[3-10] 스마트(주)의 내년 예상손익자료는 다음과 같다.

단위당 판매가		₩20
단위당 변동원가		₩8
총고정원가		
임 차 료	₩15,000	
급 여	44,000	
광고비 및 기타	10,000	₩69,000

만약 현재 예상된 고정급여를 연간 ₩30,000으로 삭감하고 그 대신 매출액의 5%를 성과급으로 판매사원에게 지급한다면, 손익분기판매량은 어떻게 변화하고, 또한 급여방식의 변경 전과 후에 기업의 이익이 같아지게 하는 판매량은 얼마인가?

	변경 전 손익분기점 판매량	변경 후 손익분기점 판매량	이익이 같아지는 판매량
①	5,750단위	5,000단위	14,000단위
②	5,750단위	5,000단위	10,750단위
③	5,000단위	5,750단위	14,000단위
④	5,000단위	5,750단위	10,750단위
⑤	5,750단위	5,750단위	14,000단위

[3-11] 스마트(주)는 20×1년에 목표이익을 매출액의 15%로 유지하고 있다. 20×1년의 변동원가는 제품판매가격의 60%이고, 고정원가는 ₩1,000,000이다. 20×2년에는 원가상승으로 고정원가가 ₩200,000이 증가할 것으로 예상되며, 변동원가도 제품판매가격의 70%로 증가할 것으로 예상된다. 이 결과 20×2년의 목표이익은 매출액의 10%로 낮출 수밖에 없다. 이 회사가 20×2년에 목표이익을 달성하기 위해서 20×1년에 비해 매출액을 얼마나 증가 혹은 감소시켜야 하는가?

① ₩2,000,000 감소 ② ₩1,000,000 감소 ③ ₩1,000,000 증가
④ ₩1,500,000 증가 ⑤ ₩2,000,000 증가

[3-12] 스마트(주)는 단일 제품을 생산하고 있으며 내년도 예산 상의 원가 자료는 다음과 같다.

단위당 판매가격	₩200
단위당 직접재료원가	20
단위당 직접노무원가	40
단위당 변동제조간접원가	30
단위당 변동판매비	50
월간 고정원가 총액	₩60,000

기초 및 기말재고는 없는 것으로 간주한다. 생산설비는 충분히 크며 법인세율은 40%이다. 이 때 세금공제 후 목표이익으로 ₩61,200을 설정했다면 이를 달성하기 위한 판매량은 얼마인가?

① 2,400단위　② 2,500단위　③ 2,600단위
④ 2,700단위　⑤ 2,800단위

※ [3-13]~[3-15]

스마트(주)는 중고등학교를 대상으로 하는 제주도 수학여행 전문여행사이다. 제주도 수학여행 상품과 관련된 원가는 다음과 같다.

1인당 변동원가	
항 공 료	₩300,000
숙 박 비	100,000
식 사 비	50,000
입 장 료	50,000
합 계	₩500,000
연간고정원가	₩120,000,000

스마트(주)는 1인당 여행요금으로 ₩600,000을 받고 있다.

[3-13] 손익분기점에 도달하기 위해서는 몇 명의 수학여행객을 유치하여야 하는가?

① 600명　② 900명　③ 1,200명
④ 1,500명　⑤ 1,800명

[3-14] 법인세율을 40%라고 할 때 세후 순이익 ₩30,000,000을 달성하기 위해서는 몇 명의 수학여행객을 유치하여야 하는가?

① 1,500명　② 1,700명　③ 1,900명
④ 2,100명　⑤ 2,300명

[3-15] 만약 수학여행객 2,500명을 유치할 수 있고 세후 순이익 ₩30,000,000을 달성하고자 한다면 1인당 여행요금을 얼마로 깎아줄 수 있을까? 단 수학여행객이 늘어나도 고정원가는 변하지 않는다.

① ₩508,000　② ₩520,000　③ ₩548,000
④ ₩568,000　⑤ ₩580,000

주관식 문제

[3-1] 다음 괄호 안에 들어갈 적당한 용어를 쓰시오.

① 매출 − 변동원가 = ( ) = 고정원가 + 영업이익

② 1 − 변동원가율 = ( ) = 고정원가 ÷ 손익분기점 매출액

③ CVP분석에서, 매출이 발생했는데 손실도 이익도 발생하지 않는 지점, 즉 이익이 ₩0인 지점을 ( )이라고 한다.

④ 실제매출액 − (고정원가 ÷ 공헌이익률) = ( ) × 실제매출액

[3-2] 스마트(주)는 단일제품을 생산·판매한다. 20×1년에 제품 3,000단위를 판매하여 ₩200,000의 이익을 보았는데 그 때의 손익분기점 판매량은 2,500단위이었다. 다음에 답하시오.

(요구사항)

1. 20×1년의 고정원가는 얼마인가?
2. 만약 판매가격을 단위당 ₩150씩 인하한다면 새로운 손익분기점 판매량은 얼마인가?

[3-3] 스마트(주)는 판매가격 ₩750인 단일 제품을 생산·판매하여 당기매출액 ₩1,500,000을 달성하였다. 제품 단위당 변동원가는 ₩500이고 안전한계율은 20%이다. 다음에 답하시오.

(요구사항)

당기에 발생한 고정원가를 계산하면 얼마인가?

[3-4] 스마트 항공은 100석 규모의 항공기 10대를 각 대당 연간 100일씩 운항하고 있다. 좌석 1회 탑승료는 ₩50,000이며 좌석 1개당 평균 변동원가는 ₩10,000이다. 회사의 연간 고정원가는 ₩240,000,000이다. 다음에 답하시오.

(요구사항)

스마트항공이 손익분기점에 도달하기 위한 좌석판매율(점유율)은 얼마인가? 단, 모든 운항은 1일 코스이며 좌석판매율은 '좌석판매량 ÷ 연간 최대 좌석판매량'으로 구한다.

[3-5] 스마트(주)는 단위당 판매가격이 ₩500, 단위당 변동원가가 ₩200인 제품을 생산·판매하고 있으며 예산자료는 다음과 같다. (재경관리사)

(요구사항)

스마트(주)의 안전한계율은 얼마인가?

매 출 액	₩16,000,000
변동원가	6,400,000
공헌이익	₩9,600,000
고정원가	1,800,000
영업이익	₩7,800,000

[3–6] 스마트(주)는 단일 종류의 제품을 생산한다. 단위당 판매가격은 ₩1,000이고 단위당 재료원가는 ₩400이며 판매 시 단위당 ₩300의 서비스 비용이 발생한다. 매월 홍보비는 ₩20,000,000이 소요되고 공장의 감가상각비는 월 ₩40,000,000이 발생한다. 현재 월 판매량은 350,000단위이다. CVP분석을 활용하여 다음을 계산하시오.

(요구사항)

1. 공헌이익과 공헌이익률을 구하시오.
2. 손익분기점 판매량과 손익분기점 매출액을 구하시오.
3. 회사가 월 ₩9,000,000의 영업이익을 얻기 위해서는 제품을 몇 단위 판매해야 하는지 구하시오.
4. 회사가 법인세 차감 후 월 ₩9,000,000의 영업이익을 얻기 위해서는 제품을 몇 단위나 판매해야 하는지 구하시오. 단, 법인세율은 40%임.

[3–7] A, B, C 세 회사의 영업활동에 관한 자료는 다음과 같다.

	A사	B사	C사
매출액	₩150,000	₩200,000	₩200,000
변동원가	90,000	80,000	50,000
공헌이익	60,000	120,000	150,000
고정원가	30,000	90,000	120,000
영업이익	₩ 30,000	₩ 30,000	₩ 30,000

(요구사항)

1. 각 사별로 현재의 수준에서 영업레버리지도를 구하시오.
2. 매출액이 현재보다 10% 증가하는 경우 각 사의 영업이익을 구하시오.

[3-8] 스마트(주)의 예산자료는 다음과 같다. (기업회계 1급)

• 매출액: ₩2,000,000	• 공헌이익률: 30%
• 고정원가: ₩450,000	

(요구사항)

안전한계율은 몇 %인가?

[3-9] 스마트(주)의 20×1년 공헌이익계산서는 다음과 같다.

매 출 액	₩10,000,000
변동원가	6,000,000
공헌이익	₩4,000,000
고정원가	3,000,000
영업이익	₩1,000,000

20×1년 40,000단위를 생산·판매하였으며, 기초 및 기말재고는 없는 것으로 가정한다.

(요구사항)

1. 공헌이익률은 얼마인가?
2. 손익분기점 판매수량은 얼마인가?
3. ₩2,000,000의 목표이익을 얻기 위해서는 몇 단위의 제품을 판매해야 하는가?
4. 안전한계 매출액은 얼마인가?
5. 영업레버리지도는 얼마인가?
6. 20×2년에 판매수량이 1,000단위 증가하면, 영업이익은 얼마나 증가하겠는가?

[3-10] 스마트(주)는 단일 제품을 생산·판매하고 있으며, 20×1년 9월 원가 자료는 다음과 같다.

단위당 판매가격	₩50
단위당 변동원가	
직접재료원가	8
직접노무원가	6
변동제조간접원가	8
변동판매관리비	3

연간고정원가	
고정제조간접원가	₩200,000
고정판매관리비	₩150,000

스마트(주)는 20×1년 9월에 16,000단위, 10월에 18,000단위를 판매하였다.

(요구사항)

1. 20×1년 9월의 단위당 공헌이익은 얼마인가?
2. 20×1년 9월의 공헌이익률은 얼마인가?
3. 20×1년 9월의 손익분기점 매출액은 얼마인가?
4. 20×1년 9월의 안전한계율은 얼마인가?
5. 20×1년 9월과 10월의 영업레버리지도는 얼마인가?

[3-11] 다음의 자료는 스마트(주)의 20×1년 12월 31일 회계처리가 종료된 후 수집한 자료이다.

판매수량	50,000
단위당 판매가격	₩500
단위당 변동원가	300
연간 고정원가	₩6,000,000

(요구사항)

1. 스마트(주)는 20×2년에 공헌이익을 40% 증가시키고자 한다. 다른 모든 조건이 20×1년과 동일하다면 매출액이 얼마나 증가해야 하는가?
2. 스마트(주)의 20×1년 손익분기점 매출액은 얼마인가?
3. 스마트(주)는 20×2년에 안전한계 매출액으로 ₩12,000,000을 유지하고자 한다. 다른 모든 조건이 20×1년과 동일하다면 20×2년에 몇 단위의 제품을 판매하여야 하는가?
4. 20×2년에 연간 고정원가가 20% 증가하고, 다른 모든 조건이 20×1년과 동일하다면, 손익분기점 판매수량은 얼마나 증가 혹은 감소하겠는가?

[3-12] 스마트(주)의 20×1년 영업이익은 매출액의 20%이다. 이 때 변동원가는 매출액의 60%이며 고정원가는 ₩1,000,000이다. 회사는 원가절감에 힘쓰기로 하고 20×2년에는 고정원가를 ₩100,000 감소시키고 변동원가는 매출액의 50%에 그치는 것으로 예산을 수립하였다.

(요구사항)

스마트(주)가 20×2년의 목표이익을 20×1년 영업이익의 180%로 설정한다면 목표매출액은 20×1년보다 얼마나 증가 혹은 감소해야 할 것인가?

[3-13] 스마트(주)는 한 종류의 전자제품을 제조 · 판매하는 회사이다. 평택에 있는 공장의 연간 생산능력은 50,000단위이다. 20×1년에 회사는 판매가격 ₩21,000에 40,000단위를 판매하였다. 20×1년의 원가구조는 다음과 같다.

단위당 변동제조원가	₩9,000
고정제조원가	160,000,000
단위당 변동마케팅원가	2,000
고정마케팅원가	₩120,000,000

(요구사항)

제조부서에서는 새로운 사양을 추가하기 위해서 제조공정을 변경시킬 것을 제안했다. 제조공정의 변경은 고정제조원가를 ₩20,000,000 증가시키고 단위당 변동제조원가를 ₩400 증가시키게 된다. 현재 판매량인 40,000단위를 기준으로 할 때, 20×2년에 회사가 제조공정의 변경 후에도 최소한 20×1년의 영업이익을 유지하기 위해서는 단위당 판매가격을 얼마로 책정해야 하는가?

[3-14] 스마트(주)는 특허를 취득한 단일 제품만을 판매하는데 20×1년 총매출액이 ₩70,000으로 총비용 ₩91,000보다 작아 결과적으로 ₩21,000의 손실을 기록했다. 제품의 현재 단위당 판매가격은 ₩100, 공헌이익률은 20%이다. 회사는 적자상황을 타개하기 위해 20×2년부터는 판촉활동 강화와 가격인상을 병행하기로 했다. 이로 인해 20×2년부터 고정판매원가는 ₩15,000만큼 늘어나게 되지만 단위당 변동원가는 변하지 않는다. 다음에 답하시오.

(요구사항)

스마트(주)가 예상 판매량을 1,000단위로 설정할 경우 세후 ₩28,000의 이익을 실현하려면 판매가격은 얼마로 책정해야 하는가? 단, 법인세율은 30%로 가정한다.

[3-15] 스마트(주)는 단일 제품을 생산 · 판매하고 있다. 이 제품에 대한 원가자료는 다음과 같다.

단위당 변동원가	
직접재료원가	₩30
직접노무원가	20
변동제조간접원가	25
변동판매관리비	5
연간고정원가	₩1,000,000

(요구사항)

1. 회사는 올해 50,000단위를 생산·판매하고자 한다. 최소한 손실을 보지 않기 위한 최소판매가격은 얼마인가?
2. 회사가 올해 50,000단위를 생산·판매하여 최소한 매출액의 20%를 이익으로 벌어들이기 위한 최소판매가격은 얼마인가?

01 CVP분석의 가정과 한계

제 3 장에서 살펴본 CVP분석은 모형을 상당히 단순화시키기 위하여 많은 가정을 전제로 하고 있다. 하지만 이러한 가정은 현실적으로 성립되기가 불가능한 경우가 있다. 또 많은 연구를 통해 분석의 가정이 상당히 완화되기도 하였지만 그러기 위해서는 좀 더 복잡한 과정을 거쳐야 한다. 우선 CVP분석의 중요한 가정 몇 가지를 살펴보면 다음과 같다.

첫째, 모든 원가는 변동원가와 고정원가로 구분할 수 있다.

둘째, 변동원가는 관련범위 내에서 조업도에 비례한다.

셋째, 고정원가는 관련범위 내에서 항상 일정하다.

넷째, 제품의 판매가격, 원가요소의 가격, 능률과 생산성 등은 일정하다. 즉, 조업도만이 원가에 영향을 미치는 유일한 요소라고 가정한다.

다섯째, 단일제품을 생산한다. 복수제품을 생산할 경우 제품의 매출배합은 일정하다.

여섯째, 단기적 분석이다.

이외에도 몇 가지의 가정이 더 있다. 이러한 가정들을 완화하기 위하여 비선형함수하의 CVP분석, 복수제품 CVP분석, 전부원가계산하의 CVP분석, 다기간 CVP분석 등 다양한 방법들이 연구되어 왔다. 그러나 여기에서도 또 다른 가정들이 필요하다. CVP분석이 많은 가정을 가지고 있기 때문에 비현실적이라는 비판을 할 수도 있지만, CVP분석은 실제의 상황을 단순화함으로써 우리가 얻고자 하는 목표에 적은 비용으로 근접하도록 한다는 큰 장점이 있다. 즉, 관리회계의 기본적인 사고인 경제성(효익>비용) 측면에서 상당히 유용한 분석모형이라 할 수 있다.

02 다품종일 경우의 CVP분석

2.1 매출배합

2.1.1 정 의

지금까지는 한 가지 종류의 제품만을 생산·판매하는 제조업체를 가정하여 CVP분석을 학습하였다. 그러나 현실은 하나의 제품만 있는 것이 아니고 여러 가지 제품을 같이 판매하는 경우가 대부분이다. 하나의 제조업체에서도 여러 종류의 제품을 판매하고 있다. 이와 같이 여러 가지의 제품을 같이 판매할 때 CVP분석은 어떻게 할 것인가? 매출배합이라는 개념부터 알아보자.

매출배합(sales mix)은 수량을 기준으로 정의할 수도 있고 금액을 기준으로 정의할 수도 있는데 본 서에서는 여러 제품을 판매하는 경우 총매출액에서 각 제품 매출액이 차지하는 상대적인 비율 또는 총매출수량에서 각 제품의 매출수량이 차지하는 상대적 비율을 매출배합으로 정의하기로 한다. 경영자들은 총이익의 극대화가 나타나는 배합을 달성하려 할 것이다.

대부분의 기업들은 여러 제품을 판매하고 있으며, 이들 제품은 각기 다른 공헌이익률을 나타내고 있다. 따라서 총매출액이 같은 경우라 할지라도 공헌이익률이 큰 제품을 상대적으로 많이 판매하면 공헌이익률이 작은 제품을 많이 판매하는 경우보다 순이익이 더 크게 나타날 것이다. 따라서 단일제품을 판매하는 경우에는 매출액의 크기에 의해 순이익이 결정되지만, 여러 제품을 판매하는 경우에 순이익은 매출액의 크기뿐만 아니라 매출배합에 따라서도 좌우된다는 사실을 기억해야 한다.

2.1.2 매출배합과 손익분기점 분석

한 기업이 두 개 이상의 제품을 판매하는 경우 손익분기점 분석은 앞서 논의한 것보다 훨씬 복잡해진다. 제품의 판매가격, 변동원가, 공헌이익이 상이해서 여러 제품의 경우 손익분기점은 매출배합에 따라 달라지기 때문이다. 여러 제품의 경우 손익분기점을 산출하는 방법은 제품패키지 접근방법(package of goods approach)과 가중평균공헌이익률 접근방법(weighted average contribution margin approach)이 있다. 다음의 예를 사용하여 설명하기로 하자.

예제 4-1 매출배합과 손익분기점 분석

스마트전자는 두 종류의 선풍기를 생산·판매하고 있다. 소형 선풍기의 단위당 판매가격은 ₩10,000이고, 단위당 변동원가는 ₩4,000이다. 대형 선풍기의 단위당 판매가격은 ₩20,000이고, 단위당 변동원가는 ₩12,000이다. 스마트전자의 월 고정제조간접원가는 ₩6,400,000이고, 고정판매관리비는 ₩4,000,000이다. 제품은 소형 선풍기가 3대 판매될 때마다 대형 선풍기는 1대씩 판매되는 것으로 예측하고 있다. 스마트전자의 손익분기점은 얼마인가?

(해　답)

1. 제품패키지(꾸러미) 접근방법

스마트전자의 매출배합은 소형 선풍기가 3대 판매될 때마다 대형 선풍기가 1대씩 판매되므로 제품패키지 1단위 속에는 소형 선풍기 3대와 대형 선풍기 1대로 구성된다고 가정하자. 이 경우 제품패키지 한 단위당 공헌이익은 다음과 같다.

	소형 선풍기 3대	대형 선풍기 1대	총 액
판매가격	₩30,000	₩20,000	₩50,000
변동원가	(12,000)	(12,000)	(24,000)
공헌이익	₩18,000	₩8,000	₩26,000

즉, 제품패키지 한 단위를 판매하면 총공헌이익은 ₩26,000이 된다. 따라서 손익분기점은 다음과 같이 계산된다.

$$\text{손익분기점} = \frac{\text{고정원가}}{\text{패키지 한 단위당 공헌이익}}$$

$$= \frac{₩10,400,000}{₩26,000} = 400\text{패키지}$$

패키지 한 단위 속에는 소형 선풍기가 3대, 대형 선풍기가 1대씩이 포함되어 있으므로 손익분기점 400패키지는 소형 선풍기 1,200대, 그리고 대형 선풍기 400대를 판매하는 것을 의미한다.

소형 선풍기 1,200대, 그리고 대형 선풍기 400대 판매하는 경우의 손익계산서를 작성해 보면 다음과 같다.

	소형 선풍기	대형 선풍기	총 액
매 출	₩12,000,000	₩8,000,000	₩20,000,000
변동원가	(4,800,000)	(4,800,000)	(9,600,000)
공헌이익	₩7,200,000	₩3,200,000	10,400,000
고정원가			(10,400,000)
순 이 익			₩0

즉, 총매출액이 ₩20,000,000일 때 손익분기점이 된다. 이는 매출배합이 소형 선풍기 3대를 판매할 때마다 대형 선풍기 1대씩 판매할 때의 손익분기점이다. 매출배합이 달라지면 손익분기점 매출액도 달라지게 된다. 소형 선풍기의 공헌이익률은 60%[(₩10,000－₩4,000) ÷ ₩10,000]이고, 대형 선풍기의 공헌이익률은 40%[(₩20,000－₩12,000) ÷ ₩20,000]이다. 따라서 공헌이익률이 높은, 소형 선풍기의 비중이 현행 매출배합보다 커지면 손익분기점 매출액이 현행 ₩20,000,000보다 적어질 것이며, 반대로 공헌이익률이 낮은, 대형 선풍기의 비중이 현행 매출배합보다 커지면 손익분기점 매출액은 현행 ₩20,000,000보다 커질 것이다.

2. 가중평균공헌이익률 접근방법

소형 선풍기의 공헌이익률은 60%이며 대형 선풍기의 공헌이익률은 40%이므로, 가중평균공헌이익률은 40%에서 60% 사이에 있게 된다. 즉, 매출배합이 소형 선풍기만 거의 100% 판매하는 경우에는 가중평균공헌이익률이 60%에 육박하게 되며, 반대로 대형 선풍기만 거의 100% 판매하는 경우에는 가중평균공헌이익률이 40%에 가깝게 된다. 그리고 소형 선풍기와 대형 선풍기를 각각 50%씩 판매하는 경우에는 가중평균공헌이익률이 40%와 60%의 중간인 50%가 될 것이다. 여기서 각각 50%씩 판매한다는 의미는 전체매출액에서 각 개별제품의 매출액이 차지하는 비율이 각각 50%씩을 점한다는 것이다. 그러므로 가중평균공헌이익률은 다음과 같이 산정된다.

$$\text{가중평균공헌이익률} = \text{소형 선풍기의 공헌이익률} \times \frac{\text{소형 선풍기 매출액}}{\text{전체 매출액}} + \text{대형 선풍기의 공헌이익률} \times \frac{\text{대형 선풍기 매출액}}{\text{전체 매출액}}$$

스마트전자의 매출배합은 소형 선풍기가 3대 판매될 때마다 대형 선풍기가 1대씩 판매되므로 두 제품 간의 매출액 구성비는 소형 선풍기가 ₩30,000 판매될 때마다 대형 선풍기는 ₩20,000씩 판매되는 것이다. 따라서 전체 매출액에서 소형 선풍기의 매출액의 비율은 60%이고 대형 선풍기의 매출액 비율은 40%가 된다.

그러므로 스마트전자의 가중평균공헌이익률은 다음과 같다.

$$\text{스마트전자의 가중평균공헌이익률} = 60\% \times \frac{₩30,000}{₩50,000} + 40\% \times \frac{₩20,000}{₩50,000} = 36\% + 16\% = 52\%$$

즉, 스마트전자는 현행 매출배합을 유지할 경우 매출이 ₩1씩 증가할 때마다 공헌이익이 평균적으로 ₩0.52씩 달성됨을 알 수 있다. 따라서 스마트전자의 손익분기점 매출액은 다음과 같다.

$$\text{손익분기점 매출액} = \frac{\text{고정원가}}{\text{가중평균공헌이익률}} = \frac{₩10,400,000}{52\%} = ₩20,000,000$$

총매출액에서 소형 선풍기의 비중이 60% 그리고 대형 선풍기의 비중이 40%를 차지하므로 손익분기점이 실현될 때 소형 선풍기의 매출액은 ₩12,000,000 그리고 대형 선풍기의 매출액은 ₩8,000,000이 된다.

03 비선형함수인 경우 CVP분석

기본적인 CVP분석에서는 조업도가 변동할 때 원가나 수익이 일정하게 변동하는 선형함수를 가정한 것이다. 그러나 실제 경영활동에서는 원가나 수익이 비선형함수로 변동하고 있다. 예를 들어 조업도가 증가하면 추가적인 고정원가의 지출이 필요할 수 있으며, 생산성 향상 등으로 단위당 변동원가가 감소할 수도 있다. 여기서는 원가함수나 수익함수가 비선형일 때 CVP분석이 어떻게 이루어지는지 예제를 통해 살펴보고자 한다.

예제 4-2 고정원가가 변동하는 준고정원가인 경우

스마트(주)는 단위당 판매가격 ₩1,000, 단위당 변동원가가 ₩300인 제품을 생산·판매하고 있다. 고정원가는 조업도 수준에 따라 다음과 같이 변동하는 것으로 예상된다.

연간조업도	고정원가
~2,000단위	₩1,533,000
2,001~4,000단위	2,177,000

(요구사항)

손익분기점 판매량을 구하시오.

(해　　답)

1) ~2,000단위인 경우

$$=\frac{₩1,533,000}{₩700}=2,190\text{단위(모순)}$$

2) 2,001~4,000단위인 경우

$$=\frac{₩2,177,000}{₩700}=3,110\text{단위(적합)}$$

따라서 연간 손익분기점 판매량은 3,110단위임.

조업도에 따라 고정원가가 달라지는 경우 각 조업도 범위별로 손익분기점을 계산하여야 한다. 그 계산결과가 그 조업도 범위 내에 있다면 의미 있는 손익분기점이 되지만 그 범위 밖에 있다면 모순된 결과이기 때문에 손익분기점으로 타당하지 않다. 또한 조업도 범위별로 손익분기점이 각각 다르게 산출되기 때문에 여러 개의 손익분기점이 존재할 수도 있다.

예제 4-3　단위당 변동원가가 비선형인 경우

스마트(주)는 제품생산을 위해 전기만을 사용한다. 제품은 단위당 ₩1,000에 판매되고 있으며, 고정원가는 ₩546,000이다. 전기요금을 400kWh까지는 제품 단위당 ₩300을 지급하며, 400kWh 초과분에 대해서는 제품 단위당 ₩500을 지급하여야 한다. kWh당 2단위의 제품을 생산할 수 있다.

(요구사항)

손익분기점 판매량을 구하시오.

(해　　답)

1) ~400kWh 사용시(800단위 제품생산)

$$=\frac{₩543,900}{₩700}=777\text{단위(적합)}$$

2) 400kWh초과 사용시(801단위 이상 제품생산시)

$$₩1{,}000 \times x = \underbrace{₩300 \times 800단위}_{(800단위까지\ 변동원가)} + \underbrace{₩500(x-800단위)}_{(800단위\ 초과분의\ 변동원가)} + ₩546{,}000$$

$x = 772$단위(모순)

제품단위당 변동원가가 변동하는 경우 모든 제품의 변동원가가 증감하는 것이 아니라 일정 조업도를 초과한 생산량에 대해서만 변동원가가 증감한다. 총 1,000단위의 제품을 생산한다고 했을 때 800단위까지는 kWh당 ₩300이 발생하지만 나머지 200단위에 대해서는 ₩500이 발생한다. 따라서 x를 판매량이라고 했을 때 $(x-800)$은 800단위 초과 판매량을 말한다.

예제 4-4 수익함수가 비선형인 경우

스마트(주)는 계절 상품을 개발하여 인터넷 예약주문을 받고 있다. 제품은 6개월 후에 발송한다. 제품 단위당 변동원가는 ₩300이며, 6개월간 고정원가는 ₩500,000이다. 예약주문량에 따라 다음과 같은 가격정책을 사용하고자 한다.

조업도	단위당 판매가격
~2,000단위	₩700
2,001~3,000단위	500
3,001~4,000단위	400

(요구사항)

손익분기점 판매량을 구하시오.

(해　　답)

1) ~2,000단위인 경우

$$= \frac{₩500{,}000}{₩400} = 1{,}250단위(적합)$$

2) 2,001~3,000단위인 경우

$$= \frac{₩500{,}000}{₩200} = 2{,}500단위(적합)$$

3) 3,001~4,000단위인 경우

$$= \frac{₩500{,}000}{₩100} = 5{,}000단위(모순)$$

04 현금흐름 CVP분석

기본적인 각종 CVP분석은 이익 중심의 분석이었다. 하지만, 기업을 경영함에 있어서 발생주의 회계처리에 의한 장부상 이익이 발생하더라도 현금흐름이 안정적이지 않으면 어려움에 직면할 수 있다. 따라서 원활한 현금흐름도 매우 중요하므로 이익 중심의 CVP분석뿐 아니라 현금흐름 CVP분석도 반드시 필요하다. 이때 '현금유입액'과 '현금유출액', 즉 현금수입과 현금지출을 비교하여 현금지출이 현금수입보다 많은 음(−)의 순현금흐름이 나타나지 않도록 관리하는 것이 중요하다.

현금흐름분기점 분석이란 현금유입액과 현금유출액을 같게 하여 순현금흐름이 ₩0이 되는 판매량이나 매출액을 찾는 것이다. 현금흐름분기점은 음(−)의 현금흐름이 되지 않도록 하는 최소한의 판매량 또는 매출액을 의미한다. 그러나 수익과 비용에는 각각 현금의 수입과 지출을 수반하지 않는 항목이 존재한다. 본서에서는 비현금지출 항목 중 가장 대표적인 감가상각비만을 고려하여 설명하고자 한다. 즉, 이익흐름과 현금흐름의 차이를 가져오는 것은 감가상각비와 같은 비현금지출비용(non-cash item)이 주요한 원인이므로 현금흐름분기점분석에서는 현금흐름을 수반하지 않는 감가상각비는 제외하고 분석하게 된다.

이 경우에 감가상각방법은 정액법을 가정하며 감가상각비는 고정자산의 취득원가에서 잔존가치를 제외한 감가상각대상액을 단순히 기간 배분한 금액이므로 보통 고정원가로 취급한다. 현금흐름분기점은 법인세의 고려 여부에 따라 산식이 달라지므로 이를 구분하여 살펴보기로 한다.

4.1 법인세가 없는 경우의 현금흐름분기점

현금흐름분기점은 현금유입액에서 현금지출액을 차감한 금액이 0이 되는 지점, 즉 현금유입액과 현금지출액이 동일해지는 조업도를 의미한다. 법인세로 인한 현금유출을 고려할 필요가 없으므로 다음과 같이 현금유입액과 현금유출액을 일치시키는 식이 성립된다.

$$\text{현금유입액} - \text{현금지출액} = 0$$

위 식을 변형시키기 위해 CVP분석의 기본등식을 이용하는데 대표적인 현금유입항목은 매출액이므로 현금유입액 대신 매출액을 사용하고 현금유출항목에는 총변동원가와 총고정원가를 이용한다. 이때 고정원가 중에서 감가상각비처럼 현금지출이 없는 고정원가는 가산하여 계산한다.

$$\text{매출} - \text{총변동원가} - \text{총고정원가} + \text{비현금지출 고정원가} = 0$$

이를 단위당 공헌이익이 나타날 수 있도록 변형하면 다음과 같다.

$$\text{단위당가격} \times \text{판매량} - \text{단위당변동원가} \times \text{판매량} - \text{총고정원가} + \text{비현금지출고정원가} = 0$$

$$\text{단위당 공헌이익} \times \text{판매량} - (\text{총고정원가} - \text{비현금지출 고정원가}) = 0$$

위의 식에서 현금흐름이 0이 되는 판매량이 현금흐름분기점 판매량이 된다.

$$\text{현금흐름분기점 판매량} = \frac{\text{총고정원가} - \text{비현금지출 고정원가}}{\text{단위당 공헌이익}}$$

예제 4-5 법인세가 없는 경우의 현금흐름분기점

스마트(주)는 제품을 단위당 ₩2,000에 판매한다. 제품의 직접재료원가는 단위당 ₩800이며, 월 임차료는 ₩100,000이고, 기계감가상각비는 매월 ₩60,000씩 발생한다. 고정판매관리비는 매월 ₩20,000이 발생하며, 변동판매관리비는 단위당 ₩600이 발생된다. 현금흐름분기점 판매량을 구하라.

(해 답)

(₩180,000 − ₩60,000) ÷ ₩600 = 200개

현금지출이 없는 고정원가가 있는 경우 현금흐름분기점 판매량은 200개이나, 앞서 분석한 손익분기점 판매량은 300개이다. 따라서 현금흐름분기점이 손익분기점보다 낮다는 것을 알 수 있다. 그 이유는 분모에 해당되는 단위당 공헌이익은 동일하나, 현금흐름분기점 계산 시에는 분자의 고정원가에서 현금지출이 없는 고정원가를 차감하여 계산하기 때문이다.

4.2 법인세가 있는 경우의 현금흐름분기점

법인세가 존재하는 경우에는 법인세가 존재하지 않는 경우처럼 현금유입액에서 현금지출액을 차감하여 단순하게 현금흐름분기점을 계산할 수는 없다. 법인세가 있는 경우에는 법인세라는 새로운 현금흐름이 나타나므로 법인세를 현금흐름에 포함시켜 계산하여야 한다. 이때 주의할 점은 법인세는 현금흐름이 아닌 이익흐름에 의하여 결정된다는 점이다. 즉, 법인세는 현금흐름을 기준으로 납부하는 것이 아니라 수익에서 비용을 차감한 법인세차감전 영업이익을 기준으로 납부하게 된다는 것이다. 그런데 현금지출이 없는 비용이 있는 경우에는 현금지출이 없는 비용이 법인세차감전 영업이익(과세대상 소득)을 감소시켜 법인세를 절감하는 효과가 있으므로 이를 고려하여 세후현금흐름분기점을 계산해야 한다.

$$\text{현금유입액} - \text{현금지출액} = 0$$

$$s - vc - (fc - d) - (s - vc - fc) \times t = 0$$

여기서, s = 매출액
vc = 변동원가
fc = 고정원가
d = 감가상각비
t = 법인세율

위의 식에서 현금유입액에는 매출액을 대입하고 현금지출액에는 변동원가와 현금유출고정원가, 그리고 법인세비용을 대입한다. $(fc - d)$는 고정원가에서 감가상각비 등 비현금유출 항목을 제외한 현금유출고정원가를 말하며, $(s - vc - fc) \times t$ 발생주의 이익에 법인세율을 곱해서 구한 법인세비용을 말한다. 위의 식은 다음과 같이 단위수준의 판매가격과 판매량으로 전개할 수 있다.

$$p \cdot Q - uvc \cdot Q - fc - [(p - uvc) \cdot Q - fc] \cdot t + d = 0$$

여기서, p = 단위당 판매가격
Q = 판매량
uvc = 단위당 변동원가
d = 감가상각비(현금유출이 없는 고정원가)

위 식을 정리하면 다음과 같이 세후현금흐름분기점 판매량을 구하는 공식을 도출해 낼 수 있다.

$$p \cdot Q - uvc \cdot Q - (p - uvc) \cdot Q \cdot t - fc + fc \cdot t + d = 0$$

$$(p - uvc) \cdot Q \cdot (1 - t) - fc \cdot (1 - t) + d = 0$$

$$\text{세후현금흐름분기점 판매량} = \frac{\text{고정원가} \cdot (1-t) - \text{감가상각비}}{\text{단위당 공헌이익} \cdot (1-t)}$$

예제 4-6 법인세가 있는 경우의 현금흐름분기점

[예제 4-5]의 스마트(주) 사례를 이용한다. 관련 자료를 요약하면, 월 고정원가 ₩180,000 중에는 현금지출이 없는 감가상각비가 ₩60,000 포함되어 있고, 적용되는 법인세율은 40%이다. 세후현금흐름분기점을 구하라.

(해 답)
{₩180,000 × (1 − 0.4) − ₩60,000} ÷ {₩600 × (1 − 0.4)} = 134개

05 전부원가계산의 CVP분석

기본적인 CVP분석에서는 생산량과 판매량이 동일한 것으로 가정하였다. 이는 변동원가계산하의 CVP분석과 동일하다. 변동원가계산에서는 고정제조간접원가를 기간비용으로 처리하므로 판매량만이 영업이익에 영향을 미치기 때문이다. 그러나 전부원가계산에서는 생산량과 판매량이 다른 경우 판매량뿐만 아니라 생산량도 영업이익에 영향을 미치게 된다. 생산량과 판매량이 다르게 되면 재고자산이 존재하기 때문에 고정제조간접원가가 영업이익에 미치는 영향이 달라지게 된다. 이를 전부원가계산하의 CVP분석이라고 한다. 전부원가계산에서는 고정제조간접원가를 제품원가에 포함시키므로 고정제조간접원가를 변동원가처럼 적용하여 CVP분석을 한다. 변동원가계산과 전부원가계산하의 손익분기점은 다음과 같이 구해진다.

변동원가계산하의 BEP수량$=\dfrac{\text{고정원가}}{\text{단위당 공헌이익}}$

전부원가계산하의 BEP수량:

$$q_s \cdot p = q_s\left(V_m + \frac{F_m}{q_n}\right) + q_s \cdot V_s + F_s + (q_n - q_p)\frac{F_m}{q_n}$$

단, q_s = 판매량

q_p = 생산량

q_n = 기준조업도

p = 단위당 판매가격

V_m = 단위당 변동제조원가

V_s = 단위당 변동판매관리비

F_m = 고정제조원가

F_s = 고정판매관리비

$$q_s \cdot p = q_s(V_m + V_s) + q_s\frac{F_m}{q_n} + F_s + (q_n - q_p)\frac{F_m}{q_n}$$

$$q_s \cdot p = q_s(V) + F_m + F_s + (q_s - q_p)\frac{F_m}{q_n}$$

$$q_s(p - V) = F + (q_s - q_p)\frac{F_m}{q_n}$$

$$q_s = \frac{F + (q_s - q_p)\dfrac{F_m}{q_n}}{p - V}$$

q_s가 양변에 있으므로 이를 풀어내면, 다음과 같이 요약된다.

전부원가계산하의 BEP수량$=\dfrac{\text{고정원가} - \text{고정제조간접원가 배부율} \times \text{생산량}}{\text{단위당 공헌이익} - \text{고정제조간접원가 배부율}}$

예제 4-7 전부원가계산에서의 손익분기점

스마트(주)의 원가와 생산자료는 다음과 같다. 고정제조간접원가의 예산과 실제원가는 동일하다.

	금 액	수 량
단위당 판매가격	₩1,000	
단위당 변동제조원가	300	기준조업도= 900단위
단위당 변동판매관리비	200	생산량 =1,000단위
고정제조간접원가	225,000	
고정판매관리비	165,000	

(요구사항)

1. 변동원가계산을 적용하는 경우에 손익분기점 판매량을 구하시오.
2. 전부원계산을 적용하는 경우에 손익분기점 판매량을 구하시오.
3. 생산량이 800단위일 경우, 전부원가계산을 적용하는 경우에 손익분기점 판매량을 구하시오.

(해 답)

1. 변동원가계산을 적용하는 경우 손익분기점 판매량

$$=\frac{₩225{,}000+₩165{,}000}{₩1{,}000-(₩300+₩200)}=\frac{₩390{,}000}{₩500}=780\text{단위}$$

2. 전부원가계산을 적용하는 경우 손익분기점 판매량

$$\text{고정제조간접원가 배부율}=\frac{₩225{,}000}{900\text{단위}}=₩250$$

$$=\frac{₩390{,}000-₩250\times1{,}000\text{단위}}{₩500-₩250}$$

$$=560\text{단위}$$

3. 전부원가계산을 적용하는 경우 손익분기점 판매량

$$=\frac{₩390{,}000-₩250\times800\text{단위}}{₩500-₩250}$$

$$=760\text{단위}$$

따라서 전부원가계산에서의 손익분기점은 어느 한 조업수준으로 표현되기보다는 생산량과 판매량의 수많은 조합으로 이루어짐을 알 수 있다. 가령 [예제 4-7]에서 생산량이 0이라면, 즉, 재고수량만 판매한다면 다음과 같이 손익분기점 판매량은 1,560단위가 된다.

$$=\frac{₩390{,}000-₩250\times0\text{단위}}{₩500-₩250}$$

$$=1{,}560\text{단위}$$

반면에 생산량이 1,560단위이면 손익분기점 판매량은 0이다.

$$= \frac{₩390,000 - ₩250 \times 1,560\text{단위}}{₩500 - ₩250}$$

$$= 0$$

따라서 전부원가계산에서는 기말재고자산이 증가할수록 고정제조간접원가가 재고자산에 흡수되기 때문에 이익이 증가하게 된다. 반면에 변동원가계산에서는 기말재고자산의 증감에 관계없이 고정제조간접원가가 모두 당기 기간비용으로 처리되기 때문에 이익에는 영향을 미치지 않는다.

06 종합예제: 비선형 복수제품의 CVP분석

스마트(주)는 제품A와 제품B의 두 가지 종류의 수제구두를 생산·판매하고 있다. 통상 제품A가 3켤레 판매될 때 제품B는 2켤레가 판매된다. 수작업으로 생산하다보니 주문량이 늘어나면 납품기간이 길어진다. 이에 스마트(주)는 주문량이 일정 수준 이상이면 단계적으로 가격을 할인해 주는 마케팅 정책을 쓰고 있다. 주문량별 각 제품의 판매가격은 다음과 같다.

주문량(조업도)	제품A 단위당 판매가격	제품B 단위당 판매가격
~500단위	₩680	₩630
501~1,000단위	600	500
1,001~1,500단위	500	400

회사의 원가정보는 다음과 같다. 고정원가에는 감가상각비 ₩39,000이 포함되어 있고 고정판매관리비는 없다.

	제품A의 단위당 변동원가	제품B의 단위당 변동원가	연간고정원가
직접재료원가	₩110	₩80	
직접노무원가	200	150	
제조간접원가	60	45	₩240,000
변동판매관리비	30	25	
	₩400	₩300	₩240,000

(요구사항)

1. 변동원가계산방식에 따른 제품별 손익분기점은 얼마인가?
2. 각 제품별 현금흐름분기점은 얼마인가?
3. 적용되는 법인세율은 50%이다. 법인세를 고려한 제품별 현금흐름분기점은 얼마인가?

(해 답)

1. 제품패키지(꾸러미)법을 활용하여 조업도 구간별 제품패키지 한 단위당 공헌이익을 구한 후 매출배합을 적용하여 각 제품별 손익분기점 판매량을 계산한다.

1) ~500단위인 경우

	제품A 3켤레	제품B 2켤레	총 액
판매가격	₩2,040	₩1,260	₩3,300
차감: 변동원가	(1,200)	(600)	(1,800)
공헌이익	₩840	₩660	₩1,500

즉, 제품패키지 한 단위를 판매하면 총공헌이익은 ₩1,500이 된다. 따라서 패키지의 손익분기점은 다음과 같이 계산된다.

$$\text{제품패키지의 손익분기점 판매량} = \frac{₩240,000}{₩1,500} = 160\text{패키지}$$

∴ 제품A의 손익분기점 판매량 = 160패키지 × 3 = 480단위(조건에 적합)

제품B의 손익분기점 판매량 = 160패키지 × 2 = 320단위(조건에 적합)

2) 501~1,000단위인 경우

	제품A 3켤레	제품B 2켤레	총 액
판매가격	₩1,800	₩1,000	₩2,800
차감: 변동원가	(1,200)	(600)	(1,800)
공헌이익	₩600	₩400	₩1,000

$$\text{제품 패키지의 손익분기점 판매량} = \frac{₩240,000}{₩1,000} = 240\text{패키지}$$

∴ 제품A의 손익분기점 판매량 = 240패키지 × 3 = 720단위(조건에 적합)

제품B의 손익분기점 판매량 = 240패키지 × 2 = 480단위(조건에 부적합)

3) 1,001~1,500단위인 경우

	제품A 3켤레	제품B 2켤레	총 액
판매가격	₩1,500	₩800	₩2,300
차감: 변동원가	(1,200)	(600)	(1,800)
공헌이익	₩300	₩200	₩500

$$\text{제품 패키지의 손익분기점 판매량} = \frac{₩240,000}{₩500} = 480\text{패키지}$$

∴ 제품A의 손익분기점 판매량 = 480패키지 × 3 = 1,440단위(조건에 적합)
제품B의 손익분기점 판매량 = 480패키지 × 2 = 960단위(조건에 부적합)

2. (요구사항 1.)에서 제품패키지(꾸러미)법을 활용하여 조업도 구간별로 구한 패키지 한 단위당 공헌이익을 활용하여 제품 패키지의 현금흐름분기점 판매량을 구한 후 매출배합을 적용하여 각 제품별 현금흐름분기점 판매량을 계산한다.

1) ~500단위인 경우

$$\text{제품 패키지의 현금흐름분기점 판매량} = \frac{₩240,000 - ₩39,000}{₩1,500} = 134\text{패키지}$$

∴ 제품A의 현금흐름분기점 판매량 = 134패키지 × 3 = 402단위(조건에 적합)
제품B의 현금흐름분기점 판매량 = 134패키지 × 2 = 268단위(조건에 적합)

2) 501~1,000단위인 경우

$$\text{제품 패키지의 현금흐름분기점 판매량} = \frac{₩240,000 - ₩39,000}{₩1,000} = 201\text{패키지}$$

∴ 제품A의 손익분기점 판매량 = 201패키지 × 3 = 603단위(조건에 적합)
제품B의 손익분기점 판매량 = 201패키지 × 2 = 402단위(조건에 부적합)

3) 1,001~1,500단위인 경우

$$\text{제품 패키지의 현금흐름분기점 판매량} = \frac{₩240,000 - ₩39,000}{₩500} = 402\text{패키지}$$

∴ 제품A의 손익분기점 판매량 = 402패키지 × 3 = 1,206단위(조건에 적합)
제품B의 손익분기점 판매량 = 402패키지 × 2 = 804단위(조건에 부적합)

3. (요구사항 1.)에서 조업도 구간별로 구한 제품 패키지 한 단위당 공헌이익을 활용하여 패키지의 세후현금흐름분기점 판매량을 구한 후 매출배합을 적용하여 각 제품별 현금흐름분기점 판매량을 계산한다.

1) ~500단위인 경우

$$\text{제품 패키지의 세후현금흐름분기점 판매량} = \frac{₩240,000(1-0.5) - ₩39,000}{₩1,500(1-0.5)}$$
$$= 108\text{패키지}$$

∴ 제품A의 세후현금흐름분기점 판매량 = 108패키지 × 3 = 324단위(조건에 적합)
제품B의 세후현금흐름분기점 판매량 = 108패키지 × 2 = 216단위(조건에 적합)

2) 501~1,000단위인 경우

$$\text{제품 패키지의 세후현금흐름분기점 판매량} = \frac{₩240,000(1-0.5) - ₩39,000}{₩1,000(1-0.5)}$$
$$= 162\text{패키지}$$

∴ 제품A의 세후현금흐름분기점 판매량 = 162패키지 × 3 = 486단위(조건에 부적합)
제품B의 세후현금흐름분기점 판매량 = 162패키지 × 2 = 324단위(조건에 부적합)

3) 1,001~1,500단위인 경우

$$\text{제품 패키지의 세후현금흐름분기점 판매량} = \frac{₩240,000(1-0.5) - ₩39,000}{₩500(1-0.5)}$$

$$= 324\text{패키지}$$

∴ 제품A의 세후현금흐름분기점 판매량 = 324패키지 × 3 = 972단위(조건에 부적합)

제품B의 세후현금흐름분기점 판매량 = 324패키지 × 2 = 648단위(조건에 부적합)

연습문제 EXERCISE

객관식 문제

[4-1] 손익분기점분석의 기본가정과 한계에 관한 설명으로 옳지 않은 것은? (CTA)

① 단위당 판매가격은 수요·공급의 원리에 따라 판매량을 증가시키기 위해서는 낮추어야 한다는 것을 가정한다.

② 모든 원가는 고정원가와 변동원가로 나누어질 수 있으며, 고정원가는 매출수량의 증가에 관계없이 관련범위 내에서 일정하고, 변동원가는 매출수량의 증가에 정비례하는 것을 가정한다.

③ 의사결정이 이루어지는 관련범위 내에서 조업도만이 원가에 영향을 미치는 유일한 요인이라고 가정한다.

④ 원가요소, 능률, 생산성은 일정범위 내에서 변동하지 않으며, 생산·관리·판매의 효율성에도 변동이 없다고 가정한다.

⑤ 대부분의 원가요소는 기간이 매우 길 경우에는 변동원가가 되며, 기간이 매우 짧은 경우에는 고정원가가 될 것이므로 원가와 원가동인의 관계가 지속적으로 성립될 것으로 기대되는 예측가능한 범위를 정하여야 한다.

[4-2] 다음은 원가-조업도-이익(CVP) 분석에 관한 설명이다. 이 중 적합하지 않은 표현은 어느 것인가? (CPA)

① 손익분기점에서는 순이익이 0이므로 법인세가 없다.

② 공헌이익이 총고정원가보다 클 경우에는 이익이 발생한다.

③ 생산량과 판매량이 다른 경우에는 생산량에 따라 변동원가계산의 손익분기점이 변한다.

④ 총원가 중에서 고정원가의 비중이 클수록 영업레버리지도는 커진다.

⑤ 안전한계율에 공헌이익률을 곱하면 매출액순이익률이 계산된다.

[4-3] 스마트(주)의 올해 판매량은 20,000단위이다. 판매가격 및 원가자료는 다음과 같다.

단위당 판매가격	₩80
단위당 변동제조원가	45
연간 고정제조간접원가 (감가상각비 ₩40,000 포함)	300,000

단위당 변동판매관리비	10
연간 고정판매관리비 (감가상각비 ₩12,500 포함)	100,000

법인세율은 40%이다. 다음 중 옳은 것은? (CTA)

	손익분기점	현금흐름분기점		손익분기점	현금흐름분기점
①	11,429단위	13,000단위	②	11,429단위	12,500단위
③	16,000단위	12,500단위	④	16,000단위	14,000단위
⑤	16,400단위	14,000단위			

[4-4] 스마트(주)는 A, B, C 세 가지 제품을 만든다. 이들 제품에 관한 자료는 다음과 같다.

	제품A	제품B	제품C
단위당 판매가격	₩120	₩100	₩150
단위당 변동원가	72	70	120

또한 월 고정원가는 ₩40,000이다. 세 가지 제품의 매출구성비(매출액 기준)가 5 : 2 : 3일 때, ₩12,000의 세전순이익을 달성하기 위하여 필요한 총매출액은 얼마인가? (CTA)

① ₩128,200 ② ₩125,000 ③ ₩166,667
④ ₩162,500 ⑤ ₩150,000

[4-5] 스마트(주)는 동일한 생산설비를 이용하여 제품 A, B, C를 생산 · 판매하고 있으며 총 고정원가는 ₩1,000,000이다.

	제품A	제품B	제품C
단위당 판매가격	₩900	₩1,000	₩900
단위당 변동원가	700	600	500

세 가지 제품의 판매량 구성이 4 : 2 : 1일 때, 손익분기점 매출액은 얼마인가? (관세사)

① ₩1,875,000 ② ₩2,500,000 ③ ₩3,250,000
④ ₩4,500,000 ⑤ ₩5,050,000

[4-6] 스마트(주)는 정상원가계산을 사용하고 있다. 다음 자료를 이용하여 변동원가계산과 전부원가계산에서의 손익분기점을 구하면 각각 얼마인가?(단, 단위원가는 일정하고 가격차이, 소비차이, 능률차이, 그리고 조업도 차이는 없다고 가정한다.) (CTA)

기초재고수량	300단위
기말재고수량	200단위
실제 판매량	4,100단위
단위당 판매가격	₩10,000
고정제조간접원가	₩4,000,000
고정 판매관리비	₩6,000,000
단위당 직접재료원가	₩2,600
단위당 직접노무원가	₩2,400

	변동원가계산	전부원가계산
①	2,000단위	2,800단위
②	800단위	2,000단위
③	2,000단위	2,800단위
④	2,000단위	1,500단위
⑤	800단위	1,500단위

[4–7] 원가–조업도–이익(CVP)분석에 대한 설명 중에서 가장 타당하지 않은 것은? (CPA)

① 고정원가가 ₩300,000이고, 변동원가율이 80%인 회사가 납세 후 순이익(법인세율 20%) ₩112,000을 벌었다면, 매출액은 ₩2,200,000이었을 것이다.

② 장기적인 관점에서 비선형 손익분기도표에는 조업도수준이 0인 점을 포함하여 손익분기점이 3군데 나타날 수 있다.

③ 원가함수를 조업도에 대한 1차함수로 추정하는 것은 관련범위 내에서 원가함수가 선형이라는 가정에 따른 것이다.

④ 이익 규모가 비슷한 경우 고정원가의 비중이 큰 원가구조를 가지고 있는 기업일수록 레버리지 효과가 커져서 불경기에도 큰 타격을 입지 않을 것이다.

⑤ 이익-조업도 도표(profit-volume chart)에서 이익선의 기울기는 단위당 공헌이익에 의해서 결정된다.

[4–8] 스마트(주)는 라면, 떡사리, 햄의 세 가지 제품을 생산하여 식당에 납품하고 있다. 제품별 판매량에는 일정 비율의 규칙이 있는데 라면 : 떡사리 : 햄의 매출 비율이 1 : 3 : 2로 나타난다. 단위당 공헌이익은 라면 ₩200, 떡사리 ₩100, 햄 ₩50이고 연간 고정원가는 ₩3,000,000이다. 이 회사가 손익분기점에 도달할 때 제품별 판매량은 얼마나 판매될까?

	라면	떡사리	햄		라면	떡사리	햄
①	4,000단위	14,000단위	9,000단위	②	4,500단위	14,500단위	9,500단위
③	5,000단위	15,000단위	10,000단위	④	5,500단위	15,500단위	10,500단위
⑤	6,000단위	16,000단위	11,000단위				

[4-9] 스마트(주)는 A, B 두 제품을 생산 · 판매하고 있다. 두 제품에 대한 20×1년 예산자료는 다음과 같다.

	A제품	B제품
매출액	₩300,000	₩900,000
변동원가	120,000	450,000
공헌이익	₩180,000	₩450,000

회사 전체의 연간 고정원가 총액은 ₩262,500이다. A제품의 연간 손익분기점 매출액은 얼마인가? (단, 예산 매출배합이 일정하게 유지된다고 가정한다.) (감정평가사)

① ₩105,000 ② ₩110,000 ③ ₩115,000
④ ₩120,000 ⑤ ₩125,000

[4-10] 스마트(주)는 제품A와 제품B를 생산 · 판매한다. 회사는 변동원가계산방법을 사용하며 당기 예상판매량 및 예상원가 자료는 다음과 같다. 매출배합이 일정하다고 가정할 때 손익분기점을 달성하기 위한 두 제품의 판매량은 각각 얼마인가? (CPA)

	제품A	제품B	합계
판매량	300단위	700단위	1,000단위
매출액	₩30,000	₩42,000	₩72,000
변동원가	15,000	21,000	36,000
고정원가			21,600

	제품A	제품B		제품A	제품B
①	130단위	504단위	②	162단위	378단위
③	180단위	420단위	④	203단위	473단위
⑤	210단위	490단위			

[4-11] 스마트(주)는 업소용 라면과 가정용 라면을 생산 · 판매하고 있다. 업소용 라면은 매출액의 60%를 차지하고 단위당 공헌이익률이 30%이다. 가정용 라면은 매출액의 40%를 차지하고 단위당 공헌이익률이 20%이다. 연간 고정원가가 ₩260,000인 경우에 손익분기점 매출액

은 얼마인가?

① ₩900,000 ② ₩1,000,000 ③ ₩1,100,000
④ ₩1,200,000 ⑤ ₩1,300,000

[4-12] 스마트(주)는 A, B 두 종류의 상품을 취급하고 있다. 현재 총 판매량 중에서 A상품이 차지하는 비중이 60%이고 B상품이 차지하는 비중이 40%이다. A상품의 단위당 공헌이익은 ₩10이고 B상품의 단위당 공헌이익은 ₩15이며, 손익분기점에서 B상품의 판매량은 4,000개이었다. 현재 단위당 공헌이익이 ₩5인 C상품을 추가로 취급하려고 한다. 이 상품을 추가로 취급하더라도 A상품과 B상품의 단위당 공헌이익은 변하지 않으나 판매량의 구성비는 A 20%, B 60%, C 20%가 될 것이라고 예상된다. C상품을 추가적으로 취급했을 때 손익분기점에서 B상품의 판매량은 얼마인가? (CPA)

① 2,000개 ② 3,333개 ③ 4,000개
④ 6,000개 ⑤ 10,000개

[4-13] (주)스마트는 단일 제품을 생산하여 판매한다. 제품 단위당 판매가격은 ₩200이고, 단위당 변동원가는 ₩150으로 일정하지만 고정원가는 제품 생산량이 일정 범위를 넘어가면 계단형으로 증가한다. 제품 생산량이 첫 번째 구간(1~1,000단위)일 때 손익분기점은 840단위이고, 두 번째 구간(1,001~2,500단위)일 때 손익분기점은 2,400단위이다. 첫 번째 구간에서 두 번째 구간으로 넘어갈 때 증가하는 고정원가(a)와 달성가능한 최대이익(b)은? (단, 첫 번째 구간과 두 번째 구간만 고려할 것) (세무사)

① a: ₩78,000 b: ₩5,000 ② a: ₩78,000 b: ₩8,000
③ a: ₩82,000 b: ₩5,000 ④ a: ₩82,000 b: ₩8,000
⑤ a: ₩92,000 b: ₩5,000

[4-14] 스마트(주)는 제품의 단위당 판매가격을 ₩400으로 설정하였다. 제품을 생산하여 판매하기까지 발생하는 제품 단위당 변동원가는 단위당 판매가격의 70%이며, 총고정원가는 판매수량이 50,000개까지는 ₩3,000,000이고 50,000개를 초과하여 90,000개까지는 ₩4,500,000이고 90,000개를 초과하여 최대생산가능량인 130,000개까지는 ₩6,000,000이다. 회사가 ₩9,000,000의 이익을 얻으려면 제품을 얼마나 생산·판매하여야 하는가? (CTA)

① 100,000개 ② 50,000개 ③ 125,000개
④ 130,000개 ⑤ 112,500개

[4-15] 스마트(주)는 냉장고를 구입하여 판매하는 회사이다. 20×1년 냉장고의 단위당 판매가격은 ₩10,000이며, 변동원가율은 80%이다. 판매량이 5,000대 이하인 경우 고정판매비는 ₩8,500,000이며, 판매량이 5,000대를 초과한 경우 고정판매비는 ₩11,000,000이다. 스마트(주)가 세후순이익 ₩1,450,000을 달성하기 위해서는 몇 대의 냉장고를 판매해야 하는가? (단, 법인세율은 세전이익 ₩1,000,000 이하까지는 25%이며, ₩1,000,000 초과분에 대해서는 30%이다) (CTA)

① 4,250대 ② 4,500대 ③ 4,750대
④ 5,250대 ⑤ 6,500대

주관식 문제

[4-1] 스마트(주)는 단일제품을 생산·판매하고 있다. 제품의 단위당 판매가격은 ₩100이고 단위당 변동원가는 ₩60이며 연간고정원가는 ₩100,000이다. 고정원가 중 ₩21,600은 감가상각비이다. 다음에 답하시오.

(요구사항)

법인세가 없는 경우와 법인세율이 40%인 경우의 현금흐름분기점 판매량의 차이는 얼마인가?

※ [4-2]~[4-3]

스마트(주)는 두 종류의 제품을 생산하고 있다. 관련 자료는 다음과 같다.

	A제품	B제품
단위당 판매가격	₩400	₩800
단위당 변동원가	300	400
단위당 공헌이익	100	400
공헌이익율	25%	50%

연간 고정원가 예상액은 ₩3,600,000이다.

[4-2] 제품A와 제품B의 판매량 배합이 2 : 1인 경우에 손익분기점 판매량은 얼마인가?

[4-3] 제품A와 제품B의 매출액 배합이 2 : 1인 경우에 손익분기점 판매량은 얼마인가?

[4-4] 스마트(주)의 20×1년 영업활동 관련 자료는 다음과 같다.

	A제품	B제품
단위당 판매가격	₩1,000	₩500
단위당 변동원가	400	250
매출액 배합비율	40%	60%

동사의 고정원가는 ₩2,700,000이다.

(요구사항)

1. 각 제품의 손익분기판매량을 구하시오.
2. 법인세율이 30%일 때 세금차감후순이익 ₩378,000을 달성할 수 있는 각 제품의 판매량을 구하시오.
3. 법인세율이 30%일 때 세금차감후순이익이 매출액의 9%가 될 수 있는 각 제품의 판매량을 구하시오.

※ [4-5]~[4-6]

스마트(주)는 20×1년에 새로운 마케팅전략을 도입하였다. 이는 총판매량이 증가하면 단계적으로 판매가격을 인하하는 정책이다. 구체적인 가격 인하 수준은 다음과 같이 결정하였다. 스마트(주)는 연초에 총판매량의 증가에 따른 단계별 판매가격 인하정책을 다음과 같이 결정하였다.

판매량(조업도)	단위당 가격
10,000단위 이내	₩300
10,001~30,000단위	₩250
30,001~50,000단위	₩240

단위당 변동원가는 ₩200이고, 고정원가는 조업도범위의 변동과 관계없으며 다음과 같다.

감가상각비	₩100,000
임차료	420,000
보험료	230,000
광고선전비	450,000
	₩1,200,000

[4-5] 새로운 마케팅전략 도입에 따른 스마트(주)의 손익분기점 판매량을 구하시오.

[4-6] 스마트(주)의 경영진은 새로운 마케팅전략을 도입할 경우 현금흐름에 문제가 없는지 궁금해 하고 있다. 스마트(주)의 현금흐름분기점 판매량을 구하시오.

[4-7] 스마트(주)는 관리통제 목적으로 변동원가계산을 활용하고 있다. 또한 재무제표 작성에는 전부원가계산방식을 적용하고 있다. 스마트(주)의 20×1년말 원가와 생산 자료는 다음과 같다.

	금 액	수 량
단위당 판매가격	₩2,000	
단위당 변동제조원가	500	기준조업도 : 1,800단위
단위당 변동판매관리비	500	생산량 : 2,000단위
고정제조간접원가(실제 및 예산)	234,000	
고정판매관리비	157,000	

(요구사항)

1. 변동원가계산을 적용하는 경우에 손익분기점 판매량을 구하시오.
2. 전부원계산을 적용하는 경우에 손익분기점 판매량을 구하시오.

[4-8] 스마트(주)는 단일 제품을 제조·판매하고 있다. 회사의 올해 판매량은 30,000단위이다. 영업관련 정보는 다음과 같다.

단위당 판매가격	₩80
단위당 변동제조원가	45
연간 고정제조간접원가	300,000
단위당 변동판매관리비	10
연간 고정판매관리비	105,000

(요구사항)

스마트(주)의 손익분기점은 변동원가계산방식일 때와 전부원가계산방식일 때 각각 얼마인가?

※ [4-9]~[4-12]

스마트(주)는 단일 제품을 제조하여 판매하고 있다. 최근 경쟁이 심화되어 경영진은 새로운 광고전략을 수립하고자 한다. 광고계획을 수립하기 위하여 20×1년 회계자료를 수집한 결과 다음과 같은 자료를 획득하였다.

원가자료:

단위당변동원가:		고정원가:	
직접재료원가	₩16	제조간접원가	₩80,000
직접노무원가	7	판매관리비	120,000
제조간접원가	5		₩200,000
변동판매비	2		
	₩30		

단위당 판매가격: ₩40

20×1년 판매수량: 25,000단위

법인세율: 40%

[4-9] 위의 자료를 활용하여 다음 질문에 답하시오.

(요구사항)

1. 20×1년의 손익분기점 판매수량은 얼마인가?
2. 20×1년의 안전한계 및 안전한계율은 각각 얼마인가?
3. 20×1년의 영업레버리지도(DOL)는 얼마인가? 계산한 영업레버리지를 이용하여 20×2년도 판매량이 20% 증가한다면, 영업이익은 얼마나 증가하겠는가?

[4-10] 스마트(주)의 20×1년 고정제조간접원가에 감가상각비가 ₩20,000 포함되어 있다면 20×1년의 법인세를 고려하지 않을 경우 현금흐름분기점 판매량은 얼마인가?

[4-11] 스마트(주)는 20×2년의 매출액 목표를 달성하기 위해서 광고비를 ₩130,000 증가시키고, 판매가격을 단위당 ₩5 인상하고자 한다. 이 경우 판매량은 20% 증가할 것으로 예상하고 있다. 광고비가 추가로 지출되어도 다른 원가구조에는 변함이 없을 것으로 가정할 때, 광고비를 추가로 ₩130,000 증가시킬 경우 20×2년의 예상 법인세후 순이익과 손익분기점 매출액은 얼마인가?

[4-12] [문 4-11]과 같이 20×2년, 판매가격을 단위당 ₩5씩 인상할 경우 20×2년에 법인세차감후 목표순이익이 ₩60,000이고, 판매수량이 30,000단위일 때 최대허용광고비는 얼마인가?

[4-13] 스마트(주)는 단일제품을 생산 · 판매한다. 회사는 생산량에 따라 고정원가가 변하는 원가구조를 가지고 있다. 조업도와 관련된 원가자료는 다음과 같다.

월간 생산 · 판매량	0~10,000단위	10,001단위~20,000
단위당 판매가격	₩40	₩40
단위당 변동원가	₩15	₩15
고정원가	₩300,000	₩400,000

(요구사항)

회사의 손익분기점 판매량은 얼마인가?

[4-14] 스마트(주)는 4,000단위를 초과하여 판매할 때마다 추가판매 1단위당 ₩200씩 특별판매수당을 지급한다. 그 결과 3월 중 제품 5,000단위를 판매하였으며 ₩1,920,000의 법인세차감후순이익을 달성하였다. 제품의 판매단가는 ₩2,000이며, 월 고정원가는 ₩1,400,000이다. 유통업체의 특성상 배송차량의 가동능력이 판매물량을 좌우하며, ₩1,400,000의 월 고정원가하에서는 8,000단위가 최대판매수량이다. 다음에 답하시오. (CTA)

(요구사항)

법인세율이 법인세차감전이익의 20%인 경우 ₩2,400,000의 법인세차감후순이익을 달성하기 위한 최대판매수량기준 조업도의 비율을 구하시오. (단, 회사의 월초, 월말 재고자산은 없다고 가정한다.)

[4-15] 단일제품을 생산하고 있는 스마트(주)의 올해 판매가격과 원가자료는 다음과 같다. (CTA)

단위당 판매가격		₩2,000
단위당 변동원가		
직접재료원가	₩150	
직접노무원가(3시간, ₩60)	180	
변동제조간접원가	300	
변동판매관리원가	400	1,030
단위당 공헌이익		₩970
연간 고정제조간접원가		₩327,500
연간 고정판매관리원가		200,000

(요구사항)

변동제조간접원가는 직접노동시간에 비례하여 발생한다. 법인세율은 40%이다. 내년에는 원재료의 가격이 10%, 임률이 5% 인상되는 반면에 노동생산성은 올해보다 20% 향상되리라고 예측하고 있다. 판매가격을 인상시키지 않고 세후목표이익 ₩300,000을 얻기 위해서 내년에는 몇 단위의 제품을 생산·판매하여야 하는가? (단, 생산된 수량은 그 해에 전량 판매된다고 가정한다.)

01 관련원가의 의의

경영자는 업무를 수행하는 과정에서 수많은 의사결정을 수행한다. 의사결정(decision making)이란 일정한 목적 또는 목표를 달성하기 위해 여러 가지 선택가능한 대안 중 최적의 대안을 선택하는 과정을 의미한다. 그리고 의사결정을 효율적으로 수행하기 위해서는 많은 정보를 필요로 하게 되는데, 원가정보가 가장 중요한 역할을 수행한다. 즉, 각 대안에 대한 모든 관련원가 및 필요한 정보를 제공받을 수 있다면 의사결정은 보다 수월해진다. 경영자가 수행하는 의사결정은 의사결정의 효과가 미치는 기간에 따라 단기의사결정과 장기의사결정으로 구분할 수 있다.

단기의사결정은 의사결정의 효과가 보통 1년 이내의 단기에 영향을 미치는 의사결정으로, 생산설비 규모나 생산방식 등이 동일하여 화폐의 시간가치를 고려하지 않는다. 단기의사결정은 생산일정 및 판매량 계획과 같이 반복적으로 발생하는 일상적인 의사결정과 특별주문의 수락이나 제품의 폐지여부와 같은 비반복적으로 발생하는 특수의사결정이 있다.

장기의사결정은 의사결정의 효과가 장기간에 걸쳐서 영향을 미치는 의사결정으로, 생산설비 규모나 생산방식 등이 변동될 수 있어 화폐의 시간가치를 고려해야 한다. 장기의사결정은 생산설비의 취득이나 사업부의 신설 등과 같이 장기적인 경영계획을 그 예로 들 수 있다.

본 장에서는 단기특수의사결정에 유용한 정보를 파악하기 위한 방법에 대해서 설명하도록 한다. 일반적으로 단기특수의사결정은 관련원가 분석이라고 하는데, 먼저 의사결정의 기본적인 개념인 관련원가를 소개하고 관련원가가 단기의사결정에 어떻게 활용될 수 있는지를 설명하도록 한다.

경영자는 직무를 수행하는 과정에서 다양한 의사결정을 내리는데 어떠한 유형의 원가가 유용한지를 이해해야 한다. [예제 5-1]을 이용하여 살펴보도록 한다.

예제 5-1 관련원가의 분석

스마트(주)는 여러 유형의 LED TV를 생산하여 판매하고 있다. 스마트(주)는 20×1년의 예상 판매량을 500대로 예상하고 있으며, 대당 판매가격은 ₩1,000이다. 회사의 조업수준은 700대의 LED TV를 생산할 수 있는 능력을 보유하고 있으며, 예상판매량을 초과하여 보유하고 있는 유휴설비는 임대하여 ₩20,000의 임대료수익을 얻을 수 있다. 최근 스마트(주)는 호텔업체로부터 LED TV 180대를 대당 ₩850에 공급해 달라는 특별주문을 받았다. 스마트(주)의 회계담당자가 예상한 20×1년의 이익은 다음과 같다.

– 수익		
매출액: 500대×₩1,000=	₩500,000	
임대료 수익	20,000	₩520,000
– 비용		
변동원가: 500대×₩700=	₩350,000	
고정원가(감가상각비 ₩20,000 포함)	60,000	410,000
– 이익		₩110,000

(요구사항)

스마트(주)의 경영자는 회계담당자에게 특별주문을 수락해야 하는지에 대한 판단을 위해 원가분석보고서를 작성할 것을 지시하였다.

[예제 5-1]과 같은 특수의사결정을 수행하는 과정에서 경영자는 이익의 극대화를 목표로 하기 때문에 선택이 가능한 대안으로부터 획득할 수 있는 이익을 비교하여 의사결정을 수행하게 된다. 특수의사결정을 위한 접근방법으로는 총액접근법과 증분접근법이 있다.

1.1 총액접근법

총액접근법은 경영자가 선택 가능한 각 대안별로 총수익과 총비용을 계산하여 대안별 이익을 산정하고 그 이익을 비교하여 이익이 가장 큰 대안을 선택하는 방법이다. 이 방법은 대안별로 손익계산서를 작성해야 하므로 시간이 많이 소요되고 비관련원가도 포함하여 분석을 하기 때문에 관련원가 항목에 주의가 집중되지 못하는 단점이 있다. [예제 5-1]을 총액접근법으로 분석하면 다음과 같다.

	특별주문 수락 전		특별주문의 수락	
총수익				
매출액	500대×₩1,000=	₩500,000	500대×₩1,000+180대×₩850=	₩653,000
임대료수익		20,000		0
		₩520,000		₩653,000
총비용				
변동원가	500대×₩700=	₩350,000	500대×₩700+180대×₩700=	₩476,000
고정원가		60,000		60,000
		₩410,000		₩536,000
총이익		₩110,000		₩117,000

각 대안별로 총수익과 총비용을 계산하여 총이익을 산정한 결과, 특별주문을 수락하기 전의 총이익 ₩110,000보다 특별주문을 수락한 후의 총이익이 ₩7,000이 증가하므로 특별주문을 수락해야 한다.

총액접근법의 장점은 증분접근법과 비교하여 이해하기 쉽고, 세 가지 이상의 대안이 있는 경우 편리하다. 단점으로는 모든 수익과 원가를 추정해야 하므로 시간과 비용이 많이 소요되고, 비관련수익과 비관련원가도 분석대상에 포함되므로 의사결정과 관련된 수익과 비용항목을 파악하기가 어렵다.

1.2 증분접근법

증분접근법은 각 대안 간에 차이가 있는 관련항목만을 이용해서 증분수익과 증분비용을 분석하여 의사결정을 하는 방법으로 '차액접근법'이라고도 한다. 즉, 증분접근법은 대안의 선택으로 인한 증분수익과 증분비용을 구하고, 증분수익에서 증분비용을 차감하여 증분이익이 발생하면 대안을 선택한다. 증분접근법은 각 대안 간에 차이가 없는 항목인 비관련수익과 비관련원가는 의사결정 고려대상에서 제외된다. [예제 5-1]을 증분접근법으로 분석하면 다음과 같다.

증분수익		
매출액의 증가: 180대×₩850=	₩153,000	
임대료 수익의 감소(기회비용)	(20,000)	₩133,000
증분비용		
변동원가: 180대×₩700=	₩126,000	126,000
증분이익		₩7,000

1.2.1 관련항목

관련항목은 의사결정과 관련이 있는 항목으로 각 대안 간에 차이가 발생하는 항목을 말한다. 관련항목에는 관련수익, 관련원가 및 기회비용이 있다.

관련수익(relevant revenue)은 의사결정과 관련이 있는 수익으로 각 대안 간에 차이가 존재하는 미래현금수익을 말한다. 과거에 이미 발생된 수익이나 각 대안 간에 차이가 없는 미래수익은 의사결정과 관련이 없는 비관련수익이 된다. [예제 5-1]에서 특별주문을 수락하는 경우에 180개를 추가로 판매하면서 증가하는 매출액 ₩153,000(=180대×₩850)이 관련수익이다.

관련원가(relevant costs)는 의사결정과 관련이 있는 원가로 각 대안 간에 차이가 존재하는 미래현금지출원가를 말한다. 관련원가가 되기 위해서는 각 대안 간에 차이를 발생시키는 원가여야 하고, 과거에 발생한 원가가 아니고 미래에 발생할 원가여야 한다. 과거에 이미 발생된 원가나 각 대안 간에 차이가 발생하지 않는 미래현금지출원가는 비관련원가이다. [예제 5-1]에서 특별주문을 수락하는 경우에 180대를 추가로 생산하면서 발생하는 변동원가 ₩126,000(=180대×₩700)이 관련원가이다. 따라서 관련항목은 다음과 같은 두 가지 중요한 속성을 지닌다.

① 미래에 발생될 원가이다.
② 의사결정 대안에 따라 차이가 나타나는 원가이다.

기회비용(opportunity costs)은 선택 가능한 대안 중에서 특정한 대안을 선택하고 다른 대안을 포기하는 경우 포기된 대안의 최대이익을 의미한다. 즉, 기회비용은 특정 대안을 선택하기 위해서 포기하는 이익을 말한다. 관련원가 분석에서 반드시 고려해야 하는 기회비용의 대표적인 유형은 기존 정규시장의 수익 감소와 유휴생산능력의 대체적 용도를 위해 포기하는 이익의 감소가 있다. [예제 5-1]에서 특별주문을 수락하는 경우 기존의 임대료 수익 ₩20,000은 포기해야 하는데, 이 금액이 특별주문을 수락하는 경우에 발생하는 기회비용이라 할 수 있다. 관련원가 분석에서는 이 기회비용을 반드시 고려해야 한다.

1.2.2 비관련항목

비관련항목은 의사결정과 관련이 없는 항목으로 각 대안 간에 차이가 없는 수익이나 비용항목을 의미한다. 비관련항목에는 과거 의사결정의 결과로 발생한 매몰원가와 미래에 현금이 지출되지만 대안 간에 차이가 없는 비관련원가와 비관련수익이 있다.

매몰원가(sunk cost)는 의사결정 시점 이전에 이미 발생된 원가로서, 경영자가 통제할 수 없으며 현재 또는 미래의 어떠한 의사결정에도 영향을 미치지 못하는 원가로 비관련원가이다. 의사결정은 본질적으로 미래지향적이므로 이미 발생한 역사적 원가는 미래의 수익과 미래의 비용에 어떠한 영향도 미치지 못하므로 대안의 선택과 관련된 의사결정에 고려의 대상이 되지 않는 것이다. 다만, 역사적 원가는 매몰원가로서 단기적인 특수의사결정에서는 비관련원가이지만, 미래에도 계속해서 발생될 것으로 기대되면 역사적 원가도 의사결정에 고려해야 한다. [예제 5-1]에서 고정원가 ₩60,000은 의사결정과 아무 관련이 없는 매몰원가이다. 기존의 변동원가 ₩350,000은 미래에 현금을 지출해야 하는 원가이지만 두 대안 간에 차이가 발생하지 않는 비용이므로 비관련원가이다. 기존의 판매로 얻는 매출액 ₩500,000은 미래에 현금의 유입이 예상되지만, 두 대안 간에 차이가 발생하지 않는 수익으로 비관련수익이다.

증분접근법에 따라 증분수익에서 증분비용을 차감한 결과 증분이익이 ₩7,000만큼 증가하므로 특별주문을 수락해야 한다. 증분접근법은 대안의 선택으로 인한 증분수익에서 증분비용을 차감하여 증분이익이 '0'보다 크면 대안을 선택하고, '0'보다 작으면 대안을 포기하는 의사결정을 한다.

증분접근법의 장점은 관련항목만을 분석하므로 의사결정을 수행할 때 시간이 절약되고, 의사결정과 직접적으로 관련이 있는 항목에 관심을 집중할 수 있다. 단점으로는 총액접근법과 비교하여 이해하기 어렵고, 세 가지 이상의 대안이 있는 경우 적용에 어려움이 있다.

02 특수의사결정

기업이 목표를 달성하는데 하나 이상의 접근방법이 존재한다. 따라서 경영자의 의사결정은 주어진 상황에 가장 적절하다고 판단되는 대안을 선택하는 과정이다. 의사결정은 경영자가 두개 이상의 대안을 놓고 선택하는 과정으로, 경영자는 최선의 대안을 선택하는데 있어 수많은 요인을 고려한다. 의사결정은 경영자의 판단과 경험에 의존하는 경우도 있지만 대부분의 의사결정은 다양한 자료와 정교한 분석모형을 사용함으로써 체계적으로 이루어진다. 의사결정 방법이 상이하더라도 의사결정을 위해서는 적절한 원가계산 자료가 사용된다. 의사결정은 그 반복성에 따라 반복적인 정규의사결정과 비반복적인 특수의사결정으로 구분된다. 예산의 편성은 매년 반복되는 정규의사결정이다. 본 절에서는 의사결정의 기본개념을 기반으로 특수의사결정의 다양한 유형에 대해 설명하고자 한다. 본 절에서 설명될 단기특수의사결정의 유형은 다음과 같다. 이러한 유형에 따라 의사결정을 진행할 때 어떻게 관련원가가 이용이 되는지를 설명한다.

1. 자가제조 또는 외부구매
2. 제품라인의 유지 또는 폐쇄
3. 특별주문의 수락 여부

2.1 자가제조 또는 외부구입

기업은 완제품을 제조하는 과정에서 여러 공정을 거치게 된다. 원재료를 구매하여 사용이 가능한 상태가 되도록 가공하여 공정에 투입하고, 직접노무원가와 제조간접원가를 투입하여 제품을 제조한다. 이렇게 만들어진 최종완제품은 마지막으로 소비자에게 공급된다. 기업은 완제품의 제조에 필요한 부품을 스스로 제조(make)할 것인지 아니면 외부공급자로부터 구입(buy)할 것인지에 대한 의사결정을 내려야 한다. 예를 들어 위성방송수신기 제조업체가 제조부문을 외부구매, 즉 아웃소싱하고 마케팅과 연구개발 부문에 핵심역량을 집중한다고 하자. 왜 제조부문을 외부에서 조달받을까? 이유는 자가제조하는 것보다 원가가 절감되기 때문이다. 그렇다면 특정부품을 외부구입하는 것이 자가

제조하는 것보다 얼마나 저렴한지는 어떻게 알 수 있을까? 이는 자가제조 또는 외부구입이라는 두 가지 대안의 관련원가를 비교해 보면 파악할 수 있다. 자가제조 또는 외부구입 의사결정은 기업이 생산활동에 사용되는 부품이나 특정서비스를 스스로 제조할 것인지 아니면 외부공급자로부터 구입할 것인지에 대한 의사결정이다. 이때 외부구입의 관련원가는 협력업체에 지급하는 가격 이외에 품질관리를 위한 본사원가도 고려해야 한다.

예제 5-2 자가생산 또는 외부구매

스마트(주)는 의료기 전문제조업체이다. 의료기의 주요부속품은 컴퓨터제어장치이다. 회사는 1년간 4,000대의 컴퓨터제어장치가 필요할 것으로 예측하고 있다. 스마트(주)는 현재 컴퓨터제어장치의 생산수요를 충족시킬 수 있는 여유조업능력을 보유하고 있다. 완제품 생산에 필요한 컴퓨터제어장치 4,000대를 자가제조하고 있으며, 생산과 관련된 원가자료는 다음과 같다.

	단위당 원가	총원가
직접재료원가	₩1,400	₩5,600,000
직접노무원가	1,200	4,800,000
변동제조간접원가	600	2,400,000
고정제조간접원가		
부문감독자 급여	400	1,600,000
생산설비의 감가상각비	600	2,400,000
일반관리비 배부액	200	800,000
합계	₩4,400	₩17,600,000

〈추가자료〉

1. 컴퓨터제어장치를 외부구입할 경우 부문감독자는 즉시 해고가 가능하다.
2. 외부구입하는 경우에도 일반관리비 배부액은 계속 발생한다.

스마트(주)는 신뢰할 수 있는 공급업체인 (주)서강으로부터 컴퓨터제어장치를 대당 ₩4,000에 공급하겠다는 제의를 받았다.

(요구사항)

1. 스마트(주)는 컴퓨터제어장치를 외부에서 구입하더라도 유휴생산능력의 대체적 용도가 없는 경우 자가제조할 것인지 또는 외부구입할 것인지 의사결정을 하시오.

2. 스마트(주)는 컴퓨터제어장치를 외부구입하는 경우에 ₩2,000,000의 임대료 수익을 얻을 수 있는 경우 자가제조할 것인지 또는 외부구입할 것인지 의사결정을 하시오.

(해 답)

1. 유휴설비의 대체적 용도가 없는 경우
컴퓨터제어장치의 대당 구입가격은 ₩4,000이고 대당 제조원가는 ₩4,400이기 때문에 컴퓨터제어장치는 외부에서 조달해야 할 것처럼 보인다. 그러나 생산과 관련된 모든 제조원가가 자가제조 또는 외부구입 의사결정에서 관련원가는 아니다. 모든 변동원가는 컴퓨터제어장치를 외부에서 구입한다면 발생되지 않기 때문에 관련원가이다. 부문감독자 급여는 자가제조할 때 필요하며 외부구입한다면 발생하지 않는 관련원가이다. 그러나 생산설비의 감가상각비와 일반관리비 배부액은 컴퓨터제어장치의 생산여부와 관계없이 발생하는 원가이기 때문에 비관련원가이다.
스마트(주)는 현재 여유조업능력을 보유하고 있다. 만약 스마트(주)가 컴퓨제어장치를 외부에서 구입한다면 컴퓨터제어장치에 할당되었을 생산설비의 감가상각비와 일반관리비 배부액은 이 회사가 생산한 다른 제품에 흡수될 것이다. 따라서 자가제조하는 경우 단위당 총관련원가는 단위당총원가 ₩4,400에서 생산설비의 감가상각비와 일반관리비 배부액의 단위당 금액 ₩800을 차감한 ₩3,600이다. 단위당 총관련원가 ₩3,600은 단위당 외부구매가격 ₩4,000보다 작으므로 회사는 컴퓨터제어장치를 내부에서 제조해야 한다.
－총액분석법

	자가제조의 경우	외부구입의 경우
외부구입 단위당원가		₩4,000
단위당 직접재료원가	₩1,400	
단위당 직접노무원가	1,200	
단위당 변동제조간접원가	600	
단위당 고정제조간접원가		
부문감독자 급여	400	－
생산설비 감가상각비	600	600
일반관리비 배부액	200	200
합계	₩4,400	₩4,800

자가생산시 단위당 ₩4,400의 원가가 발생하며, 외부구입시 ₩4,800원이 발생하므로 자가생산이 단위당 ₩400 유리함.

－증분접근법

직접재료원가	₩1,400
직접노무원가	1,200
변동제조간접원가	600
부문감독자 급여	400
합계	₩3,600

외부구입시 단위당 ₩4,000이 발생하며, 자가생산시 단위당 ₩3,600의 원가가 발생하기 때문에 총액분석법과 마찬가지로 자가생산이 단위당 ₩400 유리함.

증분수익		₩0
증분비용		
－비용의 증가		
외부구입비용 증가: 4,000대×₩4,000＝₩16,000,000		
－비용의 감소		
변동제조원가: 4,000대×₩3,200＝	(12,800,000)	
부문감독자 급여	(1,600,000)	(1,600,000)
증분이익		(₩1,600,000)

컴퓨터제어장치를 외부에서 4,000대를 구입하는 경우의 이익이 ₩1,600,000만큼 감소하므로, 컴퓨터제어장치는 자가제조해야 한다.

2. 유휴설비를 활용할 수 있는 경우
컴퓨터제어장치를 외부에서 구입하는 경우에 고정제조간접원가 중 생산설비의 감가상각비와 일반관리비 배부액은 회피불능고정원가이므로, 이를 자가제조 또는 외부구입 의사결정에서 비관련원가로 간주해서 고려하지 않았다. 그러나 외부구입하는 경우 유휴설비를 대안적으로 활용할 수 있다면 생산설비를 임대해서 임대료수익 ₩2,000,000을 얻을 수 있으므로 이를 고려해서 관련원가 분석을 해야 한다. 컴퓨터제어장치를 외부에서 구입하는 경우에 증분이익은 다음과 같다.

단위당 증분수익		₩500
단위당 증분비용		
－비용의 증가		
외부구입비용 증가	₩4,000	
－비용의 감소		
변동제조원가	(3,200)	

부문감독자 급여	(400)	(400)
단위당 증분이익		₩100

증분수익		₩2,000,000
증분비용		
－비용의 증가		
외부구입비용 증가: 4,000대×₩4,000＝₩16,000,000		
－비용의 감소		
변동제조원가: 4,000대×₩3,200＝	(12,800,000)	
부문감독자 급여	(1,600,000)	1,600,000
증분이익		₩400,000

생산설비의 대안적 이용방안이 있는 경우에는 컴퓨터제어장치를 외부에서 구입해야 한다. 컴퓨터제어장치를 외부에서 4,000대를 구입하는 경우의 이익이 ₩400,000(₩100×4,000대)만큼 증가하므로 외부에서 구입해야 한다.

2.2 제품라인의 유지 또는 폐쇄

경영자는 관련원가 개념을 사용하여 특정 제품라인을 지속할 것인지 아니면 폐쇄시킬 것인지의 의사결정을 내릴 수 있다. 이때 중요한 재무자료는 특정 제품라인을 폐쇄시킬 경우 이에 따라 상실되는 수익과 절감되는 원가이다. 절감되는 원가가 상실되는 수익보다 큰 경우에는 해당 제품라인을 폐쇄시키는 것이 좋다. 예를 들어, 고정원가가 일정하므로 대안을 비교할 때 고정원가는 관련원가가 아니므로 변동원가만을 고려하게 된다. 그러나 고정원가가 전액 또는 일부가 의사결정에 따라 변화하는 경우 고정원가는 관련원가이므로 의사결정시에 고려해야 한다. 만약 정상가격이 고정원가를 회수하지 못할 수준이라면 장기적으로는 손실이 누적되므로 제품라인을 폐쇄하는 것이 바람직하다.

예제 5-3 제품라인의 유지 또는 폐쇄

스마트(주)는 가전제품, 가구, 그리고 의류 등 세 제품라인을 가지고 있다. 회사의 경영자는 지속적으로 손실을 가져오고 있는 가구라인을 폐쇄할 것을 고려하고 있다. 현재 제품라인별 손익계산서는 다음과 같다.

	가전제품	가구	의류	합계
매출액	₩200,000	₩350,000	₩500,000	₩1,050,000
변동매출원가	50,000	120,000	200,000	370,000
고정매출원가	30,000	50,000	20,000	100,000
매출총이익	120,000	180,000	280,000	580,000
변동판매관리비	30,000	80,000	150,000	260,000
고정판매관리비				
일반관리비	10,000	60,000	14,000	84,000
광고비	7,000	50,000	11,000	68,000
임차료	3,000	20,000	5,000	28,000
영업이익	₩70,000	(₩30,000)	₩100,000	₩140,000

〈추가자료〉

1. 가구라인을 폐쇄할 경우 가구라인의 일반관리비 가운데 40%를 절감할 수 있다.
2. 광고비는 각 제품라인별로 발생하고 있으며 폐쇄할 경우 발생하지 않는다.
3. 임차료는 장기임대계약에 의한 것으로 지속적으로 지급하여야 한다.

(요구사항)

가구라인을 유지할 것인지 또는 폐쇄할 것인지 의사결정을 하시오.

(해 답)

증분공헌이익

가구라인의 공헌이익 감소: ₩350,000 − ₩120,000 − ₩80,000 = (₩150,000)

증분고정원가

회피가능고정원가의 감소

일반관리비	₩60,000 × 0.4	(24,000)
광고비		(50,000)
증분이익		(₩76,000)

[예제 5-3]을 보면, 가구라인은 ₩30,000의 손실을 보고 있기 때문에 이 제품라인을 폐쇄하면 ₩30,000의 손실을 모면할 수 있는 것처럼 보인다. 그러나 각 제품라인별로 열거된 모든 원가가 해당 라인을 폐쇄시키면 소멸될 수 있는 관련원가가 아니다. 제

품라인의 생산을 중단하면 수익과 변동원가가 모두 감소하므로 그 순액인 공헌이익을 관련항목으로 검토하는 것이 바람직하다. 스마트(주)가 가구라인을 폐지하는 경우에 회피가능한 고정원가 ₩74,000(일반관리비 ₩24,000과 광고비 ₩50,000)만 관련원가에 포함해서 회사의 전체이익에 미치는 효과를 분석해야 한다. 따라서 가구라인을 폐지하는 경우에 공헌이익은 ₩150,000이 감소하고, 감소할 수 있는 회피가능고정원가는 ₩74,000이므로 제품라인을 유지하는 것에 비해서 ₩76,000만큼 이익이 감소하므로 가구라인은 계속 유지해야 한다.

제품라인의 폐지여부에 대한 의사결정에서 변동원가는 해당 제품라인을 폐쇄시키면 더 이상 발생되지 않을 것이기 때문에 관련원가이다. 그러나 고정원가를 보면 회피가능원가와 회피불능원가의 두 범주로 나누어질 수 있다.

회피가능원가(avoidable costs)란 해당 제품라인을 폐쇄시키면 더 이상 발생되지 않고 절감될 수 있는 원가로서, [예제 5-3]에서는 일반관리비의 40%와 광고비가 회피가능원가이다. 따라서 회피가능원가는 제품라인의 폐쇄와 관련한 의사결정에서 관련원가이다. 회피가능원가의 예로는 위에서 언급한 변동원가 외에 해당 부문의 단위수준간접비, 배치수준간접비, 그리고 제품유지간접비 등이 포함된다.

회피불능원가(unavoidable costs)는 해당 제품라인을 폐쇄시키는 경우에도 원가가 지속적으로 발생하기 때문에 절감할 수 없는 원가이다. [예제 5-3]에서 임차료는 장기계약에 의해 계속 발생하는 원가로서 단기적으로 회피할 수 없는 회피불능원가이다. 따라서 회피불능원가는 이 의사결정에서 관련원가가 아니다. 회피불능원가의 예로는 다른 제품라인과 분담하는 설비유지간접비를 들 수 있다. 예를 들면 공통설비의 감가상각비, 냉방비, 그리고 일반관리비 등이 설비유지간접비이다.

2.3 특별주문의 수락 여부

특별주문(special order)은 대량 구매를 조건으로 가격 할인을 요구하는 비반복적인 일회성 주문을 의미한다. 경영자는 여유조업능력이 있는 경우 이러한 특별주문을 수락할 것인지를 결정해야 할 때가 있다. 특별주문은 구체적 상황에 적합한 관련원가를 기초로 하여 평가된다. 이때 특별주문으로 인하여 증가하는 수익과 비용을 비교하여 결정하여야 한다. 경영자는 특별주문으로 인하여 증가하는 수익이 비용보다 크다면 특별주문을 수락하고 그렇지 않다면 특별주문을 거부한다. 특별주문의 수락 여부의 결정과 관련하여 제품을 추가로 생산할 수 있는 유휴설비가 존재하는 경우와 존재하지 않은 경우에 따라 관련원가가 달라진다.

특별주문 수락 여부의 의사결정를 하는 경우 유휴설비가 충분하다면 유휴생산설비를 이용해서 특별주문량을 생산하여 기회비용이 발생하지 않기 때문에 특별한 주의를 기울이지 않아도 된다. 그러나 유휴설비가 존재하지 않은 경우에는 특별주문을 수락하기 위해서 설비를 추가하거나 정규시장에서의 판매량을 줄여야 하므로 이로 인한 이익 감소액을 기회비용으로 고려해서 분석해야 한다.

예제 5-4 특별주문의 수락

스마트(주)는 여러 유형의 스키를 제작 판매하고 있다. 최근 한 청소년 단체에서 스키캠프를 위해 스키를 단위당 ₩450에 일회성으로 100단위를 구매하겠다고 제안하였다. 특별히 주문하는 스키의 정상판매가격은 ₩600이다. 이 회사의 마케팅관리자는 회계담당자에게 제안된 특별주문에 대한 원가자료를 요청하였는데 제공된 추정원가는 다음과 같다

	총원가	단위당 원가
직접재료원가	₩25,000	₩250
직접노무원가	9,000	90
제조간접원가*	10,000	100
판매관리비*	7,000	70
총계	₩51,000	₩510

* 제조간접원가의 70%는 배부된 고정제조간접원가이고 판매관리비의 40%는 고정원가임.
단, 유휴생산설비를 보유하고 있음.

(요구사항)

스마트(주)는 이러한 특별주문을 받아들여야 하겠는가?

(해 답)

1) 관련원가의 식별

원가자료를 보면 특별주문은 수락하지 말아야 하는 것처럼 보인다. 제안가격 ₩450이 추정원가 ₩510에 못 미치기 때문이다. 그러나 이 예에서 제조간접원가의 70%와 판매관리비의 40%가 고정원가이다. 이러한 고정원가는 특별주문 수락 여부에 관계없이 발생될 것이다. 감가상각비, 보험료, 그리고 재산세 등이 이에 속한다. 특별주문 수락 여부에 상관없이 단기적으로는 고정원가가 일정할 것이기 때문에 고정원가는 의사결정에 목적적합하지 않다. 이러한 의사결정은 관련원가만을 고려하여 내려져야 한다. 특별주문을 수락할 때의 증분수익과 증분비용을 산정 비교하면 다음과 같다.

증분수익(100단위 ₩450)		₩45,000
증분비용:		
직접재료원가	₩25,000	
직접노무원가	9,000	
변동제조간접원가(₩10,000의 30%)	3,000	
변동판매관리비(₩7,000의 60%)	4,200	41,200
증분이익		₩3,800

증분수익과 증분비용에 의한 분석에 따르면, ₩3,800의 이익이 증가됨을 알 수 있다. 따라서 주문은 수락되어야 한다.

예제에서 스마트(주)는 특별주문량을 소화해 낼 충분한 여유조업능력이 있다. 만약 그렇지 않다면 특별주문수요를 충족시키는 데 추가고정원가가 발생할 것이다. 이러한 상황에서 추가고정원가는 증분비용이며 분석에 합목적적이다. 또한 이익 이외의 요소가 의사결정에 영향을 줄 수 있다. 예를 들면, 정상가격 이하의 가격으로 제품을 구매한 고객이 있다는 사실이 정규고객에게 알려진다면 정규고객도 똑같이 저렴한 가격을 요구할 것이다. 이제 유휴설비가 존재하는 경우와 유휴설비가 존재하지 않거나 부족한 경우를 중심으로 특별주문의 수락여부를 살펴보도록 한다.

2.3.1 유휴설비가 존재하는 경우

기업이 현재의 생산설비를 이용하여 생산가능한 최대생산량이 50,000단위이고, 현재 40,000단위를 생산하여 판매하고 있는 경우, 10,000단위의 제품을 추가로 생산할 만한 설비가 제품생산에 사용되지 않고 있다는 의미에서 유휴설비가 존재한다고 말한다.

이와 같이 유휴설비가 존재하는 경우에는 이 설비를 다른 용도에 사용할 수 있는지의 여부를 파악해야 한다. 왜냐하면 유휴설비의 대체적인 용도가 있느냐의 여부에 따라 특별주문 수락시의 관련원가가 달라지기 때문이다.

① 유휴설비의 대체적 용도가 존재하지 않는 경우

유휴설비의 대체적 용도가 존재하지 않는다는 것은 현재의 유휴설비는 특별주문을 생산하는 용도에만 사용할 수 있다는 의미가 된다. 이 경우에 특별주문을 수락하여 제품을 생산·판매하는 경우의 관련원가는 변동원가가 될 것이다. 위의 [예제 5-4]에서 스마트(주)는 특별주문량을 생산할 수 있는 유휴설비가 존재하고, 유휴설비의 대체적 용도가 존재하지 않는 경우라고 가정했기에 변동원가만을 고려하여 특별주문의 수락여부를 결정하였다.

② 유휴설비의 대체적 용도가 존재하는 경우

유휴설비의 대체적 용도가 존재하는 경우는 현재의 유휴설비를 특별주문 생산에 사용하지 않는다면 그 설비를 임대하거나 다른 제품의 생산에 사용할 수 있는 경우이다. 이 경우 특별주문을 수락하기 위해서는 유휴설비의 임대를 포기하거나 다른 제품의 생산에 사용할 수 없게 된다. 따라서 특별주문을 수락하기 위해 설비의 임대를 포기해야 하는 경우에는 변동원가에 설비의 임대를 포기함에 따라 상실되는 임대수익은 기회비용으로 관련원가가 된다. 또한 다른 제품의 생산을 포기하는 경우에는 변동원가에 다른 제품의 생산 포기로 인해 상실되는 이익(기회원가)을 가산한 금액이 관련원가가 된다.

예제 5-5 유휴설비의 대체적 용도가 존재하는 경우

[예제 5-4]의 스마트(주)의 예를 이용한다. 만약 스마트(주)가 특별주문을 수락하지 않는다면 유휴설비는 다른 업체에 임대하여 연간 ₩8,000의 임대수익을 얻을 수 있다고 할 때 특별주문의 수락 여부를 결정하라.

(해 답)

증분수익(100단위 ₩450)		₩45,000
증분비용		
변동원가	₩41,200	
기회원가(임대수익 상실액)	8,000	49,200
증분이익		(₩4,200)

스마트(주)가 특별주문을 수락하지 않으면 현재의 유휴설비를 임대하여 연간 ₩8,000의 임대수익을 얻을 수 있는 경우, 특별주문을 수락하기 위해서는 설비의 임대를 포기해야 한다. 따라서 특별주문 수락시의 관련원가는 변동원가에 상실되는 임대수익 ₩8,000을 가산한 금액이 된다. 그 결과 ₩4,200의 이익이 감소하므로 스마트(주)는 특별주문을 거부해야 한다.

2.3.2 유휴설비가 존재하지 않거나 부족한 경우

유휴설비가 존재하지 않거나 부족한 경우에 특별주문을 수락하기 위해서는 설비를 임차하든지, 구입하든지, 판매량을 감소시키는 경우의 수가 발생한다. 따라서 각각의 경우 특별주문의 수락 여부를 살펴본다. 첫째, 설비를 임차하는 경우 특별주문을 생산할 만한 설비가 존재하지 않거나 부족한 경우이므로 다른 회사에서 설비를 임차하여 특별주문을 생산할 수 있다. 따라서 특별주문을 수락하는 경우 관련원가는 변동원가와 설비의 임차료를 합한 금액이 된다. 즉, 변동원가뿐만 아니라 고정원가인 설비의 임차료도 관련원가가 된다. 둘째, 설비를 구입하여 특별주문을 수락할 경우 관련원가는 변동원가와 설비의 구입원가를 합한 금액이 된다. 셋째, 특별주문을 수락하기 위한 유휴설비가 존재하지 않거나 부족한 경우에 정규시장의 매출을 감소시키는 경우이다. 이러한 경우 특별주문을 수락하기 위해서는 매출을 감소시키게 되므로 정규시장의 매출의 감소로 인해 이익이 상실된다. 따라서 감소하는 이익을 특별주문 수락시의 기회원가로 반영해야 한다. 즉, 정규시장의 매출을 감소시키면서 특별주문을 수락하는 경우 관련원가는 변동제조원가와 매출의 감소로 인해 상실되는 기회원가를 합한 금액이 된다.

예제 5-6 유휴설비가 존재하지 않거나 부족한 경우

[예제 5-4]의 자료를 그대로 이용한다. 단, 유휴설비의 존재 및 활용에 대해서는 요구사항의 내용과 같다.

(요구사항)

1. 유휴설비가 부족하여 다른 기업의 설비를 ₩10,000에 임차하는 경우 특별주문의 수락 여부를 결정하시오.
2. 유휴설비가 존재하지 않아 특별주문을 수락하기 위해 정규시장의 판매량으로 대체하는 경우 최소판매가격을 계산하시오.
3. 유휴설비가 부족하여 특별주문을 수락하기 위해 정규시장의 판매량을 30단위 감소시키는 경우 특별주문의 수락여부를 결정하시오.

(해　답)

1. 설비 임차

증분수익:		₩45,000
증분비용:		
변동원가	₩41,200	
임차료	10,000	(51,200)
증분이익		(₩6,200)

2. 특별주문 수락하기 위해 정규시장의 판매량으로 대체하는 경우
   정규시장 기회상실(단위당 기회원가) = ₩600 − ₩412* = ₩188
   * 단위당 변동원가(₩412): 변동원가(₩41,200) ÷ 생산량(100단위)
   ∴ 특별주문의 가격 = ₩412 + ₩188 = ₩600
   최소한 정규시장의 판매가격은 받아야 함.
3. 유휴설비 부족으로 정규시장 판매량 30단위 감소시키는 경우

증분수익		
매출액 증가	100단위 × ₩450 = ₩45,000	
매출액 감소	30단위 × ₩600 = (18,000)	₩27,000
증분비용		
변동원가 증가	100단위 × ₩450 = ₩41,200	
변동원가 감소	30단위 × ₩412 = (12,360)	₩28,840
증분이익		(₩1,840)

03 제한된 자원이 존재하는 경우

기업이 여러 가지 제품을 생산하고 있을 때, 필요한 생산요소가 무한하게 존재하여 사용에 제약이 없다면, 기업의 이익를 극대화하기 위해 단위당 공헌이익이 제일 큰 제품을 선택하여 생산·판매하면 된다. 그러나 현실적으로 기업이 생산활동에 이용할 수 있는 자원은 제약을 받게 된다. 예를 들어 기계시간, 직접노무시간, 영업매장의 진열장, 전시장의 면적 등은 원하는 제품을 생산·판매하는 데 제약이 되는 항목이다. 따라서 기업이 이익을 극대화하기 위해서는 제약자원의 제품간 배분의 문제가 발생한다.

기업이 생산하는 제품이 다양하고 사용가능한 자원이 제한된 경우, 이익극대화를 위하여 최적제품배합을 결정할 때에는 제약자원의 단위당 공헌이익이 큰 제품부터 생산하는 것이 유리하다. 즉, 기업의 이익을 극대화하기 위해서는 제품단위당 공헌이익이 아니라 제약자원의 자원단위당 공헌이익이 큰 제품부터 우선적으로 생산해야 한다. 제약자원이 존재하는 경우 최적제품배합의 결정문제는 제약자원이 하나인 경우와 두 개 이상인 경우로 나누어 볼 수 있다.

3.1 제한된 자원이 하나인 경우

예제 5-7 제한된 자원이 한 가지인 경우

스마트(주)는 제품 X와 Y를 생산·판매하고 있다. 제품 X, Y에 대한 시장에서의 수요는 무한하며 각 제품의 단위당 판매가격, 단위당 변동원가, 단위당 공헌이익은 다음과 같다.

	X제품	Y제품
단위당 판매가격	₩500	₩1,000
단위당 변동원가	250	600
단위당 공헌이익	250	400
단위당 기계시간	1시간	2시간

(요구사항)

스마트(주)가 사용할 수 있는 기계시간이 500시간으로 제한되어 있는 경우 최적제품배합을 결정하시오.

(해　답)

제약자원이 존재하는 경우

제약자원이 존재하는 경우에는 제한된 자원인 기계시간의 단위당 공헌이익이 큰 제품인 X제품을 우선적으로 생산해서 판매한다.

	X제품	Y제품
단위당 공헌이익	₩250	₩400
단위당 기계소요시간	÷1시간	÷2시간
제한 자원 단위당 공헌이익	₩250	₩200

사용가능한 기계시간 500시간을 이용하여 X제품만을 500개 생산하여 판매하면 총공헌이익을 ₩125,000으로 극대화할 수 있다. 즉, 제약자원인 기계시간 500시간을 이용하여,

제품 X만을 생산하는 경우: 500시간×₩250=₩125,000
또는 500개×₩250=₩125,000

제품 Y만을 생산하는 경우: 500시간×₩200=₩100,000
또는 250개×₩400=₩100,000

이와 같이 제품에 대한 수요가 충분히 있고 제약된 자원이 있는 경우에는 제약자원당 공헌이익이 가장 큰 제품에 특화함으로써 기업의 총공헌이익을 극대화시킬 수 있다. 즉, 생산설비가 제약자원인 경우에는 생산설비의 이용시간당 공헌이익이 큰 제품을 생산하여야 하며, 진열공간이 제약자원인 경우에는 진열공간당 공헌이익이 가장 큰 제품을 진열해야 한다.

3.2 제한된 자원이 두 가지 이상인 경우

제한된 자원이 하나인 경우, 이익극대화를 위하여 제한된 자원단위당 공헌이익이 큰 제품을 생산·판매하면 된다. 그러나 제약자원이 두 개 이상인 경우 제한된 자원의 사용이나 투입배합의 결정이 복잡해지는데, 이러한 경우에는 선형계획법(linear programming method: LP)을 이용하여 공헌이익을 극대화시키는 제품배합을 계산해야 한다. 선형계획법은 제약조건이 여러 개인 상황에서 희소한 자원의 활용을 최적화시키는 데 사용되는 수학적 기법이다. 선형계획법에 따라 최적해를 찾는 방법은 도해법과 심플렉스법이 있는데, 도해법을 적용하는 것이 바람직하다. 도해법은 제약조건을 그래프상에 표시하고, 실행가능영역을 도출한 후에 목적함수가 최대화 또는 최소화되도록 의사결정변수의 값을 결정하는 방법이다. 도해법은 다음과 같이 네 단계에 의해 최적해를 구한다.

1단계: 목적함수를 설정한다(즉, 공헌이익의 최대화가 된다).
2단계: 제한된 자원에 의하여 제약함수를 설정한다(원재료, 기계시간 등).
3단계: 제약함수에 의한 실행가능영역(feasible region)을 도출한다.
4단계: 실행가능영역 내에서 목적함수를 최대화할 수 있는 최적해를 결정한다.

예제 5-8 **제한된 자원이 두 개 이상인 경우(선형계획법)**

스마트(주)는 갑과 을 두 부서에서 두 종류의 제품 A와 B를 생산한다. 갑부서의 가용자원은 24,000단위이며 을부서의 가용자원은 12,000단위이다. A제품과 B제품의 단위당 공헌이익은 각각 ₩6과 ₩8이다. A제품 한 단위를 생산하는 데에는 갑부서와 을부서의 자원이 각각 3단위와 2단위씩 소요되고 B제품 한 단위를 생산하는 데에는 갑부서와 을부서의 자원이 각각 6단위와 2단위씩 소요된다. 현재 각 제품에 대한 수요는 제한이 없다.

(요구사항)

공헌이익을 극대화하기 위해 스마트(주)는 제품 A와 B를 각각 몇 단위씩 생산하여야 하겠는가?

(해 답)

제시된 의사결정문제는 여러 제약조건에서 자원활용을 최적화시키는 전형적인 선형계획법 문제이다. 우선 선형계획을 구성하면 다음과 같다.

목적함수 최대화 Z = ₩6A + ₩8B
제약조건 3A + 6B ≤ 24,000 (갑부서의 가용자원)
2A + 2B ≤ 12,000 (을부서의 가용자원)
A, B ≥ 0

선형계획식은 목적함수와 제약조건으로 구성된다. 목적함수는 최대화되거나 최소화될 목표를 표현한다. 위의 선형계획식에서 A와 B는 각각 제품 A와 제품 B의 생산량을 의미한다. 따라서 A제품을 A단위만큼 그리고 B제품을 B단위만큼 생산·판매하여 발생하는 공헌이익은 ₩6A + 8B이다. 그러므로 목적함수(objective function)는 공헌이익인 ₩6A + ₩8B를 최대화시키는 것이다. 그런데 스마트(주)는 두 개의 제약조건이 존재하기 때문에 무작정 많이 생산할 수는 없고 이 제약조건을 충족시키는 범위내에서 생산해야 한다. 선형부등식 중 첫 번째 식은 3A + 6B ≤ 24,000에서 3A + 6B는 A제품을 A단위만큼 그리고 B제품을 B단위만큼 생산했을 때 갑부서 자원의 소비량을 의미하는데, 이 소비량(3A + 6B)은 현재 보유하고 있는 가용자원(24,000단위)보다는 작아야 한다. 두 번째 식 을부서 가용자원에 대해서도 을부서 자원의 소비량(2A + 2B)은 보유하고 있는 가용자원(12,000단위)보다는 클 수 없다. 그래서 두 개의 선형부등식이 제약조건에 포함된다. 이를 생산능력제약(capacity constraints)이라 한다. 생산능력제약 이외 생산되는 제품은 0보다 작을 수는 없으므로, A ≥ 0, B ≥ 0으로 표현한다. 이 예에서는 목적함수의 변수가 두 개이고 제약조건이 많지 않기 때문에 [도표 5-1]과 같은 그래프를 사용하여 최적해를 산출할 수 있다.

[도표 5-1]에서 A부서 제약과 B부서 제약을 동시에 충족시키고 비부정성제약을 충족시키는 공통영역을 가능해 영역(feasible solutions area)으로 표시해 놓았다. 최적해는 가능해 영역에 속한다. 각 균등공헌이익선(equal contribution margin line)은 공헌이익을 같게 만드는 제품 A와 제품 B의 조합생산량을 나타내주고 있는데 원점에서 멀리

[도표 5-1] 선형계획법 최적해

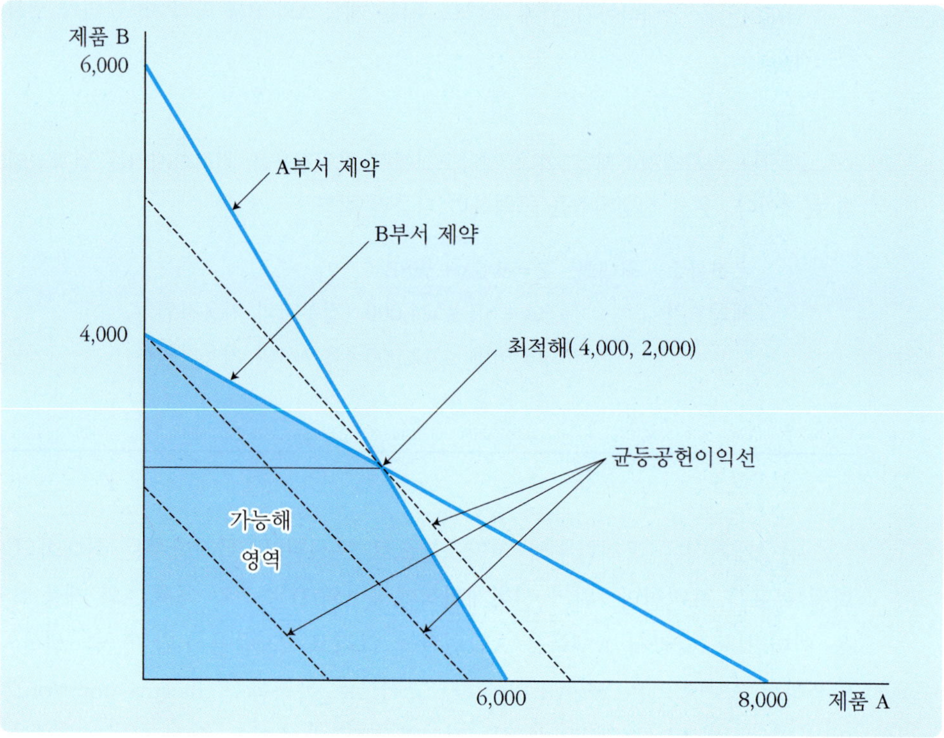

떨어질수록 공헌이익이 커진다. 따라서 최적해는 가능해 영역을 벗어나지 않으면서 원점에서 가장 멀리 떨어진 균등공헌이익선이 지나는 데서 결정된다. 이때 제품 A와 제품 B의 생산량은 각각 4,000단위와 2,000단위이고 공헌이익은 ₩40,000이다.

04 종합예제

스마트(주)는 기념품을 제작·판매하고 있다. 동사의 월간 기념품 생산능력은 10,000단위이다. 현재 매월 7,500개의 기념품을 외부시장에 단위당 ₩150에 판매하고 있다. 기념품 제작과 관련된 원가정보는 다음과 같다.

생산량에 따라 변하는 변동원가	
직접재료원가	₩262,500
직접노무원가	300,000
배치의 수에 따라 변하는 변동원가	
(작업준비, 재료처리, 품질관리 등)	
150배치×₩500	75,000
고정제조간접원가	275,000
고정판매관리비	175,000
총 원 가	₩1,087,500

스마트(주)는 서강(주)에서 기념품을 단위당 ₩100에 2,500개를 구입하겠다는 제안을 받았다. 동사는 기존에 50개를 하나의 배치단위로 하여 생산해 왔다. 그러나 특별주문의 경우 100개를 하나의 배치로 생산할 수 있다.

(요구사항)

1. 스마트(주)는 이 특별주문을 수락하여야 하는가? 특별주문을 수락하면 영업이익은 얼마나 증가 혹은 감소하는가?
2. 공장의 생산능력이 매월 10,000단위가 아니라 9,000단위이며, 특별주문을 수락하면 기존의 외부판매량을 감소시켜야 하는 경우, 특별주문을 수락하여야 하는가?
3. 월간 생산능력은 10,000단위이지만, 특별주문을 수락할 경우 기존 고객도 단위당 ₩10의 가격할인을 요구할 것으로 예상된다. 이 경우에는 특별주문을 수락하여야 하는가?

(해　　답)

자료 분석:

단위당 변동원가:

직접재료원가 $\dfrac{₩262,500}{7,500} = ₩35$

직접노무원가 $\dfrac{₩300,000}{7,500} = ₩40$

배치단위 변동원가 $\dfrac{₩500}{50} = ₩10$

기존시장에 판매할 경우 공헌이익 = 7,500 × (₩150 − ₩35 − ₩40 − ₩10)

= ₩487,500

1. 특별주문의 수락 여부

특별주문 수락시 증분수익	2,500×₩100		₩250,000
특별주문 수락시 증분비용			
직접재료원가	2,500×₩35	₩87,500	
직접노무원가	2,500× 40	100,000	
배치원가	25× 500	12,500	200,000
	$\left(\text{or } 2{,}500\times\frac{500}{100}\right)$		
특별주문 수락시 증분이익			₩50,000

∴ 특별주문을 수락할 경우 이익이 ₩50,000 증가한다. 따라서 특별주문을 수락하여야 한다.

2. 유휴설비가 부족한 경우 특별주문의 수락 여부

특별주문 수락시 증분수익	2,500×₩100		₩250,000
특별주문 수락시 증분비용			
직접재료원가	2,500×₩35	₩87,500	
직접노무원가	2,500× 40	100,000	
배치원가	25× 500	12,500	
기회원가*	1,000× 65	65,000	265,000
특별주문 수락시 증분이익			(₩15,000)

* 특별주문을 받아들이면 기존 판매량을 1,000단위 감소시켜야 한다. 이 경우 기존 판매에서 단위당 ₩65의 공헌이익이 발생하므로 이에 대한 기회원가는 관련원가로 고려되어야 한다.

∴ 특별주문을 수락할 경우 이익이 ₩15,000 감소한다. 따라서 특별주문을 수락해서는 안 된다.

3. 기존의 판매가격 하락시 특별주문의 수락 여부

특별주문 수락시 증분수익	2,500×₩100		₩250,000
특별주문 수락시 증분비용			
직접재료원가	2,500×₩35	₩87,500	
직접노무원가	2,500× 40	100,000	
배치원가	25× 500	12,500	
기회원가*	7,500× 10	75,000	275,000
특별주문 수락시 증분이익			(₩25,000)

* 특별주문을 받아들이면 기존 고객들에게 단위당 ₩10의 가격할인을 해 주어야 한다. 이에 대한 기회원가는 관련원가로 고려되어야 한다.

∴ 특별주문을 수락할 경우 이익이 ₩25,000 감소한다. 따라서 특별주문을 수락해서는 안 된다.

연습문제 EXERCISE

객관식 문제

[5-1] 제품의 특수의사결정에 대한 설명으로 틀린 것을 모두 고르시오. (기업회계 1급)

1. 제품의 특별주문에 대한 기대 공헌이익이 동 공헌이익 창출을 위하여 임차한 설비가액보다 크면 특별주문을 수락한다.
2. 필요 부품의 자가제조를 외부구입으로 전환할 경우 회피되는 고정원가는 손익 의사결정과 무관하다.
3. 특정 생산라인의 폐기를 고려할 경우에 폐기된 라인의 포기된 공헌이익이 회피가능 고정원가를 초과하면 폐기해야 한다.
4. 대량구입에 의한 할인주문은 할인된 판매가격의 합계가 총 고정원가를 초과하면 이익이 발생하여 주문을 수락한다.
5. 필요 부품의 자가제조와 외부구입의 의사결정에서 대량으로 부품이 필요할수록 자가제조가 유리해진다.

① 1, 2, 3 ② 2, 3, 4
③ 3, 4, 5 ④ 1, 4, 5

[5-2] 관련원가 분석에 대한 설명으로 옳지 않은 것은? (기업회계 1급)

① 의사결정이란 특정목표를 달성하기 위하여 여러 가지 선택가능한 대체적 대안들 중 최적대안을 선택하는 것을 말한다.
② 의사결정을 함에 있어서 관련수익이란 대체적 대안들 사이에 차이가 나는 미래현금수익을 말한다.
③ 의사결정을 함에 있어서 관련원가란 고려중인 대체적 대안들 사이에서 차이가 나는 현재 현금지출원가를 말한다.
④ 관련원가를 분석함에 있어서 회피불가능한 고정원가는 의사결정에 반영을 않는다.

[5-3] 의사결정과 관련된 설명 중 틀린 것은? (재경관리사)

① 설비능력을 100% 활용하고 있는 기업이 특별주문 수락여부를 고려할 경우 주문생산에 따른 추가적인 시설임차료는 관련원가에 해당한다.
② 기회원가는 선택이 가능한 여러 대안 중 하나의 대안을 선택함으로써 포기하게 되는 나머지 대안 중 최적 대안의 기대가치를 의미하여, 이는 의사결정 과정에서 고려해야 하는 관련원가이다.

③ 증분원가에 투자자본의 기회비용, 즉 자본비용도 포함시켜 분석을 해야 정확한 의사결정을 내릴 수 있다.

④ 의사결정과 관계없이 계속 발생하는 고정원가는 관련원가이다.

[5-4] 의사결정을 위한 원가에 관한 설명으로 옳지 않은 것은?

① 관련원가는 의사결정에 있어 대안간에 차이가 나는 원가를 말한다.

② 회피가능원가는 의사결정에 있어서 다른 대안 대신 특정 대안을 선택함에 따라 감소할 수 있는 원가를 말한다.

③ 변동원가는 생산라인의 폐지와 관련한 의사결정과 관련이 없다.

④ 기회원가는 한 대안이 다른 대안에 우선하여 선택되는 경우 포기되는 잠재적 효익을 의미한다.

⑤ 매몰원가는 현재 또는 미래의 의사결정에 의하여 변하지 않는 이미 발생한 원가를 말한다.

[5-5] (주)스마트는 제품 A와 B를 생산 판매하고 있다. 회사는 추가적인 설비투자를 고려하지 않고 있으며, 제품 A와 B의 생산 및 판매 관련 자료(단위당)는 다음과 같다.

	제품 A	제품 B
판매가격	₩80	₩50
직접재료원가	20	10
직접노무원가	10	5
변동제조간접원가	10	5
고정제조간접원가	10	10
기계시간	4시간	2시간

제품 A와 B의 월간 수요량은 각각 500개와 300개이다. ㈜스마트가 사용할 수 있는 총기계시간은 월간 2,000시간이다. ㈜스마트가 영업이익을 극대화할 수 있는 제품배합은?

(경영지도사)

① 제품 A 500개, 제품 B 0개
② 제품 A 450개, 제품 B 100개
③ 제품 A 400개, 제품 B 200개
④ 제품 A 375개, 제품 B 250개
⑤ 제품 A 350개, 제품 B 300개

[5-6] 스마트(주)는 음료를 생산하고 있으며, 자가제조할 것인지, 외부구입할 것인지를 검토하고 있다. 자가제조할 경우 생산과 관련된 원가자료는 다음과 같다. 외부구입할 경우 제품의 구입가격은 단위당 ₩120이며, 외부구입시 고정원가는 ₩60,000이 절감된다. 이러한 상황에 대한 설명으로 옳은 것은? (기업회계 1급)

자체생산 원가
• 고정제조간접원가: ₩400,000
• 단위당 직접재료원가: ₩50
• 단위당 직접노무원가: ₩25
• 단위당 변동제조간접원가: ₩15

① 1,800단위가 필요하면 자가생산이 유리하다.
② 2,200단위가 필요하면 외주생산이 유리하다.
③ 2,600단위가 필요하면 자가생산이 유리하다.
④ 2,800단위가 필요하면 외주생산이 유리하다.

[5-7] 스마트(주)는 자동차 부품을 생산하고 있다. 자동차 부품 1,000개의 자가제조와 관련된 원가자료는 다음과 같다. 최근 스마트(주)는 외부공급업자인 서강(주)으로부터 자동차 부품 1개당 ₩1,000에 공급하겠다는 제의를 받았다. 부품을 외부구입하는 경우에도 고정제조간접원가는 계속해서 발생한다. 다음 설명 중 옳은 것은? (기업회계 1급)

단위당 직접재료원가	₩500	단위당 변동제조간접원가	₩100
단위당 직접노무원가	300	총 고정제조간접원가	500,000
연간생산량	1,000개		

① 단위당 고정제조간접원가보다 외부에서 구입하는 단가(₩1,000)가 높으므로 외부구입을 하지 않는다.
② 변동원가 총액보다 외부구입금액이 많으므로 외부구입을 하지 않는다.
③ 총제조원가보다 외부구입금액이 적으므로 외부구입을 한다.
④ 자동차 부품의 소비자 판매가격을 알 수 없기 때문에 외부구입 여부를 판단할 수 없다.

[5-8] ㈜한국은 단일제품을 생산·판매하고 있다. 내년도 예정생산량 2,000단위를 기준으로 편성된 제조원가예산은 다음과 같으며, 제품의 단위당 판매가격은 ₩20이다.

항 목	단위당 원가	총원가
직접재료원가	₩4	₩8,000
직접노무원가	2	4,000
변동제조간접원가	2	4,000
고정제조간접원가	5	10,000
합 계	₩13	₩26,000

㈜한국은 거래처로부터 단위당 ₩12에 제품 100단위를 구매하겠다는 특별주문을 받았다. ㈜한국은 특별주문 수량을 생산하는데 필요한 여유생산설비를 충분히 확보하고 있으나, 초과근무로 인하여 특별주문 단위당 ₩2의 원가가 추가로 발생한다. ㈜한국이 특별주문을 수락할 경우, 내년도 영업이익의 증감은? (단, 기초 및 기말 재고자산은 없으며, 특별주문이 기존 시장에 미치는 영향은 없다) (주택관리사)

① ₩200 증가 ② ₩300 감소
③ ₩500 감소 ④ ₩1,000 감소
⑤ ₩1,000 증가

[5-9] 스마트(주)는 여러 가지 제품을 생산하고 있는데, 제품 '병'에 대하여 매출액 ₩1,500,000, 총변동원가 ₩800,000, 총고정원가 ₩900,000으로 평가되고 있다. 옳은 의사결정을 모두 고르시오. (기업회계 1급)

ㄱ. '병' 제품의 제품라인을 폐기하여 총고정원가 ₩500,000을 회피할 수 있으면 폐기한다.
ㄴ. '병' 제품의 제품라인을 폐기하여 총고정원가 ₩800,000을 회피할 수 있으면 폐기한다.
ㄷ. 손실이 발생하는 라인을 다른 제품의 라인으로 전환하여 기대되는 공헌이익이 라인을 폐기하더라도 잔존하는 고정원가를 초과하면 라인을 전환한다.
ㄹ. 손실이 발생하는 라인을 다른 제품의 라인으로 전환하여 기대되는 공헌이익이 라인을 폐기하더라도 잔존하는 고정원가를 초과하더라도 라인을 폐기하는 것이 유리하다.

① ㄱ, ㄷ ② ㄴ, ㄷ
③ ㄴ, ㄹ ④ ㄱ, ㄹ

[5-10] 스마트(주)의 손익계산서는 다음과 같다.

매출액	₩2,000,000
매출원가	1,000,000
매출총이익	₩1,000,000
판매관리비	500,000
영업이익	₩500,000

제품의 단위당 판매가격은 ₩200이며, 매출원가와 판매비와관리비 중 50%는 고정원가로 구성되어 있다. 스마트(주)가 제품 500단위를 단위당 ₩90에 판매해 달라는 특별주문을 수락하는 경우 회사의 영업이익에 미치는 영향은? (단, 유휴생산능력은 충분하다) (재경관리사)

① ₩5,000 감소
② ₩7,500 증가
③ ₩10,000 감소
④ ₩45,000 증가

[5-11] 스마트(주)는 월간 30,000개까지의 단일제품을 생산할 수 있는 설비를 가지고 있다. 거래처와의 계약체결 내용에 따라 스마트(주)는 다음 달에 25,000개의 제품을 제조하여 판매할 예정이며, 이 경우 제품 1개당 총원가는 ₩2,500으로 예상된다. 그런데 다음 달에 5,000개의 제품을 1개당 ₩1,600에 납품해 달라는 거래처의 추가주문이 접수되었다. 이 추가주문을 접수하여 생산량을 증가시킬 경우 제품 1개당 총원가는 ₩2,300으로 감소할 것으로 예상되며, 이 주문을 수락하더라도 기존의 예상판매량을 달성하는 데는 아무런 문제가 없을 것으로 예상된다. 스마트(주)가 이 추가주문을 수락한다면 영업이익에 미치는 영향은? 단, 재고는 없는 것으로 가정한다. (CTA)

① ₩2,000,000 감소
② ₩4,000,000 증가
③ ₩1,000,000 증가
④ ₩1,000,000 감소
⑤ ₩1,500,000 증가

[5-12] 20×1년 초 설립된 (주)스마트는 생산된 제품을 당해연도에 모두 판매한다. 20×1년에 제품 A 900개를 생산하여 단위당 ₩3,000의 가격으로 판매하였다. 20×1년의 제품 A의 원가구조는 다음과 같다.

단위당 변동제조원가	₩800	고정제조원가(총액)	₩800,000
단위당 변동판매관리비	600	고정판매관리비(총액)	600,000

20×2년 초 (주)스마트의 경영자는 제품 A의 제조공정을 개선하려고 한다. 제조공정을 개선하면 고정제조원가는 연간 ₩317,000 증가하고, 직접노무원가는 단위당 ₩100 절감된다. 단위당 판매가격과 변동판매관리비, 고정판매관리비는 20×1년과 동일하다. 20×2년 제품 A의 영업이익을 20×1년과 동일하게 유지하기 위한 제품 A의 생산판매수량은? (단, 재공품은 없으며, 다른 조건은 동일하다.) (주택관리사보)

① 1,021개
② 1,034개
③ 1,045개
④ 1,073개
⑤ 1,099개

[5-13] 스마트(주)는 제품X와 제품Y를 생산하여 판매할 계획이다. 제품X와 제품Y에 대한 단위당 판매가격과 단위당 변동원가에 대한 정보는 다음과 같다. 스마트(주)의 연간 총고정원가는 ₩50,000이고, 회사가 이용가능한 연간 기계시간은 400시간이다. 제품 한 단위를 생산하는 데 소요되는 기계시간은 제품X는 6시간, 제품Y는 2시간이다. 스마트(주)가 이익을 극대화

하기 위한 각 제품의 생산량을 결정하여 생산·판매할 경우 달성할 수 있는 최대영업이익은? (단, 제품X와 제품Y의 수요는 무한하다고 가정한다)

	제품X	제품Y
단위당 판매가격	₩1,500	₩1,000
단위당 변동원가	900	600

① ₩10,000
② ₩20,000
③ ₩30,000
④ ₩50,000
⑤ ₩80,000

[5-14] 스마트(주)는 A, B, C 주스를 생산한다. 각 제품의 상자당 원가자료는 다음과 같다.

	A	B	C
판매가격	₩2,600	₩2,200	₩2,500
변동원가	₩1,400	₩1,200	₩1,420
재료사용량	3kg	2kg	2.4kg

재료 총공급량이 18,000kg으로 제한되어 있고, 각 제품의 최대 판매량은 3,000상자이다. 이익을 최대화하기 위해 각 제품을 몇 상자씩 판매하여야 하는가?

	A	B	C
①	3,000	650	3,000
②	3,000	3,000	1,250
③	3,000	3,000	1,450
④	2,000	3,000	3,000
⑤	1,600	3,000	3,000

[5-15]

스마트(주)는 사무용복합기 A모델과 B모델을 생산하여 판매하고 있으며 두 모델의 단위당 원가자료는 다음과 같다.

	A모델	B모델
직접재료원가	₩240,000	₩320,000
직접노무원가	100,000	160,000
변동제조간접원가	40,000	80,000
(기계시간당 ₩10,000)		

고정제조간접원가	40,000	40,000
단위당 제조원가	₩420,000	₩600,000
판매가격	₩520,000	₩800,000

스마트(주)의 최대 조업도는 월 6,000기계시간이며, 현재 시장의 월간수요량은 A모델 800개, B모델 500개이다.

원가자료를 기반으로 스마트(주)가 영업이익을 극대화할 수 있는 제품배합은? (CTA)

	A모델	B모델		A모델	B모델
①	800개	350개	②	0개	750개
③	400개	550개	④	1,000개	250개
⑤	500개	500개			

주관식 문제

[5-1] 스마트(주)는 블루베리 주스를 제조 및 판매하고 있다. 연초에 작성된 예상 손익계산서는 다음과 같다.

항목	단위당 금액	총 금액
매 출 액	₩4,000	₩10,000,000
매 출 원 가		6,000,000
매 출 총 이 익		₩4,000,000
판 매 관 리 비		1,500,000
영 업 이 익		₩2,500,000

- 매출원가에는 고정원가 ₩4,500,000이 포함되어 있다.
- 판매관리비에는 고정원가 ₩1,000,000이 포함되어 있다.

예상 손익계산서가 작성된 후, 서강(주)에서 블루베리 주스 500단위를 단위당 ₩5,000에 매입하겠다는 주문을 해왔다. 서강(주)의 특별주문을 수락하는 경우 특별주문수량에 대하여 변동판매관리비를 단위당 ₩100을 절감할 수 있다. 스마트(주)의 최대생산능력은 2,500단위이다.

(요구사항)

스마트(주)가 특별주문을 수락하는 경우 회사의 이익에 미치는 영향은?

[5-2] 스마트(주)의 복사능력은 시간당 1,800부이다. 준비시간 및 용지 재공급시간으로 인해 하루 실가동시간은 7시간이다. 대학 주변에 난립되어 있는 복사업체 간의 경쟁이 극심한 편이다. 따라서 고객이 원하는 시간의 준수는 필수사항이다. 스마트(주)의 1일 복사수요량은 10,000부이다. 가격은 1부당 ₩40이고, 단위당 변동원가는 ₩16이다. 고객이 업무시작 시점에 찾아와서 5,000부의 복사물을 업무 마감시간까지 1부당 ₩32에 복사해 달라고 요구하였다.

(CTA)

(요구사항)

특별주문의 수락 또는 기각 여부와 관련하여 예상되는 순이익의 효과는?

[5-3] 직업소개소 스마트는 현재 연간 6,000건의 직업을 소개해 주고 있다. 1건의 직업소개에 소요되는 변동원가는 ₩2,000이고 연간 고정원가는 ₩3,000,000으로 추정된다. 그런데 직업소개소 한국에서 연간 6,000건 전부에 대한 직업소개를 대행해 주겠다고 제의를 해왔다. 한국의 제의를 수락할 경우에 기존의 연간 총고정원가 중 ₩1,400,000이 감소할 것으로 예상된다. 한국은 대행수수료로 연간 ₩13,000,000을 요구해 왔다. (CTA)

(요구사항)

한국의 제의를 수락하는 것이 스마트의 영업이익에 미치는 영향은?

[5-4] 스마트(주)는 연간 1,000단위의 부품을 생산한다. 이 부품의 단위당 원가는 다음과 같다.

변동제조원가	₩12
고정제조원가	9
단위당 제조원가	₩21

이 부품은 외부에서 단위당 ₩20에 구입할 수 있다. 그러나 부품을 외부에서 구입하더라도 고정제조원가의 2/3만이 절감될 수 있다. (CTA)

(요구사항)

스마트(주)가 부품을 외부에서 구입할 경우 이익에 미치는 영향은?

[5-5] 스마트(주)는 완제품 생산에 필요한 부품A를 단위당 가격 ₩300에 전량 생산해 주겠다는 제의를 대한공업으로부터 받았다. 그 동안 스마트(주)는 부품A를 매년 10,000단위 자가생산하여 이를 완제품 생산에 사용하여 왔다. 부품A의 생산과 관련된 단위당 원가자료는 다음과 같다.

직접재료원가	₩ 35
직접노무원가	180
변동제조간접원가	45
고정제조간접원가	55 (=₩550,000/10,000단위)

스마트(주)가 이 제안을 수락하게 되면 부품A를 생산해왔던 공장을 부품B의 생산에 이용하여 연간 ₩220,000의 원가를 절감할 수 있을 것으로 예측된다. 또한 부품A는 위험한 공정을 거쳐 생산하면서 특별산재보험에 가입하여 매년 ₩100,000의 보험료를 지급하여 왔는데, 이 제의를 수락하게 되면 보험료를 지출할 필요가 없다. (CPA)

(요구사항)

스마트(주)는 자가제조와 외부구입 중 어느 대안을 선택하여야 하는가? 선택한 대안은 다른 대안보다 얼마만큼 유리한가?

[5-6] 스마트(주)는 자체제조공정에 사용되는 부품A를 20,000단위 제조하고 있다. 부품A의 단위당 원가는 다음과 같다.

직접재료원가	₩10
직접노무원가	30
변동제조간접원가	10
고정제조간접원가	20
합 계	₩70

서강(주)는 스마트(주)에 이 부품을 단위당 ₩70에 20,000단위를 제공하겠다는 제의를 했다. 스마트(주)가 서강(주)의 제의를 수락하면 단위당 ₩10의 고정제조간접원가가 절감되며, 여유설비는 다른 부품의 제조에 사용되어 원가절감이 기대된다. (CTA)

(요구사항)

스마트(주)가 원가 ₩100,000을 절감하기 위해, 다른 부품의 제조설비에 사용함에 따라 절감해야 할 원가는?

[5-7] 스마트(주)는 카메라폰을 생산·판매하고 있는 중견기업이다. 20×4년도 스마트(주)의 카메라폰 생산과 관련된 생산 및 원가자료는 다음과 같다.

단위당 직접재료원가	₩20,000
단위당 직접노무원가	15,000
단위당 변동제조간접원가	6,000
단위당 고정제조간접원가	9,000

단위당 변동판매관리비	3,000
단위당 고정판매관리비	2,000
단위당 판매가격	75,000
연간 정상적인 생산량	300,000 단위

서강(주)에서 20×5년에 정상적인 판매 외에 10,000단위의 카메라폰을 단위당 ₩50,000에 구입하겠다는 특별주문을 받았다. 이 주문을 받아들이면 ₩10,000,000의 추가적인 고정원가가 발생할 것으로 추정된다. 다만 특별주문과 관련된 변동판매비는 발생하지 않는다.

(요구사항)

스마트(주)의 특별주문과 관련된 관련원가와 비관련원가는 각각 얼마인가?

[5-8] 스마트(주)의 연간 제조능력은 30,000단위이다. 20×5년 12월 31일로 종료한 회계연도의 영업결과는 다음과 같다. 20×6년도에 외국의 한 업체가 제품을 단위당 ₩90에 15,000단위를 구매하겠다고 제안하였다. 20×6년도 생산 및 판매와 관련된 모든 비용은 20×5년도와 동일한 형태를 보일 것으로 기대된다. (기업회계 1급)

- 매출액(18,000단위, ₩100): ₩1,800,000
- 변동제조 및 변동판매비: ₩990,000
- 공헌이익: ₩810,000
- 고정원가: ₩495,000
- 영업이익: ₩315,000

(요구사항)

스마트(주)가 이 제안을 받아들여 제조능력인 30,000단위를 넘지 않기 위해서 기존의 정규판매량을 축소하는 경우 영업이익은 얼마인가?

[5-9] 스마트(주)는 제품 A, B, C를 생산하여 판매하고 있다. 매월 이용가능한 기계시간은 총 8,000시간으로 제한되어 있다. 스마트(주)의 20×1년 9월 중 예상되는 각 제품의 단위당 판매가격, 단위당 변동원가, 단위당 소요되는 기계시간 및 최대시장수요량은 다음과 같다.

(기업회계 1급)

구 분	A	B	C
단위당 판매가격	₩50	₩30	₩40
단위당 변동원가	20	10	20
단위당 기계시간	3시간	2시간	1시간
최대시장수요량	5,000단위	5,400단위	10,000단위

(요구사항)

스마트(주)가 20×1년 9월에 예상할 수 있는 최대 공헌이익은 얼마인가?

[5-10] 다음은 스마트(주)의 20×1년 부서별 공헌이익손익계산서이다.

	합 계	A 부서	B 부서
매 출 액	₩200,000	₩80,000	₩120,000
변 동 비	116,000	32,000	84,000
공헌이익	₩84,000	₩48,000	₩36,000
추적가능 고정원가	60,000	20,000	40,000
부서별이익	₩24,000	₩28,000	₩(4,000)
일반고정원가	10,000	4,000	6,000
영업이익	₩14,000	₩24,000	₩(10,000)

각 부서의 추적가능 고정원가의 3/4은 부서 폐쇄시 절감할 수 있는 비용이다. 스마트(주)는 일반 고정원가를 각 부서의 매출액 규모에 따라 배분하고 있다.

B부서를 폐쇄하는 경우 A부서의 매출은 10%가 감소할 것이고, A부서를 폐쇄하는 경우에는 B부서의 매출액에 영향이 없을 것으로 경영진은 판단하고 있다.

(요구사항)

1. 만약 B부서를 폐쇄한다면 스마트(주)의 영업이익에 어떠한 영향을 미치겠는가?
2. 스마트(주)가 B부서에만 영향을 미치고 A부서에는 영향이 없는 판촉을 고려하고 있다. 연간 ₩60,000의 비용을 들이면 B부서의 매출액이 10% 증가할 것으로 예상된다. 이 판촉이 회사전체에 미치는 영향은 얼마인가?

[5-11] (주)스마트는 특수기계를 이용하여 A, B, C 세 가지 제품을 생산·판매할 수 있다. 이 특수기계의 최대이용가능시간은 10,000시간으로 제한되어 있으며, 관련자료는 다음과 같다.

구분	제품 A	제품 B	제품 C
단위당 판매가격	₩400	₩500	₩700
단위당 변동원가	160	200	380
단위당 특수기계 이용시간	2시간	3시간	4시간
제품별 정규 시장수요	3,000단위	1,000단위	500단위

(주)스마트가 최대 달성가능한 이익을 기준으로 생산판매계획을 수립한 직후에 그동안 거래가 전혀 없던 (주)한국으로부터 제품 A를 단위당 ₩360에 800단위 구입하겠다는 특별주문

을 받았다. 이 특별주문을 수락하는 경우 (주)스마트의 이익 증가액은? (단, 특별주문은 정규 시장수요에 영향을 미치지 않는다.) (세무사)

① ₩50,000 ② ₩42,000
③ ₩38,000 ④ ₩25,000
⑤ ₩20,000

[5-12] 스마트(주)는 제품 A, B, C를 생산한다. 각각의 제품 1단위당 판매가격 · 변동원가 · 공헌이익은 다음과 같다.

	제 품		
	A	B	C
판매가격	₩360	₩540	₩480
차감 변동원가:			
직접재료원가	48	144	64
직접노무원가	194	172	280
변동제조간접원가	10	8	16
변동원가	(252)	(324)	(360)
공헌이익	₩108	₩216	₩120
공헌이익률	30%	40%	25%

세 가지 제품 모두 똑같은 원재료를 사용한다. 스마트(주)는 단지 10,000파운드의 원재료를 가지고 있을 뿐이며, 공급처 공장의 파업으로 몇 주일 동안 더 이상의 원재료를 확보할 수 없다. 관리자는 주문잔고를 채우는 데 있어서, 다음 주에 어느 제품에 집중해야 하느냐의 결정에 골몰하고 있다. 파운드당 원재료원가는 ₩16이다.

(요구사항)

1. 각각의 제품에 사용되는 원재료의 1파운드당 얻어질 수 있는 공헌이익의 금액을 계산하라.
2. 당신은 스마트(주)가 다음 주에 어느 제품의 주문을 작업해야 한다고 권고할 것인가? 근거를 제시하시오.
3. 만약 공급처에서 원재료를 충분히 공급한다고 하면, 어떤 제품을 많이 생산하는 것이 유리한가?

[5-13] 스마트(주)는 20×1년에 5,000개의 제품을 생산하여 판매하려고 한다. 제품단위당 판매가격은 ₩200이며, 20×1년의 제조원가 예산은 다음과 같다.

	연간기대조업도: 5,000개	
	단위당원가	총 원 가
직접재료원가	₩60	₩300,000
직접노무원가	32	160,000
변동제조간접원가	16	80,000
고정제조간접원가	20	100,000
변동판매관리비	14	70,000
고정판매관리비	28	140,000
합 계	₩170	₩850,000

최근 외국의 수입상으로부터 제품단위당 ₩130의 가격으로 3,000개를 구입하겠다는 특별주문을 받았다. 스마트(주)가 특별주문을 수락하더라도 최대조업도까지 고정제조간접원가는 아무런 변동이 없다. 특별주문과 관련된 판매관리비는 총 ₩12,000이며 그 이외의 판매관리비는 발생하지 않는다(또한 이 특별주문은 기존 시장에 아무런 영향을 미치지 않을 것이다).

(요구사항)

1. 회사의 연간 최대조업도가 8,000개인 경우 특별주문의 수락여부를 결정하시오.
2. 회사의 연간 최대조업도가 7,000개인 경우 아래의 각 조건에 따라 특별주문의 수락 여부를 결정하시오.
   (1) 정규시장 판매량을 1,000개 감소시키는 경우
   (2) 설비를 임차하여 1,000개를 생산하는 경우. 단, 연간 설비임차료는 ₩50,000이다.
   (3) 외부에서 단위당 ₩120의 가격으로 1,000개를 구입하는 경우

[5-14] 스마트(주)는 생산라인에 사용하기 위해 매년 부품A를 30,000단위 제조한다. 이 조업수준에서 부품A의 단위당 원가는 다음과 같다.

직접재료원가	₩36
직접노무원가	100
변동제조간접원가	24
고정제조간접원가	90
	₩250

외부공급자가 스마트(주)에 매년 부품A 30,000단위를 단위당 ₩210에 제공하겠다고 제의해 왔다. 만약 스마트(주)가 이 제안을 받아들이면 부품A를 제조하기 위해서 사용되고 있는 설비는 다른 회사에게 연간 ₩800,000의 임대료를 받고 임대할 수 있다. 그러나 스마트(주)는 부품A를 외부공급자로부터 공급받더라도, 고정제조간접원가의 2/3는 계속 발생한다는 것을 알고 있다.

(요구사항)

외부공급자 제안의 수락여부를 결정하시오.

[5-15] 스마트(주)는 제품 A와 B를 생산·판매하고 있다. 이 두 제품은 기계X와 기계Y의 작업을 거쳐서 완성된다. 생산된 제품은 모두 판매되고 있다. 스마트(주)의 자료는 다음과 같다.

	제품A	제품B
제품단위당:		
판매가격	₩20,000	₩12,000
직접재료원가	5,000	4,000
직접노무원가	8,500	4,400
변동제조간접원가	2,000	2,500
한 단위 제조에 필요한 기계시간		
기계 X	5시간	4시간
기계 Y	6시간	3시간

각 기계이용가능시간은 기계 X가 1,000시간, 기계 Y가 900시간이다.

(요구사항)

최적제품배합을 결정하는 데 필요한 목적함수식과 제약조건식을 작성하시오.

01 예산의 의의

기업을 경영하는 경영자나 정부의 관리자, 학교경영자, 그리고 가정에 있어서도 미래의 불확실성에 효과적으로 대응하기 위하여 사전에 계획을 수립할 필요가 있다. 예산(budget)이란 미래에 대한 경영활동의 계획을 화폐단위로 계량화하여 공식적으로 표현한 것이다. 오늘날 기업에서 가장 널리 쓰이는 관리회계시스템으로 예산시스템을 들 수 있다. 전반적으로 예산시스템은 미래에 대한 불확실한 상황을 예측하고 대비하게 하는 계획기능과 업적을 평가하는 기준으로 업적과의 비교평가를 통하여 피드백을 제공하는 통제기능, 부문간 또는 부문과 기업전체 간의 목표를 조화시키는 조정기능을 가지고 있다. 일반적으로 예산은 조직의 목표를 설정하고 한정된 자원을 효율적으로 배분한다는 관점에서 중요하게 인식된다. 미래의 계획이 없는 조직은 목표를 상실하고 표류하는 나침반 없이 항해를 하는 배와 같다. 계획을 수립하지 않는 조직은 오늘날 급변하고 있는 환경하에서 현안문제를 해결하는 데 급급하여 기업의 전반적인 문제나 미래의 목적을 달성할 수 없게 된다. 일상 업무에 바쁜 경영자의 경우에도 미래에 대한 계획을 소홀히 하기 쉬운데, 기업이 공식적인 예산을 편성하게 되면 자연스럽게 경영자에게 미래의 계획과 운영절차를 수립하도록 강요하게 된다. 이와 같이 사전에 계획을 수립하게 하는 것은 예산의 가장 중요한 기능이라 할 수 있다.

일반적으로 기업의 계획단계에서 특정기간에 대한 예산을 작성하는 것을 예산편성(budgeting)이라고 한다. 또한 기업에서 예산통제라는 말을 많이 사용하고 있는데, 이는 예산을 이용하여 기업의 경영활동을 통제하여 경영활동의 결과를 기업이 계획한 목표와 일치시키는 데 사용하는 것을 의미한다. 예산은 조직의 목표를 설정하고 한정된 자원을 효율적으로 배분한다는 관점에서 중요하게 인식되어 왔다.

02 예산의 특징과 기능

2.1 예산의 특징

2.1.1 예산주체

기업은 계획수립 및 통제 목적을 위해 예산주체는 한 부서(대부분의 경우 기획부서나 예산부서)나 부문과 같은 조직의 일부분, 마케팅 또는 회계와 같은 특정기능을 중심으로 이루어진다. 예산편성(budgeting)은 계획단계에서 특정기간에 대한 예산을 설정하는 것을 의미하는데, 예산을 편성하기 전에 예산주체가 잘 정의되어야만 한다. 예를 들면, 기획부서에서 예산편성 지침을 모든 부서에 통보하고 각 부서에서 예산을 수립하여 기획부서에 제출하면, 기획부서는 모든 부서의 예산을 종합하여 기업 전체의 종합예산을 편성한다. 어떤 프로젝트에 대한 예산을 편성하려면, 가장 먼저 어떤 세부활동이 이 프로젝트에 포함되는지를 정확하게 규정해야 한다.

2.1.2 예산기간

예산은 미래의 일정기간을 계획하는 예측치이다. 예산기간은 경영진의 정보욕구 및 계획수립의 필요에 따라 그리고 예산활동의 특성 및 기능에 따라 장기일 수도 있고 단기일 수도 있다. 보통 예산은 한 달, 분기, 반기, 1년 혹은 10년인지 그 기간이 명확하게 명시되어야 한다. 예산기간이 짧아질수록 예산은 보다 상세화될 수 있다. 예를 들면, 경영자는 생산일정을 수립하고, 재고를 관리하며, 자금을 마련하는 데 보다 상세하고 시기적절한 예산을 필요로 한다. 대부분의 기업은 분기별, 반기별, 연도별로 예산을 편성하여 상세한 경영자의 정보욕구를 충족시킨다.

2.1.3 계량화

예산의 특징으로 계량화를 들 수 있다. 계량화를 통해 모든 계획이 화폐단위를 이용한 공통적인 측정치나 산출물과 투입물 단위로 단순화될 때 예산은 가장 유용성을 지닌다. 회계적인 관점에서 일차적인 관심은 예산이 내포하고 있는 활동의 계량적 내용이다.

2.2 예산의 기능

미래의 사업계획은 예산의 형태로 구체화된다. 예산은 기업의 공식적인 경영계획이다. 전략적 계획이나 장기적인 경영계획에 근거한 목표가 설정되면, 이를 기반으로 부문별로 계획이 수립되며 각 부문별 예산이 통합되어 필요한 조정을 거친다. 예산편성과정에서 부서간의 수평적 의사소통과 조정이 이루어지며 이에 의해서 예산의 기능이 나타난다. 예산의 기능은 다음과 같다.

1. 계획수립 및 계획의 계량화(계획기능)
2. 조정, 협조 및 의사소통(조정기능)
3. 업적평가 및 통제(통제기능)
4. 기업운영 원가의식의 고취
5. 조직구성원에게 동기부여

2.2.1 계획수립 및 계획의 계량화

기업을 경영함에 있어 계획을 수립하지 않고서는 조직의 목적을 달성할 수 없다. 학교생활에서도 하루의 계획에서부터 한 주간의 계획에 이르기까지 다양한 계획의 수립이 요구된다. 마찬가지로 개인은 학교시절 방학이 되면 생활계획표를 작성하고, 가정은 내 집을 마련하기 위한 계획을 수립한다. 기업에서 계획의 수립은 희소한 자원의 효율적인 배분에 그 초점이 맞추어져 있다. 기업의 계획수립은 목표를 달성하기 위해 조직구성원의 노력을 조정하는 데 사용된다. 예산편성은 계획수립의 각 측면에서 측정이 가능한 기간목표를 구체화시키는 하나의 틀을 제공한다. 계획의 계량화는 경영자로 하여금 프로젝트의 비용과 효익을 비교하여 자원이 가장 적절하게 배분되었는지를 평가할 수 있도록 해 준다.

2.2.2 조정, 협조 그리고 의사소통

만약 기업의 조직구성원이 각자 독립적으로 활동하고 자유롭게 개인계획을 수립하여 실행에 옮긴다면 조직의 목표를 달성하기가 어렵다. 공식적인 예산은 조직의 다양한 측면에서의 계획을 통합시킨다. 예산의 편성과정은 조직의 모든 부문의 구성원의 생각을 교환하고 계획을 조정하는 도구이다. 조직의 다양한 부문의 계획은 조정할 필요성이 있기 때문에 부문 책임자간의 의사소통은 활발해야 한다. 예산의 편성과정에서 잠재적인 문제가 노출될 때 조직의 하부단위들은 협력하여 문제해결 방안을 찾아내야 한다. 기업의 규모가 커지고 경영활동의 책임이 하부단위로 위임되면서 각 부문의 행동을 조직전체의 목표와 일치시키는 것은 어렵게 된다. 이에 따라 조정의 기능이 요구되는데 예산은 의사소통 및 조정기능을 가지게 된다.

2.2.3 성과평가 및 통제기능

예산은 미래 운영활동에 대한 경영층의 추정치이므로 경영자는 계획과 실제성과와의 차이를 비교·분석함으로써 각 부문 및 부문경영자의 성과를 평가하고 이를 기초로 계획을 적절히 변화·개선시켜 나가는 통제기능을 수행하여야 한다. 또한 예산은 예산주체에 의해 인정할 만한 성과평가의 기준치로서의 역할을 담당하며 기업이 최선의 노력으로 달성해야 할 목표이다. 이와 같이 예산은 실제성과와의 비교를 통하여 부문경영자가 얼마나 효율적으로 목표를 달성하였는가, 그리고 보편적으로 달성한 실제업적을 예산에 표현된 기대업적과 비교하는 것이다. 예산은 기대값을 나타내주고 경영자에게 그들 자신의 업적을 감시하는 기초를 제공한다.

2.2.4 기업운영 원가의식의 고취

일부 경영자는 의사결정이나 경영활동이 원가에 미치는 영향을 의식하지 않는 경향을 보인다. 마케팅 경영자는 매출의 증가에만 집중하게 되고, 생산감독자는 제품의 생산량 또는 품질에만 신경을 쓰고, 엔지니어는 제품설계의 개선에만 사로잡혀 있을 수 있다. 이렇게 되면 쉽게 원가를 간과하게 되고 원가-효익 관계를 무시하게 된다. 그러나 예산의 편성시 경영자의 프로젝트나 활동에 대한 평가는 원가-효익 분석의 기반하에 이루어져야 한다. 이러한 원가의식은 조직의 다양한 기능분야 간에 공통언어를 제공한다.

2.2.5 조직구성원에게 동기부여

예산의 편성을 효과적으로 수행하기 위해서는 공식목표가 설정되어야만 한다. 자원배분 의사결정은 조직의 목표에 그 기초를 두어야 한다. 일반적인 조직목표는 최고경영층에 의해 명기되어야 한다. 이러한 목표는 구체적이지 못하고 운영적이지 못한 경향이 있다. 조직목표는 조직을 성공적으로 경영할 수 있을 뿐만 아니라 조직구성원으로 하여금 자신의 전문가적 목표를 달성하도록 동기부여해 줄 수 있다. 예산편성의 동기부여적 차원은 달성가능한 운영목표를 설정함으로써 성취될 수 있다. 업적평가에 예산의 사용은 조직목표와 일치되는 전문가적 행동을 장려한다. 이러한 목표일치성(goal-congruence)은 성공이나 조직과 조직구성원간의 상호만족을 가져다주는 예산편성의 강력한 차원이다. 예산편성의 행태적 차원을 이해하는 조직은 보다 능률적이고 효과적인 조직이 된다.

03 종합예산

3.1 종합예산의 의의 및 상호관계

종합예산(master budget)은 경영자의 미래 계획과 실행방법을 기술하고 있는 것으로, 기업의 모든 세부단위의 목표를 요약하여 판매, 생산, 구매, 재무 등 기능별로 작성된다. 종합예산은 크게 두 부분으로 구분하여 살펴볼 수 있다. 기업의 판매, 생산, 그리고 관리를 위한 운영예산과 재무활동을 위한 재무예산으로 구분한다. 운영예산(operating budget)에는 수익예산, 제조원가예산, 그리고 운영비용예산 등이 포함되며, 여기에서 예산상의 순이익이 산출된다. 즉, 판매, 생산, 원재료와 인력의 조달 및 사용에 대한 계획을 기초로 하여 판매예산, 생산예산, 매출원가예산을 작성한다. 재무예산(financial budget)은 추정재무상태표, 자본프로젝트에 대한 계획, 그리고 차입 및 투자계획을 내포한 현금유입 및 유출에 대한 상세계획이 포함된다. 즉, 자금의 조달과 투자를 위한 자본지출예산, 현금예산을 작성한다. 종합예산은 예산편성과정의 전체 계획수립기능의 최종산물이다. 이는 다음 회계기간 동안 기업의 운영활동을 기술하는, 단일계획으로 결집된 모든 예산의 최종 결과이다. 종합예산은 [도표 6-1]에 나타난 바와 같이 포괄적 계획으로, 여러 가지 구성요소인 개별 예산이 상호의존적이다.

[도표 6-1]과 같이 종합예산은 수많은 다양한 예산으로 구성되어 있고 다양한 예산은 서로 관련이 있음을 알 수 있다. 종합예산은 판매예산(sales budget)으로부터 시작하여 서로 관련된 추정재무제표(budgeted financial statements)로 마무리된다. 즉, 종합예산은 미래 정해진 기간인 통상 1년 동안의 조직의 모든 개별예산의 재무추정치를 요약한 것이다.

[도표 6-1] 종합예산

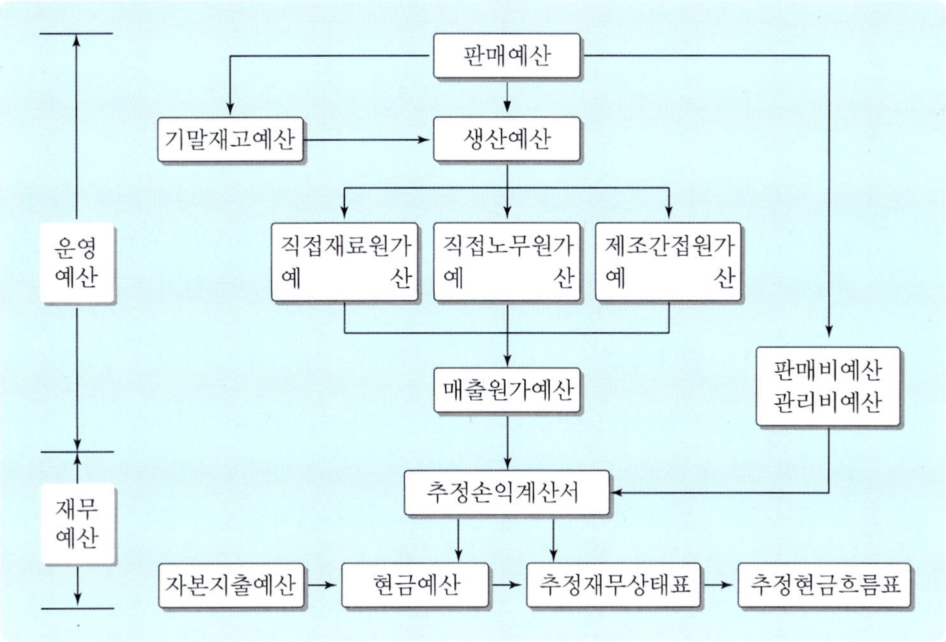

3.2 종합예산의 편성절차

종합예산을 편성할 때 대부분의 기업은 기획부서나 예산편성부서에서 예산편성 준비를 하는데 사업계획 수립관련 기업차원의 지침이나 방침관리, 전사적으로 경쟁력 있는 상태에서 달성해야 할 이익목표를 설정하고 이를 책임단위별로 배분한다. 이러한 예산편성 지침은 모든 부서에 통보된다. 이를 토대로 각 사업부문별, 사업장별로 예산을 수립하여 기획부서나 예산편성부서로 보내져서 각 부서 및 기능별로 작성된 예산을 취합 조정하여 종합예산을 편성한다. 종합예산의 편성절차는 다음과 같으며, 아래의 기본자료를 바탕으로 살펴본다.

1. 판매예산
2. 제조예산
3. 제조원가예산
4. 매출원가예산
5. 판매관리비예산

6. 예산손익계산서
7. 현금예산
8. 예산재무상태표

종합예산의 출발점은 판매예산을 작성하는 것이다. 그런데 판매예산을 작성하기 위해서는 먼저 미래의 수요량을 예측하여야 한다. 따라서 미래 수요량에 대한 예측, 즉 판매예측에 대해 간략히 살펴본 후 각종 예산에 대해 살펴보기로 한다.

3.2.1 판매예측

판매예측은 다른 모든 예산의 기초가 된다. 따라서 판매예산을 잘못 수립하면 그것을 바탕으로 작성하는 그 후의 모든 예산은 회사가 미래에 수행하게 될 활동에 대한 합리적인 지표가 되지 못한다. 이와 같이 중요한 판매예산은 판매예측에서 비롯되는데 판매예측은 예산기간에 걸쳐 회사의 모든 활동을 제약하는 역할을 하므로 신중히 수행되어야 한다. 판매예측을 실시할 경우에 고려하여야 할 요소를 나열하면 다음과 같다.

① 과거의 판매량
② 과거의 잠재수요에 대한 미충족량
③ 일반적인 경제상황(예: GNP, 실업률 등의 경제지표 동향)
④ 산업의 경제상황
⑤ 시장점유율
⑥ 산업의 경쟁정도
⑦ 판매가격정책
⑧ 광고 및 판매촉진정책
⑨ 판매원의 자질 및 능력
⑩ 판매량의 장기적 추세
⑪ 판매의 계절적 변화

판매예측은 이처럼 광범위한 요소들을 고려하여 이루어져야 하기 때문에 예산편성단계 등에서 가장 많은 노력이 투입되며, 또한 미래에 대한 불확실성으로 인해 예측자의 주관이 많이 개입된다. 이러한 주관성을 줄이기 위해서는 가능한 한 많은 원천으로부터 정보를 수집하는 것이 필요하다.

오늘날의 기업들은 판매예측을 합리적으로 수행하기 위해 회귀분석, 상관분석 등의 통계적 방법을 사용하고 있다. 뿐만 아니라 어떤 기업들은 매우 정교한 경제적 모형을 개발하여 사용하기도 한다. 다음에서는 판매예측방법에 대하여 살펴본다.

① 판매원 의견종합법

판매활동을 직접 담당하는 판매원들은 고객과 가장 가까운 위치에 있기 때문에 제품의 수요에 대하여 가장 정확한 정보를 보유하고 있다. 그러므로 각 지역별 판매담당자로 하여금 예측치를 보고하게 한 후, 이를 종합하여 판매예측을 한다. 그러나 이처럼 판매원으로부터 판매예측자료를 획득하는 경우에는 판매원들이 자신이 제공한 예측치가 추후에 자신의 성과평가에 사용된다고 생각하여 판매예측치를 왜곡하여 보고할 가능성이 있다는 점에 유의하여야 한다.

② 시장조사기관에 의뢰하는 방법

판매원들은 판매예측치를 왜곡하여 보고할 수도 있으며, 또한 판매원들은 대개가 자신이 직접 담당하는 판매활동현장에서 파악하는 것에 기초하여 판매예측을 하기 때문에 설사 정확하게 보고를 했다 하더라도 예측치들은 예측기간이 1개월 또는 1분기로 비교적 단기간일 때에만 타당한 경우가 많다. 반면에, 외부의 전문시장조사기관은 이와 같은 결점을 갖고 있지 않으며, 판매원들보다는 더 넓은 안목으로 판매예측을 하기 때문에 예측기간이 1년인 경우라 해도 비교적 정확한 예측치를 얻을 수 있다. 그러나 이 방법은 많은 비용이 소요되는 단점이 있다.

③ 델파이법(Delphi technique)

이 방법은 예측치에 포함한 예측자의 편견을 줄임으로써 예측치의 질을 높이기 위한 방법이다. 이 방법하에서는 각 예측자가 자신의 예측치를 익명으로 제출하고, 다른 예측자들의 예측치를 통보받는다. 이때 다른 예측자들이 사용한 예측방법이나 자료를 통보받지 않는다. 모든 예측자들로부터 예측치가 제출되면, 예측자들은 자신의 예측치를 도출한 근거에 대하여 토론한다. 이 토론을 바탕으로 각 예측자는 다시 예측을 하고 그 결과를 다른 예측자들에게 전달한 후 새로운 예측치에 대해 전과 동일한 방법으로 토론한다. 이러한 과정을 반복하여 대부분의 예측자들이 동의하는 예측치에 도달하는 방법이 델파이법이다.

④ 통계적 예측모형을 이용하는 방법

이 방법은 과거자료를 이용하여 통계적 분석절차에 따라 판매예측을 하는 방법으로서 시계열분석법이나 회귀분석법 등이 이에 해당된다. 시계열분석(time-series analysis)은 과거자료만을 사용하고 다른 자료는 사용하지 않는다. 이 방법은 자료의 추세에 영향을 미치는 모든 요소가 과거자료에 반영되어 있기 때문에 과거자료의 추세가 미래의 판매예측에 가장 유용하다는 가정을 기초로 한다. 따라서 이 방법하에서는 과거판매실적에 대한 자료만 있으면 판매예측이 가능하므로 예측비용이 적게 소요되는 장점이 있다.

회귀분석법(regression analysis)도 과거자료만을 이용하여 판매예측을 하는 방법인데, 이 방법에서는 특정의 독립변수를 이용하여 판매예측을 한다는 점이 시계열분석과 다르다. 즉, 시계열분석법은 시간의 경과에 따른 판매량의 변동추세를 이용하여 판매예측을 하는 데 반해, 회귀분석법은 보다 구체적으로 일반경제지표라든가 광고비 지출액 등의 특정변수를 독립변수로 선정한 후 이 독립변수의 변동에 따른 과거판매량(종속변수)의 변동양상을 파악하여 미래 특정 독립변수 값에 대한 종속변수인 예상판매량을 구하는 방법이다. 이 방법하에서는 판매량에 영향을 미치는 많은 요소들을 예측모형에 포함하여 각 요소들의 상황에 맞게 판매예측을 수행할 수 있다. 이 외에도 오늘날 판매예측에 이용할 수 있는 정교한 기법들이 많이 개발되고 있다.

특히 컴퓨터의 도입과 함께 대부분의 기업들이 이들 분석모형을 경제적으로 이용할 수 있는 소프트웨어를 갖게 되었다. 그러나 어떤 분석모형을 사용하더라도 판매예측과 관련된 불확실성을 완전히 제거할 수 없다는 점에 유의하여야 한다. 따라서 정교한 분석모형을 통한 예측치보다 정교도가 낮은 판매원의 예측치가 더 유효한 경우도 있을 수 있다. 그러므로 판매예측방법의 선택은 원가-효익분석을 통해 이루어져야 한다.

〈기본자료〉 스마트(주)는 제품 A를 생산·판매한다. 20×1년 1분기의 예산을 편성하기 위해 필요한 자료는 다음과 같다.

1) 기초재무상태표

재무상태표

스마트(주)				20×1년 1월 1일
현금		₩100,000	매입채무	₩65,000
매출채권		150,000	자본금	740,000
원재료	(10,000kg×₩5)	50,000	이익잉여금	145,000
제품	(4,000개×₩50)	200,000		
건물 및 설비		500,000		
감가상각누계액		(50,000)		
		₩950,000		₩950,000

2) 제품의 원가 및 판매

	1분기	2분기	3분기	4분기
예산판매량	25,000개	30,000개	40,000개	30,000개
단위당 판매가격	₩100			
제품단위당 변동제조원가				
－직접재료원가 －직접노무원가 －변동제조간접원가	4kg×₩5＝₩20 2시간×₩5＝₩10 2시간×₩6＝₩12			

3) 스마트(주)는 재고 보유정책으로 제품의 분기말 재고량은 다음 분기 예상판매량의 20% 수준을 유지하고, 원재료의 분기말 재고량은 다음 분기 제품생산에 필요한 수량의 10%를 유지하고자 한다.
4) 모든 매출은 외상으로 이루어지며, 매출액 중에서 70%는 당해 분기에 회수되고, 나머지 30%는 다음 분기에 회수된다.
5) 원재료의 매입은 외상으로 이루어지며, 매입액 중에서 50%는 당해 분기에 지급하고, 나머지 50%는 다음 분기에 전액 지급한다. 직접재료원가와 감가상각비를 제외한 모든 원가와 비용은 발생한 시점에 현금으로 지급한다.
6) 고정제조간접원가는 분기별로 ₩270,000으로 가정한다. 단, 고정제조간접원가에는 감가상각비 ₩50,000이 포함되어 있다.
7) 변동판매관리비는 제품 단위당 ₩10이 발생할 것으로 예측되며, 고정판매관리비는 광고비, 경영자급여, 보험료 등으로 구성되어 있는데, ₩200,000으로 예측하고 있다. 단 고정판매관리비에는 감가상각비 ₩40,000이 포함되어 있다.

3.2.2 판매예산

판매예산(sales budget)은 종합예산 편성에 있어서 출발점이며, 종합예산의 중요한 기초가 된다. 왜냐하면 매출액의 결정에 따라 미래 업무활동의 성격이 규정되기 때문이다. 판매예산은 판매량과 판매수익에 관한 경영층의 추정치이다. 종합예산을 수립하기 위해 가장 기초적이며 가장 먼저 결정되는 부분이 판매량 예측이다. 제품에 대한 다른 예산의 추정치는 판매추정치에 기초하고 있기 때문에 판매예산이 가장 먼저 편성된다. 생산, 판매비와 일반관리, 재고, 그리고 여타 예산은 모두 기대매출수익에 영향을 받는다. 판매예산에는 경제상황, 판매가격 결정, 경쟁기업의 활동, 그리고 산업여건 등 많은 요인이 고려된다. 가장 신뢰할 수 있는 판매예산을 편성하기 위해서 기업은 판매예측에 전문가를 고용하고 많은 자원을 투입하기도 한다.

판매예산은 제품별 예산판매량과 단위당 판매가격에 기초하여 편성하면 된다.

> 판매예산(매출액) = 예산판매량 × 단위당 판매가격

예제 6-1 판매예산

기본자료를 이용하여 스마트(주)의 20×1년 분기별 판매예산을 편성하시오.

(해 답)

판매예산

	1분기	2분기	3분기	4분기
예 산 판 매 량	25,000개	30,000개	40,000개	30,000개
단위당 판매가격	×₩100	×₩100	×₩100	×₩100
매 출 액	₩2,500,000	₩3,000,000	₩4,000,000	₩3,000,000

여기에서는 편의상 분기별로 판매추정치를 나타내었지만 대부분의 기업은 시간간격을 단축시켜 주별 또는 월별예산을 편성한다. 예산의 시간간격은 경영층의 계획 및 통제욕구에 따라 결정된다.

3.2.3 제조예산

판매예산이 편성된 후의 다음 단계는 제조예산(production budget)을 수립하는 것이다. 제조예산은 스마트(주)의 다음 연도나 다음 분기에 요구되는 생산량을 표시한 것으로, 판매예산과 기말재고예산에 의해 결정되고 직접재료원가예산, 직접노무원가예산, 그리고 제조간접원가예산을 편성하는 출발점이다. 제조예산은 생산해야 할 제품의 수량을 결정하는 것으로 '생산량예산'이라고도 한다. 생산해야 할 수량은 예산판매량과 재고수준의 예상변화량에 의해 결정된다. 기업은 기말재고에 대한 예산도 적절하게 수립해야 한다. 만약에 재고에 대한 신중한 계획이 수립되어 있지 못하면 기말에 과도한 재고를 갖게 될 가능성이 있게 되고, 이로 인해 보관비용, 유지비용과 같은 불필요한 비용을 발생시킬 수 있다. 반면에 재고가 없는 경우에는 판매의 기회를 상실할 수도 있다.

제조예산은 다음과 같은 식에 의해서 계산된다.

> 제조예산 = 예산판매량 + 기말목표재고량 − 기초실제재고량

제조예산은 제품을 몇 단위 생산할 것인가의 문제이다. 기본적으로 예산기간의 예산판매량에 기말의 목표재고량을 가산한 후에 기초에 실제로 보유하고 있는 재고량을 차감해서 생산하면 된다.

예제 6-2 제조예산

기본자료를 이용하여 스마트(주)의 20×1년 1분기와 2분기의 제조예산을 편성하시오.

(해 답)

제조예산

	1분기	2분기	3분기
예 산 판 매 량	25,000개	30,000개	40,000개
기말목표재고량	6,000	8,000	
계	31,000개	38,000개	
기초실제재고량	(4,000)	(6,000)	
제 품 생 산 량	27,000개	32,000개	

위 예제에서 기말목표재고량은 다음 분기 예산판매량의 20% 수준을 보유한다고 하였으므로 1분기의 제품재고량은 6,000개(=30,000개×20%)이고, 2분기의 제품재고량은 8,000개(=40,000개×20%)이다.

3.2.4 제조원가예산

제조원가예산(manufacturing cost budget)은 목표생산량을 생산할 때 발생할 것으로 예상되는 제조원가에 대한 예산으로, 제조원가의 구성요소인 직접재료원가, 직접노무원가 및 제조간접원가예산으로 구성된다.

제조원가예산의 편성에서 직접재료원가, 직접노무원가 및 변동제조간접원가는 일

반적으로 사전에 설정한 제품단위당 표준원가를 이용하고, 고정제조간접원가는 일정기간 동안에 발생될 것으로 예상되는 총액을 이용한다.

① 직접재료원가예산

제품의 제조예산이 편성된 다음에는 생산에 투입될 제조원가 요소에 대한 예산을 편성해야 한다. 이러한 원가요소 중에서 가장 중요한 것은 직접재료원가이다. 직접재료원가예산(direct materials budget)은 제조예산에서 결정된 목표생산량을 생산하는데 투입해야 할 직접재료원가에 대한 예산으로서 목표생산량에 제품단위당 직접재료원가를 곱하여 편성한다.

직접재료원가예산 = 목표생산량 × 제품단위당 직접재료원가

직접재료원가예산과 관련하여 추가적으로 분석해야 할 사항은 원재료구입예산이다. 원재료구입예산은 목표생산량을 생산하는 데 사용될 원재료수량과 기말원재료재고수준을 충족시키기 위하여 구입하여야 할 원재료수량과 금액을 결정하는 예산이다. 이는 원재료의 목표구입량에 원재료 단위당 구입가격을 곱하여 산출하는데, 원재료의 목표구입량은 목표생산량을 생산하는 데 사용될 원재료사용량에 기말원재료재고량을 가산하고 기초원재료재고량을 차감하여 계산한다.

원재료구입예산 = 원재료 목표구입량 × 원재료 단위당 구입가격
= (원재료사용량* + 기말원재료재고량 − 기초원재료재고량)
× 원재료 단위당 구입가격

* 원재료사용량 = 목표생산량 × 제품단위당 원재료 소요량

예제 6-3 원재료구입예산

기본자료를 이용하여 스마트(주)의 20×1년 1분기와 2분기의 원재료구입예산을 편성하시오.

(해 답)

원재료구입예산

	1분기	2분기
목표생산량	27,000개	32,000개
제품단위당소요량	× 4kg	× 4kg
원재료사용량	108,000kg	128,000kg
기말원재료재고량	12,800*	15,200
계	120,800kg	143,200kg
기초원재료재고량	(10,000)	(12,800)
원재료구입량	110,800kg	130,400kg
단위당 구입가격	× ₩5	× ₩5
원재료구입액	₩554,000	₩652,000

예제에서 기말원재료재고량은 다음 분기에 예상되는 원재료사용량의 10% 수준을 보유한다고 하였으므로, 1분기의 원재료재고량은 12,800kg(=128,000kg×10%)이고, 2분기의 제품재고량은 15,200kg(=152,000kg×10%)이다.

② 직접노무원가예산

직접노무원가예산(direct labor budget)은 예산기간 동안 필요한 직접노동시간과 직접노무원가를 계획하는 데 사용된다. 직접노무원가예산은 직접재료원가예산과 같이 제조예산을 기초로 하여 편성된다. 생산량이 변동함에 따라 노동소요량도 적절히 변화시켜야 한다. 그런데 노동조합과의 계약의무 등으로 인해 기업이 노동소요량의 변화를 관리하는 일은 원재료사용량의 변화를 관리하는 일보다 훨씬 어렵고 복잡하다. 따라서 기업은 노동소요량에 대한 계획을 매우 신중하게 수립해야 한다. 직접노무원가예산은 목표생산량을 생산하기 위해 필요한 직접노동시간에 시간당 임률을 곱하여 계산한다.

직접노무원가예산=목표생산량×제품단위당 직접노무원가
=목표생산량×제품단위당 직접노동시간×시간당 임률

③ 제조간접원가예산

제조간접원가예산(manufacturing overhead budget)은 예산기간 중에 목표생산량을 생산하는데 발생하는 변동제조간접원가와 고정제조간접원가에 대한 예산이다. 즉, 직접재료원가와 직접노무원가를 제외한 다른 모든 제조원가에 대한 계획으로 구성된다. 제조간접원가예산은 생산량에 비례하여 발생하는 변동제조간접원가와 생산량에 관계없이 일정하게 발생하는 고정제조간접원가로 구분하여 편성하는 것이 바람직하다. 변동제조간접원가는 다양한 원가항목으로 구성되어 있기 때문에 원가동인이나 배분기준을 이용하여 목표생산량에 원가동인당 배부율을 곱하여 예산을 편성하고, 고정제조간접원가는 기초에 추정된 다양한 원가항목의 총액을 이용하여 예산을 편성하면 된다.

> 변동제조간접원가예산＝목표생산량×제품단위당 변동제조간접원가
> 고정제조간접원가예산＝생산량과 관계없이 일정

예제 6-4 제조원가예산

기본자료를 이용하여 스마트(주)의 20×1년 1분기의 제조원가예산을 편성하시오.

(해 답)

제조원가예산

직접재료원가예산	27,000개×₩20＝	₩540,000
직접노무원가예산	27,000개×₩10＝	270,000
변동제조간접원가예산	27,000개×₩12＝	324,000
고정제조간접원가예산		270,000
계		₩1,404,000

3.2.5 매출원가예산

매출원가예산(cost of goods sold budget)은 예산기간 중 제품의 예산판매량에 대한 원가를 산정하는 예산이다. 매출원가예산은 기초제품재고액에 당기제품제조원가를 가

산하고 기말제품재고액을 차감하여 산출한다.

매출원가예산 = 기초제품재고액 + 당기제품제조원가 − 기말제품재고액

예제 6-5 매출원가예산

기본자료를 이용하여 스마트(주)의 20×1년 1분기의 매출원가예산을 편성하시오. 단, 선입선출법을 적용한다.

(해 답)

매출원가예산

기초제품재고액	4,000개 × ₩50 =	₩200,000
당기제품제조원가	27,000개 × ₩52 =	1,404,000
계		₩1,604,000
기말제품재고액	6,000개 × ₩52 =	312,000
매 출 원 가		₩1,292,000

1분기의 제품단위당 원가는 ₩52(= ₩42 + ₩270,000 ÷ 27,000개)이고, 스마트(주)는 선입선출법을 적용하고 있으므로 기말제품재고액은 1분기에 생산되는 제품으로만 구성된다.

3.2.6 판매관리비예산

판매관리비예산(selling and administrative expense budget)은 예산기간 중 생산제품을 판매 및 관리하는 활동에서 발생할 것으로 예상되는 비용에 대한 예산이다. 판매관리비를 용이하게 편성하기 위해서는 원가행태별로 변동판매관리비와 고정판매관리비로 구분하는 것이 바람직하다. 마케팅 활동이 판매량을 결정하는 중요한 변수이므로 판매관리비예산은 종합예산 편성과정에서 초기단계인 판매예산을 편성할 때 부분적으로 편성되어져야 한다. 변동판매관리비는 예상되는 매출액에 직접적으로 영향을 받는 비용이며, 고정판매관리비는 매출액에 상관없이 일정하게 발생하는 비용이다. 판매관리비를

편성 시 주의해야 할 점은 생산량이 아니라 판매량을 기준으로 예산을 편성해야 한다는 것이다.

예제 6-6 판매관리비예산

기본자료를 이용하여 스마트(주)의 20×1년 1분기의 판매관리비예산을 편성하시오.

(해 답)

판매관리비예산

목 표 판 매 량	25,000개
단위당 변동판매관리비	× ₩10
변 동 판 매 관 리 비	₩250,000
고 정 판 매 관 리 비	200,000
판 매 관 리 비	₩450,000

3.2.7 예산손익계산서

운영예산의 편성은 예산손익계산서를 작성함으로써 마감된다. 예산손익계산서(budgeted income statement)는 예산기간 중의 활동으로부터 기대되는 수익과 비용을 반영하여 작성한다. 예산손익계산서는 예산편성 과정에서 이미 편성된 판매예산, 제조원가예산, 매출원가예산 및 판매관리비예산을 반영하여 작성된다. 기업이 영업활동으로부터 기대되는 순이익을 보여주므로 경영자가 가장 관심을 갖는 예산 중의 하나이다.

예제 6-7 예산손익계산서

기본자료를 이용하여 스마트(주)의 20×1년 1분기의 예산손익계산서를 작성하시오.

(해 답)

예산손익계산서

매 출 액	25,000개×₩100	₩2,500,000
매 출 원 가		1,292,000
매 출 총 이 익		₩1,208,000
판 매 관 리 비		450,000
당 기 순 이 익		₩758,000

3.2.8 현금예산

현금예산(cash budget)은 예산기간 중 예상되는 현금의 유입액과 유출액에 대한 예산이다. 현금예산은 기업이 영업활동과 투자활동을 계획대로 수행하고 부채를 상환할 수 있는 지불능력을 보유하고 있는지와 영업활동 등을 통해 필요한 현금을 충분히 창출할 수 있는 능력이 있는지를 나타낸다. 현금유입액은 기초현금잔액에 예산기간 동안의 현금수입액을 가산하여 계산하고, 현금유출액은 예산기간 동안에 지출될 것으로 예상되는 현금이다. 현금초과액 또는 현금부족액은 현금유입액과 현금유출액의 차이로 계산된다. 이때 현금유입액이 현금지출액을 초과하면 현금초과액이 발생하고, 부족하면 현금부족액이 발생한다. 일반적으로 기업은 현금부족액이 예상되면 자금조달계획을 미리 마련하고, 현금초과액이 예상되면 투자계획을 수립한다.

① 현금유입액

현금유입액은 예산기간 동안 기업에 유입될 것으로 예상되는 현금으로, 상품이나 제품을 매출한 경우에 발생한다. 매출은 현금매출과 외상매출로 구분되며 외상매출은 매출채권의 회수정책에 따라 현금유입이 이루어진다. 구체적으로 기중 현금유입액은 재무상태표 항목에서는 비유동자산 등의 매각, 차입금 증가, 증자 등을 통해 유입이 되며, 손익계산서 항목에서는 기타수익의 발생, 잉여금처분계산서에서는 법인세 환수액 등에서 현금유입이 이루어진다.

② 현금유출액

현금유출액은 예산기간 동안 기업에서 유출될 것으로 예상되는 현금으로, 상품이나 제품, 원재료를 매입한 경우에 발생한다. 매입은 현금매입과 외상매입으로 구분되며 외상매입은 매입채무의 반제(返濟)정책에 따라 현금유출이 이루어진다. 구체적으로 기중 현금유출액은 재무상태표 항목에서 자본예산(투자)에 의한 자산의 매입, 원재료 매입채무의 지급과 같은 부채상환의 경우 현금유출이 이루어지고, 손익계산서 항목에서는 직접노무원가의 지급, 제조간접원가의 지급 및 판매관리비의 지급 등으로 인해 현금유출이 된다. 단, 감가상각비나 대손상각비와 같은 비현금고정원가는 현금이 유출되는 비용이 아니므로 현금유출액을 계산할 때 포함시키지 않도록 주의해야 한다. 또한 잉여금처분계산서 항목에서는 배당금 지급, 법인세 추납액 등이 발생하면 현금유출이 이루어진다.

예제 6-8 현금예산

기본자료를 이용하여 스마트(주)의 20×1년 1분기의 현금예산을 작성하시오.

(해 답)

현금예산

Ⅰ. 기초현금 보유액			₩100,000
Ⅱ, 현금유입액			
매출채권 회수액			
– 기초매출채권		₩150,000	
– 1분기분	₩2,500,000×70%=	1,750,000	₩1,900,000
Ⅲ. 현금유출액			
매입채무 지급액			
–기초매입채무		₩65,000	
–1분기분	₩554,000×50%=	277,000	
직접노무원가 지급액		270,000	
변동제조간접원가 지급액		324,000	
고정제조간접원가 지급액	₩270,000–₩50,000=	220,000	
변동판매관리비 지급액	25,000개×₩10=	250,000	
고정판매관리비 지급액	₩200,000–₩40,000=	160,000	1,566,000
Ⅳ. 기말현금 보유액			₩434,000

3.2.9 예산재무상태표

예산재무상태표(budgeted balance sheet)는 예산기간 말 현재 기업의 재무상태를 나타낸다. 예산기간 초의 재무상태, 즉 기초재무상태표 계정잔액에 예산기간 중에 발생한 생산 및 판매활동에 의한 각 계정의 증감사항을 반영하여 작성한다.

예제 6-9 예산재무상태표

기본자료를 이용하여 스마트(주)의 20×1년 1분기의 예산재무상태표를 작성하시오.

(해 답)

예산재무상태표

스마트(주) 20×1년 3월 31일

현 금	₩434,000	매 입 채 무(₩554,000×50%)	₩277,000
매 출 채 권(₩2,500,000×30%)	750,000	자 본 금	740,000
원 재 료(12,800kg×₩5)	64,000	이익잉여금	903,000
제 품(6,000개×₩52)	312,000		
건물 및 설비	500,000		
감가상각누계액	(140,000)		
	₩1,920,000		₩1,920,000

04 예산편성 방법

예산편성을 두 가지로 구분하면 기술적 측면(technical aspects)과 행태적 측면(behavioral aspects)으로 나눌 수 있다. 예산을 편성하는 가장 큰 목적이 조직목표를 효과적으로 달성하기 위한 것이고, 조직목표는 조직구성원의 기여로 달성될 수 있기 때문에 예산편성의 행태적 측면은 아무리 강조해도 지나치지 않는다. 예산편성은 조직구성원에게 조직구성원의 사고, 행동, 의사결정에 지대한 영향을 미친다. 예산편성은 유용한 목적을 가지고 있지만 조직과 조직구성원에게 어떻게 투영되느냐에 따라 다른 양상으로 나타날 수 있다. 만약 예산의 순기능보다 역기능적인 측면이 확대된다면, 이는 조직목표를 효과적으로 달성하는데 걸림돌이 될 수도 있다. 따라서 경영자는 예산이 보다 긍정적으로 사용될 수 있도록 예산편성이 조직구성원에게 미치는 효과를 정확하게 파악하고 세심한 배려를 해야 한다. 오직 효과적인 예산편성제도만이 조직구성원으로 하여금 조직목표를 달성하는 데 기여하는 행동을 하도록 동기부여 시킨다.

4.1 고정예산과 변동예산

예산은 예산편성에 기준이 되는 조업도를 어떤 것으로 사용하였는가에 따라 고정예산과 변동예산으로 구분할 수 있다.

4.1.1 고정예산

목표로 설정한 하나의 계획된 조업도를 기준으로 하여 예산을 편성하는 고정예산(static budget)은 회계연도 동안의 조업도나 기타 상황이 변하더라도 변경되거나 조정되지 않는 예산이다. 이러한 고정예산은 다음과 같은 두 가지 특징을 가지고 있다.

첫째, 고정예산은 하나의 조업도수준을 갖는 예산편성의 경우에만 적합하다.

둘째, 실적은 항상 계획된 조업도수준에서의 예산과 비교된다. 즉, 실제의 조업도수준이 계획된 조업도수준에 못미치든 초과하든 이와 같은 변동과는 무관하게 실적이 계획된 조업도수준에서의 예산과 비교된다.

4.1.2 변동예산

변동예산(flexible budget)은 조업도의 변화에 따라 제품의 원가 및 생산설비의 이용도가 변화된다는 가정에 의하여 여러 수준의 사후적인 실제조업도에 기준하여 예산을 편성하는 방법이다. 따라서 변동예산은 수익과 원가가 일정한 범위의 조업도, 즉 관련범위 내에서 어떠한 형태를 나타내는지를 알아야만 수립될 수 있다. 고정예산과는 달리 변동예산은 다음과 같은 두 가지 특징을 가지고 있다.

첫째, 변동예산은 하나의 조업도수준보다는 관련범위(relevant range) 내의 모든 조업도수준에 적합한 예산편성방법이다. 예를 들어 어떤 회사가 매월 70,000단위에서 100,000단위의 관련범위를 가지고 있다고 하자. 이 경우에 회계담당자는 매월 평균 90,000단위를 생산할 수 있다고 보고 각각 80,000, 85,000, 90,000 및 95,000단위에 대한 예산을 수립할 수 있을 것이다.

둘째, 변동예산은 정태적이라기보다는 동태적인 성격을 갖고 있어서, 예산편성을 조업도변동에 따라서 탄력적으로 수립할 수 있게 해 준다. 즉, 예산은 제반 경영환경이 변화하면 이에 맞추어 적절히 변경되어야 하며, 충분한 융통성을 갖고 편성되어야 한다. 예산은 관련범위 내의 어떤 조업도수준에서도 각 수준에 맞게 수립될 수 있다. 즉, 경영자는 일정기간 동안 어느 정도의 조업도수준을 달성할 수 있을 것인가를 고려한 후에 변동예산을 이용하여 그와 같은 조업도수준에서 얼마만큼의 비용이 소요될 것인가를 결정하게 된다.

이러한 변동예산은 다음과 같은 두 가지 유용성을 가지고 있다.

첫째, 변동예산은 계획수립목적에 이용될 수 있다. 즉, 모든 비용을 변동원가와 고정원가로 구분하여 여러 수준의 조업도에 맞추어 예산을 작성하므로 체계적이고 논리적인 계획의 수립을 가능케 한다.

둘째, 변동예산은 경영자의 통제기능 수행에 이용될 수 있다. 즉, 조업도의 차이(실제조업도와 계획된 조업도의 차이)가 배제되고 실제로 발생된 조업도에서의 계획과 실적이 비교되므로 변동예산은 효과적인 통제의 수단으로 활용될 수 있다.

4.1.3 고정예산과 변동예산의 비교

고정예산과 변동예산의 차이를 살펴보기 위해서 먼저 20×1의 종합예산을 준비함에 있어서 스마트(주)는 해당연도에 15,000단위를 생산하여 판매할 것을 계획하고 있다고 가정해 보자. 그리고 이 회사는 이 기간 동안에 실제로 10,000단위만을 생산·판매함으로써 이 목표를 달성하지 못했다고 가정하자. 만약 이 회사가 고정예산접근법을 이용하였다면, 이 기간 동안의 전반적인 성과는 [도표 6-2]와 같이 나타난다.

성과평가를 함에 있어서 고정예산접근법을 사용하여 고정예산 손익계산서를 작성하게 되면 조업활동의 통제(activity control)와 원가통제(cost control)의 두 가지 통제측면을 구분하지 못한다는 단점을 가지게 된다. 조업활동의 통제로는 판매활동 또는 생산활동이 계획상의 활동과 대비하여 어떠한 차이를 보이는가를 알 수 있으며, 원가통제로는 산출물이 품질·능률의 표준과 합치하는가와 표준비용으로 생산·판매가 이루어졌는가를 알 수 있다. 이러한 두 가지 통제측면에 대하여 경영자들은 상이한 책임을 가지고 있으며, 따라서 경영자들의 직무수행결과를 평가하기 위해서는 이들 책임을 따로따로 파악할 필요가 있다.

고정예산을 이용하게 되면 조업활동에 대한 통제만이 가능하다. 즉, [도표 6-2]의 윗부분의 생산량에 대한 자료를 살펴보면, 조업활동에 대한 통제를 효과적으로 수행하지 못하여 예산생산량에 비하여 5,000단위를 부족달성하였다는 사실을 알 수 있다.

[도표 6-2] 고정예산 손익계산서

스마트(주)

	고정예산 손익계산서		
	실 제	예 산	차 이*
생산량(단위)	10,000	15,000	5,000U
매 출 액	₩400,000	₩600,000	₩200,000U
변동원가			
직접재료원가	100,000	120,000	20,000F
직접노무원가	85,000	90,000	5,000F
변동제조간접원가	25,000	30,000	5,000F
판매관리비	10,000	15,000	5,000F
총변동원가	(220,000)	(255,000)	35,000F
공헌이익	180,000	345,000	165,000U
고정원가			
고정제조간접원가	125,000	120,000	5,000U
판매관리비	45,000	45,000	–
총고정원가	(170,000)	(165,000)	5,000U
순 이 익	₩10,000	₩180,000	₩170,000U

* F: 유리한 차이, U: 불리한 차이

손익계산서에서 매출액 이외의 자료는 원가통제와 관련된다. 이때 변동원가와 관련된 모든 차이(variances)는 유리한 차이라는 점에 주목을 할 필요가 있다. 이러한 유리한 차이가 반드시 당해연도 동안에 이 회사가 원가통제를 효과적으로 수행한 것을 의미하는 것은 아니다. 차이가 유리하게 나타난 이유는 실제원가는 10,000단위의 조업도수준에서 발생되었는 데 반해 고정예산은 이보다 훨씬 큰 15,000단위의 조업도수준에 기초하고 있기 때문이다. 즉, 실제생산량이 예산보다 5,000단위가 적었기 때문에 변동원가의 원가차이가 유리하게 나타난 것이지, 만약 예산처럼 15,000단위가 생산되었다면 불리한 차이가 나타났을지도 모르는 것이다.

원가통제의 관점에서 볼 때 하나의 조업도수준에서의 예산원가를 다른 조업도수준에서의 실제원가와 비교하려고 하는 것은 좋은 방법이 아니다. 왜냐하면 이와 같은 비교는 앞의 예에서처럼 실제조업도가 예산조업도(budgeted activity)보다 적은 경우에는 실제원가가 예산원가보다 적게 발생되어 대부분 유리한 차이를 가져오기 때문이다. 물론 반대의 경우에는 불리한 차이가 나타나게 될 것이다. 그러므로 실제조업도와 예산조업도의 차이가 커지면 커질수록 고정예산은 성과평가를 위한 기준으로는 적합치 못하게 된다.

변동예산접근법의 기본적인 사고는 원가행태에 대한 연구를 통해서 단일 조업도수준보다는 다양한 조업도수준에서 이에 적합한 예산을 편성할 수 있다는 것이다. 즉, 변동예산은 사후적인 실제조업도수준에 기초하여 신축성 있게 수립하는 예산편성방법이다. 기본적인 변동예산의 편성절차는 다음과 같다.

① 조업도의 기준을 설정한다. 조업도 기준으로는 매출액 · 판매량 · 생산량 · 기계시간 · 직접노무시간 등을 사용할 수 있다.
② 예산의 계획기간 동안 활동하리라고 예측되는 관련범위(relevant range)를 결정한다. 즉, 해당기간의 조업도를 여러 수준으로 예측하는 것을 말한다.
③ 원가행태(변동원가, 고정원가, 혼합원가)를 결정하기 위해서 관련범위 내에서 발생될 원가행태를 분석한다. 즉, 모든 비용을 고정원가와 변동원가로 구분한다.
④ 변동원가 산정공식(또는 예산공식)을 이용하여 조업도 한 단위당 변동원가를 산정한다.
⑤ 각 조업도별 총변동원가를 계산한다.
⑥ 해당기간 동안 고정원가를 계산한다.
⑦ 관련범위 내의 각 조업도수준에서의 변동예산을 편성한다.

앞의 스마트(주)를 예로 들어 변동예산을 수립하여 보자. 조업도의 기준은 생산량이며, 관련범위는 5,000에서 20,000단위라고 가정하자. 관련범위 내에서의 비용패턴을 분석한 결과 다음과 같은 변동원가 산정공식(또는 예산공식)을 얻었다고 하자.

비 용	변동원가(단위당)
직접재료원가	₩8
직접노무원가	6
변동제조간접원가	2
판매관리비	1

그러면 스마트(주)의 종합변동예산은 관련범위 내에서 편의상 5,000단위씩 증가시켜 가면서 [도표 6-3]과 같이 수립할 수 있다.

종합변동예산(master flexible budget)이 작성되면, 이는 여러 가지 목적에 유용하게 이용할 수 있다. 해당기간의 초기에는 특정 예산조업도 수준에서의 기대수익 · 기대비용 및 기대순이익을 결정하기 위한 기준으로 이용된다. 예를 들어, 스마트(주)의 경우

[도표 6-3] 변동예산 손익계산서

스마트(주)

		변동예산 손익계산서		
예산판매량	15,000			
실제판매량	10,000			
		실 제	예 산	차 이
생산량(단위)		10,000	10,000	–
매 출 액		₩400,000	₩400,00	₩–
변동원가				
직접재료원가		100,000	80,000	20,000U
직접노무원가		85,000	60,000	25,000U
변동제조간접원가		25,000	20,000	5,000U
판매관리비		10,000	10,000	–
공헌이익		180,000	230,000	50,000U
고정원가				
고정제조간접원가		125,000	120,000	5,000U
판매관리비		45,000	45,000	–
고정원가		(170,000)	(165,000)	5,000U
순 이 익		₩10,000	₩65,000	₩55,000U

15,000단위가 20×1년 동안 판매될 것으로 예상하고 있다면, 이때 변동예산을 이용하여 경영자는 이와 같은 조업도수준에 대한 기대수익과 기대비용을 결정할 수 있다.

해당기간의 말에는 경영자는 관련범위 내의 어떤 예산수치에 대해서도 실적과 비교할 수 있다. 변동예산은 융통성 있게 수립되기 때문에, 실제조업도수준이 얼마만큼 발생하든지 그렇게 중요한 문제는 아니다. 실제판매량이 10,000단위가 아니고 9,000단위라면 어떻게 될 것인가? 아마도 경영자가 실적과 비교하기 위해서 9,000단위의 조업도수준에 대한 예산을 작성하고자 변동예산공식을 이용할 것이다. 여기에 바로 변동예산접근법이 갖고 있는 장점과 융통성이 있다. 즉, 이 방법을 이용하게 되면 단순히 예산공식만을 적용함으로써 관련범위 내에서 언제든지 어떠한 조업도수준에서도 그에 맞는 예산을 수립할 수 있다.

4.2 예산참여정도에 따른 분류

예산설정 방법은 구체적으로 하부관리자가 예산의 설정에 관여하는 정도에 따라

권위적 예산편성, 참여적 예산편성, 그리고 자문적 예산편성으로 구분할 수 있다.

4.2.1 권위적 예산

권위적 예산(authoritative budgeting)은 최고경영자가 하부 관리자에게 예산이 얼마인지를 설정해서 통보해 주는 상의하달식(top-down)으로 편성한 예산이다. 이 방식은 최고경영자가 예산을 할당하고 하부조직간의 조정을 관장하므로 직선적이고 효율적이다. 예산을 하향식으로 부과하는 최고경영자는 보통 통제하기를 좋아하고 성격은 권위적이다. 이러한 예산의 하향식 부과방식의 단점은 최고경영자가 예산편성에서 적절한 목표수준이 얼마가 되는지를 명확하게 알 수 없다는 것이다. 권위적 예산편성에서는 새로운 목표에 대해 높은 열망수준을 지닌 조직구성원은 좌절하게 되며 무기력하게 된다. 또한 권위적 예산은 예산을 설정하는 데 조직구성원의 참여가 결여되어 있기 때문에 예산목표에 대한 동기부여와 몰입이 결여된다는 단점이 있다. 만약 최고경영자가 목표는 높게 설정하고 자원은 적게 배분한다면, 동기부여는 크게 감소하여 개인 및 조직이 목표를 성취하는 데 실패하고 말 것이다.

4.2.2 참여적 예산

참여적 예산(participative budgeting)은 각 계층의 경영자가 예산의 편성에 적극적으로 참여하여 하의상달식(bottom-up)으로 편성되는 예산이다. 조직구성원을 예산편성에 참여하게 함으로써 그들의 목표를 경영자와 함께 설정하고 예산수준을 협정하는 데 조직구성원의 구체적인 개인 정보를 이용할 수 있는 기회를 제공한다. 참여는 조직구성원에게 많은 효익을 지닌다. 예산에 대한 몰입감이 증대되며 예산범위에서 목표를 달성하려는 동기부여가 증대된다. 참여적 예산에 관한 연구결과를 보면, 조직구성원은 참여적 예산편성으로 자신의 직무에 대해 보다 크게 통제할 수 있기 때문에 일반적으로 보다 높은 직무만족을 느끼고 사기가 진작되는 것으로 나타났다. 예산 편성과정에의 참여는 조직구성원이 직무를 얼마나 잘 수행할 수 있는지에 대한 사적정보를 의사소통하거나 기존 프로세스의 개선을 도울 수 있는 새로운 생각을 제시하도록 동기부여하기 때문에 조직구성원의 참여를 허용하는 일은 경영층에도 추가 효익을 가져다준다. 예산을 협의하고 조정하는 과정에서 조직구성원은 간접적으로 사적정보와 열망수준을 경영층에게 보여주게 된다.

4.2.3 자문적 예산

자문적 예산(consultative budgeting)은 경영자가 예산에 대해 조직구성원에게 자문이나 의견을 개진해 달라고 요청한 후에 최고경영자가 편성하는 예산이다. 즉, 최고경영자는 조직구성원의 의견을 수용하지만 최종적으로 예산은 혼자서 결정하는 방식이다. 대규모의 조직에서는 완전한 참여가 사실상 불가능하기 때문에 자문적 예산편성 방식을 취하게 된다. 자문적 예산편성은 잘못하면 허위참여(pseudo-participation)의 상태로 가기 쉽다. 허위참여란 최고경영자가 예산의 설정에 있어서 조직구성원이 제공한 정보를 고려할 의사가 실제는 전혀 없으면서 수용하는 척한다고 믿을 때 발생된다. 조직구성원이 최고경영자가 성실하지 못하다고 판단하면, 이러한 자문적 예산편성은 조직구성원에게 매우 심한 무기력증 효과를 나타나게 할 수 있다.

예산은 계획수립, 조정 및 자원배분의 수단으로 사용되지만 또한 업적을 평가하고 궁극적으로 행태를 통제하고 행태에 영향을 주는데도 사용된다. 경영자의 유인 보상제도는 예산 및 목표달성과 직접 연계되어 있다. 유인 및 보상이 예산과 연계되어 있는 경우 일부 경영자는 조직에 역기능적인 행동을 보인다. 경영자는 가능한 한 인센티브를 많이 받기 위해서 정보와 목표를 조작하려고 시도하는 소위 예산게임(budget game)을 하는 것으로 나타났다. 경영자가 예산게임에 가담하는 가장 잘 알려진 방식은 참여과정을 통해서이다. 참여는 조직구성원에게 조직을 위해선 항상 최선이 되지 않을 수도 있는 방식으로 예산에 영향을 줄 수 있는 기회를 제공한다. 예를 들면, 조직구성원은 예산의 목표를 성취하기 위해 필요 이상의 과잉자원을 요구한다. 이것은 조직전체로 보면 최적 자원배부에 문제를 야기시킨다. 또한 조직구성원은 성과에 대한 경영층의 기대수준을 낮추기 위해서 정보를 왜곡시킬 수 있다. 이는 작업환경에 예상치 못한 불리한 변화가 있는 경우 성과목표를 달성하기 위한 대비책으로 사용된다. 이 역시 조직이 조직운영활동을 개선시킬 수도 있는 보다 정확한 정보를 획득하지 못하기 때문에 손해를 보게 된다. 이와 같은 과잉자원을 요구하는 것과 성과정보를 왜곡시키는 행위를 예산여유 또는 예산슬랙(budgetary slack)이라고 한다.

4.3 예산의 분류

4.3.1 카이젠 예산

치열한 경쟁에서 기업이 생존, 성장할 수 있는 방법 가운데 하나는 지속적인 개선을 도모하는 일이다. 카이젠(kaisen)은 지속적인 개선을 의미하는 일본어이다. 카이젠 예산(kaizen budgeting)은 예산기간 동안 지속적인 개선의 개념을 설정된 예산수치로 명백하게 보여주는 예산 설정방식이다.

앞의 종합예산의 예에서 스마트(주)의 제품별 단위당 원자재 소요량과 소요작업시간에 카이젠 예산편성을 적용시키면 다음과 같이 나타낼 수 있다.

	제품A			제품B		
	안료	잉크	직접작업시간	안료	잉크	직접작업시간
1분기	200파운드	0.50kg	2.00시간	500파운드	2.00kg	5.00시간
2분기	195	0.48	1.95	490	1.97	4.90
3분기	190	0.46	1.90	480	1.94	4.80
4분기	185	0.44	1.85	470	1.91	4.70

여기서 한 가지 유념해야 할 사항은 기업에 따라 조직구성원이 받아들이는 예산의 개념이 조금씩 다를 수 있다는 것이다. 예를 들면 카이젠 예산을 사용하는 일본의 기업은 설정된 예산은 반드시 달성해야 하는 목표치의 개념으로 받아들이는 경향이 크다. 이와는 반대로 설정된 예산의 단순한 계획치 내지는 예상치 정도의 참고자료로만 인식된다면 지속적인 개선을 도모하기 위한 노력의 일환으로 제시된 카이젠 예산편성의 실질적인 효익은 달성되기 어려울 것이다.

4.3.2 활동기준예산

활동기준원가계산은 기업에서 제공하는 제품 및 서비스에 필요한 모든 활동원가를 집계하여 정확한 원가정보를 산출하려고 시도되는 원가계산 방법이다. 활동기준예산(activity-based budgeting)은 이러한 활동기준원가계산의 개념을 예산편성에 적용하는 것이다. 즉, 활동기준예산 편성은 제품과 서비스를 생산하고 판매하는 데 필요한 모든 활동원가를 예상하여 이를 바탕으로 보다 정확한 예산을 설정하는 방법이다. 따라서 계산절차는 활동기준원가계산과 똑같다. 단지 활동기준예산 편성에서 사용되는 숫자는 미래에 관한 것이므로 전부 예상치이다.

4.3.3 영기준예산

영기준예산(zero-base budget)은 원래 비영리조직인 정부기관과 군대조직 등의 예산편성을 위한 제도로 시작되었다. 영기준예산에서는 관리자가 예산을 편성할 때 매년 이전 연도의 예산을 염두에 두지 않은 채 모든 프로그램의 예산을 정당화시켜야만 비로소 예산으로 책정하게 된다. 심한 경우 수 년 동안 지속되는 프로그램에 대해서도 한 번 편성되면 그 프로그램이 종료될 때까지 계속하여 예산의 효력이 존재하는 것이 아니라 매년 계속해서 예산을 새로 편성해야 하며, 정당화되는 비용만 예산으로 편성하게 된다. 이러한 절차는 의사결정 패키지(decision packages)의 작성과 평가에 의해 이루어진다. 즉, 하위관리자가 예산프로그램인 의사결정 패키지를 작성하여 올리면 최고경영자는 다양한 프로그램을 평가하여 그 중요성과 비용-효익분석에 따라 우선순위를 결정짓는다. 예산의 배정은 당연히 우선순위가 높은 의사결정 패키지부터 차례로 돌아가게 된다. 의사결정 패키지 속에는 해당 프로그램의 목적과 효과, 소요비용, 소요인력 등이 명시된다.

이와 같은 예산편성과정은 전통적인 방법과는 차이가 있다. 전통적인 예산편성제도 하에서는 전년도 예산을 출발점으로 해서 부가시키거나 차감시켜 금년도 예산을 편성한다. 그리고 수 년 동안 지속되는 프로그램의 예산은 한 번 편성되면 계속해서 그 효력이 존재한다. 따라서 지속적인 프로그램의 예산은 매년 처음부터 새로 편성되지는 않는다. 또한 이전 연도 예산이 미래예산을 정당화시켜 주는 경우가 많았다. 그러나 영기준예산 편성은 이전 연도의 예산이 미래예산을 전혀 정당화시켜 주지 못한다는 생각에 기초하고 있다.

넓은 의미에서 영기준예산은 전혀 새로운 개념이 아니다. 과거에도 관리자들이 부서의 비용에 관하여 깊이 있게 검토해 왔다. 그러나 영기준예산에서는 이러한 검토를 매년 예산편성시에 하도록 한다는 점에서 기존의 개념과는 차이가 있다. 영기준예산하에서 매년 무에서 출발하여 예산을 편성하게 되면 시간과 비용이 불필요하게 많이 소요된다는 주장도 있다. 이러한 문제점을 보완하고 영기준예산 편성의 장점을 살리는 방안으로 매년 무에서 시작할 것이 아니라, 가령 5년에 한 번씩 무에서 시작하여 기존 활동을 비판적으로 검토하자는 제안이 설득력 있게 수용되고 있다. 이를 영기준검토라고 한다.

4.3.4 연속예산

일반적으로 예산은 일정 기간을 설정하여 작성되는데, 연속예산(continuous budget)은 특정 기간에 대하여 예산을 편성한 후 기간이 경과함에 따라 지나간 기간에 대한 예산을 탈락시키고 새로운 기간에 대한 예산을 포함시켜 항상 일정한 기간의 예산이 유지되도록 작성하는 예산을 말한다. 예를 들어 20×0년 12월말에 20×1년 1월부터 12월까지 1년 예산을 설정하였다면 20×1년 1월말에는 지나간 1월의 예산을 탈락시키고 20×2년 1월을 새로 포함시켜 20×1년 2월부터 20×2년 1월까지 1년예산을 다시 편성한다. 매월 이러한 과정을 반복하게 되면 새로운 1년간의 예산이 계속 유지된다. 연속예산을 도입하게 되면 연말에 집중되는 예산편성을 위한 과중한 업무부담을 1년에 걸쳐 고르게 분산시킬 수 있다. 그러나 매월 예산편성 업무를 수행해야 하는 것은 부담이 될 수 있다.

05 종합예제

스마트(주)는 보급형과 고급형 두 가지의 가방을 생산·판매하고 있다. 20×1년 7월에 이 회사의 예산담당자는 20×2년의 판매예측과 예산에 필요한 자료를 추정하기 위해 다음과 같은 자료를 수집하였다.

1. 20×2년도 판매예측

제 품	수 량	단 가
보급형	300,000개	₩1,000
고급형	50,000개	₩2,000

2. 20×2년 재고량

제 품	20×2. 1. 1 예상재고	20×2. 12. 31 예상재고
보급형	50,000개	60,000개
고급형	10,000개	12,000개

3. 각 제품 1단위를 생산하기 위해 필요한 원재료의 양

		단위당 사용량	
원재료	단위	보급형	고급형
A	kg	5	7
B	kg	3	5
C	개	0	2

4. 원재료에 관한 20×2년 추정자료

원재료	예산구입가격	20×2. 1. 1 예상재고	20×2. 12. 31 예상재고
A	₩40	100,000kg	120,000kg
B	20	80,000kg	90,000kg
C	10	10,000개	12,000개

5. 20×2년 필요한 직접노무시간과 임률에 관한 자료

제 품	단위당 시간	시간당 임률
보급형	4시간	₩40
고급형	5시간	100

6. 제조간접원가는 직접노무시간당 ₩100의 비율로 배부된다.

(요구사항)

1. 판매예산(예산매출액)을 수립하라.
2. 제조예산(생산량)을 수립하라.
3. 원재료 구매예산을 수립하라.
4. 제품별 단위당 원가를 산출하시오.
5. 20×2년 12월 31일 보유할 예산 제품재고액은 얼마인가?

(해 답)

1. 예산매출액

보급형:	300,000개×₩1,000 =	₩300,000,000
고급형:	50,000개×₩2,000 =	₩100,000,000
합 계		₩400,000,000

2. 생산량예산(판매량 + 기말재고액 − 기초재고액)

보급형: 300,000개 + 60,000개 − 50,000개 = 310,000개

고급형: 50,000개 + 12,000개 − 10,000개 = 52,000개

3. 원재료 구매예산

	A	B	C
20×2년 소비량:			
보급형:	310,000개×5kg	310,000개×3kg	−
고급형:	52,000개×7kg	52,000개×5kg	52,000개×2개
합 계	1,914,000kg	1,190,000kg	104,000개
20×2년말 재고량(+)	120,000	90,000	12,000
20×2년초 재고량(−)	100,000	80,000	10,000
20×2년 예산구매량	1,934,000kg	1,200,000kg	106,000개
예산구매가격	₩40	₩20	₩10
구 입 예 산	₩77,360,000	₩24,000,000	₩1,060,000

4. 제품별 단위당 원가

		보급형	고급형
직접재료원가:	A	5kg×₩40 = ₩200	7kg×₩ 40 = ₩280
	B	3kg×₩20 = 60	5kg×₩ 20 = 100
	C	−	2개×₩ 10 = 20
직접노무원가		4시간×₩ 40 = 160	5시간×₩100 = 500
제조간접원가		4시간×₩100 = 400	5시간×₩100 = 500
제조단가		₩820	₩1,400

5. 20×2년말 예산 제품재고액

보급형:	60,000개×₩ 820 =	₩49,200,000
고급형:	12,000개×₩1,400 =	₩16,800,000
합 계		₩66,000,000

연습문제 EXERCISE

객관식 문제

[6-1] 예산에 관련된 설명으로 옳지 않은 것은? (기업회계 1급)

① 예산의 종류는 조업도에 따라서 고정예산과 변동예산으로 나눌 수 있고, 대상에 따라서 종합예산과 부문예산으로 나눌 수 있다. 그 외에도 자본예산, 참여예산, 증분예산과 영기준예산 등이 있다.

② 종합예산은 운영예산과 재무예산으로 구성되는데 편성의 첫 단계는 판매량 예측이다.

③ 영기준계산제도를 운영하는 경우에는 예산편성을 위한 노력이 덜 들어간다.

④ 참여예산제도를 운영하는 경우에는 예산수립 참여자의 악용 가능성에 대비하여야 한다.

[6-2] 종합예산에 대한 설명이다. 틀린 것은? (기업회계 1급)

① 미래에 대한 계획수립을 용이하게 하며, 문제의 해결방안을 사전에 모색할 수 있게 도움을 준다.

② 하위경영자들이 상위경영자의 의도를 파악할 수 있도록 해주는 의사소통 수단이 된다.

③ 각 계층의 임직원들에게 심리적 부담을 주며, 성과를 조작할 수 있는 배경을 만든다.

④ 종합예산은 조직의 각 부문활동에 대한 예산이 종합된 조직전체의 예산이며 변동예산이다.

[6-3] 종업원이 예산편성 과정에 참여하는 참여예산(participative budget)에 관한 설명으로 옳지 않은 것은? (CTA)

① 종업원들의 다양한 관점과 판단을 예산에 반영할 수 있다.

② 종업원은 최고경영층에서 일방적으로 하달하는 예산목표보다 참여예산의 목표를 더 잘 달성하려는 유인이 있다.

③ 예산여유(budgetary slack)를 발생시킬 위험이 있다.

④ 예산편성을 위한 소요기간이 길어질 수 있다.

⑤ 예산편성시 조직 전체의 목표는 고려할 필요가 없으며 각 부서의 목표와 방침에 따른다.

[6-4] 예산과 관련된 설명으로 옳지 않은 것은? (CTA)

① 운영예산(operating budget)은 다음 예산년도의 운영계획을 나타내며, 예산재무상태표(또는 예산재무상태표)에 총괄된다.

② 종합예산(master budget) 편성의 첫 단계는 판매량 예측이다.

③ 연속갱신예산(rolling budget)제도는 예산기간 말에 근시안적으로 판단하는 것을 방지하는 효과가 있다

④ 참여예산(participative budget)제도를 운영하는 경우에는 예산수립 참여자의 악용 가능성에 대비하여야 한다.

⑤ 영기준예산(zero-based budget)제도를 운영하는 경우에는 예산편성을 위한 노력이 많이 든다.

[6-5] 예산과 관련된 내용이다. 틀린 것은? (기업회계 1급)

① 권위적 예산이란 최고경영자가 상의하달식으로 편성한 예산을 말한다.

② 참여적 예산이란 각 계층의 사람들이 예산편성에 참여하는 하의상달식으로 편성한 예산이다.

③ 참여적 예산은 예산편성이 빠르다는 장점이 있다.

④ 영기준 예산은 과거 예산자료를 고려하지 않고 다시 처음부터 새로 수립하는 것을 말한다.

[6-6] 스마트(주)의 2/4분기 매출수량과 생산수량에 대한 예산자료가 다음과 같다.

	4월	5월	6월
매출수량	100,000단위	120,000단위	?
생산수량	104,000단위	128,000단위	156,000단위

회사의 4월 1일 현재 제품의 재고량은 20,000단위이다. 회사의 정책에 따르면 매월 말 제품의 재고로 다음 달 판매수량의 20%를 반드시 보유하여야 한다. 7월의 매출은 140,000단위가 될 것으로 예상하고 있다. 6월의 예상 판매수량은 얼마인가? (CTA)

① 188,000단위 ② 160,000단위 ③ 128,000단위
④ 184,000단위 ⑤ 180,000단위

[6-7] 스마트(주)는 20×1년도에 설립한 회사로 분기별 판매량은 다음과 같이 예상하고 있다. 스마트(주)는 각 분기마다 다음 분기 예상판매량의 25%를 여유재고로 보유하는 재고정책을 유지하고 있다. 3분기의 목표생산량은? (기업회계 1급)

분기	1분기	2분기	3분기	4분기
예상판매량	2,500개	3,000개	3,500개	4,000개

① 3,000개 ② 3,500개
③ 3,625개 ④ 4,000개

[6-8] 20×1년 1월부터 3월까지의 스마트(주)의 예상 상품매출액은 다음과 같다.

월 별	예상매출액
1월	₩3,500,000
2월	4,100,000
3월	3,800,000

매월 기말재고액은 다음 달 예상매출원가의 25%이며, 상품의 매출총이익률은 30%이다. 2월의 예상 상품매입액은 얼마인가? (CTA)

① ₩2,467,500 ② ₩2,817,500 ③ ₩2,625,000
④ ₩3,010,000 ⑤ ₩4,672,500

[6-9] 스마트(주)는 제품 1단위에 2 kg의 원재료를 사용하고 있으며, 원재료 1 kg당 가격은 ₩ 10이다. 각 분기 말 원재료 재고량은 다음 분기 원재료 예상사용량의 10%를 유지하고 있다. 스마트(주)가 1분기 초에 보유하고 있는 원재료는 220 kg이다. 분기별 실제(= 목표)생산량이 다음과 같을 때, 1분기의 원재료 예산구입액은? (단, 재공품 및 제품 재고는 없다) (9급 공무원)

	1분기	2분기
실제생산량(=목표생산량)	1,100개	1,500개

① ₩17,200 ② ₩18,800
③ ₩22,800 ④ ₩23,000

[6-10] 스마트(주)는 3월의 예산을 편성하기 위하여 다음과 같은 자료를 수집하였다. 원재료는 다음 달 생산량의 30%를 재고수량으로 유지하며, 단위당 2kg이 소비된다. 3월에 원재료는 몇 kg을 구입하여야 하는가? (기업회계 1급)

	2월	3월	4월
매출수량	20,000단위	30,000단위	35,000단위
생산수량	30,000단위	31,000단위	33,000단위

① 62,000kg ② 63,000kg
③ 63,200kg ④ 66,000kg

[6-11] 스마트(주)는 20×1년 3월의 현금유입액을 추정하려고 한다. 3월 1일의 현금잔고는 ₩15,000이다. 1월과 2월의 실제 매출액과 3월의 예상 매출액은 다음과 같다.

	1월	2월	3월
현금매출	₩60,000	₩50,000	₩80,000
외상매출	50,000	30,000	100,000
합계	110,000	80,000	180,000

과거 경험상 외상매출은 판매한 달을 포함하여 3개월에 걸쳐 매월 50%, 35%, 10%가 각각 회수되며, 나머지는 회수불능이다. 20×1년 3월 31일의 현금잔액은?(단, 3월 중 현금유출은 없다고 가정한다.) (기업회계 1급)

① ₩135,500 ② ₩145,500
③ ₩150,500 ④ ₩160,500

[6-12] 스마트(주)는 제품단위당 4g의 재료를 사용한다. 재료 1g당 ₩1.2이며, 다음 분기 재료 사용량의 25%를 분기말 재고로 유지한다. 1분기 생산량은 24,000단위이고 2분기 생산량은 35,000단위일 때, 1분기의 재료구입액은? (기업회계 1급)

① ₩107,000 ② ₩128,400
③ ₩157,200 ④ ₩168,200

[6-13] 스마트(주)의 20×1년 1월 매출액은 ₩500,000이고, 2월과 3월 매출은 직전월에 비하여 각각 10%와 20%씩 증가할 것으로 예상된다. 매출은 현금매출 70%와 외상매출 30%로 구성되며, 외상매출은 판매된 달에 60%, 그 다음 달에 40%가 회수된다. 이에 따라 회사의 현금예산표상 20×1년 3월의 현금유입액은? (CPA)

① ₩440,000 ② ₩484,000 ③ ₩544,000
④ ₩580,800 ⑤ ₩646,800

[6-14] 20×1년 초에 설립된 스마트(주)는 상품구매원가의 120%로 상품가격을 책정하고 있다. 매월 구매상품의 40%는 현금으로 구입하고 나머지 60%는 외상으로 구입하고 있다. 외상구입 대금은 매입한 달의 다음 달에 지급한다. 스마트(주)는 매월 기말재고로 다음 달 예상판매량의 30%를 보유하는 정책을 실시하고 있다. 1, 2, 3월의 예상매출액은 다음과 같다. 단, 3개월 동안의 판매가격 및 구매단가는 불변이다.

	예상 매출액
1월:	₩9,600
2월:	12,000
3월:	15,600

스마트(주)의 2월 중 예상되는 현금지출액은? (CPA)

① ₩8,760 ② ₩9,160 ③ ₩10,960
④ ₩13,152 ⑤ ₩10,512

[6-15] 스마트(주)는 한 종류의 상품을 구입하여 판매한다. 20×1년 1월의 매출액은 ₩100,000이고 2월과 3월의 매출액은 각각 ₩150,000, ₩120,000으로 예상하고 있다. 스마트(주)의 매출원가는 매출액의 60%이며 상품은 현금으로 구매한다. 1월 31일의 재고자산은 ₩18,000이고 월말의 적정재고량은 다음 달 판매량의 20%이다. 회사의 매출액 중 30%는 판매한 달에 회수되고 70%는 판매한 다음 달에 회수된다. 20×1년 2월에 판매관리비로 ₩8,500이 현금으로 지불된다면 2월 중 예상되는 현금의 증가액은? (CPA)

① ₩97,500 ② ₩37,500 ③ ₩14,500
④ ₩20,100 ⑤ ₩100,500

주관식 문제

[6-1] 스마트(주)는 주요 원재료 A를 가지고 제품K를 생산·판매하고 있다. 제품K 한 단위를 생산하는 데는 원재료A 3kg이 소요된다. 이 회사의 20×4년도 분기별 예상판매량과 20×3년 12월 31일 현재 재고량은 다음과 같다.

20×4년 예상판매량		20×3년 12월 31일 재고량	
1분기	8,000단위	원재료A	5,000kg
2분기	9,000단위	재공품	없음
3분기	8,000단위	제품K	2,400단위
4분기	6,000단위		

(요구사항)

이 회사의 재고정책에 의하여 각 분기말 완제품재고량은 다음 분기 예상판매량의 30%를 유지하도록 한다. 또한 각 분기말 원재료재고량은 일정하게 5,000kg씩 유지하며 재공품재고는 없도록 하는 것을 원칙으로 하고 있다. 이 회사가 20×4년도 두 번째 분기에 구입하여야 할 원재료A의 물량은 얼마인가?

[6-2] 스마트(주)는 제품A를 생산·판매하고 있는데, 제품A 1단위를 생산하는 데에는 1kg의 원재료가 소요된다. 2월 1일 현재의 재고자산은 제품A가 3,000개, 원재료가 1,000kg이다. 스

마트(주)는 2월 한 달 동안의 판매량이 10,000개에 이를 것으로 예상하고 있다. 스마트(주)는 3월을 대비하여 2월 말까지 제품A 4,000개와 2,000kg의 원재료를 확보해 두기로 결정하였다.

(요구사항)

스마트(주)의 2월의 생산량예산과 원재료구입예산을 작성하시오.

[6-3] 스마트(주)는 8월 한 달 동안에 A제품 1,000,000단위를 판매할 수 있을 것으로 예상하고 있다. 스마트(주)의 8월 1일 현재의 재고자료는 다음과 같다.

기초재고:	100,000단위
적정 기말재고:	200,000단위

(요구사항)

스마트(주)의 8월의 예산생산량을 구하시오.

[6-4] 신규설립된 스마트(주)는 20×4년 첫 한 해 동안 A제품 100,000단위를 판매할 계획이다. A제품 1단위당 예산원가는 다음과 같다.

직접재료원가	₩100
직접노무원가	50
제조간접원가	40

신규설립되었으므로 기초재공품 및 기초제품재고는 없으며 기말재공품도 없도록 할 예정이다. 적정 기말제품재고량은 5,000단위로 예산을 세웠다.

(요구사항)

스마트(주)의 20×4년의 제조원가예산을 작성하시오

[6-5] 스마트(주)는 제품A를 1단위 생산하는 데 재료 15kg이 소요된다. 스마트(주)는 3/4분기에 1,000,000단위의 제품을 판매하기로 예산을 세웠다.

원재료 기초재고	1,400,000kg
제품 기초재고	600,000단위
적정 원재료 기말재고	1,800,000kg
적정 제품 기말제고	480,000단위

(요구사항)

3/4분기 동안에 스마트(주)는 몇 kg의 원재료를 구입해야 하는지 구하시오.

[6-6] 스마트(주)는 직접재료 5kg을 가공하여 제품A를 생산 · 판매하고 있다. 직접재료는 제조공정 초에 전량투입된다. 20×3년 말 현재의 직접재료재고량은 14,000kg, 재공품재고는 2,000단위(80% 가공)이며, 제품재고는 10,000단위이다. 20×4년도 예상판매수량은 120,000단위이다. 회사는 20×4년도 말의 완성품 적정재고수준을 예상판매수량의 30%로 보고 있다. 파손 및 감손은 없으며 20×4년 기말재공품과 기말재료는 없다.

(요구사항)

스마트(주)가 20×4년도에 구입해야 할 직접재료는 몇 kg인지 구하시오.

[6-7] (주)스마트의 20×1년 종합예산의 일부 자료이다.

	2월	3월	4월
매출액	₩100,000	₩200,000	₩300,000

월별 매출은 현금매출 60%와 외상매출 40%로 구성되며, 외상매출은 판매한 다음 달에 40%, 그 다음 달에 나머지가 모두 회수된다. 20×1년 4월 말 매출채권 잔액은? (주택관리사)

[6-8] 스마트기업의 2002년 예산자료는 다음과 같다.

	제품A	제품B	제품C
판 매 량	40,000개	40,000개	80,000개
단위당 판매가격	24	36	45
단위당 변동제조원가	13	12	24
단위당 변동판매비	4	3	5

회사의 고정제조간접원가 예산은 ₩2,000,000, 고정 판매관리비 예산은 ₩600,000이며, 법인세율은 40%이다.

(요구사항)

위의 자료에 의하여 2002년의 예산상 순이익을 계산하시오.

[6-9] 20×1년 초 설립된 (주)스마트의 20x1년 1월, 2월, 3월의 예상매출액은 다음과 같다.

	1월	2월	4월
예상매출액	₩350,000	₩420,000	₩450,000

(주)스마트의 매출총이익률은 20%이며, 월말재고는 다음 달 예상 매출원가의 30%를 보유하는 정책을 실시하고 있다. (주)스마트는 상품매입대금의 50%는 당월에, 30%는 다음 달에, 20%는 그 다음 달에 지급한다. (주)스마트의 상품매입과 관련하여 20×2월에 예상되는 현금지출액은? (단, 매입에누리와 매입환출 및 매입할인은 발생하지 않는다.) (관세사)

[6-10] 스마트기업은 상품의 총 구매가격에 25%의 이익을 가산하여 판매하고 있다. 이 회사는 매월 구입액의 60%는 구입한 달에 지급하고, 나머지는 그 다음 달 초순에 지급한다. 또 다음 달 예상 매출원가의 30%를 월말재고로 보유한다.

1월의 구매액이 ₩1,545,000이고, 1 · 2 · 3월의 매출액이 각각 ₩1,850,000, ₩2,050,000, ₩1,900,000일 경우에 2월의 대금지급예상액은 얼마인가?

[6-11] 스마트(주)는 상품을 외상으로 매입하고 매입대금을 계산하는 데 매입액의 70%는 구입한 달에 지급하고 20%는 구입한 다음 달에, 10%는 구입한 후 2개월째에 지급하고 있다. 20×5년 5월 초의 매입채무잔액 ₩137,200 중 ₩100,800은 4월 매입분이고 ₩36,400은 3월 매입분이다. 5월의 예상매출액은 ₩300,000이고 6월의 예상매출액은 ₩400,000, 그리고 7월의 예상매출액은 ₩500,000이다. 상품의 적정기말재고량은 다음 달 판매량의 40%이고, 회사의 매출총이익률은 30%이다. 5월달의 기초상품재고액은 ₩84,000이다.

(요구사항)

1. 3월과 4월의 추정매입액은 얼마인가?
2. 5월과 6월의 예상매입액은 얼마인가?

[6-12] 스마트(주)는 A제품을 생산하여 외상으로 판매하고 있으며 판매한 달에 대금을 지불하는 거래처에 대해서는 10%의 매출할인을 해 주고 있다. 회사의 경험에 의하면 제품판매 후 그 달에 외상매출금이 회수되는 경우가 50%, 그 다음 달에 회수되는 경우가 30%, 2개월 후에 회수되는 경우가 15%, 회수가 불가능한 경우가 5%이다.

20×4년 8월 초의 매출채권잔액 ₩2,500,000 중 7월 매출분은 ₩1,000,000이고 6월 매출분은 ₩1,000,000, ₩500,000은 5월 이전 매출분이다. 8월의 예상매출액은 ₩4,000,000이다.

(요구사항)

6월과 7월의 추정매출액과 8월의 매출대금 예상회수액을 구하시오.

[6-13] 스마트(주)의 20×4년 9월 1일 현금잔액은 ₩500,000이다. 이 회사의 9월부터 12월까지의 예상매출액은 다음과 같다.

9월: ₩6,500,000	10월: ₩5,400,000
11월: 6,600,000	12월: 6,300,000

9월 1일 현재 외상매출잔액은 ₩5,265,000인데 이 중 ₩1,350,000은 7월 매출액 중 미회수분이고, ₩3,915,000은 8월 매출액 중 미회수분이다. 스마트(주)의 경우 외상매출금은 대체로 매출당월에 55%, 다음 달에 30%, 그리고 매출 2개월 후에 13%를 현금으로 회수하고, 2%는 회수불능이다.

8월중 원재료 매입액은 ₩4,000,000이고, 9월에 ₩5,250,000, 10월에 ₩5,650,000, 11월에 ₩4,800,000, 그리고 12월에는 ₩4,400,000의 원재료를 매입할 예정이다. 원재료의 매입은 모두 외상매입으로 매입한 다음 달 10일에 대금을 지불한다. 임금 등 기타 현금지출액은 매달 ₩1,500,000이다.

(요구사항)

1. 10월의 현금회수기대액은 얼마인가?
2. 10월 1일의 현금잔액은 얼마인가?
3. 11월 1일의 현금잔액은 얼마인가?

[6-14] 다음은 스마트(주)의 2/4분기 중 현금예산과 관련된 자료이다.

	5월	6월
매출액	₩80,000	₩140,000
매출원가	48,000	84,000
판매관리비	25,600	37,800
순이익	₩6,400	₩18,200

〈추가자료〉

1) 매출시 총매출액의 20%는 현금으로 판매하고, 나머지 80%는 외상으로 판매된다. 외상매출액의 10%는 매출한 달에 회수되고, 70%는 판매한 다음 달에, 나머지 20%는 2개월 후에 회수된다.
2) 3월과 4월의 매출액은 각각 ₩60,000과 ₩72,000이었다.
3) 상품구입 대금의 50%는 구입한 당월에 지급하고, 나머지 50%는 다음 달에 지급한다.

상품재고는 다음 달 매출원가의 20%가 유지되어야 하며, 4월 말의 상품에 대한 매입채무 잔액은 ₩23,400이고, 상품 재고액은 ₩9,600이다.

4) 판매관리비에는 감가상각비 ₩4,000이 포함되어 있고, 5월중에 ₩9,000의 장비를 구입할 예정이다.

(요구사항)

1. 5월의 현금회수액을 산출하시오.
2. 5월의 상품매입액을 산출하시오.
3. 5월의 현금지출액을 산출하시오.

[6-15] 스마트(주)는 갑 제품과 을 제품을 생산·판매한다. 20×4년 3월의 예산편성을 위한 자료가 아래와 같이 제시되어 있다. 갑제품과 을제품의 판매가격은 각각 ₩100, ₩200이다.

(1) 20×4년의 판매자료

	갑제품	을제품		갑제품	을제품
1월(실제)	2,800	1,900	4월(예산)	3,000	2,000
2월(실제)	3,500	3,000	5월(예산)	3,600	2,400
3월(예산)	4,000	2,500			

(2) 20×4년의 원가자료

1) 제품 단위당 원재료소요량 및 구입가격

	갑제품	을제품
A재료(₩5)	2개	1개
B재료(₩10)	1개	3개

2) 제품 단위당 직접노무원가

	시간당 임률	단위당 작업시간
갑제품	₩3	2시간
을제품	₩4	3시간

3) 제품 단위당 제조간접원가

	변동제조간접원가	고정제조간접원가(감가상각비 포함)
갑제품	₩5	₩10
을제품	₩8	₩15

4) 당 회사는 제품재고를 다음 달 판매량의 50%로 원재료 재고는 다음 달 생산요소량의 30%를 유지하고자 한다. 3월 1일의 재고는 이 방침과 일치하며, 각 제품의 단위당 원가는 갑제품이 ₩42, 을제품이 ₩75이며, 각 원재료의 단위당 원가는 예산 자료와 일치한다.
5) 매출 대금은 판매한 달에 50%를 회수하고, 판매한 달의 다음 달에 나머지를 회수하며, 원재료 매입대금 등 제조원가는 발생한 달에 전액 지급한다. 단, 월간 고정제조간접원가에는 월간 감가상각비 ₩20,000이 포함되어 있다.
6) 판매관리비는 발생한 달에 즉시 지급하고 있으며, 발생내역은 다음과 같다.

	갑제품	을제품
단위당 변동원가	₩2	₩3
고정원가	월 ₩50,000	

7) 회사는 월간 고정제조간접원가를 월간 생산량으로 나누는 실제전부원가시스템을 채택하고 있으며, 선입선출법을 재고평가에 적용하고 있다.

(요구사항)

1. 3월과 4월의 생산수량 예산을 편성하시오.
2. 3월의 구매예산을 편성하시오.
3. 3월의 현금예산을 편성하시오.
4. 3월의 예산손익계산서를 작성하시오.

제 7 장

자본예산

01 자본예산의 의의

개인이나 기업의 경우 중요한 의사결정 중의 하나는 자산에 대한 투자의사결정을 들 수 있다. 투자라는 개념은 주식이나 채권의 구입만을 의미하는 것이 아니다. 주식이나 채권의 구입이 넓은 의미에서 일종의 투자이지만 재고자산, 설비 등의 고정자산에 자금을 투입하는 것 역시 투자라는 개념에 포함된다. 따라서 투자액이 거액이고 투자의 효과가 장기간에 걸쳐 실현되기 때문에 투자의사결정은 매우 중요하다. 개인의 경우 대학졸업 후 첫 직장을 잡고 멋진 이성을 만나 결혼을 하였다고 하자. 이제 살림 및 집장만을 위한 계획을 수립할 것이다. 이와 같이 내 집 마련을 위한 의사결정들은 거액의 자본을 필요로 하며 장기간의 지속적인 효과가 수반된다. 내 집 장만을 위하여 필요한 자본의 조달 및 지출에 대한 계획이 필요하다. 기업의 경우 거액의 자본이 소요되는 투자의사결정은 한 번 투자가 이루어지면 장기간 자금이 투입되기 때문에 신중한 의사결정이 필요하다.

이와 같이 값비싼 자산 및 주요자원에 대한 구매 및 대체 계획을 효율적으로 수행하기 위해 투자대상을 탐색하기도 하고, 여러 가지 대체안을 평가하는 일련의 체계적인 과정을 자본예산이라 부른다. 자본예산은 조직의 주요 투자 프로젝트를 식별, 평가, 계획 그리고 자금을 조달하는 일련의 과정이다. 즉 자본예산이란 경영자가 회계정보를 이용하여 미래에 가장 바람직한 투자안을 평가, 선택하는 일련의 체계적인 과정을 의미한다.

자본예산 프로젝트의 예로는 새로운 공장 및 사무실 건물의 건축, 구시설의 개축, IT(information technology) 기술도입, 자동화장비 또는 생산로봇의 구매, 새로운 제품라인의 도입 그리고 조직구성원을 위한 기업 내 교육 프로그램의 개발 등 다양하다. 자본예산 의사결정은 기업에 장기적 영향을 가져다주고 경우에 따라서는 미래 기업의 성공에 영향을 주기도 한다. 자본예산은 몇 가지 점에 있어서 종합예산편성에서의 여러 예산들과 다르다. 보통 자본예산은 장기간에 걸쳐 진행된다. 자본예산은 상대적으로 거액의 자금이 소요될 뿐만 아니라 기업의 장기 정책에 영향을 준다.

자본예산은 통상 투자로부터의 현금흐름이 1년 또는 그 이상에 걸쳐 나타나는 장기성자산에 대한 투자결정과 관련된 계획 및 평가과정을 의미한다. 건물 등과 같이 많은 프로젝트는 20년 또는 그 이상의 효익을 제공한다. 어떤 프로젝트에 대해 한 번 투자가 이루어지고 나면 상당한 비용을 들이지 않고서는 그 프로젝트를 철회하기가 어려워진다. 더욱이 프로젝트의 수명이 길면 길수록 그만큼 프로젝트의 미래 효익, 원가, 그리고 원가절감 등을 예측하기가 어려워진다. 이와 같이 자본예산을 계획하는 데에는 많은 추정치들이 사용된다.

어떤 자본투자 프로젝트는 기업전체 연간이익의 몇 배 이상의 자금이 소요되는 경우도 있다. 이에 투자된 자원에서 이익이 회수되기까지 장기간의 시간이 소요될 수도 있다. 예를 들면 발전소 건설은 5년 내지 10년이 걸리는데 발전소가 운영되기 전까지는 수익이 발생하지 않는다. 자본예산편성 의사결정은 장기정책 의사결정이다. 그러므로 이러한 의사결정은 회사성장, 시장점유율, 사회적 책임, 그리고 그 밖의 요인에 대한 조직정책을 충족시켜 주어야 한다. 자본예산은 회사를 현재의 위치와는 다른 방향으로 움직이게 할 수도 있다. 예를 들면 자회사를 구매하기로 한 결정은 회사의 강조점을 현재 경영층에게는 생소한 새로운 산업에 관심을 두게 만들지도 모른다. 또한 오늘 내린 주요의사결정은 미래에 미처 예견하지 못했던 문제점들을 발생시킬 수도 있다.

예를 들면 기업들은 1980년대 중반 경제가 좋았을 때 많은 토지를 구매하고 사무실 건물을 신축하였다. 그런데 1990년대 후반에 이르러 경기가 후퇴하면서 부동산 가격이 하락하여 기업들은 많은 문제를 지니게 되었다. 확실히 자본예산의 평가는 어느 조직에서나 심각한 기능이다. 따라서 많은 기업들은 자본예산에서 성공을 가져다 줄 수 있도록 설계된 잘 개발된 자본예산편성 프로세스를 지니고 있다. 자본예산의 결정은 크게 심사결정(screening decisions)과 선택결정(preference decisions)으로 구분된다. 심사결정은 기업에서 고려중인 투자요건을 만족시키는가를 검토하는 과정을 의미하고, 선택결정은 심사과정을 통과한 여러 가지 대체안 중에서 최선의 대안을 선택하는 과정이다.

02 자본예산 편성과정

기업들은 그들이 보유하고 있는 자금보다 더 많은 투자기회를 지니는 것이 보통이다. 따라서 기업들은 다양한 투자대안을 놓고 자본예산을 식별 평가할 수 있는 체계적인 방법이 필요하다. 자본예산 편성방법은 기업마다 다를 수 있지만 보통 다음과 같은 활동이 포함된다. 다음과 같은 활동을 기준으로 자본예산 편성과정을 살펴본다.

1. 잠재적 자본예산의 식별
2. 프로젝트 원가 및 효익의 추정
3. 제안된 프로젝트의 평가
4. 자본예산의 개발(자본예산 편성기법)

2.1 잠재적 자본예산의 식별

투자제안은 기업의 각 부문에서 만들어질 수 있다. 자회사의 구매나 새로운 공장의 건설과 같은 제안은 보통 최고경영층 수준에서 이루어진다. 기존설비의 대체나 새로운 설비의 구입과 같은 제안은 설비가 필요한 사업부문에서 만들어질 것이다. 신기술의 개발은 경영자에게 새로운 항목을 요구하도록 하는 것이다. 자본투자 프로젝트에 대한 신청서는 기간 예산편성 프로세스의 일환으로 최고경영층이나 투자분석팀에서 평가하도록 제출된다. 제출된 신청서를 통하여 잠재적 프로젝트가 형성되면 이로부터 경영자는 조직목표를 가장 잘 충족시킬 수 있는 최적조합을 선정해야 한다. 특정항목을 요구하는 경영자는 원가 및 효익 추정치를 통해서 제안된 프로젝트가 어떻게 조직목표를 달성시킬 수 있는지를 보여줄 준비가 되어 있어야 한다.

2.2 프로젝트 원가 및 효익의 추정

프로젝트의 수락 여부는 제안된 프로젝트로 파생되는 효익과 프로젝트와 관련된 비용에 달려 있다. 효익이나 비용은 모두 미래 사건의 추정치를 수반한다. 수명이 긴 프로젝트는 특히 그러한 추정치를 구하기가 매우 어렵다. 지난 수년간 가격 및 기술 수준은 급변하였기 때문에 과거 역사는 미래 사건들을 예측하는 데 큰 도움이 못 된다. 예를 들면 건설원가의 변화폭은 매우 크다. 많은 공장설립 프로젝트는 20년 또는 30년간 효익을 가져다 줄 수 있는데, 그 효익에 대한 추정치는 프로젝트가 평가되는 시점에서 만들어져야 한다.

자본예산의 효익은 이익이나 또는 원가절감의 형태로 나타난다. 어떤 프로젝트는 이익과 현금흐름의 형태로 투자수익률을 제공한다. 어떤 프로젝트는 그것이 영향을 미치는 효율성을 통해서 원가절감을 가져다준다. 조직구성원 사기의 진작, 기업이미지의 개선 또는 사회적 효익 등과 같은 효익은 무형적이다. 미래효익이 무엇이든지 그것은 프로젝트의 내용연수 동안 측정되어져야 한다. 내용연수 말 현재의 자본예산의 잔존가치 또한 프로젝트의 평가에서 추정에 포함되어져야 하는 효익이다. 제안된 자본투자 프로젝트의 원가 추정은 효익추정보다 용이하다. 원가자체는 측정하기가 쉽다. 그러나 제안된 프로젝트의 모든 기대원가를 포함시키는 것이 중요하다. 예를 들면 새 발전소를 건설하는 데 소요되는 추정원가 속에는 다음과 같은 항목이 포함된다.

- 발전소 부지의 식별 및 평가에 소요되는 비용
- 환경영향평가서 준비에 소요되는 비용
- 발전소 설계에 대한 건축설계사무소 비용
- 건축노무비 및 자재비
- 건축자재 및 소모품 구입, 저장 및 관리에 소요되는 비용
- 건설원가 및 활동에 대한 회계에 소요되는 비용
- 건설계약 관리에 소요되는 비용
- 건설원가의 자금조달에 소요되는 비용

2.3 제안된 프로젝트의 평가

많은 기업들은 자동화, 로봇의 사용, 그리고 적시생산시스템(JIT)의 도입·운영이 글로벌 경제에서 경쟁을 하는 데 필수적인 것으로 받아들이고 있다. 이와 같이 경쟁이 치열해짐에 따라서 자본예산편성 프로세스는 어느 때보다 세심한 노력과 주의가 요구되어진다. 생산, 관리, 마케팅 그리고 분배와 같은 모든 측면의 기업활동의 통합은 기업의 장기계획수립 활동의 일부분이 되어야 한다. 동시제조(synchronous manufacturing)와 같은 개념이 자본예산편성 평가 프로세스에 활용되어야 한다.

특정 자본투자 프로젝트의 실제평가는 체계적 절차와 각 프로젝트에 관한 프로젝트 수명, 원가 및 효익 등 관련 자료가 요구된다. 본장에서는 많은 평가방법이 설명된다. 그러나 최종 분석에서 기업은 자본예산이 어떻게 기업의 경쟁능력과 목표달성 능력을 개선시킬 수 있는지를 보아야 한다.

03 투자의사결정의 현금흐름 추정

투자의사결정에 있어서 가장 중요하면서 어려운 부분의 하나가 미래의 현금흐름을 추정하는 것이다. 본 절에서는 투자안과 관련하여 미래의 현금흐름을 추정하는 데 있어서 고려해야 할 사항들을 투자시점별로 법인세를 고려하는 경우와 무시하는 경우 각각에 대해 살펴보고자 한다.

3.1 투자시점의 현금흐름

투자시점의 현금흐름에 영향을 미치는 요소로는 크게 3가지가 있다. 첫째, 최초투자액, 즉 신자산의 구입가액과 자산의 설치에 따르는 각종 부대비용 등의 투자금액(I_0)이다. 자산에 대한 투자금액은 현금유출로 처리된다. 법인세를 고려하는 경우 투자금액에 대한 투자세액공제가 있을 경우에는 현금유입으로 간주한다. 투자세액공제에 해당하는 금액만큼을 투자금액에서 감소시킬 수도 있으나 이렇게 처리하면 감가상각비 등에 계속적으로 영향을 미치므로 현금유입으로 처리하는 것이 일반적이다.

둘째, 구자산의 처분에 관한 것이다. 신자산에 투자하면서 구자산을 처분하는 경우 처분가액에 해당하는 금액의 현금유입이 발생한다. 이 경우 법인세를 고려하게 되면 구자산의 처분에 따른 처분손익에 대한 법인세 효과를 반영하여야 한다. 즉, 처분차익이 발생하게 되면 이익이 증가하게 되어 법인세 부담이 증가하게 되고, 반대로 처분차손이 발생하게 되면 이익이 감소하게 되어 법인세 부담이 감소하게 된다. 따라서 처분차익이 발생하게 되면 법인세 효과에 해당하는 만큼의 현금유출로 처리하고, 처분차손이 발생하게 되면 현금유입으로 처리한다.

마지막으로, 기업이 신자산을 구입하면서 기업의 규모가 커지게 되면 일반적으로 기업운영에 필요한 운전자본이 증가하게 된다. 운전자본이 증가한다는 것은 현금흐름측면에서는 현금유출에 해당된다. 그리고 투자시점의 운전자본의 증가는 투자종료시점에서 동일한 금액의 운전자본이 감소하여 원상복귀되는 것으로 가정한다. 즉, 투자시점에 운전자본의 증가는 투지시점에서는 현금유출로, 투자종료시점에서는 현금유입으로 간주된다.

구자산 처분에 따른 현금흐름 = 처분가액 − (처분가액 − 장부가액) × 세율

법인세를 고려하지 않는 경우 투자시점의 순현금유출액

$$C_0 = I_0 - S_0 + \triangle WC_0$$

C_0=투자시점의 순현금유출　　I_0=투자금액
S_0=구자산처분가액　　$\triangle WC_0$=운전자본증가액

법인세를 고려하는 경우 투자시점의 순현금유출액

$$C_0 = I_0 - ITC_0 - S_0 + (S_0 - B_0) \times t + \triangle WC_0$$

ITC_0=투자세액공제　　S_0=구자산처분가액
B_0=구자산장부가액　　t=법인세율

3.2 투자기간중의 영업현금흐름

기업은 새로운 투자를 통해서 현금유입을 창출하고자 한다. 투자를 통한 현금유입은 수익증대로 나타날 수도 있으며, 원가절감의 형태로 나타날 수도 있다. 두 경우 모두 기업의 영업이익의 증가를 가져온다. 투자에 따른 영업현금흐름은 현금유입액에서 현금영업비용과 법인세를 차감하는 방법으로 산출할 수 있다. 이때 법인세는 발생주의 이익에 기초하여 산정되므로 감가상각비를 비용으로 처리하여 법인세를 산출하여야 한다. 다만 자본예산은 증분개념을 사용하기 때문에 감가상각비는 신자산과 구자산의 감가상각비의 차액만을 고려하여야 한다.

법인세를 고려하지 않는 경우 투자기간중의 순영업현금흐름

$$CF_{1-n} = OI + \triangle D$$

CF_{1-n}=투자기간중의 순영업현금흐름　　OI=영업이익
$\triangle D$=감가상각비 증가액

법인세를 고려하는 경우 투자기간중의 순영업현금흐름

$$CF_{1-n} = OI \times (1-t) + \triangle D$$

$$CF_{1-n} = OCF \times (1-t) + \triangle D \times t$$

OCF=세전영업현금흐름　　t=법인세율

이 밖에 투자기간 중에 현금흐름에 영향을 미칠 수 있는 운전자본의 증가이다. 투자기간 중에 운전자본이 증가하는 경우에는 발생하는 기간에 현금유출로 처리하고, 투자종료시점에 현금유입으로 처리한다.

3.3 투자종료시점의 현금흐름

투자가 종료되면 잔존가치만 남은 자산을 처분하므로 처분가액에 해당하는 금액만큼의 현금유입이 발생한다. 이 경우 일반적으로는 투자시점에서 예상한 잔존가치로 처분되는 것을 가정하여 잔존가치에 해당하는 현금유입액을 계상한다. 만약 잔존가액보다 낮은 금액 혹은 높은 금액으로 처분되는 것으로 가정하는 경우에는 예상되는 처분차익 혹은 처분차손에 대한 법인세 효과를 고려해야 한다. 또한 잔존가액을 현금유입으로 처리하는 경우에는 구자산과 신자산의 잔존가액의 차액만큼을 현금유입으로 처리한다. 그리고 앞에서 설명한 운전자본의 증가액을 투자종료시점의 현금유입으로 처리한다.

법인세를 고려하지 않는 경우 투자종료시점의 현금흐름

$$CF_n = S_n + \triangle WC$$

CF_n= 투자종료시점의 순영업현금흐름　　S_n = 처분가액

$\triangle WC$= 운전자본 회수액

법인세를 고려하는 경우 투자종료시점의 현금흐름

$$CF_n = S_n - (S_n - B_n) \times t + \triangle WC$$

B_n = 잔존가액(장부가액)　　t = 법인세율

예제 7-1 현금흐름의 추정

스마트(주)는 그 동안 사용하던 구기계를 처분하고 새로운 기계를 구입하고자 한다. 신기계의 구입가격은 ₩100,000이고, 기계의 설치비용 ₩6,000과 시운전비 ₩4,000이 추가적으로 발생한다. 신기계의 내용연수는 5년이고, 잔존가치는 ₩10,000이며, 정액법으로 상각한다. 구기계의 취득가액은 ₩80,000(감가상각누계액 ₩30,000)이며, 잔존가치는 없으며, 잔존내용연수는 5년이고, 정액법으로 상각한다. 현재 구기계를 처분할 경우 ₩30,000에 처분할 수 있다. 신기계를 구입할 경우 운전자본은 ₩2,000만큼 증가하게 된다. 신기계를 구입할 경우 연간 매

출액은 ₩40,000이 증가하고, 영업현금비용은 ₩15,000 증가한다. 동사의 법인세율은 40%로 가정한다.

(요구사항)

1. 법인세를 무시할 경우 각 시점별로 현금흐름을 분석하시오.
2. 법인세를 고려할 경우 각 시점별로 현금흐름을 분석하시오.

(해 답)

1. 법인세를 무시할 경우

1) 투자시점의 현금흐름

$C_0 = I_0 - S_0 + \triangle WC_0$

= ₩110,000* − ₩30,000 + ₩2,000

= ₩82,000

* = 구입가격 + 설치비용 + 시운전비

= ₩100,000 + ₩6,000 + ₩4,000 = ₩110,000

2) 투자기간중의 현금흐름

영업이익 증가액 = 매출액 증가액 − 현금영업비용 − 감가상각비 증가액

= ₩40,000 − ₩15,000 − ₩10,000*

= ₩15,000

* = 신기계 감가상각비 = $\frac{₩110,000 - ₩10,000}{5}$ = ₩20,000/년

구기계 감가상각비 = $\frac{₩80,000 - ₩30,000}{5}$ = ₩10,000/년

감가상각비 증가액 = ₩20,000 − ₩10,000 = ₩10,000

$CF_{1-n} = OI + \triangle D$

세전영업현금흐름 = ₩15,000 + ₩10,000 = ₩25,000

3) 투자종료시점의 현금흐름

$CF_n = S_n + \triangle WC$

투자종료시점의 현금흐름 = 처분가액 + 운전자본 증가액

= ₩10,000 + ₩2,000

= ₩12,000

2. 법인세를 고려할 경우 현금흐름

1) 투자시점의 현금흐름

$C = I_0 - ITC_0 - S_0 + (S_0 - B_0) \times t + \triangle WC_0$

= ₩110,000 − ₩30,000 + (₩30,000 − ₩50,000) × 0.4 + ₩2,000 = ₩74,000

2) 투자기간중의 현금흐름

$CF_{1-n} = OI \times (1-t) + \triangle D$

세후영업현금흐름 = ₩15,000 × (1 − 0.4) + ₩10,000

= ₩19,000

별해) $CF_{1-n} = OCF \times (1-t) + \triangle D \times t$

세후영업현금흐름 = ₩25,000 × (1 − 0.4) + ₩10,000 × 0.4

= ₩19,000

3) 투자종료시점의 현금흐름

$CF_n = S_n - (S_n - B_n) \times t + \triangle WC$

투자종료시점의 현금흐름 = 처분가액 + 운전자본 증가액

= ₩10,000 + (₩10,000 − ₩10,000) × 0.4 + ₩2,000

= ₩12,000

[참고자료] 할인현금흐름법의 가정

대부분의 자본예산편성 프로젝트 분석은 여러 가지 단순화시키는 가정을 필요로 한다. 이러한 단순화가 계산되어져야 하는 추정치에 영향을 준다. 첫 번째 가정은 프로젝트와 연관된 현금흐름의 시기와 관련이 있다. 프로젝트 평가에서 프로젝트로부터의 현금유입은 통상 각 기간 말에 발생되는 것으로 가정된다. 현금흐름의 시기에 대해서 다른 가정을 사용하는 것도 가능하지만 기간 말 가정은 대부분의 평가에서 무난하다.

두 번째 가정은 경영층은 기업활동에 투자하기 위해 취득하는 기금의 원가인 자본비용(cost of capital)을 산정할 수 있다는 것이다. 자본비용은 보통 이자율로 표현된다. 그리고 자본비용은 이론적으로 기업이 조달한 모든 자금에 지급되는 각종 이자율의 가중평균치로 계산되어질 수 있다. 실무에서 자본비용의 계산은 부채 및 지분으로 조달된 자금의 비용 및 금액이 연중 수시로 바뀔 수 있기 때문에 매우 어렵다. 또한 부채와 지분을 측정하려면 장부가치나 시장가치가 사용되어질 수 있다.

할인현금흐름을 사용하는 데 묵시적인 세 번째 가정은 분석에 사용되는 이자율은 프로젝트의 전체수명 동안 합목적적이라는 것이다. 이 가정은 프로젝트로부터 미래현금흐름은 프로젝트를 평가하는 데 사용된 이자율로 재투자될 수 있다는 것을 의미한다. 미래이자율은 분석이 이루어지는 현재 사용하고 있는 이자율과는 크게 다를 수도 있다. 그러나 이자율의 변동을 예측하기란 비실제적이다.

04 자본예산 편성기법

자본예산을 평가하는 방법은 간단한 것부터 복잡한 것까지 여러 가지가 있다. 많은 평가방법은 화폐의 시간가치를 고려하느냐의 여부에 따라 두 개의 범주로 나누어질 수 있다. 화폐의 시간가치를 고려하는 할인현금흐름방법으로는 내부수익률법, 순현재가치법, 그리고 수익성지수법 등이 있다. 또한 화폐의 시간가치를 고려하지 않는 방법으로는 회수기간법, 역회수기간법, 그리고 회계이익률법 등이 있다.

4.1 할인현금흐름방법

오늘의 ₩1의 가치는 미래 어느 시점의 ₩1의 가치보다 크다. 가치의 차이는 차입자에게는 화폐의 비용이고 대여자에게는 수익인 이자이다. 이자(interest)는 화폐를 기다린 것에 대한 보상이다. 또는 다른 사람의 화폐를 가지고 지금 사용하는 것에 대해 지불하는 가격이다. 즉, 화폐를 사용한 대가인 것이다. 예를 들면 어느 한 회사가 오늘 연간 10%의 이자를 벌어들이는 데에 ₩1,000을 투자할 수 있다면 그 투자는 1년 후에 ₩1,100으로 증가할 것이다. 그 금액을 같은 조건으로 계속 투자한다면 2년 후엔 ₩1,210으로 증가하게 된다. 지금부터 2년 후 ₩1,210의 현재가치(present value)는 연리 10%로 ₩1,000이다.

화폐의 시간가치 개념은 자본예산편성에서는 매우 중요하다. 오늘 자본예산에 투자된 화폐는 미래에 가서 이익 또는 원가절감을 가져올 것이다. 오늘의 투자금액은 미래의 현금수입 또는 현금절약의 현재가치보다는 크지 않아야 한다. 즉, 우리는 어떤 프로젝트에 회수액 이상 지출하지 않아야 한다. 현행원가와 미래회수액을 논리적으로 비교하기 위해서 회수액은 복리개념이 적용된 현재가치로써 측정되어야 한다.

할인현금흐름(discounted cash flow)은 자본예산편성 프로젝트를 평가하는 데 화폐의 시간가치 개념을 사용하는 방법이다. 특정프로젝트와 연관된 모든 현금유입과 유출은 현재가치로 할인된다. 내부수익률법(internal rate of return method: IRR)은 특정자본예산에서 벌어들인 이자율을 발견하는 데 사용된다. 순현재가치법(net present value method: NPV)은 경영층이 선정한 이자율을 사용하여 특정자본예산과 연관된 현금유입의 현재가치와 현금유출의 현재가치 간의 차이를 발견하는 데 사용된다.

4.1.1 순현재가치법

자본예산을 평가하는 순현재가치법(net present value method: NPV)은 목표이자율을 사용하여 프로젝트의 모든 현금흐름을 현재가치로 할인하는데, 목표이자율은 통상 기업의 자본비용이다. 즉, 모든 현금유입의 현재가치와 현금유출의 현재가치와의 차이를 순현재가치라고 한다. 즉, NPV는 다음과 같다.

NPV = 현금유입의 현재가치 − 현금유출의 현재가치

이를 식으로 나타내면 다음과 같다.

$$NPV = \sum_{t=1}^{n} \frac{C_t}{(1+K)^t} - C_0 \qquad (식\ 1)$$

단, C_t = t시점에서의 현금흐름
C_0 = 현금유출
K = 투자안의 자본비용

이 방법은 프로젝트의 순현재가치를 계산하는 데 사용된다. 순현재가치법에서는 순현재가치를 계산하여 투자계획의 수락여부를 결정한다. 다음의 예제를 통하여 순현재가치를 계산해 본다.

예제 7-2 순현재가치의 계산

스마트(주)는 자동분류장치기계를 ₩49,000에 구입하는 것이 좋은지를 결정하려 한다. 이 기계를 구입하면 수작업에 의존하던 일반분류활동을 자동화작업으로 대체시킬 수 있다. 따라서 앞으로 6년 동안 연간 ₩13,000의 원가절감효과가 발생할 것으로 기대하고 있다. 또한 6년 후 잔존가치는 없는 것으로 추정하고 있다. 기계를 구입하여 가동시키기까지는 추가로 ₩1,000이 소요될 것으로 추정된다. 여기에는 공장까지의 운임, 설치비용 등이 포함된다. 스마트(주)의 경영층은 자본예산의 목표이자율을 10%로 설정하고 있다.

(요구사항)

이 프로젝트의 순현재가치를 산출하시오. (연 10%, 6년 연금현가계수: 4.3553)

(해 답)

미래 현금흐름이 균일하기 때문에 원가절감의 현재가치는 다음에 기술된 연금의 현재가치 공식을 사용하여 구할 수 있다.

$$연금의\ 현재가치 = a \times factor(i = 10\%,\ n = 6)$$

원가절감의 현재가치 = ₩13,000 × 4.3553 =	₩56,618.9
차감: 현금유출의 현재가치	50,000
순현재가치	₩6,618.9

순현재가치가 0보다 큰 ₩6,618.9는 자본비용이 10%라면 제안된 기계의 구입은 바람직하다는 것을 의미한다.

만약에 이 예제에서 자본비용이 17%(6년 연금현가계수: 3.5892)라면 이 프로젝트의 순현재가치는 －₩3,340.4가 된다.

원가절감의 현재가치(₩13,000×3.5892)	₩46,659.6
차감: 현금유출의 현재가치	50,000
순현재가치	(₩3,340.4)

따라서 이 경우 본 프로젝트는 받아들일 수 없게 된다. 순현재가치의 계산은 프로젝트로부터의 모든 현금흐름이 기업의 목표수익률로 재투자되어진다는 가정에 기초하고 있다. 그러나 만약에 목표수익률이 받아들일 수 있는 최저수익률이고 어떤 프로젝트가 최저수익률 이상 벌어들일 수 있다면 기업의 평균수익률은 최저수익률보다 상회할 것이다. 그러므로 순현재가치법에 기초가 되는 가정은 비현실적이다. 기업이 수익성을 유지하기 위해선 자본비용 이상을 벌어야 한다.

4.1.2 내부수익률법

일반적으로 프로젝트는 현금유출과 현금유입을 생성시킨다. 보통 현금유출은 프로젝트가 도입되거나 착수될 때 발생된다. 현금유입은 프로젝트가 이익 또는 원가절감의 형태로 미래효익을 제공함에 따라 나타난다. 현금유출을 투자로 본다면 현금유입은 투자에 대한 회수로 볼 수 있다. 내부수익률은 요구되는 투자액의 현재가치와 투자로 인하여 보장되는 수익의 현재가치를 같게 하는 할인율이다. 즉, 내부수익률(internal rate of return: IRR)은 투자의 미래현금흐름을 할인한 현금흐름의 현재가치를 투자비용과 같게 만드는 이자율이다. 현금유입의 현재가치와 현금유출의 현재가치가 일치하면 그 투자안의 순현재가치(NPV)는 0이 되므로 내부수익률은 투자안의 NPV가 0이 되도록 하는 할인율을 의미한다. 즉, 다음의 (식 2)를 만족시키는 IRR이 내부수익률이다.

$$\sum_{t=1}^{n}\frac{C_t}{(1+IRR)^t}-C_0=0 \text{ 또는 } \sum_{t=1}^{n}\frac{C_t}{(1+IRR)^t}=C_0 \qquad (식\ 2)$$

단, $C_t = t$시점의 순현금유입액의 현가

$C_0 = (t=0)$시점의 순현금유출액의 현가

사실 IRR은 투자에 대해 벌어들인 이자율이다. 만약에 투자의 모든 현금흐름이 IRR을 사용하여 현재가치로 할인된다면 현금유입과 현금유출의 현재가치는 똑같다. 내부수익률은 프로젝트의 현금유입과 유출로부터 계산된다. IRR이 산정되고 나면 이는 최저수익률과 비교되어 경영층이 자본투자 프로젝트를 받아들일지의 여부를 결정한다. 최저수익률은 보통 기업의 자본비용이다.

예제 7-3 내부수익률의 계산

(요구사항)

[예제 7-2]의 자료를 이용하여 스마트(주)의 내부수익률을 산출하시오.

(해 답)

여섯 번의 연간 ₩13,000의 현금유입의 현재가치를 ₩50,000의 현금유출의 현재가치와 같게 만드는 이자율을 계산해 보기로 하자. 현금유출은 프로젝트가 구입되는 시점에서 발생하므로 현금유출의 현재가치는 ₩50,000이다. 현금유입은 매년 같은 금액이기 때문에 이는 연금이다. 이 예의 현금유출과 현금유입을 그림으로 나타내 보면 다음과 같다.

	현금유출	현금유입					
연도	0	1	2	3	4	5	6
	(₩50,000)	₩13,000	₩13,000	₩13,000	₩13,000	₩13,000	₩13,000

연금의 현재가치는 다음과 같이 계산된다.

연금의 현재가치 $= a \times \text{factor}(i=?,\ n=6)$ (식 3)

여기서 a = 매기간 말 유입되는 연금 또는 일정금액, 이 경우엔 ₩13,000
factor = 이자율 i와 n기간 동안 연금의 현재가치요인. 이 경우 이자율은 미지수이며 기간은 6임. 이는 보통 연금의 현재가치표에서 구한다.

따라서 주어진 자료를 (식 3)에 대입하면 다음과 같다.

$$₩50{,}000 = ₩13{,}000 \times \text{factor}$$

$$\text{factor} = \frac{₩50{,}000}{₩13{,}000} = 3.8462$$

연금의 현재가치표에서 기간이 6인 경우 연금의 현재가치요인(factor)이 3.8462가 되는 이자율은 존재하지 않는다. 이 경우 시행착오법(trial and error method)을 이용하여 내부수익률을 산출한다. 시행착오법에 의한 내부수익률은 보간법(interolation method)을 이용하여 산출할 수 있다.

현재가치표를 이용하여 산출된 현재가치요소에 가장 근접한 2개의 이자율을 찾아내어 다음과 같이 정리한다.

할인율	연금의 현재가치요소		
14%	3.8887	0.0425	0.1042
x	3.8462		
15%	3.7845		

위에서 x를 구하면 다음과 같다.

$$(x-14\%) : 1\% = 0.0425 : 0.1042$$

$$x = 14.41\%$$

따라서 투자안의 내부수익률은 14.41%이다.

위의 예제에서는 현금유입액이 매년 균등하게 나타났다. 현금유입액이 균등하지 않은 경우에는 연금의 현재가치표를 사용할 수 없다. 대신 서로 다른 이자율을 차례로 하나씩 적용시켜 가면서 시행착오에 의해 현금유입과 유출의 현재가치를 같게 만드는 이자율을 찾아낼 수 있다. 구입한 기계의 잔존가치가 있는 경우에는 이는 프로젝트의 최종연도의 현금흐름을 증대시킨다. 또한 구기계를 신기계로 대체하는 경우 구기계의 처분가치는 투자시점(연도 0)에서 현금유입으로 계산하여야 한다. 왜냐하면 신기계에 투자하느냐 혹은 하지 않느냐에 따라서 미래현금흐름이 구기계의 처분가치만큼 차이가 나기 때문이다. 이 경우 신기계에 대한 투자금액(현금유출)은 보통 구기계의 처분가치만큼 감소시키는 것으로 계산된다. 내부수익률이 높으면 높을수록 보다 유리한 투자제안이다. 그런데 내부수익률법에서 투자제안의 수락 여부에 대한 결정은 내부수익률과 자본비용을 비교하여 결정된다. 즉, 자본비용보다 큰 내부수익률을 지니는 프로젝트는 수락된다.

IRR법의 중요한 가정은 프로젝트로부터의 미래현금흐름은 프로젝트의 IRR로 재투자될 수 있다는 것이다. 일부에서는 이자율이 높은 현금흐름이 같은 높은 이율로 재투자될 수 있다는 가정은 비현실적이라는 비판을 하고 있다. 또 하나의 비판은 IRR법은 프로젝트가 수익률을 올리는 기간의 길이를 고려하지 않고 있다는 것이다. 가령 3년간 18% 내부수익률을 올리는 프로젝트보다는 15년간 16%의 내부수익률을 올리는 프로젝트가 더 좋을 수도 있다. 왜냐하면 전자의 프로젝트는 3년이 지난 후 12년간은 16%보다 훨씬 적은 내부수익률을 가져다줄지도 모르기 때문이다.

4.1.3 수익성지수

순현재가치법으로 프로젝트를 평가한다면 양(+)의 순현재가치를 지니는 모든 프로젝트는 선택된다. 만약에 자본예산에 투자할 자금이 한정적이라면 기업은 양(+)의 순현재가치를 지닌 프로젝트 가운데 몇 개를 선정해야 할 것이다. 이때 순현재가치가 큰 프로젝트부터 선정해 나가는 것은 반드시 최선의 결과를 산출하지는 못한다. 예를 들면 다음과 같은 현금흐름을 지니는 두 개의 프로젝트가 있다고 하자.

연 도	A 투자안	B 투자안
0	(₩35,000)	(₩105,000)
1	15,000	45,000
2	15,000	45,000
3	15,000	45,000
4	15,000	45,000

B 투자안의 현금흐름은 A 투자안의 현금흐름의 3배이다. 목표수익률이 15%라면

각 프로젝트의 순현재가치는 각각 ₩7,825와 ₩23,474이 된다. 순현재가치법을 사용한다면 규모가 큰 투자안이 좀더 매력적이다. 그런데 B 투자안은 단순히 모든 측면에서 A 투자안의 3배인 것뿐이고 투자 ₩1당 수익은 두 개의 투자안이 동일하다.

규모상의 차이를 조정하기 위해서 수익성지수(profitability index)를 산출할 수 있는데, 수익성지수는 현금유출의 현재가치에 대한 현금유입의 현재가치의 비율이다. 위의 예에서 각 투자안의 수익성지수는 똑같이 1.22이다.

$$\text{수익성지수} = \frac{\text{현금유입의 현재가치}}{\text{현금유출의 현재가치}} = \sum_{t=1}^{n} \frac{\frac{C_t}{(1+K)^t}}{C_0} \qquad \text{(식 4)}$$

$$\text{A 투자안의 수익성지수} = \frac{₩42,825}{₩35,000} = 1.22$$

$$\text{B 투자안의 수익성지수} = \frac{₩128,474}{₩105,000} = 1.22$$

수익성지수는 규모가 서로 다른 투자안의 순현재가치를 서로 비교 가능한 수치로 전환시킨다. 특히 투자자금이 한정적인 경우 수익성지수가 크면 클수록 그 투자안은 보다 바람직스러운 것이다.

4.2 비할인현금흐름방법

회수기간법과 회계이익률법은 화폐의 시간가치 개념에 의존하지 않는다. 이러한 비할인현금흐름방법은 할인현금흐름법보다 사용하는 데 단순하지만, 특히 이자율과 자본비용이 높은 경우에 그 분석결과는 항상 신뢰할 수 있는 것은 아니다.

4.2.1 회수기간법

회수기간(payback period)이란 투자안으로 부터의 현금을 회수하는 데 걸리는 기간을 의미한다. 장기 투자인 경우 경영자는 투자안에 투자된 돈이 얼마나 빨리 회수될 수 있는지를 알고 싶어 한다. 회수기간법(payback method)은 회수기간이라고 불리는 시간 범위에 초점을 둔 방법으로서 회수기간을 중심으로 투자안을 평가하는 기법이다. 즉, 투자안이 원래 투자액을 회수하는 데 얼마나 걸리는지를 계산하고 회수기간을 중심으로 투자안을 결정하는 단순한 계산방법이다. 회수기간법에서는 기업에서 미리 설정한 목표회수기간과 투자안의 회수기간을 비교하여 투자안을 평가하며 회수기간이 빠른 투자안이 그렇지 않은 투자안보다 더 바람직하다는 것이다. 따라서 특정한 투자안의 회수기간이 기준회수기간보다 짧으면 채택하고, 회수기간이 길다면 기각한다. 회수기간은 연수로 표현되며 회수기간법의 공식은 다음과 같다.

$$\text{회수기간} = \frac{\text{소요된 투자액}}{\text{연간순현금유입액} } \qquad \text{(식 5)}$$

예제 7-4 회수기간의 계산

스마트(주)는 ₩66,000이 소요되는 설비를 취득하려 하고 있다. 그 설비의 내용연수는 10년이다. 설비를 사용함으로써 생기는 추정 현금절감액이 연간 ₩16,500이다.

(요구사항)

스마트(주)의 회수기간을 산출하시오.

(해 답)

처음 4년간 ₩66,000(₩16,500×4)의 현금절감이 예상된다. 그러므로 이 설비로 초기 투자액을 상환하는 데 소요되는 회수기간은 4년이다.

회수기간에 대한 계산은 (식 5)에 나타난 바와 같이 쉽게 할 수 있다.

$$\text{회수기간} = \frac{\text{소요된 투자액}}{\text{연간순현금유입액}} = \frac{₩66,000}{₩16,500} = 4\text{년}$$

현금유입액이 매년 다른 경우에는 투자액에 도달할 때까지 현금유입액을 더해 가면 된다. 경영자는 그 이상은 곤란하다는 최대회수기간을 염두에 두게 된다. 그러면 산정된 회수기간이 최대기간 내에 들어 있는 투자안은 회수기간이 단기간인 것부터 받아들여질 것이다. 먼 장래에 나타나는 현금흐름은 가까운 장래에 나타나는 현금흐름보다 더 불확실하므로 경영자들은 회수기간을 위험의 측정치로 간주하기도 한다. 즉, 회수기간이 짧으면 그만큼 덜 위험스러운 투자안이다.

회수기간법의 단점은 화폐의 시간가치를 고려하지 않는다는 데 있다. 예를 들면 각기 똑같이 ₩50,000이 소요되는 두 투자안이 다음과 같은 현금흐름을 가지고 있다고 하자.

[현금흐름]

(단위: 원)

연 도	1	2	3	4	5	6	7	8	9
투자안 A	25,000	20,000	10,000	10,000	10,000	10,000	0	0	0
투자안 B	10,000	15,000	25,000	25,000	10,000	10,000	10,000	10,000	10,000

회수기간법에 의하면 회수기간이 보다 짧은 투자안 A가 투자안 B에 비해 우수한 것으로 평가받는다. 그런데 현금흐름 전 기간을 고려하면 투자안 B가 더 바람직스러울 수도 있다. 예를 들면 현금흐름을 12%로 할인하면 투자안 A의 순현재가치는 ₩12,479인 데 반해 투자안 B의 순현재가치는 ₩21,517이다.

4.2.2 긴급회수기간법

회수기간법을 수정한 방법이 긴급회수기간(bailout) 개념이다. 긴급회수기간법은 투자의 운영현금흐름과 투자의 잔존가치로부터 투자액이 얼마나 빨리 회수되어질 수 있는지를 결정하는 방법이다. 회수기간법은 단지 투자로부터의 현금흐름만을 회수기간의 산출에 사용하는데, 잔존가치는 통상 회수기간 이후에 회수되기 때문이다. 반면에 긴급회수기간법은 언제라도 경영층이 투자를 종식시키기 원하면 잔존가치가 회수된다는 가정에 기초하고 있다.

예제 7-5 긴급회수기간의 계산

스마트(주)는 원가가 ₩66,000인 기계를 구입하면 매년 ₩16,500씩 10년간 현금절약을 할 수 있다고 추정하고 있다. 또한 이 회사는 각 연도 말 언제든지 기계를 처분할 수 있다고 가정하고 있는데 그 잔존가치는 다음과 같다.

연도	현금절약	잔존가치	총현금절약+잔존가치
1	₩16,500	₩35,000	₩51,500
2	16,500	24,000	57,000
3	16,500	16,500	66,000
4	16,500	9,000	75,000
5	16,500	6,000	88,500
6	16,500	2,000	101,000
7	16,500	1,000	116,500
8	16,500	700	132,200
9	16,500	200	148,500
10	16,500	0	165,000

(요구사항)

긴급회수기간을 산출하시오.

(해　　답)

이 회사는 3년 말까지 총현금절약액 ₩49,500과 이때의 잔존가치 ₩16,500으로 총투자 ₩66,000을 회수할 수 있다. 따라서 긴급회수기간은 3년이다.

[예제 7-5]에서 3년 후 원가회수는 단지 투자안을 종료시킴으로써 달성되어질 수 있는 것이다. 회수기간법은 회수기간에 도달될 때까지 투자안이 지속되어짐을 가정하는 데 반해, 긴급회수기간법은 투자안을 종료시킴으로써 회수기간에 도달한다. 긴급회수기간법은 투자안에 수반되는 위험을 평가하는 데 추가정보를 제공한다.

4.2.3 회수기간의 역수법

회수기간법은 투자안의 내부수익률 개략치를 산정하는 데 사용되기도 한다. 이는 회수기간의 역수(payback reciprocal)를 산정하여 할 수 있는데, 회수기간의 역수는 1을 회수기간으로 나눈 것이다. 투자안의 수명이 적어도 회수기간의 두 배가 되는 경우에는 회수기간의 역수는 내부수익률의 합리적 추정치이다. 그런데 추정치는 항상 실제 내부수익률보다 크다. 가령 스마트(주)의 ₩66,000 투자안은 10년간에 걸쳐 연간 ₩16,500의 현금유입을 조성하고 회수기간은 4년이다. 이때 회수기간의 역수는 25%이다.

$$\text{회수기간의 역수} = \frac{1}{\text{회수기간}} \qquad \text{(식 6)}$$

$$= \frac{1}{4} = 25\%$$

이 투자안의 내부수익률은 21.4%이다. 투자안의 수명이 길어지면 길어질수록 내부수익률은 점점 증가해서 25%에 근접된다. 현금흐름이 균일하지 않은 경우에는 이 방법은 사용하지 말아야 한다.

4.2.4 회계적 이익률법

자본예산을 평가하는 회계적 이익률법(accounting rate of return method: ARR)은 회계이익과 투자수익률이라는 전통적인 개념에 기초하고 있다. 투자안은 이익의 회계적 측정치를 사용하여 투자수익률을 계산함으로써 산정되는데, 순이익은 투자안수익에서 투자안비용을 차감시켜서 구한다. 회계이익과 회계비용은 할인현금흐름방법에서 사용되는 현금흐름과는 다른 것이다. 회계적 이익률을 산정하는 공식은 다음과 같다.

$$\text{회계적 이익률} = \frac{\text{연평균 (세후)순이익}}{\text{최초투자액(혹은 평균투자액)}} \qquad \text{(식 7)}$$

회계적 이익률법은 회수기간법과 마찬가지로 사용하기가 쉽고 회계적 이익률의 계산에 필요한 자료를 재무제표로부터 쉽게 확인할 수 있다는 장점이 있다.

회계적 이익률법은 분모로 사용되는 투자안 투자원가를 어떤 것으로 사용하는가에 따라 그 결과가 달라진다. 분모에 사용하는 값은 일반적으로 최초투자액을 사용하는 경우와 평균투자액을 사용하는 경우로 구분할 수 있다. 최초투자액을 사용하는 경우 투자시점의 최초투자액(순현금유출액)을 사용하여 계산하게 된다. 반면 평균투자액을 사용하는 경우에는 투자시점의 최초투자액(순현금유출액)과 투자종료시점의 잔존가치의 합계를 2로 나누어 산출한다. 즉, 평균투자액은 다음과 같이 산출한다.

$$\text{투자안의 평균투자액} = \frac{\text{최초투자액} + \text{잔존가치}}{2}$$

예제 7-6 회계적 이익률의 계산

스마트(주)는 신제품 도입가능성을 검토하고 있다. 이 프로젝트에는 설계, 촉진 및 새로운 설비를 포함하여 총 ₩50,000의 투자가 소요된다. 이 프로젝트로부터의 연간 추가수익은 ₩15,000이 생성될 것으로 기대하고 있으며 연간 운영비용과 감가상각비는 각각 ₩4,000과 ₩3,000이 될 것으로 보고 있다.

(요구사항)
회계적 이익률을 산출하시오.

(해 답)
우선 연간 추가이익을 산정하면 다음과 같다.

수익		₩15,000
차감: 운영비용	₩4,000	
감가상각비	3,000	7,000
증분이익		₩8,000

따라서 회계적 이익률은 16%이다.

$$\text{회계적 이익률} = \frac{₩8,000}{₩50,000} = 16\%$$

이전에 기술된 자본예산편성기법들은 이익이 아니라 현금흐름을 사용하고 있다. 따라서 감가상각비는 계산에 포함되지 않는다. 회계적 이익률법에서는 회계이익이 분석의 주요 요소이며 감가상각비는 이익을 결정하는 데 사용된다.

어떤 경영자들은 회계적 이익률을 산정하는 데 투자안의 투자원가는 최초투자액이 아니라 평균투자액을 사용해야 한다고 주장한다. 위의 예에서 잔존가치가 없다면 평균투자액은 ₩25,000[=(₩50,000+₩0)÷2]이 되어 회계적 이익률은 32%[=₩8,000÷₩25,000]가 된다. 경영자는 가장 적당한 개념을 투자원가로 선정해야 한다. 무엇을 투자액으로 선정하든지 장점과 단점을 지닌다. 회계적 이익률법은 여러 자본투자안에 이익률이 가장 큰 것부터 우선순위를 매기는 데 사용될 수 있다. 이 방법은 전통적인 이익분석 및 투자회수개념과 가깝기 때문에 경영자들이 이해하기 쉽다. 그러나 회계적 이익률법은 화폐의 시간가치와 현금흐름의 시기 및 지속기간을 사용하지 않고 있다는 단점이 있다. 지금까지 살펴본 자본예산 편성기법을 요약하면 다음 [도표 7-1]과 같다.

[도표 7-1] 자본예산편성기법의 비교

	정 의	의사결정기준
1. 회계적 이익률법	$\frac{\text{연평균 (세후)순이익}}{\text{최초투자액(혹은 평균투자액)}}$	투자안의 회계이익률이 목표이익률보다 크면 채택
2. 회수기간법	$\frac{\text{소요된 투자액}}{\text{연간순현금유입액}}$	투자안의 회수기간이 목표회수기간보다 짧으면 채택
3. 순현재가치법	$\sum_{t=1}^{n}\frac{C_t}{(1+K)^t}-C_0=NPV$	$NPV>0$ 채택
4. 내부수익률법	$\sum_{t=1}^{n}\frac{C_t}{(1+IRR)^t}=C_0$	$IRR>$자본비용 채택
5. 수익성지수법	$\frac{\text{현금유입의 현재가치}}{\text{현금유출의 현재가치}}$	$PI>1$ 채택

05 자본예산과 세금의 영향

자본예산에서의 투자의사결정에 있어서 감가상각의 경우 현금으로 지출되는 비용은 아니므로 현금흐름의 계산에 별다른 영향을 주지 않는다. 그러나 다른 측면에서는 법인세가 감소되기 때문에 현금흐름에 영향을 줄 수도 있다. 만약 법인세가 없다면 감가상각에 따른 현금흐름이 달라질 수 없다. 그러나 법인세가 있기 때문에 감가상각에 따라 매기의 현금흐름이 차이가 나게 된다. 즉, 감가상각으로 인한 절세효과(tax shield)가 나타나게 되어 현금유출이 그만큼 감소되기 때문이다. 따라서 법인세는 투자로부터의 현금흐름에 지대한 영향을 주므로 자본예산 편성과정에서 마땅히 고려되어져야 한다. 세금의 영향은 복잡할 수 있기 때문에 주의 깊게 분석되어져야 한다. 법인세 목적을 위한 순이익과 회계상의 이익이 반드시 일치하는 것은 아니다. 기업들은 법인세 목적과 회계목적으로 각각 다른 회계방법을 선택하기도 한다. 감가상각비는 비현금 비용이지만 세금공제비용이기 때문에 현금흐름에 영향을 준다.

예제 7-7 **감가상각비의 현금흐름에의 영향**

스마트(주)는 벤딩기계를 종업원 라운지에 설치할 계획을 가지고 있다고 하자. 기계의 취득원가는 ₩2,000이다. 매년 이 기계는 ₩8,000의 수익을 창출할 것으로 기대되며 기계를 통해 판매되는 음료수의 매출원가는 연 ₩6,800이 될 것으로 추정된다. 또한 유지비용 및 전력료는 연간 ₩450이 소요될 것으로 추정된다. 기계의 내용연수는 5년이고 잔존가치는 없다.

이 기계의 운영으로부터 기대되는 순현금흐름은 연간 ₩750이다.

수익			₩8,000
차감:	매출원가	₩6,800	
	유지비 및 전력료	450	7,250
세전 순현금 유입			₩750

순현금유입은 회계이익은 아니다. 여기에는 감가상각비도 포함되지 않았고 법인세비용도 포함되지 않았다. 감가상각비는 현금흐름을 감소시키지 않지만 법인세비용은 현금흐름을 감소시킨다. 법인세율이 40%라면 법인세비용은 ₩140이다.

세전 순현금유입	₩750
차감: 감가상각비	400
법인세차감전 순이익	₩350
법인세율	×0.4
법인세	₩140

벤딩기계 프로젝트로부터의 세후 현금흐름은 ₩610(=₩750−₩140)이며, 이것은 프로젝트를 평가하는 데 사용되는 순현금흐름이다. 감가상각비 그 자체는 현금유출을 수반하지 않으나 세금에 영향을 주기 때문에 현금흐름에 영향을 준다. 이러한 이유 때문에 많은 기업들은 프로젝트수명 초기 연도의 세금을 감소시키려고 가속상각법을 사용한다.

세금의 주요 목적은 정부 프로그램 및 활동의 자금조달을 위해 수익을 창출하는 데 있다. 그러나 세금은 납세자들로 하여금 어떤 행동을 하도록 장려하려는 목적으로도 사용될 수 있다. 가령 어떤 상황에서는 높은 세율을 부과하는데, 이는 수익을 창출하기보다는 바람직스럽지 못한 제품의 생산이나 활동을 억제시키려는 데 그 목적이 있다. 수입 사치품에 대한 높은 세금은 외국 사치품의 구입을 억제하려는 데 있다. 반면에 세법은 정부가 바람직스럽게 보는 활동을 장려하기 위해 설계되어질 수도 있다. 이런 형태의 세법은 세금유인이라 불리는데, 세 부담을 경감시켜 개인이나 조직으로 하여금 바람직스런 활동을 하도록 유도한다. 가속상각 및 투자세액공제(investment tax credits)에 대한 법규는 자본투자를 장려키 위해 의도된 것이다.

06 종합예제

스마트(주)는 다음과 같은 투자안을 검토하고 있다.

최초의 설비투자액	₩330,000
최종처분가치	90,000
연간 현금운영비절감액	75,000
내용연수	8년
감가상각방법	정액법

이 회사의 자본비용은 14%이다.

정상연금의 현가계수($n=8$, $r=14\%$) 4.639
정상연금의 현가계수($n=8$, $r=16\%$) 4.344
정상연금의 현가계수($n=8$, $r=18\%$) 4.078
목돈의 현가계수($n=8$, $r=14\%$) 0.351
목돈의 현가계수($n=8$, $r=16\%$) 0.305
목돈의 현가계수($n=8$, $r=18\%$) 0.266

(요구사항)

1. 투자안의 회수기간은 얼마인가?
2. 다음 기준에 따라 회계적 이익률을 구하시오.
   ① 최초투자액
   ② 평균투자액
3. 순현재가치법에 의하여 투자안의 채택 여부를 결정하시오.
4. 내부수익률법에 의하여 투자안의 채택 여부를 결정하시오.

(해 답)

1. 투자안의 회수기간은 얼마인가?
   (₩330,000) ÷ ₩75,000 = 4.4년

2. 다음 기준에 따라 회계적 이익률을 구하시오.
   ① 최초투자액
   연간감가상각비: (₩330,000 − ₩90,000) ÷ 8년 = ₩30,000
   최초투자액: ₩330,000
   따라서, (₩75,000 − ₩30,000) ÷ ₩330,000 = 13.63%
   ② 평균투자액: (₩330,000 + ₩90,000) ÷ 2 = ₩210,000
   따라서, (₩75,000 − ₩30,000) ÷ ₩210,000 = 21.43%

3. 순현재가치법에 의하여 투자안의 채택 여부를 결정하시오.

	근거	금액
투자기간중: 연간 현금유입액(연금)	₩75,000 × 4.639	₩347,925
투자종료: 처분가치(목돈)	₩90,000 × 0.351	31,590
총현금유입액의 현가		₩379,515
최초투자액	₩330,000	(330,000)
순현가		₩49,515

∴ 순현가가 ₩0보다 크므로 이 투자안을 채택한다.

4. 내부수익률법에 의하여 투자안의 채택 여부를 결정하시오. → 시행착오법 이용
   ① $r = 16\%$

	₩75,000 × 4.344	₩325,800
	₩90,000 × 0.305	27,450
총현금유입액의 현가		₩353,250
최초투자액		(330,000)
순현가		23,250

   ② $r = 18\%$

	₩75,000 × 4.078	₩305,850
	₩90,000 × 0.266	23,940
총현금유입액의 현가		₩329,790
최초투자액		(330,000)
순현가		(210)

16%	353,250	23,250	23,460
r	330,000		
18%	329,790		

따라서 IRR: 16%+(2%×23,250)÷23,460=17.98%

연습문제 EXERCISE

객관식 문제

[7-1] 다음 중 자본예산기법에 대한 설명으로 적절하지 않은 것은? (CTA)

① 순현재가치법에서 순현재가치란 투자안으로부터 생기는 현금수입의 현재가치에서 현금지출의 현재가치를 차감한 잔액이다.

② 내부수익률법에서 내부수익률이란 현금수입과 현금지출을 현재가치로 환산할 때 동일한 금액이 되게 하는 수익률을 의미한다.

③ 회수기간이란 투자안으로부터 유입되는 현금이 최초의 투자지출액을 회수하는데 소요되는 시간을 의미하는데 이 기법은 주로 위험이 적고 안정적인 투자안을 평가하는데 사용되는 것이 바람직하다.

④ 회계이익률법에서 회계적 이익률이란 손익계산서에서 계산된 이익과 투자액의 비율이다.

[7-2] 다음 중 자본예산제도의 특징으로 가장 옳지 않은 것은?

① 재정안정화 효과 증진　　② 중장기 예산운용 가능

③ 부채의 정당화　　④ 예산의 적자재정 편성

[7-3] 다음 중 순현재가치법과 내부수익률법에 대한 설명으로 올바른 것은?

① 내부수익률법은 화폐의 시간가치를 고려하지 않는 방법이다.

② 단일투자안을 평가할 때에 순현재가치법과 내부수익률법은 상반된 결과를 가져올 수도 있다.

③ 내부수익률법은 현금흐름의 양상에 따라서 복수의 내부수익률이 존재할 수 있다.

④ 순현재가치법에서 서로 다른 여러 개의 개별투자안을 결합한 투자의 가치는 개별투자안의 가치를 단순 합계한 것과 일치하지 않는다.

[7-4] 다음 중 자본예산을 위해 사용되는 순현가법(NPV)과 내부수익률(IPR)에 대한 설명으로 옳은 것은? (기업회계 1급)

① 내부수익률은 복리계산을 하지 않으므로 순현가법보다 열등하다.

② 특정 투자안의 수락 타당성에 대해 두 방법은 일반적으로 다른 결론을 제공한다.

③ 내부수익률법은 현금이 할인율이 아닌, 내부 수익률에 의해 재투자된다고 가정한다.

④ 순현가법은 분석 시점에 초기 투자액이 없는 경우에는 사용할 수 없다.

[7-5] 설비투자에 따른 미래현금흐름의 현재가치를 계산할 때 직접적으로 고려되지 않는 것은?

① 사용될 자금의 이자비용　　② 자산의 생산적 수명
③ 현금흐름의 발생시점　　④ 미래의 영업현금흐름 크기

[7-6] 다음 중 순현재가치법과 내부수익률법에 대한 설명으로 옳지 않은 것을 모두 묶은 것은?

가. 내부수익률법은 투자로 인한 현금유입액이 투자기간동안 내부수익률로 재투자된다고 가정한다.
나. 내부수익률법은 여러 수준의 요구수익률을 사용하여 분석할 수 있다.
다. 단일투자안을 평가할 때에는 순현재가치법과 내부수익률법은 동일한 결과를 가져온다.
라. 순현재가치법은 분석시점에 초기 투자액이 없는 경우에는 사용할 수 없다.

① 가, 라　　② 나, 라
③ 다, 라　　④ 나, 다, 라

[7-7] 법인세효과를 무시할 경우, 각 투자안 평가방법에서 고려해야 하는 사항을 올바르게 연결한 것은?

㉠ 감가상각비
㉡ 투자기간전체의 수익(현금유입액)
㉢ 화폐의 시간가치

	회계적 이익률법	순현재가치법	내부수익률법
①	㉡	㉡, ㉢	㉡, ㉢
②	㉠, ㉡	㉠, ㉡, ㉢	㉠, ㉡, ㉢
③	㉡	㉡, ㉢	㉢
④	㉠, ㉡	㉡, ㉢	㉡, ㉢

[7-8] 스마트(주)의 올해 당기순이익은 ₩20,000,000이었다. 5년 전에 ₩1,000,000에 구입한 차량(감가상각누계액 ₩600,000)을 올해 중 ₩300,000에 처분하였다. 이 차량의 처분으로 인한 회사의 실질현금유입액은 얼마인가? 단 법인세율은 30%이다. (CTA)

① ₩300,000　　② ₩400,000
③ ₩330,000　　④ ₩370,000

[7-9] 스마트(주)는 취득원가가 ₩18,000인 기계를 구입하고자 한다. 이 기계의 내용연수는 3년, 잔존가치는 ₩3,000으로 추정된다. 이 기계를 사용하면 향후 3년간 매년 ₩7,000의 직접

노무원가가 절약되며, 매출액이 매년 ₩10,000씩 증가할 것으로 예상된다. 그러나 매출액이 증가함에 따라 직접재료원가가 매년 ₩6,000씩 증가할 것이다. 회사는 이 기계를 정액법으로 감가상각할 예정이며, 법인세율은 40%이다. 기존에는 수작업을 하였으므로 감가상각비가 전혀 발생하지 않았다. 투자기간 중의 연간 순현금유입액은 얼마인가?

① ₩8,000 ② ₩8,400
③ ₩8,600 ④ ₩8,800

[7-10] 스마트(주)는 자동화설비를 ₩50,000에 구입하려고 한다. 이 회사의 원가담당자는 설비를 도입함으로써 다음과 같은 현금운영비가 절감할 것으로 예상하고 있다. 이 때 내부수익률은 얼마인가? (CPA)

연도	금액
1차연도	₩20,000
2차연도	₩20,000
3차연도	₩20,000

연금의 현가표($n=3$)

8%	9%	10%	11%
2.577	2.531	2.487	2.444

① 9.17% ② 9.50%
③ 9.70% ④ 10.17%

[7-11] 스마트(주)는 내용연수가 3년이고, 잔존가치가 없는 시설장치에 투자하려고 한다. 시설장치를 구입하면 처음 1년은 ₩6,000,000, 2년째에는 ₩5,000,000, 그리고 3년째에는 ₩4,000,000의 현금지출운용비를 줄일 것으로 판단하고 있다. 회사의 최저필수수익률은 12%이고, 기계장치에 대한 투자액의 현재가치는 ₩10,000,000이라고 할 때, 기계장치에 대한 투자안의 순현재가치(NPV)는 얼마인가?(단, 이자율 12%의 1원당 현재가치는 1년은 0.89, 2년은 0.80, 3년은 0.71이며, 법인세는 없는 것으로 가정한다)

① ₩2,160,000 ② ₩2,180,000
③ ₩2,200,000 ④ ₩2,400,000

[7-12] 스마트(주)는 올해 초에 신제품 생산을 위한 전용기계 도입 여부를 순현재가치법으로 결정하려고 한다. 신제품의 판매가격은 단위당 ₩550이며, 생산 및 판매와 관련된 단위당 변동원가는 ₩350, 그리고 현금유출을 수반하는 고정원가를 매년 ₩600,000으로 예상한다. 전용기계의 구매가격은 ₩1,000,000이고, 정액법으로 감가상각한다(내용연수 5년, 잔존가치 없음).

할인율은 10%이며 법인세율이 30%이고, 매출액, 변동원가, 현금유출 고정원가 그리고 법인세는 전액 해당 연도 말에 현금으로 회수 및 지급된다. 전용기계 도입이 유리하기 위해서는 신제품을 매년 최소 몇 단위를 생산하여 판매해야 하는가? (단, 10%, 5년의 단일금액의 현가 계수는 0.621이고, 정상연금의 현가 계수는 3.791이다. 소수 둘째 자리에서 반올림한다.)

① 4,198단위 ② 4,456단위
③ 4,532단위 ④ 5,198단위

[7-13] 스마트(주)는 구설비를 새로운 설비로 대체하려고 한다. 신설비의 취득가액은 ₩200,000이며 내용연수는 4년 잔존가치는 취득가액의 10%로 추정하고 있으며 정액법으로 감가상각할 예정이다. 구설비는 2년 전에 취득하였으며 취득가액은 ₩150,000 잔존내용연수는 4년이며 잔존가치 없이 정액법으로 감가상각해 왔다. 구설비의 현재 처분가치는 ₩40,000으로 추정된다. 법인세율은 40%이다. 설비교체시점의 순현금흐름은 얼마가 되는가?

① ₩ 160,000 순유출 ② ₩ 85,000 순유출
③ ₩ 130,000 순유출 ④ ₩ 136,000 순유출

[7-14] 학생회에서 자료 복사대로 외부에 장당 ₩20을 지급하고 있다. 복사비용 절감을 위해 가격이 ₩3,000,000인 복사기의 구입을 고려하고 있다. 이 복사기는 2년만 사용한 후 ₩550,000에 재판매할 수 있다. 종이가격은 장당 ₩5이며, 100장 복사에 10장이 낭비된다. 복사기 유지비는 연간 ₩110,000이며, 이외에 복사기 관련비용은 없다. 편의상 올해의 현금흐름은 할인하지 않고 내년도의 현금흐름은 10%로 할인한다. 매년 복사하여야 할 수량이 11만장인 경우 복사기를 구입하는 것이 2년간의 복사비용을 올해 현가로 비교하면 얼마나 절감 또는 증가하는가? (CPA)

① ₩219,500 절감 ② ₩440,000 절감
③ ₩335,000 절감 ④ ₩535,000 절감

[7-15] (주)스마트의 신제품 생산 및 판매에 관한 자료는 다음과 같다.

단위당 판매가격: ₩10	
변동제조원가 및 판매비와관리비: ₩ 9	
연간고정비 : 감가상각비	₩40,000
현금지출고정비	₩80,000
계	₩120,000

감가상각비는 취득원가 ₩120,000인 설비에 대해 내용연수 3년, 잔존가치 없이 정액법으로 상각할 것이다. 3년 후에는 이 제품의 생산이 중단된다. 회사의 자본비용은 14%이며 이자율 14%에서 3기 연금현가계수는 2.32이다. 신제품의 생산·판매가 수익성이 있으려면 연간 생

산·판매량은 최소한 몇 개는 되어야 하는가? 단, 법인세는 없다.

① 120,000개 ② 125,824개

③ 131,724개 ④ 135,734개

⑤ 130,000개

주관식 문제

[7-1] 스마트(주)는 ₩150,000을 투자하여 새로운 자동화 기계를 구입하고자 한다. 새로운 기계를 구입할 경우 작업인력의 감축으로 연간 직접노무비가 ₩50,000씩 감소 것으로 예상되며, 또한 생산량이 늘어남에 따라 연간 매출액은 ₩120,000씩 증가할 것으로 예상된다. 매출액 증가에 따라 직접노무비를 제외한 현금지출비용은 ₩100,000씩 증가할 것으로 예상된다. 새로운 자동화 기계의 내용연수는 3년이며, 잔존가치는 없으며, 정액법으로 감가상각할 예정이다.

(요구사항)

1. 스마트(주)가 새로운 자동화기계를 구입할 경우 매년 당기순이익에 미치는 영향은 얼마인가?
2. 새로운 기계를 구입할 경우 연간 영업현금 흐름을 추정하라.

[7-2] 스마트(주)는 새로운 기계장치를 구입하고자 한다. 새로운 기계장치의 취득원가는 ₩500,000이며, 내용연수는 3년, 잔존가치는 취득원가의 10%로 추정된다. 이 기계장치는 정액법을 통해 감가상각하고자 한다. 이 새로운 기계장치를 구입하면, 기존의 기계장치(장부가액 ₩150,000)를 ₩100,000에 처분할 수 있고, 이 기계장치는 잔존가치가 없으며 잔존내용연수 3년, 정액법으로 감가상각하고 있다. 이 기계장치를 사용하면 연간 현금운영비가 ₩120,000씩 감소할 것으로 예상된다. 동사의 법인세율은 30%이다.

(요구사항)

1. 기계장치 취득시점에서의 세후 현금흐름은 얼마안가?
2. 투자기간 동안의 세후 현금흐름은 얼마인가?
3. 투자종료시점의 현금흐름은 얼마인가?

[7-3] 스마트(주)는 원가절감을 위하여 생산설비에 내용연수가 5년이고 잔존가치가 없는 ₩35,100의 신형모터를 설치하려고 한다. 이 모터를 설치하면 제품조립에 소요되는 변동원가가 단위당 ₩2 만큼 감소할 것으로 예상한다. 현재의 변동원가는 단위당 ₩7이다. 앞으로 5년 동안 예상되는 연간 제품 생산단위는 6,500단위이며, 자본비용은 연 13%이다. 연금현가요소

(기간 5년, 할인율 13%)는 3.51로 가정하라.

(요구사항)

1. 순현재가치법을 사용하여 신형모터의 구입여부를 결정하시오.
2. 제품에 대한 연간수요가 몇 단위가 될 때 새로운 모터의 구입에 대한 투자안의 순현재가치가 ₩0이 되는가?

[7-4] 스마트(주)는 신규 설비투자를 계획하고 있다. 설비의 취득원가는 ₩10,000이며 내용연수는 3년, 잔존가치는 ₩1,000이며, 정액법으로 감가상각할 예정이다. 이 설비를 가동하여 생산하는 신제품은 판매가격 ₩30, 단위당 변동원가는 ₩15이며, 현금지출 고정원가는 연간 ₩150,000이 될 예정이다. 내용연수가 지나면 이 설비는 ₩1,000에 매각할 예정이다. 회사의 자본비용이 연 10%일 때 현가계수는 다음과 같다.

1년	2년	3년
0.91	0.83	0.75

(요구사항)

법인세율이 30%라면 장기적으로 현금흐름분기점이 되는 연간 판매량은 얼마가 되는가?

[7-5] 스마트(주)는 다음과 같은 두 종류의 기계중 하나를 구입하고자 한다. 스마트(주)의 자본비용은 12%이며, 두 기계의 내용연수 모두 4년으로 예상되며, 기계장치의 잔존가치는 ₩50,000으로 예상된다. 기계에 대한 감가상각은 정액법에 따른다. 각 기계와 관련된 투자액 및 4년간 예상현금흐름은 다음과 같다. 스마트(주)의 목표회수기간은 3년이며, 목표회계적이익률은 15%이다.

	기계 A	기계 B
최초투자액	₩500,000	₩500,000
연간현금유입액:		
1차년도	300,000	200,000
2차년도	300,000	200,000
3차년도	0	200,000
4차년도	0	200,000

(요구사항)

1. 회수기간법에 따라 의사결정을 할 경우 두 기계중 어느 기계를 구입하여야 하는가?

2. 최초투자액기준 회계적이익률법에 따라 의사결정을 할 경우 두 기계중 어느 기계를 구입하여야 하는가?

[7-6] 스마트(주)에서는 현금흐름이 다른 두 개의 투자안을 고려하고 있다. 각 투자안의 투자액은 ₩100,000이며, 각 투자안으로부터 예상되는 현금유입액은 다음과 같다.

연도	project A	projet B
1	₩50,000	₩ 0
2	50,000	100,000
3	50,000	10,000
4	50,000	0
5	50,000	0

(요구사항)

1. 회수기간법에 의하면 어느 투자안을 선택할 것인가?
2. 회수기간 이외의 요소를 고려해 볼 때 어느 투자안이 더 바람직한가?

[7-7] 스마트(주)는 다음과 같은 다섯 가지 투자안을 검토하고 있다.

투자안	투자액	순현금유입액의 총현가(할인율12%)	순현가	내용연수	내부수익률
1	₩40,000	₩43,600	₩3,600	7년	16%
2	₩25,000	₩28,500	₩3,500	11년	14%
3	₩24,000	₩26,880	2,880	7	17%
4	₩25,000	₩27,500	2,500	4	19%
5	₩20,000	₩19,013	(987)	7	9%

스마트(주)의 자본비용은 12%이다.

(요구사항)

1. 각 투자안에 대하여 수익성지수를 계산하라.
2. 내부수익률법과 수익성지수법을 이용하여 다섯 가지 투자안의 우선순위를 각각 결정하라.
3. 내부수익률법과 수익성지수법 중 어떤 방법이 더 바람직한지 그 이유를 들어 설명하라.

[7-8] 스마트(주)는 제품조립을 위해 신형기계를 구입하려고 하고 있다. 구입하려고 하는 신형기계에 대한 자료는 다음과 같다.

최초투자액	₩100,000
법인세차감전 영업현금유입액	₩20,000/년
법인세율	40%
잔존가치	₩20,000
내용연수	8년

스마트(주)는 세무목적을 위한 감가상각법으로 정액법을 사용하고 있다.
단, 할인율 10%, 8년간 연금의 현가계수 5.335, ₩1의 현가계수 0.467
할인율 8%, 8년간 연금의 현가계수 5.747, ₩1의 현가계수 0.54

(요구사항)

스마트(주)가 구입을 검토하고 있는 신형기계에 대하여 다음을 계산하라.

1. 회수기간
2. 최초투자액에 대한 회계적이익률
3. 평균투자에 대한 회계적이익률
4. 순현재가치법(할인율 10%, 8년간 연금의 현가계수 5.335, ₩1의 현가계수 0.467)
5. 내부수익률법

[7-9] 스마트(주)은 구기계를 신기계로 대체할 것인지를 의사결정하여야 한다. 다음의 자료를 이용하여 요구사항에 답하라.

회사가 보유하고 있는 구기계는 세금목적상으로는 완전히 상각되었다. 새로 구입하고자 하는 신기계는 정액법에 의해 상각되는데 내용연수는 10년으로 추정된다. 이자율은 5%, 법인세율은 55%인데 당분간 세율변동은 없을 것으로 판단되며 신·구기계의 법인세법상 잔존가치는 없으며 10년 후 추정잔존가치도 없다.

	구기계	신기계
현재의 시장가치	–	₩8,348
추정잔존내용연수	10년	10년
대체에 의한 비용절감액	–	매년 ₩1,200

(요구사항)

기계를 대체할 것인지의 여부를 내부수익률법에 의해 결정하라.

[7-10] 스마트(주)는 지금까지 일반목적에 적합한 기계를 사용하여 왔다. 그러나 생산효율성 증대를 위하여 특수목적에 적합한 기계를 도입하기로 결정하고 생산공정에 적합한 기계를 조사해 본 결과 다음과 같이 A기계와 B기계로 대안이 좁혀졌다.

두 기계가 생산하는 제품의 품질 및 생산능력은 동일한 것으로 나타났다.

	A기계	B기계
기계구입대금	₩1,600,000	₩2,600,000
잔존가액	300,000	600,000
연간노무비	700,000	500,000
추정내용연수	10년	5년

B기계에 대해서는 5년 후에 같은 기계를 현재와 동일한 조건으로 대체하는 것이 가능하다. 감가상각비와 세금효과는 무시하기로 하고 10%의 할인율을 사용하여 어느 기계를 선택할 것인가를 결정하라.

단, 10% 할인율의 10년 동안 ₩1.00의 현재가치 : 0.3855
10% 할인율의 5년 동안 ₩1.00의 현재가치 : 0.6209
10% 할인율의 10년 동안 연금 ₩1.00의 현재가치 : 6.1446
10% 할인율의 5년 동안 연금 ₩1.00의 현재가치 : 3.7908

[7-11] 스마트(주)은 A, B, C 3가지의 투자안을 다양한 평가방법을 이용하여 평가하고자 한다. 다음의 자료를 이용하여 요구사항에 답하라.

[정 보]

1) 투자안 A, B, C의 투자액은 ₩200,000으로 동일하다.
2) 최저필수수익률은 7%이다.
3) 회계적 이익과 현금유입액은 동일하다고 본다.
4) 투자안 A, B, C의 미래현금유입액

연도	투자안 A	투자안 B	투자안 C
1	₩60,000	₩40,000	₩60,000
2	60,000	40,000	60,000
3	60,000	40,000	60,000
4	60,000	40,000	60,000
5	60,000	40,000	40,000
6		40,000	40,000

7		40,000	–
8		40,000	–
9		40,000	–
10		40,000	–
계	₩300,000	₩400,000	₩320,000

(요구사항)

위의 자료를 이용하여 다음 각 투자안 평가방법을 이용하여 투자안을 평가하시오.

1. 회수기간법
2. 회계적 이익률법(평균투자액 기준)
3. 순실현가치법
4. 수익성지수

[7-12] (주)스마트는 기계를 구입하여 잔존가치 없이 내용연수 7년간에 걸쳐 정액법으로 감가상각한다. 기계를 구입함으로써 기대되는 연간 세후 순현금유입액은 ₩80,000씩일 것으로 추정된다. 회사의 자본비용은 12%이며, 이자율 12%에서 7기 현가계수는 0.452, 연금현가계수는 4.564이다. 분석결과 순현가가 ₩12,720이 산출되었다면 이 기계의 취득원가는 얼마인가?

[7-13] 스마트(주)는 20×1년 초에 신기계를 구입하였다. 이 기계의 잔존가치는 없으며 내용연수는 10년이고 정액법으로 상각할 예정이다. 신기계는 향후 10년간 영업활동과 관련하여 매년 법인세비용 차감전 ₩11,250의 현금유입이 있을 것으로 기대된다. (CTA)

(요구사항)

법인세율이 20%이고, 최초투자액에 대한 회계적이익률이 10%로 예상된다면 신기계의 취득원가는 얼마이겠는가?

[7-14] 스마트병원은 비과세기관이다. 스마트병원은 ₩110,000짜리 특수장비를 구입하면 앞으로 10년간 매년 ₩28,000의 현금지출 운영비용이 절감될 것으로 예측된다. 이 장비의 잔존가치는 ₩0이다. 스마트병원의 필수수익률은 14%이다. 부록에 있는 현가표를 이용하시오.

(요구사항)

1. 회수기간을 구하시오.
2. 순현재가치를 구하시오.
3. 내부수익률을 구하시오.
4. 초기투자에 근거한 발생주의 회계이익률을 구하시오. 단 정액법을 가정하시오.

01 표준원가의 의의

앞서 원가계산방법을 분류하면서 원가의 측정방법에 따라 세 가지, 즉 실제원가계산, 정상원가계산, 표준원가계산으로 구분하였다. 실제원가계산은 직접재료원가, 직접노무원가 및 제조간접원가를 모두 실제발생액을 기초로 하는 원가계산방법이며, 정상원가계산은 직접재료원가와 직접노무원가는 실제원가를 기초로 계산하지만 제조간접원가는 예정배부율을 적용하여 제품에 예정배부하는 원가계산방법이다. 반면 표준원가계산은 직접재료원가와 직접노무원가, 제조간접원가 모두 표준치(예정치)를 기준으로 원가를 산정하는 방법이다.

표준(standards)이란 용어는 기업뿐만 아니라 우리의 일상생활에서도 많이 사용되는 말이다. 우리가 먹는 음식에서도 영양소를 골고루 섭취할 수 있도록 표준식단이 있고, 소아과 병원에 가면 아이들의 표준성장치들이 있다. 이 모든 것이 소위 표준이라는 의미를 가진다. 만약 아이의 발육상태가 표준성장치에 미달한다면 부모들은 아이의 성장을 위해 영양가가 풍부한 음식을 준비할 것이다. 이와 같이 표준은 아이의 발육상태가 정상적인지 아니면 그에 미달하는지를 파악할 수 있는 하나의 기준으로서의 역할을 하며, 더 나아가 실제 값과 다를 경우, 사후적으로는 표준으로 나아갈 수 있도록 준비를 하게 한다.

기업에서도 마찬가지로 표준치와 실제치를 비교하여 차이가 발생하게 되면 그 차이를 측정하여 평가하고, 앞으로의 경영계획에서는 그 차이를 줄이기 위한 조치를 취하게 될 것이다. 만약 표준치와 실적치 간의 차이에 대해 책임을 지는 관리자가 있다면 그 차이를 통해 성과평가가 가능하다. 만약 이러한 차이가 계속 발생하고 있다면 큰 손실을 초래하는 것이기 때문에 경영자의 특별한 관심을 유도할 수도 있을 것이다. 이외에도 표준원가제도는 예산편성이나 가격결정 등에도 사용될 수 있다.

이와 같이 표준원가제도는 사후적 평가 및 통제뿐만 아니라 사전적인 예방활동에도 사용된다. 따라서 기업들이 표준원가의 설정과 표준 및 실제원가 간의 차이분석에 의미를 두고 잘 활용한다면 보다 많은 원가절감의 기회를 포착할 수 있으며, 기업의 관리를 더욱 체계화시킬 수 있을 뿐만 아니라 지속적인 개선에도 큰 도움이 될 수 있을 것이다.

02 표준원가계산

2.1 표준원가계산의 역할

기업은 예산과 같은 일련의 공식적인 계획을 통해 조직 각 부문의 기대결과를 표현함으로써 조직운영을 계획·통제하게 된다. 즉, 정기적으로 실제결과를 누적하여 예산자료와 대비시킴으로써 조직의 각 부분이 조직목표를 얼마나 잘 달성하였는지를 평가한다. 표준원가제도는 보다 시기적절하고 상세한 성과측정 및 원가통제를 위한 틀을 제공하는 또 하나의 경영통제제도이다. 표준원가제도의 유용성을 구체적으로 살펴보면 다음과 같다.

첫째, 원가통제를 위해 사용될 수 있다. 실제원가와 표준원가를 각각 월별, 주별, 일별 또는 단일작업조별로 집계하고 상호 비교할 수 있다. 만약 실제원가와 표준원가 간에 차이가 발생하면 경영자들이 관심을 가지게 되고, 그 차이의 원인을 밝혀내어 이를 제거하려는 조치를 취할 수 있도록 한다. 이러한 주의환기시스템이 갖추어져 있지 않다면 기업은 상당한 손실을 감수한 후에야 높은 원가를 감지할 수 있게 된다.

둘째, 가격결정을 위해 사용될 수 있다. 기업들은 제품원가에 이익까지 회수할 수 있는 가격을 설정한다. 실제원가는 제품이나 서비스를 생산하는 데 소요된 원가를 반영하지만 가격결정에 있어서 항상 일관성 있고 시기적절한 정보를 제공해 주는 것은 아니다. 예를 들어, 원가계산기간에 따라 생산량이 다르다면 실제원가는 매 기간마다 다르게 산출되는 문제가 있다. 표준원가는 실제원가에서의 이러한 변동을 제거함으로써 일관성 있는 측정치를 제공한다. 기업은 일관되게 제품가격을 설정하고 가격변동을 수반하는 부정적인 시장결과를 제거함으로써 경쟁적 우위를 모색할 수 있다. 기업은 제품가격결정을 위해 회계기간 말까지 기다릴 수 없으므로 경쟁시장에 직면해 있는 기업들은 표준원가를 유용하게 사용할 수 있다. 또한 표준원가는 기업이 변화하는 시장여건에 대응할 때 가격결정의 재무적 함의를 평가할 능력을 제공한다.

셋째, 성과평가에 사용될 수 있다. 표준이 성과평가를 위해 설정될 때 표준은 평가받는 모든 조직구성원에 균등하게 제공될 수 있는 측정치가 된다. 예를 들면 제품 한 단위를 생산하는 데 소요되는 표준직접노무시간은 제품을 생산하는 작업자들이 표준을 얼마나 가깝게 성취하는지에 대해 평가받을 수 있으며, 구매담당자는 원자재 실제구입가격이 표준에 얼마나 가까운가로 평가받을 수 있다. 이와 같이 표준은 성과평가의 몇

안 되는 객관적인 수단 중의 하나가 된다. 그러나 조직구성원의 성과평가는 이외에도 많은 변수가 관련되어 있는데 어떤 변수는 주관적이기 때문에 적용시키기가 곤란하거나 부적절한 경우도 있다.

넷째, 목표관리(management by objectives)와 예외에 의한 관리(management by exception)를 가능하게 한다. 목표관리는 구체적 목표가 각 사업활동별로 설정되고 그러한 활동에 대해 책임지는 경영자들이 목표를 달성하기 위해 업무를 수행함을 의미한다. 활동이 허용할 수 있는 성과수준 안에 있다면 정기적인 감독 이외의 특별한 관리활동이 필요 없다. 그러나 성과가 허용할 수 있는 수준으로부터 크게 벗어난 경우, 경영자들은 적절한 조치를 통해 문제를 교정하려 한다. 즉, 예외에 의한 관리가 이루어지게 된다. 표준원가제도는 표준과 실제성과 간의 차이를 식별하여 보고하는 신속한 참고사항을 제공하기 때문에 목표관리를 용이하게 한다.

다섯째, 제품원가계산에 이용할 수 있다. 표준원가는 제품수량에 단위당 표준원가를 곱하여 산출한 것이기 때문에 매출원가나 기말재고자산의 금액을 계산하는 데 용이하다. 표준원가를 사용할 경우 거래의 기장업무를 감소시킬 수 있지만, 실제치와 표준치와의 차이는 기말에 조정해 주어야 한다.

2.2 표준원가의 종류

표준은 사전에 객관적이고 합리적인 방법에 의해 산정되어야 한다. 표준을 어떻게 설정하느냐에 따라 조직구성원에게 미치는 영향이 다를 수 있기 때문이다. 따라서 일반적으로 노력해도 달성하기 어려운 이상적인 표준보다는 현실적인 표준이 많이 이용된다. 표준은 대개 이상적 표준과 정상적 표준, 현실적 표준으로 구분할 수 있다.

이상적 표준은 이상적인 작업조건에서 달성될 수 있는 표준이다. 기계고장이나 작업중단이 허용되지 않으며 작업자들의 휴식시간 등도 고려되지 않는다. 고도로 숙련된 작업자들이 100% 능력을 다 발휘하고 작업환경도 최상의 조건을 가정한다. 따라서 이론적 표준 혹은 공학적 표준이라 불리기도 한다. 이상적 표준은 현실적으로 달성하기가 불가능한 목표치이다.

정상적 표준은 정상적인 조업수준이나 능률수준을 고려하여 설정된 표준이다. 여기서 정상이란 경영활동에서 이상 또는 우발적인 상황을 제거한 것이다. 정상적 표준은 비교적 장기간의 과거 실적치를 통계적으로 평균화하여 미래의 예상추세를 가미하여 결정된다. 따라서 경제상황이 비교적 안정된 경우 재고자산가액과 매출원가계산에 가장 적합하며, 원가관리를 위한 성과평가의 척도가 될 수 있다.

현실적 표준은 능률적인 작업조건에서 평균적인 근로자가 합리적인 노력으로 달성가능한 표준이다. 정상적인 감손과 정상적인 기계고장 및 공손 그리고 정상적인 작업자의 여유시간 등을 허용한다. 따라서 이상적 표준보다는 어느 정도 여유가 있으며, 작업자들이 정상적인 노력을 한다면 달성가능한 표준이다. 현실적 표준과 실제원가의 차이는 현실에서 벗어난 비효율로 볼 수 있기 때문에 경영자의 주의를 환기시키는 데 매우 유용하다고 볼 수 있다.

2.3 표준원가의 설정

표준원가계산을 실시하기 위해서는 먼저 표준원가를 설정해야 하는데, 표준은 제품원가의 3요소인 직접재료원가와 직접노무원가, 제조간접원가 각각에 대한 수량표준과 가격표준으로 설정된다. 수량표준은 제품 1단위를 생산하는 데 필요한 생산요소의 양을 말한다. 가격표준은 생산요소 1단위당 금액을 말한다. 표준원가는 (식 8-1)과 같이 수량표준과 가격표준의 곱으로 나타나게 된다. 표준원가의 설정 예를 보면 후술하는 [예제 8-1]과 같다.

표준원가 = 수량표준 × 가격표준 (식 8-1)

첫째, 직접재료원가에 대한 표준설정은 투입되는 재료의 수량표준과 가격표준에 의해 이루어진다. 이때 가격표준은 재료의 구매금액뿐만 아니라 부대비용과 수량할인 등을 고려하여야 한다. 수량표준은 일반적으로 재료명세서(bill of materials: BOM)에 의해 산출된다. BOM은 완제품 한 단위 생산에 투입되는 각 원재료의 종류와 수량을 기록한 목록이다. 이때 공손이나 작업폐물 등을 고려하여 표준을 설정한다. 따라서 직접재료원가의 표준원가는 제품 1단위 생산에 필요한 직접재료의 수량표준과 직접재료 1단위당 가격표준을 곱하여 산출한다.

단위당 표준직접재료원가 = 단위당 표준원재료수량 × 원재료 단위당 표준가격
(표준원가) (수량표준) (가격표준)

둘째, 직접노무원가의 표준 설정은 표준작업시간과 표준임률에 의해 이루어진다. 표준작업시간은 제품 1단위 완성하는 데 투입되는 직접노무시간을 말하며, 종업원의 휴

식시간이나 청소, 작업준비 등을 고려하여 결정된다. 시간당 표준임률은 종업원들의 임금뿐만 아니라 세금이나 복리후생비 등을 고려하여 결정한다. 따라서 직접노무원가의 표준원가는 제품 1단위 생산에 투입되는 직접노무시간의 표준시간과 직접노무시간 1시간당 표준임률을 곱하여 산출한다.

단위당 표준직접노무원가	=	단위당 표준직접노무시간	×	시간당 표준임률
(표준원가)		(수량표준)		(가격표준)

셋째, 표준제조간접원가의 설정이다. 제조간접원가는 그 구성항목이 매우 많으므로 각각의 구성항목별로 표준을 설정하는 것은 그에 소요되는 비용에 비하여 효익이 별로 크지 않다. 따라서 각각의 구성항목별로 표준원가를 설정하지 않고 원가행태에 따라 크게 변동제조간접원가와 고정제조간접원가의 두 가지로 나누어 표준원가를 설정하는 것이 일반적이다. 변동제조간접원가의 표준을 설정하기 위해서는 변동제조간접원가의 발생을 논리적으로 가장 잘 설명해 줄 수 있는 조업도를 선택해야 한다. 예를 들어, 노동집약적인 산업에 종사하는 기업에서는 직접노무시간이, 그리고 자본집약적인 산업에 종사하는 기업에서는 기계시간이 변동제조간접원가와 적절한 인과관계를 가질 것이므로 이들을 각각 조업도로 선정하는 것이 바람직하며, 전통적으로는 직접노무시간을 표준작업시간으로 사용하였다. 변동제조간접원가의 표준설정은 표준조업도와 표준배부율로 이루어진다.

단위당 표준변동제조간접원가	=	단위당 표준조업도	×	조업도 단위당 표준배부율
(표준원가)		(수량표준)		(가격표준)

반면에 고정제조간접원가의 경우에는 변동제조간접원가와는 달리 관련 범위 내에서는 조업도 변동에 영향을 받지 않는다. 즉, 고정제조간접원가는 원가행태상 조업도에 관계없이 항상 일정하므로 제품에 배부되는 고정제조간접원가의 배부율은 조업도에 따라 변동한다. 따라서 제품단위당 표준고정제조간접원가는 제품단위당 표준조업도와 조업도 단위당 예정배부율을 곱하여 계산한다.

단위당 표준고정제조간접원가	=	단위당 표준조업도	×	조업도 단위당 표준배부율
(표준원가)		(수량표준)		(가격표준)

예제 8-1 표준원가

스마트(주)는 최근 개발한 인삼을 원료로 한 드링크제에 대한 표준을 설정하고자 한다. 제품 1단위를 생산하는 데 200g의 원재료와 3시간의 직접노무시간이 필요하다. 원재료 100g당 표준가격은 ₩25, 직접노무시간당 표준임률은 ₩30으로 결정되었다. 제조간접원가의 동인은 직접노무시간이다. 변동제조간접원가의 표준배부율은 직접노무시간당 ₩30으로 추정되었다. 회사는 원가계산을 목적으로 직접노무시간당 ₩50의 고정제조간접원가를 배부하려고 한다.

(요구사항)
제품단위당 표준원가를 설정하시오.

(해　　답)

	수량표준	가격표준	표준원가
직접재료원가	200g	₩25/100g	₩50
직접노무원가	3시간	30/시간	90
변동제조간접원가	3시간	30/시간	90
고정제조간접원가	3시간	50/시간	150
제품단위당 표준원가			₩380

03 차이분석

3.1 차이분석의 기본모형

표준을 가격표준과 수량표준 두 가지 범주로 구분하였다. 그 이유는 첫째, 일반적으로 가격과 수량에 대한 통제의사결정이 서로 다른 시점에서 이루어지며, 둘째는 통제에 대한 책임담당자가 서로 다르기 때문이다. 예를 들어, 원재료의 경우 가격에 대한 통제는 구매시점에서 이루어지는 반면, 수량에 대한 통제는 원재료가 생산라인에 투입된 후에 이루어지게 된다. 원재료가 구입과 동시에 생산라인에 투입되는 것이 아니기 때문이다. 또한 원재료의 구매가격에 대한 통제책임은 구매담당자에게 있지만, 원재료를 효율적으로 활용하는 통제책임은 생산담당자에게 있기 때문이다. 따라서 원가통제

[도표 8-1] 차이분석의 기본모형

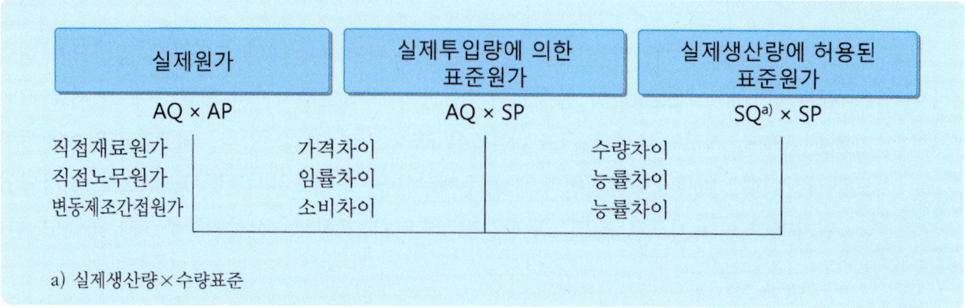

를 위해서 가격표준과 수량표준을 구분하여 사용한다. [도표 8-1]과 같은 차이분석의 기본모형도 이러한 틀에서 나온 것이다.

[도표 8-1]의 기본모형을 통해 직접재료원가, 직접노무원가 그리고 변동제조간접원가의 차이분석을 수행할 수 있다. 표준원가의 차이는 실제원가와 실제생산량에 허용된 표준원가와의 총차이에 의해 산출된다. 직접재료원가는 가격차이와 수량차이, 직접노무원가는 임률차이와 능률차이, 그리고 변동제조간접원가는 소비차이와 능률차이로 구분하여 차이를 분석한다. 고정제조간접원가는 예산차이와 조업도차이로 구분하여 차이를 분석하는데, 고정제조간접원가는 변동원가와 비교해서 원가행태가 다르기 때문에 차이분석의 틀에 차이가 있으며, 후에 다시 논의하기로 한다.

3.2 직접재료원가의 차이분석

3.2.1 차이분석 시점을 구분하지 않는 경우

직접재료원가의 차이는 실제 발생한 직접재료원가와 실제생산량에 허용된 표준직접재료원가의 차이를 말한다. 이때 발생된 총차이는 가격차이와 수량차이로 구분된다. [예제 11-2]를 통해 직접재료원가의 차이분석을 해 보자

예제 8-2 직접재료원가의 차이분석

스마트(주)는 지난 달 1,000kg의 재료를 ₩100,000에 구입하였다. 그 가운데 950kg을 제품생산에 사용하였다. 직접재료의 표준수량은 2.0kg이며, 표준가격은 ₩110이다. 지난 달의 예산생산량은 500개이며, 실제 생산량은 450개이다. 단, 직접재료의 기초재고는 없다.

(요구사항)

직접재료원가의 차이분석을 하시오.

(해　　답)

실제원가 (AQ × AP)	실제투입량에 의한 표준원가 (AQ × SP)	실제생산량에 허용된 표준원가 (SQ × SP)
950kg × ₩100 = ₩95,000	950kg × ₩110 = ₩104,500	900kg[a] × ₩110 = ₩99,000

가격차이 ₩9,500(F)　　수량차이 ₩5,500(U)

총차이 ₩4,000(F)

a) 450단위 × 2.0kg = 900kg

[예제 8-2]를 보면 직접재료원가의 총차이는 ₩4,000이며, 이것은 두 가지로 분리되는데 가격차이가 ₩9,500이며 수량차이가 ₩5,500이다. 가격차이와 수량차이의 합이 ₩15,000이지만 총차이가 ₩4,000이 되는 것은 F와 U로 표시되는 유리한 차이(favorable variance : F)와 불리한 차이(unfavorable variance : U)가 있기 때문이다. 즉, 실제가격 또는 수량이 가격표준 또는 수량표준을 초과하면 불리한 차이가 되고, 반대의 경우 유리한 차이가 된다. 따라서 유리한 차이인 가격차이 ₩9,500과 불리한 차이인 수량차이 ₩5,500을 서로 상쇄시키면 총차이인 ₩4,000이 남게 된다. 일반적으로 가격차이와 수량차이 간에는 상충관계가 존재하게 된다. 예를 들어, 질이 낮은 값싼 원재료를 사용하면 직접재료원가의 가격차이는 유리하게 나타나지만, 그로 인해 직접재료원가 수량차이는 불리하게 나타난다.

표준원가의 회계처리는 원재료의 구입시점과 투입시점을 구분하느냐 여부에 따라 달라진다. 시점을 구분하지 않는 경우 원재료구입시에는 구입에 대한 분개만 하면 된다. 원재료가 투입될 때 재료의 가격차이와 수량차이가 인식된다. 이 경우 원재료계정에는 항상 실제원가로 기록된다. 표준원가 차이분석에서 불리한 차이는 비용의 성격을 갖기 때문에 차변에 기록하며, 유리한 차이는 수익의 성격을 갖기 때문에 대변에 기록한다. 앞의 예제를 이용하여 시점을 구분하지 않을 경우의 회계처리는 다음과 같다.

원재료구입시

(차) 원 재 료	100,000	(대) 현 금	100,000

원재료투입시

(차) 재 공 품	99,000	(대) 원 재 료	95,000
직접재료 수량차이	5,500	직접재료 가격차이	9,500

직접재료원가의 가격차이가 발생하는 원인은 원재료시장의 공급과 수요의 차이, 구매담당자의 업무능력, 표준설정시 표준재료의 품질수준과 실제 구입한 원재료의 품질 차이, 구입처의 변경 등이 있다. 수량차이가 발생하는 원인은 생산과정에서 원재료의 비효율적 사용, 표준설정시의 원재료 품질과의 차이, 점진적인 기술혁신 등이 그 원인이 될 수 있다. 그러나 정상적인 상황에서도 차이는 발생하게 된다. 그 차이가 관리범위 내에 있다면 크게 중요하지 않다고 보아야 한다. 만약 구매담당자가 가격차이에 대한 책임감을 너무 지나치게 느낀다면 품질이 낮은 원재료를 구매할 가능성이 있다. 이는 완제품의 품질이 떨어지는 원인이 될 수 있기 때문에 주의가 필요하다. 표준원가제도는 종업원들을 비판하거나 과도하게 통제하는 데 사용되어서는 안 된다.

3.2.2 차이분석 시점을 구분하는 경우

여기서 살펴보아야 할 큰 문제는 차이의 분리시점을 언제로 하느냐이다. 앞서도 언급하였지만 직접재료의 경우 구매시점과 소비시점(생산시점)이 서로 다르기 때문에 차이분석을 언제로 할 것인가에 따라 결과가 달라진다. 관리적인 입장에서 보면 가능한 한 빨리 차이분석을 실시하는 것이 좋을 것이다. 경영자가 가능한 한 빨리 통제정보를 획득하여 주의를 환기시킬 수 있으며, 그에 대한 조치를 가능한 한 빨리 취할 수 있기 때문이다. 만약 원재료의 재고가 오랜 기간 동안 창고에 보관되어 있을 때 차이분석의 시점을 분리하지 않으면 수개월이 지난 후에야 가격차이 분석이 가능하게 될 것이다.

따라서 직접재료원가의 가격차이와 수량차이를 각각 구입시점과 소비시점으로 구분하여 차이분석을 하는 것이 원가통제를 위해 유용할 것이다. 또한 시점을 분리함으로써 표준원가로 원재료를 원재료재고 계정에 전기할 수도 있다. 이는 재료원가의 기장업무와 계산과정을 단순화시키게 된다. 원재료를 구입시점에서 직접재료원가의 가격차이를 분리하는 경우 직접재료의 가격차이는 구입수량을 기초로 금액을 산출하고, 수량차이는 생산라인의 투입수량을 기초로 산출하면 된다.

[도표 8-2] 직접재료원가의 시점별 차이분석

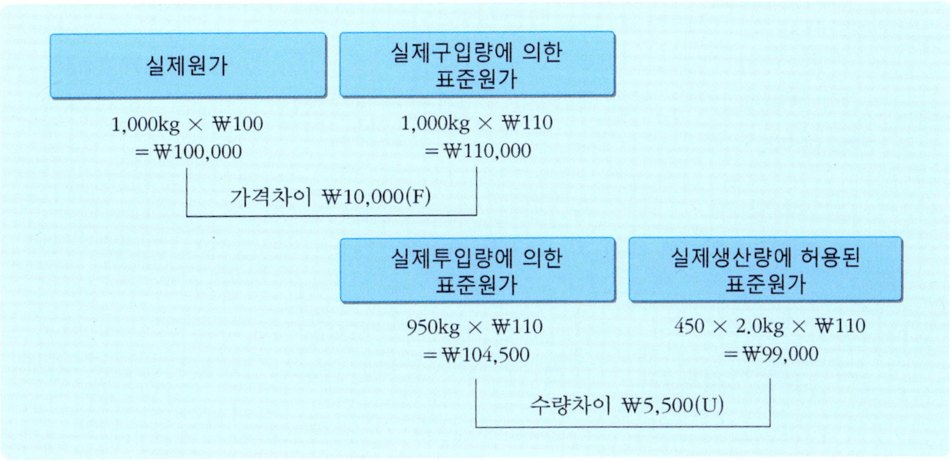

시점을 구분하는 경우 직접재료의 표준원가 회계처리는 원재료를 구입할 때 표준원가로 재료계정 차변에 기록하고, 실제구입가격과의 차이는 가격차이계정으로 처리한다. 이 경우 재료계정은 항상 표준원가로 기록된다. 앞의 예제를 이용하여 회계처리하면 다음과 같다.

원재료구입시

(차)	원 재 료	110,000	(대) 현　　금	100,000
			직접재료 구입가격차이	10,000

원재료투입시

(차)	재 공 품	99,000	(대) 원 재 료	104,500
	직접재료 수량차이	5,500		

3.3 직접노무원가의 차이분석

직접노무원가의 차이분석도 직접재료원가와 마찬가지로 실제 발생한 직접노무원가와 실제생산량에 허용된 표준직접노무원가의 차이로 설명된다. 이때 발생된 총차이는 임률차이와 능률차이로 구분된다. [예제 8-3]을 통해 직접노무원가의 차이분석을 해보자.

예제 8-3 직접노무원가 차이분석

스마트(주)는 지난 달 1,000시간의 직접노무시간을 기록하였고, 실제 발생원가는 ₩4,100(시간당 ₩4.1)이었다. 실제 생산량은 450개이다. 표준직접노무시간은 2.5시간이며, 표준임률은 ₩4.0이다.

(요구사항)

직접노무원가에 대한 차이분석을 하시오.

(해 답)

실제원가 (AQ × AP)	실제투입량에 의한 표준원가 (AQ × SP)	실제생산량에 허용된 표준원가 (SQ × SP)
1,000시간 × ₩4.1 = ₩4,100	1,000시간 × ₩4.0 = ₩4,000	1,125시간[a] × ₩4.0 = ₩4,500

임률차이 ₩100(U) / 능률차이 ₩500(F)

총차이 ₩400(F)

a) 450단위×2.5시간=1,125시간

직접노무원가의 임률차이가 발생하는 원인은 높은 임률의 숙련작업자가 비숙련작업을 하거나 낮은 임률의 작업을 할 경우, 초과근무수당을 지급하는 경우 등이다. 또한 직접노무원가의 능률차이가 발생하는 원인은 작업자의 숙련도 차이, 즉 숙련작업자는 비숙련작업자에 비하여 생산성이 높거나, 작업시간이 정상적인 경우보다 많이 소요된 경우(조업중단 등), 감독소홀 등이다. 임률차이는 일반적으로 인사부서에서 책임을 지며, 능률차이는 생산부서에서 책임을 진다. 그러나 이들 사이에도 상충관계가 존재하게 되는데, 예를 들어 비숙련공을 고용하면 직접노무원가의 임률차이는 유리하게 나타나지만, 능률차이는 불리하게 나타날 수 있다. 예제의 내용을 회계처리하면 다음과 같다.

발생시

(차)	직접노무원가	4,100	(대) 현 금	4,100

대체시

(차)	재 공 품	4,500	(대) 직접노무원가	4,100
	직접노무원가 임률차이	100	직접노무원가 능률차이	500

3.4 변동제조간접원가의 차이분석

변동제조간접원가의 차이분석은 직접재료원가나 직접노무원가의 차이분석과 마찬가지로 실제 발생한 변동제조간접원가와 실제생산량에 허용된 표준변동제조간접원가의 차이로 설명될 수 있다. 이때 발생된 총차이는 소비차이와 능률차이로 구분된다. [예제 8-4]를 통해 변동제조간접원가의 차이분석을 해 보자.

예제 8-4 변동제조간접원가 차이분석

스마트(주)는 지난 달 변동제조간접원가의 실제발생액이 수선비 ₩10,000과 동력비 ₩11,000이며, 모두 현금지급하였다. 실제 생산량은 450개이다. 실제투입시간은 1,000시간이다. 표준직접노무시간은 2.5시간이며, 표준배부율은 ₩20이다.

(요구사항)

변동제조간접원가에 대한 차이분석을 하시오.

(해　답)

실제원가 (AQ × AP)	실제투입량에 의한 표준원가 (AQ × SP)	실제생산량에 허용된 표준원가 (SQ × SP)
1,000시간 × ₩21[a)] = ₩21,000	1,000시간 × ₩20 = ₩20,000	1,125시간[b)] × ₩20 = ₩22,500

소비차이 ₩1,000(U)　　능률차이 ₩2,500(F)

총차이 ₩1,500(F)

a) ₩21,000 ÷ 1,000시간 = ₩21
b) 450단위 × 2.5시간 = 1,125시간

변동제조간접원가의 소비차이와 능률차이가 발생하는 원인은 변동제조간접원가의 실제배부율과 표준배부율이 다를 경우, 변동제조간접원가의 표준배부율을 잘못 산정한 경우(이 경우는 제조간접원가 속에 서로 다른 원가행태를 보이는 많은 항목들이 포함되어 있기 때문임), 변동제조간접원가에 속한 원가항목들을 능률적으로 혹은 비능률적으로 사용한 경우 등이다. 예제의 내용을 회계처리하면 다음과 같다.

발생시

(차)	수선유지비	10,000	(대)	현　　금	21,000
	동 력 비	11,000			

대체시

(차)	변동제조간접원가	21,000	(대)	수선유지비	10,000
				동 력 비	11,000

배부시

(차)	재 공 품	22,500	(대)	변동제조간접원가	21,000
	변동제조간접원가 소비차이	1,000		변동제조간접원가 능률차이	2,500

3.5 고정제조간접원가의 차이분석

고정제조간접원가는 앞서 분석한 직접재료원가, 직접노무원가 그리고 변동제조간접원가와는 아주 다른 원가행태를 보여준다. 즉, 고정제조간접원가는 관련 범위 내에서 산출량에 관계없이 일정하게 발생하는 원가이다. 따라서 효율적으로 관리한다고 하더라도 고정제조간접원가의 발생금액은 변화가 없다. 그 결과 고정제조간접원가에서는 능률차이가 인식되지 않는다. 실제 발생액과 예산총액을 비교하여 그 차이를 전부 예산차이로 인식한다. 다만, 고정제조간접원가 차이분석에서는 표준배부율을 산정할 때 사용되는 기준조업도와 표준조업도의 차이에 의해서 고정제조간접원가 조업도차이가 발생한다. 고정제조간접원가의 차이분석 기본모형을 보면 [도표 8-3]과 같다.

[도표 8-3]을 보면 기준조업도와 표준조업도가 나오는데 기본모형을 이해하려면 두 조업도의 의미를 이해하고 있어야 한다. 기준조업도는 고정제조간접원가 예정배부율을 구하기 위해 미리 설정해 놓은 예산조업도를 말한다. 기준(예산)조업도는 주로 직접

[도표 8-3] 고정제조간접원가의 차이분석 기본모형

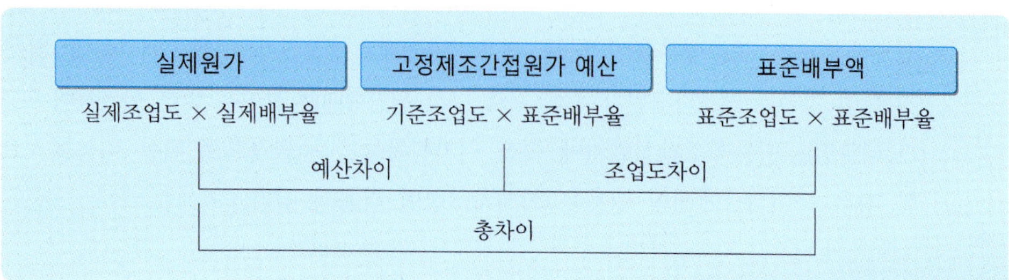

노무시간 예산이나 직접노무원가 예산, 기계작업시간 예산 혹은 생산량 예산 등이 많이 사용된다. 예를 들어, 고정제조간접원가 예산금액이 ₩100,000이고, 직접노무시간 예산이 1,000시간이라면 고정제조간접원가의 표준(예정)배부율은 직접노무시간당 ₩100이며, 이때 직접노무시간 예산이 기준조업도가 된다. 기준조업도는 한번 선택되면 일정기간 동안 변동되지 않는다. 왜냐하면 그 기간 동안 생산된 제품에 배부되는 제조간접원가 금액이 안정적이어야 하기 때문이다. 표준조업도는 실제 산출량에 허용된 조업도 수준, 즉 표준허용조업도를 말한다. 고정제조간접원가 표준배부율은 (식 8-2)와 같이 산출되며, [예제 8-5]를 통해 좀 더 구체적으로 살펴보기로 하자.

$$\text{고정제조간접원가 표준(예정)배부율} = \frac{\text{고정제조간접원가 예산}}{\text{기준조업도}} \qquad \text{(식 8-2)}$$

예제 8-5 고정제조간접원가 차이분석 1

스마트(주)의 전월 고정제조간접원가 예산은 ₩35,000이며, 예산조업도는 1,250시간이다. 제품 1단위당 표준직접노무시간은 2.5시간이며, 고정제조간접원가 실제발생액은 ₩38,700이다. 생산된 제품의 수량은 450단위이다.

(요구사항)

1) 고정제조간접원가의 표준배부율은 얼마인가?
2) 기준조업도는 얼마인가?
3) 표준조업도는 얼마인가?

(해　　답)

1) 고정제조간접원가 표준배부율 = ₩35,000 ÷ 1,250시간
   = ₩28/시간
2) 기준조업도는 고정제조간접원가 예정배부율을 산정할 때 예산조업도이므로 1,250시간임.
3) 표준조업도 = 실제생산량 × 표준직접노무시간
   = 450단위 × 2.5시간 = 1,125시간

기준조업도는 개별원가계산에서 예정배부율을 구할 때 사용한 분모의 값, 즉 예산조업도와 같다. 그리고 표준배부율은 고정제조간접원가 예산금액을 기준조업도로 나눈 값이다. 그리고 표준조업도는 실제생산량에 표준직접노무시간(혹은 직접노무원가, 기계작

업시간 등)을 곱한 값이다. 이제 [예제 8-6]을 통해 고정제조간접원가의 차이분석을 해 보자.

예제 8-6 고정제조간접원가 차이분석 2

[예제 8-5]의 자료, 즉 스마트(주)의 전월 고정제조간접원가 예산은 ₩35,000이며, 예산조업도는 1,250시간이다. 제품 1단위당 표준직접노무시간은 2.5시간이며, 고정제조간접원가 실제발생액은 ₩38,700이다. 생산된 제품의 수량은 450단위이다. 고정제조간접원가는 모두 감가상각비이다.

(요구사항)

고정제조간접원가의 차이분석을 하시오.

(해 답)

실제원가	고정제조간접원가 예산	표준배부액
₩38,700	1,250시간 × ₩28 = ₩35,000	1,125시간[a] × ₩28 = ₩31,500

예산차이	조업도차이
₩3,700(U)	₩3,500(U)

총차이
₩7,200(U)

a) 450단위×2.5시간=1,125시간

예제의 내용을 회계처리하면 다음과 같다.

발생시

(차)	감가상각비	38,700	(대) 감가상각누계액	38,700

대체시

(차)	고정제조간접원가	38,700	(대) 감가상각비	38,700

배부시

(차)	재 공 품	31,500	(대) 고정제조간접원가	38,700
	고정제조간접원가 예산차이	3,700		
	고정제조간접원가 조업도차이	3,500		

04 제조간접원가의 다양한 차이분석 방법

제조간접원가의 차이분석은 크게 4분법, 3분법 그리고 2분법으로 구분할 수 있다. 4분법은 앞서 살펴본 변동제조간접원가의 소비차이와 능률차이, 고정제조간접원가 예산차이와 조업도차이 분석방법을 그대로 이용하면 된다. 3분법은 차이분석에서 예산차이, 능률차이 그리고 조업도차이 세 가지로 구분된다. 변동제조간접원가의 소비차이와 고정제조간접원가의 예산차이를 합쳐 예산차이라고 하고, 능률차이, 조업도차이를 각각 구분하여 차이분석한 것이다. 2분법은 차이분석에서 예산차이와 조업도차이 두 가지로 구분된다. 3분법에서의 예산차이와 능률차이를 합쳐 예산차이라고 하고, 조업도차이를 분석하는 방법이다. 3분법과 2분법의 차이분석 기본모형을 보면 [도표 8-4]와 같다.

[도표 8-4] 2분법과 3분법의 차이분석 기본모형

실제원가	변동예산 (투입기준)	변동예산 (산출기준)	표준배부액
실제변동제조간접원가	AQ × SP	SQ × SP	SQ × SP
실제고정제조간접원가	고정제조간접원가예산	고정제조간접원가예산	SQ × SP
×××	×××	×××	×××

3분법	예산차이	능률차이	조업도차이
2분법	예산차이		조업도차이
총차이	제조간접원가차이		

예제 8-7 제조간접원가의 다양한 차이분석

스마트(주)의 제조간접원가 표준은 다음과 같다.

	수량표준	가격표준	표준원가
변동제조간접원가	2시간	₩11	₩22
고정제조간접원가	2시간	10	20
			₩42

월기준조업도는 12,500단위이다. 월고정제조간접원가 예산은 ₩250,000이다. 전월 실제 생산량은 10,000단위였다. 제조간접원가는 직접노무시간을 기준으로 배부한다. 실제 발생한 직접노무시간은 22,000시간이며, 변동제조간접원가와 고정제조간접원가의 실제 발생액은 각각 ₩255,000과 ₩265,000이었다.

(요구사항)

1) 4분법으로 전월의 제조간접원가 차이를 분석하시오.
2) 3분법과 2분법으로 전월의 제조간접원가 차이를 분석하시오.
3) 제조간접원가 차이를 4분법, 3분법, 2분법으로 분석한 결과를 비교하시오.

(해　　답)

1) 제조간접원가 차이분석(4분법)

① 변동제조간접원가 차이분석

실제원가	실제투입량에 의한 표준원가	실제생산량에 허용된 표준원가
₩255,000	22,000시간 × ₩11 = ₩242,000	20,000시간[a] × ₩11 = ₩220,000

소비차이 ₩13,000(U)　　능률차이 ₩22,000(U)

a) 10,000단위×2시간=20,000시간

② 고정제조간접원가 차이분석

실제원가	고정제조간접원가 예산	표준배부액
₩265,000	25,000시간[a] × ₩10[b] = ₩250,000	20,000시간[c] × ₩10 = ₩200,000

예산차이 ₩15,000(U)　　조업도차이 ₩50,000(U)

a) 월기준조업도를 시간단위로 환산하면 12,500단위×2시간=25,000시간
b) ₩250,000÷25,000시간=₩10
c) 10,000단위×2시간=20,000시간

2) 제조간접원가 차이분석(3분법과 2분법)

실제원가	변동예산 (투입기준)	변동예산 (산출기준)	표준배부액
₩255,000	₩242,000	₩220,000	₩220,000
₩265,000	₩250,000	₩250,000	₩200,000
₩520,000	₩492,000	₩470,000	₩420,000

3분법	예산차이 ₩28,000(U)	능률차이 ₩22,000(U)	조업도차이 ₩50,000(U)
2분법	예산차이 ₩50,000(U)		조업도차이 ₩50,000(U)
총차이	제조간접원가차이 ₩100,000(U)		

3) 4분법, 3분법, 2분법의 차이분석 결과비교

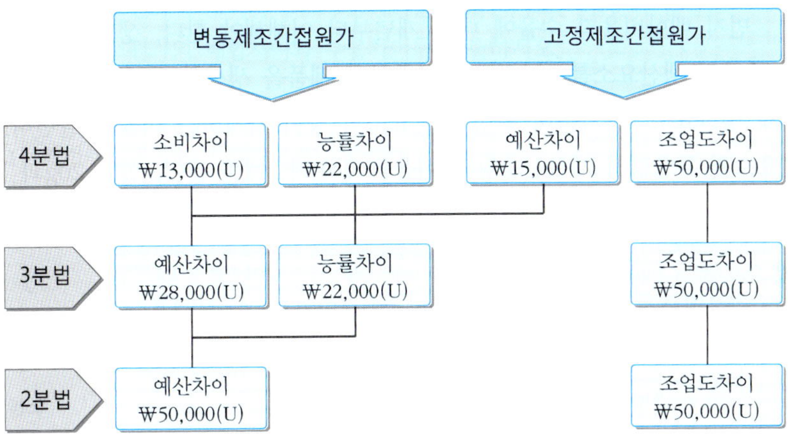

2) 직접재료원가의 배합차이와 수율차이

재료	실제투입량에 의한 표준원가 (실제투입량, 실제배합, 표준가격)	(실제투입량, 표준배합, 표준가격)	실제생산량에 허용된 표준원가 (표준투입량, 표준배합, 표준가격)
A	487.5kg × ₩3,000 = ₩1,462,500	450kg[a] × ₩3,000 = ₩1,350,000	432kg × ₩3,000 = ₩1,296,000
B	262.5kg × ₩2,000 = ₩525,500	300kg[b] × ₩2,000 = ₩600,000	288kg × ₩2,000 = ₩576,000
합계	₩1,987,500	₩1,950,000	₩1,872,000

배합차이	수율차이
₩37,500(U)	₩78,000(U)

수량차이
₩115,500(U)

a) 750kg×60%=450kg
b) 750kg×40%=300kg

재료원가의 배합차이가 불리하게 나타나는 이유는 대개 표준배합에 비해 실제배합이 상대적으로 비싼 원재료의 투입비율이 높고 싼 원재료의 투입비율이 낮기 때문이다. 이 예에서는 상대적으로 비싼 재료 A의 표준배합비율은 60%인 데 비해 실제 배합비율은 65%(=487.5kg/750kg)로 더 높아졌기 때문에 불리한 차이가 나타났다. 재료원가의 수율차이는 원재료의 실제투입량이 원재료의 표준투입량에 비해 많으면 불리하게 나타나고, 반대로 적으면 유리하게 나타난다. 이 예에서는 실제투입량은 750kg인 데 반해 표준투입량은 720kg(=360단위×2.0kg)이기 때문에 불리한 차이를 보이고 있다.

한 가지 유념할 것은 직접재료원가의 수량차이를 배합차이와 수율차이로 세분할 수 있었던 것은 복수원재료를 사용하고 있었기 때문이며, 또한 이질적인 원재료간의 상호대체가 가능하다는 것이 전제되어야 한다. 이 예에서 재료 A의 투입량을 줄이고, 대신 재료 B의 투입량을 늘림으로써 제품생산에 큰 영향이 없어야 한다는 것이다. 만약 상호대체가 가능하지 않을 경우 세분하는 것은 의미가 없다.

5.3 직접노무원가의 배합차이와 수율차이

직접노무원가의 배합차이와 수율차이를 계산하는 방법은 직접재료원가의 경우와 동일하다. 여기서는 여러 유형의 노동력의 배합을 얼마나 효율적으로 사용하였는지를 분석한다. 직접노무원가 차이분석에서도 배합차이와 수율차이를 구분해 낼 수 있다. [예제 8-9]를 통해 구체적으로 살펴보자.

예제 8-9 직접노무원가 배합차이 및 수율차이

스마트(주)는 숙련, 비숙련 두 종류의 노동력을 투입하여 제품을 생산하고 있다. 제품 1kg을 생산하는 데 필요한 표준투입시간과 실제투입시간(총량)은 다음과 같다.

	표준투입시간(단위당)			실제투입물량(총량)		
노동력	표준시간	임 률	노무원가	실제시간	임 률	노무원가
숙 련	4시간	₩2,000	₩8,000	1,620시간	₩2,100	₩3,402,000
비숙련	8	800	6,400	2,430	1,000	2,430,000
합 계	12시간		₩14,400	4,050시간		₩5,832,0000

직접노무원가 표준배합비율은 숙련 1/3, 비숙련 2/3이다. 전월에 제품 360kg을 생산하였다.

(요구사항)

1) 직접노무원가의 임률차이와 능률차이를 산출하시오.

2) 직접노무원가의 배합차이와 수율차이를 산출하시오.

(해 답)

1) 직접노무원가의 임률차이와 능률차이

노동력	실제원가	실제투입량에 의한 표준원가	실제생산량에 허용된 표준원가
숙 련	1,620시간 × ₩2,100 = ₩3,402,000	1,620시간 × ₩2,000 = ₩3,240,000	1,440시간[a] × ₩2,000 = ₩2,880,000
비숙련	2,430시간 × ₩1,000 = ₩2,430,000	2,430시간 × ₩800 = ₩1,944,000	2,880시간[b] × ₩800 = ₩2,304,000
합계	₩5,832,000	₩5,184,000	₩5,184,000

임률차이	능률차이
₩648,000(U)	₩0

총차이
₩648,000(U)

a) 360kg × 4시간 = 1,440시간

b) 360kg × 8시간 = 2,880시간

2) 직접노무원가의 배합차이와 수율차이

노동력	실제투입량에 의한 표준원가 (실제투입량, 실제배합, 표준가격)	(실제투입량, 표준배합, 표준가격)	실제생산량에 허용된 표준원가 (표준투입량, 실제표준, 표준가격)
숙 련	1,620시간 × ₩2,000 = ₩3,240,000	1,350시간[a] × ₩2,000 = ₩2,700,000	1,440시간 × ₩2,000 = ₩2,880,000
비숙련	2,430시간 × ₩800 = ₩1,944,000	2,700시간[b] × ₩800 = ₩2,160,000	2,880시간 × ₩800 = ₩2,304,000
합계	₩5,184,000	₩4,860,000	₩5,184,000

배합차이	수율차이
₩324,000(U)	₩324,000(F)

총차이
₩0

a) 4,050시간×1/3=1,350시간
b) 4,050시간×2/3=2,700시간

노무원가의 배합차이가 불리하게 나타난 이유는 표준배합에 비해 실제배합이 상대적으로 비싼 노동력의 투입비율이 높고 싼 노동력의 투입비율이 낮기 때문이다. 이 예에서 비싼 숙련노동력의 표준배합비율은 33.3%인 데 비해, 숙련노동력의 실제배합비율은 40%로 더 높았기 때문이다. 그런데 이 예에서 노무원가의 수율차이는 유리한 차이를 보이고 있다. 그 이유는 비싼 숙련노동력을 많이 투입함으로써 생산성이 그만큼 높아졌기 때문이다. 즉, 표준노동투입시간 4,320시간보다 적은 4,050시간의 실제노무시간을 투입하였다.

06 종합예제

스마트(주)는 표준종합원가계산제도를 사용하고 있으며, 단일공정에서 단일제품을 대량으로 생산한다. 회사가 생산하는 제품의 단위당 표준원가는 다음과 같다.

	표준수량	표준가격	표준원가
직 접 재 료 원 가	2.2kg	₩10	₩22
직 접 노 무 원 가	1.1시간	5	5.5
변동제조간접원가	1.1시간	2	2.2
고정제조간접원가	1.1시간	3	3.3
총 표 준 원 가			₩33

고정제조간접원가 예산은 월간 ₩3,300이다. 원재료는 공정 초에 전량 투입되며 가공원가는 공정 전반에 걸쳐 균등하게 발생한다.

20×1년 9월의 원가계산자료는 다음과 같다.

	수 량	완 성 도
기초재공품	300개	30%
당 기 착 수	1,200	
당 기 완 성	1,300	
기말재공품	200	50%

〈추가자료〉

1. 9월 중 2,500kg의 원재료를 kg당 ₩11에 구입하여 사용하였다.
2. 9월의 실제 가공원가는 다음과 같다.

직접노무원가	1,250시간×₩6=₩7,500
변동제조간접원가	2,000
고정제조간접원가	3,500
합 계	₩13,000

(요구사항)

1. 선입선출법에 의해 표준원가를 이용하여 9월의 제조보고서를 작성하시오. (단, 기초재공품에 대한 표준원가는 동일하다.)
2. 표준원가분석을 하시오. (단, 제조간접원가 차이를 3분법으로 분석하시오.)

(해 답)

1. 제조보고서

물량흐름의 파악 : 재 공 품

기초재공품수량	300	기초재공품완성량	300
당기착수량	1,200	당기착수완성량	1,000
		기말재공품수량	200
총투입량	1,500	총산출량	1,500

완성품 환산량 산출 :

	재료원가	가공원가
기초재공품완성량	0	300×(1−0.3)=210
당기착수완성량	1,000	1,000
기말재공품 수량	200×1.0 = 200	200×0.5 = 100
합 계	1,200	1,310

완성품 환산량 단위당 원가계산 :

	재료원가	가공원가
총제조원가	₩26,400	₩14,410
완성품 환산량	1,200	1,310
단위당 원가	₩22	₩11

원가의 배부 :

완성품원가	1,300×₩33	=₩42,900
기말재공품원가	200×₩22+100×₩11=	5,500
		₩48,400

2. 표준원가 차이분석

1) 직접재료원가 차이분석

실 제	실제투입수량×가격표준	표 준
2,500kg×₩11	2,500kg×₩10	1,200×2.2kg×₩10
₩27,500	₩25,000	₩26,400

가격차이	수량차이
₩2,500(U)	₩1,400(F)

2) 직접노무원가 차이분석

실　제	실제투입시간×표준임률	표　준
	1,250×₩5	1,310×1.1시간×₩5
₩7,500	₩6,250	₩7,205

임률차이 ₩1,250(U)　　능률차이 ₩955(F)

3) 제조간접원가 차이분석

	실제발생	변동예산 (투입기준)	변동예산 (산출기준)	표준배부액
		1,250×2	1,310×1.1시간×₩2	
	₩2,000	=₩2,500	=₩2,882	=₩2,882
				1,310×1.1시간×₩3
	3,500	3,300	3,300	=4,323
합계	₩5,500	₩5,800	₩6,182	₩7,205

예산차이 ₩300(F)　　능률차이 ₩382(F)　　조업도차이 ₩1,023(F)

연습문제 EXERCISE

객관식 문제

[8-1] 다음 중 표준원가제도와 관련된 설명으로 옳지 <u>않은</u> 것은? (세무사)

① 원가발생의 예외를 관리하여 통제하기에 적절한 원가계산방법이다.
② 변동원가계산제도에서도 적용할 수 있다.
③ 기업회계기준 및 원가계산기준에서 원가차이 발생시 원가성이 있다고 인정되는 경우에는 이를 기말재고(기말제품 및 기말재공품)에 배부하도록 규정하고 있다.
④ 전부원가계산제도에서도 적용할 수 있다.
⑤ 종합원가계산제도에서도 적용할 수 있다.

[8-2] 다음 중 표준원가계산에 대한 설명으로 옳지 않은 것은 모두 몇 개인가? (기업회계 1급)

가. 실제원가와 표준원가의 비교를 통해 그 차이를 분석함으로써 원가통제를 할 수 있는 정보를 제공해 준다.
나. 직접재료원가 차이분석시 표준수량(SQ)은 사전에 미리 설정해 놓은 최대 생산량에 대한 표준수량이다.
다. 고정제조간접원가의 차이분석에서는 능률차이의 개념이 존재하지 않는다.
라. 고정제조간접원가 조업도차이는 변동원가계산에서는 발생하지 않는다.

① 0개 ② 1개
③ 2개 ④ 3개

[8-3] 다음 중 표준원가계산의 고정제조간접원가 차이분석에 대한 설명으로 옳지 않은 것은? (기업회계 1급)

① 투입량기준 변동예산과 산출량기준 변동예산상의 금액이 같다.
② 조업도차이는 고정제조간접원가 예산과 고정제조간접원가 표준배부액과의 차이이다.
③ 조업도차이는 가용생산자원의 이용정도를 파악하는 측정치로 이용될 수 있다.
④ 고정제조간접원가 예산차이에서는 능률차이가 존재한다.

[8-4] 다음 표준원가계산제도와 관련된 설명 중 틀린 것을 모두 고르시오. (재경관리사)

ㄱ. 원가통제를 포함한 표준원가시스템을 잘 활용하여도 원가절감을 유도할 수는 없다.
ㄴ. 표준에서 벗어나는 차이는 모두 검토하여야 한다.
ㄷ. 종합원가계산제도에서 적용할 수 있다.
ㄹ. 재료원가 가격차이를 원재료 구입시점에서 분리하든 사용시점에서 분리하든 직접재료원가 능률차이에는 영향을 주지 않는다.

---

① ㄱ, ㄴ ② ㄱ, ㄷ
③ ㄴ, ㄷ ④ ㄷ, ㄹ

[8-5] 다음 중 표준원가계산에 대한 설명으로 틀린 것은? (전산세무 1급)

① 표준원가계산방법을 선택한 경우에는 실제원가와 상관없이 표준원가로 계산된 재고자산의 금액을 재무상태표 금액으로 결정하여야 한다.
② 표준원가계산은 사전에 객관적이고 합리적인 방법에 의하여 산정한 원가를 이용하되 그 표준원가는 회사 사정을 고려하여 현실적으로 달성 가능하도록 설정하여야 한다.
③ 표준직접재료원가 설정시 표준소비가격은 과거 및 현재의 시장가격과 장래에 예측되는 가격동향 등 제반 경제적 여건을 고려하여 설정하여야 한다.
④ 표준원가계산시 표준원가와 실제발생원가의 차액인 원가차이는 원가계산 기간별로 산정하여야 한다.

[8-6] 변동제조간접원가와 관련한 자료는 다음과 같다. 변동제조간접원가 소비차이는 얼마인가? (재경관리사)

• 변동제조간접원가 실제발생액 ₩6,300,000
• 실제생산량에 허용된 표준작업시간의 변동제조간접원가 예산 ₩6,249,000
• 실제작업시간기준 변동제조간접원가 예산 ₩6,904,000

---

① ₩51,000(불리) ② ₩655,000(불리)
③ ₩604,000(유리) ④ ₩655,000(유리)

[8-7] (주)스마트는 에어컨을 생산 · 판매하는 회사로서 기준조업도의 정상작업시간은 월 500시간으로 한 단위당 표준원가와 6월 중 발생한 자료는 다음과 같다. 6월 중 제조간접원가의 조업도차이는 얼마인가? (기업회계 1급)

- 실제 제품생산량 : 500단위
- 고정제조간접원가 예산액 : ₩500,000
- 실제 고정제조간접원가 : ₩580,000
- 제품 단위당 표준작업시간 : 1.2시간

① ₩100,000(유리) ② ₩80,000(불리)
③ ₩80,000(유리) ④ ₩100,000(불리)

[8-8] 다음 표준원가계산자료에 의하여 당기 중의 실제작업시간을 계산하면? (기업회계 1급)

- 실제생산량 : 2,000단위
- 직접노무원가 발생액 : ₩4,000,000
- 단위당 표준허용시간 : 24시간
- 유리한 임률차이 : ₩1,200,000
- 불리한 능률차이 : ₩400,000

① 40,000시간 ② 44,000시간
③ 50,000시간 ④ 52,000시간

[8-9] (주)스마트산업은 표준원가계산제도를 사용하고 있다. 다음은 이 회사의 4월 중 생산활동과 관련한 직접노무원가에 대한 자료이다. 직접노무원가 임률차이는 얼마인가?

- 직접노무원가 표준임률 : 시간당 ₩10,000
- 허용 표준 직접노무시간 : 8,000시간
- 실제 직접노무원가 임률 : 시간당 ₩9,500
- 직접노무원가 유리한 능률차이 : ₩4,800,000

① ₩3,760,000(유리) ② ₩3,760,000(불리)
③ ₩2,850,000(유리) ④ ₩2,850,000(불리)

[8-10] (주)스마트는 표준원가계산제도를 채택하고 있다. 20×1년 직접재료의 표준원가와 실제원가는 다음과 같을 때, 직접재료원가 수량차이는? (세무사)

표준원가	제품단위당 직접재료표준투입량 직접재료 표준가격	20kg ₩30/kg
실제원가	실제 생산량 직접재료원가 직접재료 구입가격	50개 ₩35,000 ₩28/kg

① ₩5,500 유리　② ₩5,500 불리　③ ₩7,500 유리
④ ₩7,500 불리　⑤ ₩0 차이 없음

[8-11] (주)스마트는 표준원가계산제도를 채택하고 있으며, 제품 5,000개를 기준으로 제조간접원가에 대한 표준을 설정하고 있다. (주)스마트의 원가에 관한 자료는 다음과 같다. (세무사)

제조간접원가예산 제품단위당 표준기계시간	₩1,800,000+₩100×기계시간 5시간
실제 변동제조간접원가 발생액 실제 고정제조간접원가 발생액 실제 기계시간 실제 생산량	₩5,000,000 2,000,000 51,000시간 10,000개

(주)스마트가 4분법을 이용하여 제조간접원가에 대한 차이분석을 수행할 경우에 유리한 차이가 발생하는 것으로만 나열된 것은?

① 소비차이, 능률차이　② 능률차이, 예산차이
③ 예산차이, 조업도차이　④ 소비차이, 예산차이
⑤ 소비차이, 조업도차이

[8-12] (주)스마트는 직접노무시간을 기준으로 제조간접원가를 배부한다. 20×9년도의 관련 자료는 다음과 같다.

	실　제	고정예산
생 산 량	8,000개	10,000개
변동제조간접원가	₩4,000,000	₩5,000,000
고정제조간접원가	800,000	700,000

당기의 실제 직접노무시간은 30,000시간이고, 제품 1단위당 표준 직접노무시간은 5시간이다. 총제조간접원가의 능률차이는 얼마인가? (CPA)

① ₩1,000,000 유리 ② ₩1,000,000 불리 ③ ₩1,500,000 유리
④ ₩1,500,000 불리 ⑤ ₩2,000,000 유리

[8-13] 제품 실제생산량이 12,200단위이며, 그때 변동제조간접원가 ₩38,720과 고정제조간접원가 ₩124,700이 발생하였다. 표준변동제조간접원가 배부율이 ₩1.5이고 예산고정제조간접원가는 ₩120,000이다. 표준배부율은 25,000기계시간을 기준으로 계산되었다. 제품단위당 표준기계시간은 2시간이다. 총 24,200기계시간이 실제 발생하였다. 고정제조간접원가 예산차이와 조업도차이는 각각 얼마인가? (세무사)

	예산차이	조업도차이
①	₩4,700 불리	₩2,880 불리
②	4,700 유리	2,880 유리
③	4,500 불리	3,080 불리
④	4,500 유리	3,080 유리
⑤	4,700 불리	3,080 불리

[8-14] 스마트회사는 표준원가계산제도를 채택하고 있다. 다음은 재료원가 표준원가와 실제원가의 차이에 관한 자료이다.

• 실제원가

직접재료원가 실제사용량	3,200kg, ₩11/kg
실제완성품 생산수량	2,000단위

• 재료원가 원가차이

직접재료원가 가격차이	₩9,600 (유리한 차이)
직접재료원가 수량차이	₩2,800 (불리한 차이)

제품 2,000단위 표준재료원가와 제품 1단위당 표준투입량은 얼마인가? (세무사)

	제품 2,000단위 표준재료원가	제품 1단위당 표준투입량
①	₩42,000	1.5kg
②	₩44,800	2.0kg
③	₩35,200	2.0kg
④	₩42,200	1.3kg
⑤	₩47,600	2.5kg

[8-15] 다음은 스마트회사의 20×9년도 제조활동과 관련된 자료이다.

단위당 표준 직접노무시간	2시간
실제 직접노무시간	10,500시간
생산된 제품단위	5,000개
변동제조간접원가 표준	표준 직접노무시간당 ₩3
실제 변동제조간접원가	₩28,000

회사의 20×9년도 변동제조간접원가 능률차이는? (세무사)

① ₩2,000 유리 ② ₩1,500 불리 ③ ₩2,000 불리
④ ₩3,500 유리 ⑤ ₩1,500 유리

주관식 문제

[[8-1] 스마트(주)는 단일 제품을 생산하고 있는데 회사가 생산하는 제품의 단위당 표준원가는 다음과 같다.

	표준수량	표준가격	표준원가
직접재료원가	2kg	₩27/kg	₩54
직접노무원가	3시간	₩2.6/시간	7.8
변동제조간접원가	3시간	₩2.2/시간	6.6
고정제조간접원가	3시간	₩5/시간	15
제품단위당 표준원가			₩83.4

고정제조간접원가 예정배부율을 산정하는 데 사용된 기준조업도는 18,000시간이다. 회사는 20×1년 중 제품 5,000개를 생산하였으며, 실제 발생된 제조원가는 다음과 같다.

직접재료원가	12,000kg×₩27.5=	₩330,000
직접노무원가	16,000시간×₩2.5=	40,000
변동제조간접원가		28,000
고정제조간접원가		80,000
합계		₩478,000

당기의 원재료 구입량은 16,000kg이며, kg당 구입가격은 ₩27.5이었다.

(요구사항)

1. 직접재료원가의 구입가격차이와 수량차이를 구하시오(구매와 투입시점을 구분).
2. 직접노무원가의 임률차이와 능률차이를 구하시오.
3. 변동제조간접원가의 소비차이와 능률차이를 구하시오.
4. 고정제조간접원가의 예산차이와 조업도차이를 구하시오.

[8-2] 단일 제품을 생산하는 스마트공업은 20×4년 1월 1일 생산 및 영업을 개시하였다. 회사는 표준원가시스템을 사용하고 있다. 20×4년 한 해 동안 생산량은 450개, 판매량 400개이었다. 직접재료 구입은 1,000kg(단가 ₩6.5)이었으며, 직접재료 기말재고는 40kg이었다. 기말제품에 포함된 직접재료원가는 ₩500이었으며, 제품단위당 표준재료소비량은 2kg이다.

(요구사항)

20×4년의 가격차이와 수량차이를 구하면? 단, 구매와 투입시점을 구분하며, 기말재공품은 없다.

[8-3] (주)스마트의 표준원가계산자료는 다음과 같다.

• 직접노무원가 발생액	₩5,200,000
• 직접노무원가 임률차이	150,000(유리)
• 단위당 표준직접노무시간	25시간
• 직접노무원가 능률차이	350,000(불리)

(요구사항)

실제 생산량이 2,000개인 경우에 실제 직접노무시간은 몇 시간인가?

[8-4] 스마트(주)는 표준원가계산제도를 채택하고 있으며 3월의 직접노무원가 자료는 다음과 같다.

실제 생산량	1,000단위
실제 노무원가 발생액	₩2,000,000
단위당 표준직접노무시간	12시간
직접노무원가 능률차이	₩440,000(F)
직접노무원가 임률차이	₩200,000(F)

(요구사항)

직접노무시간당 표준임률은 얼마인가?

[8-5] (주)스마트는 내부관리목적으로 표준원가회계제도를 도입하고 있다. 당기 변동제조간접원가 예산은 ₩6,000,000이며, 고정제조간접원가 예산은 ₩8,000,000이고, 기준조업도는 1,000직접노무시간이다. 당기 실제 직접노무시간은 800시간이었다.

(요구사항)

변동제조간접원가 능률차이가 ₩300,000(불리)이라면 고정제조간접원가 조업도차이는 얼마인가?

[8-6] (주)스마트의 표준원가 및 생산활동 자료이다. (CPA)

- 완제품 실제 생산량 : 1,000개
- 직접재료 표준구매가격 : ₩64/kg
- 직접재료 표준사용량 : 21kg/완성품 1개
- 직접재료 실제발생원가 : ₩1,400,000
- 직접재료 수량차이 : ₩64,000(유리)

(요구사항)

(주)스마트의 직접재료 가격차이는 얼마인가? 단, 직접재료와 재공품, 제품의 기초 및 기말재고는 없다.

[8-7] (주)스마트는 3분법을 사용하여 제조간접원가를 예산차이, 능률차이 및 조업도차이로 분리하고 있다.

• 총제조간접원가 실제발생액	₩892,500
• 제조간접원가 추정방정식	₩550,000 + 시간당 ₩2.5
• 제조간접원가 표준배부율	시간당 ₩7.5
• 조업도차이	₩50,000(유리)

(요구사항)

당기 제품생산에 허용된 표준시간은 얼마인가? 단, 고정제조간접원가의 경우 예산과 실제 발생액은 동일하다.

[8-8] 스마트(주)는 표준원가계산제도를 사용하고 있다. 다음은 스마트(주)의 2월 중 관련된 자료이다. (세무사)

실제 직접노무원가 총발생액	₩26,400
실제 직접노무시간	14,000시간

실제 생산량에 허용된 표준노무시간	15,000시간
직접노무원가 임률차이(불리)	₩8,400
실제 제조간접원가 총발생액	₩192,000
고정제조간접원가예산액	₩54,000
정상조업도(직접노무시간)	12,000시간
표준직접노무시간당 총제조간접원가 배부율	₩13.5

(요구사항)

위 자료에 의할 때 스마트(주)의 2월의 제조간접원가 조업도차이는 얼마인가? 단, 스마트(주)는 제조간접원가 차이분석에 2분법을 사용하고 있다.

[8-9] 스마트(주)는 표준원가계산제도를 사용하고 있다. 10월의 변동제조간접원가에 관한 자료는 다음과 같다.

실제 변동제조간접원가	₩20,000
단위당 변동제조간접원가 표준배부율	₩3/직접노무시간
제품단위당 표준직접노무시간	4시간
소비차이	₩4,000(F)
능률차이	₩6,000(F)

(요구사항)

실제생산량과 실제직접노무시간은 얼마인가?

[8-10] 스마트기계는 표준원가계산을 사용하고 있다. 20×3년 단위당 표준원가를 설정할 때 기준조업도는 실제적 최대조업도(practical capacity) 12,000개를 사용하였다. 이때 고정제조간접원가 표준배부율은 ₩3이었으며, 고정제조간접원가 조업도차이는 ₩3,000 불리한 차이였다. 만약 정상조업도(normal capacity)를 사용하였더라면 조업도차이는 ₩3,600 유리한 차이였을 것이다.

(요구사항)

정상조업도는 몇 개인가?

[8-11] 표준원가계산제도를 사용하는 (주)스마트는 직접노무시간을 기준으로 제조간접원가를 배부한다. 20×1년도 기준조업도는 20,000 직접노무시간이나, 실제 직접노무시간은 22,500시간이다. 변동제조간접원가의 표준배부율은 직접노무시간당 ₩6이다. 다음은 20×1년도의 제조간접원가와 관련된 자료이다. (세무사)

(1) 변동제조간접원가
실제발생액 : ₩110,000
배부액 : ₩138,000
(2) 고정제조간접원가
예산차이 : ₩30,000(불리)
조업도차이 : ₩27,000(유리)

(요구사항)

20×1년도의 고정제조간접원가 실제발생액은?

[8-12] (주)스마트는 표준원가제도를 채택하고 있다. 20×1년 직접재료원가와 관련된 표준 및 실제원가 자료가 다음과 같다.

실제 발생 직접재료원가	₩28,000
직접재료단위당 실제구입가격	₩35
제품단위당 표준재료투입량	9개
직접재료원가 가격차이	₩4,000 불리
직접재료원가 수량차이	3,000 유리

(요구사항)

20×1년의 실제 제품생산량은 몇 단위인가?

[8-13] (주)스마트는 표준원가계산을 사용하고 있으며, 월간 기준조업도는 제품 1,200단위를 생산할 수 있는 6,000기계시간이다. (주)스마트의 20×1년 4월 각 조업도 수준별 제조간접원가 변동예산은 다음과 같다. (세무사)

	조업도 수준		
	5,000기계시간	6,000기계시간	7,000기계시간
변동제조간접원가			
소모품비	₩1,000	₩1,200	₩1,400
간접노무원가	1,500	1,800	2,100
소계	₩2,500	₩3,000	₩3,500
고정제조간접원가	9,000	9,000	9,000
총제조간접원가	₩11,500	₩12,000	₩12,500

01 책임회계의 의의

1.1 분 권 화

기업이 미래의 불확실성에 효율적으로 대응하기 위해서는 장·단기 계획을 수립하고, 당해 연도에는 계획수립의 내용이 제대로 이행되고 있는지를 지속적으로 모니터링함으로써 통제를 하고, 통제의 내용을 성과평가에 반영하여 미래 경영활동의 지침으로 활용한다. 장·단기의 계획을 수립하는 활동이 제 6, 7 장에서 설명한 종합예산 및 자본예산이라고 한다면, 통제 및 성과평가에 해당하는 내용은 제 8 장 및 제 9 장의 내용이다.

조직에서의 통제란 계획과 실적을 비교하는 것을 의미하며, 더 나아가 이를 성과평가에 반영한다는 의미를 동시에 담고 있다. 성과평가를 하는 경우에는 내가 혹은 우리 조직이 감당할 수 없는 것, 즉 통제할 수 없는 것은 제외하고, 내가 혹은 우리 조직이 통제할 수 있는 것에 대해서만 성과평가를 수행하는 것이 바람직하다. 이렇듯 조직의 통제 및 성과평가에 대해 언급하기 위해서는 내가 혹은 우리 조직이 통제할 수 있는 것은 무엇인지, 어느 선까지 내 책임의 범위인지를 규명하는 작업이 먼저 이루어져야 한다.

책임의 범위를 결정하기 위해서는 분권화에 대한 개념의 이해가 필요하다. 분권화(decentralization)는 기업의 의사결정 권한이 조직의 최고경영층에만 있는 것이 아니라 조직의 하위계층에 대폭 위임되어 있는 것을 말한다. 반면, 집중화(centralization)는 의사결정의 권한이 최고경영층에 집중되어 있는 것을 말한다. 분권화와 집중화는 의사결정 권한이 분산되어 있는 정도에 따라 결정되는 상대적인 개념이다. 어떤 조직이 분권화되었다는 것은 개별조직들이 경영에 필요한 생산활동, 영업활동 및 관리활동 등에 대한 의사결정 권한을 가지고 독립적으로 수행된다는 것을 의미한다. 일반적으로 조직의 규모가 커지고 전문화될수록 최고경영자의 권한이 하위계층으로 분산·위임되는 경향이 있다. 분권화된 조직은 집중화된 조직에 비해 다음과 같은 장점을 가진다.

첫째, 여러 계층의 관리자들에게 의사결정의 권한을 분산시킴으로써 최고경영자로 하여금 일상적인 업무에서 벗어나 전략적·장기적인 계획수립 활동에 집중할 수 있도록 해 주며, 전체조직을 관리가능한 규모로 세분화시키므로 통제가 보다 용이해진다.

둘째, 각 계층의 관리자가 의사결정에 관한 훈련기회를 갖도록 해 줌으로써 미래의 경영자를 양성하는 기회를 가질 수 있다.

셋째, 하부경영자들이 의사결정 권한을 부여받음으로 인해 경영프로세스에 활발한 참여가 이루어지고 결국 그들의 사기 및 직무만족이 제고되고 과업성취에 대한 동기부여도 높아진다.

넷째, 의사결정은 관련 업무를 수행하는 부서의 책임자가 가장 잘 내릴 수 있다. 즉, 현장 경영자가 현장에서 발생하는 해당 문제에 대한 정보를 가장 잘 알고 있기 때문에 최선의 의사결정을 내릴 수 있다.

마지막으로, 기업에서 의사결정에 소요되는 시간을 절약할 수 있다. 즉, 문제발생 시 현지에서 의사결정 권한이 있는 계층에 정보를 보고하고, 보고된 정보에 기초하여 의사결정을 내리고, 결정된 사항을 다시 현장에 지시하는 과정을 생략할 수 있다. 조직의 의사결정 채널이 단순화되므로 적시에 의사결정이 가능해진다. 따라서 조직의 신축성 및 대고객 반응이 제고된다.

이렇듯 세분화된 부문경영자의 성과를 보고하는 것은 분권화된 조직의 운영활동을 통제하는 데 필수불가결한 부분이다. 그러나 분권화된 조직에서 가장 큰 문제는 부문경영자와 기업전체의 목표일치성(goal congruence)이다. 부문경영자의 목표와 기업전체의 목표가 불일치되는 경우에 부문경영자는 자신의 이해관계에 따라 의사결정을 하게 되므로 기업전체의 입장에서는 최선의 의사결정이 이루어지지 않는 부분최적화의 문제가 발생할 수 있다.

이와 같은 문제는 대리인 이론(agency theory)에서 언급되는 대리인 문제(agency problem)로도 설명할 수 있다. 대리인 문제는 의사결정권한을 위임하는 위임자(주인)와 위임받은 자(대리인)가 서로 자신의 효용을 극대화하는 데 노력을 기울이기 때문에 생기는 문제, 즉 주인과 대리인 간의 행동을 설명하는 이론에서 파생되는 문제를 말한다. 조직이 분권화되어 의사결정 권한이 하부로 위임될수록 주주(주인)와 전문경영인인 최고경영자(대리인) 간, 혹은 최고경영자(주인)와 부문의 관리자(대리인) 간에는 상반되는 이해관계가 발생하기 쉽다. 대리인 이론에 의하면 대리인인 최고경영자(혹은 부문경영자)는 체결된 고용계약에 의거하여 자신에게 가장 큰 보상을 가져올 수 있는 의사결정을 하고 행동을 취한다고 본다. 왜냐하면 대리인 이론에서 경영자는 자신의 효용을 극대화하기 위해 행동한다고 가정하고 있으며, 또한 부문경영자의 모든 행동을 감시하는 데 너무 많은 비용이 소요되기 때문이다. 이러한 대리인 문제로 인한 비용의 발생이 종종 주인에게 추가비용을 부담지운다는 면에서 분권화의 단점이 있다고 할 수 있다.

그 외에도 분권화를 하면 기업 전체적으로 볼 때 조직의 여러 부문에서 동일한 활동이 수행되어 경영활동이 중복되어 나타날 수 있으며, 사업부문들 사이에 발생하는 내부이전에 대한 가격을 협상하는 데 많은 시간을 소비하게 된다는 단점도 있다. 이전가격은 부문경영자의 성과평가에 직접적인 영향을 미치므로 부문경영자들은 이에 대해 많은 관심을 갖고 자신에게 유리한 이전가격이 결정되도록 정보를 수집하는 시간을 보내게 된다. 이러한 여러 이유들 때문에 분권화를 하게 되면 기업전체의 장기적인 이익이 희생될 수 있다. 일반적으로 사업부에 대한 성과평가는 단기적으로 이루어지기 때문에 부문경영자는 유리한 성과평가를 받기 위해 장기적인 이익을 희생하더라도 단기적인 이익을 추구하려는 행동을 하게 된다.

1.2 책임회계제도

분권화된 조직의 부문경영자들은 자신이 관리하고 있는 사업에 대해 의사결정을 내릴 수 있는 권한을 위임받으며, 또한 자신의 성과에 대한 책임을 진다. 책임회계(responsibility accounting)는 경영자들이 얼마나 잘 그들의 책임을 수행하는지를 보고하는 회계프로세스를 의미한다. 즉, 책임회계제도는 분권화된 조직을 효율적으로 통제하기 위해 여러 개의 과업(책임중심점)으로 조직활동을 분할하고, 각 책임중심점별로 할당된 과업의 달성정도를 측정하여 평가하는 제도를 말한다. 예를 들어, 원가의 발생에 대해 누가 책임을 져야 하는지를 명확히 규정하고, 책임자별로 원가를 집계함으로써 효율적인 원가통제를 달성하는 것을 목적으로 하는 회계제도이다.

따라서 책임회계에서는 명확히 규정된 권한과 책임관계를 기초로 하여 회계자료의 집계·분석 및 보고가 이루어져야 한다. 기업은 의사결정 책임을 위양하는 방법이 조금씩 다르기 때문에 책임회계제도는 기업마다 다르게 나타날 수 있다. 그러나 원칙적으로는 해당 책임중심점 관리자의 통제가능성에 따라 통제가능원가(controllable costs)와 통제불능원가(uncontrollable costs)로 분류하고 이 중 통제가능원가에 중점을 두고 성과보고서를 작성하여야 한다. 여기서 통제가능원가는 관리자가 그 발생을 통제할 수 있는 원가를 의미하는 반면, 통제불능원가는 관리자가 그 발생을 통제할 수 없는 원가를 말한다. 책임중심점의 관리자는 자신의 업적과 관리하는 조직구성원의 업적 그리고 그들이 통제하는 자원에 대해 책임을 진다는 전제하에 성과평가를 받아야 하며, 통제불능원가는 성과평가 대상에서 제외되어야 한다.

책임회계가 그 기능을 효과적으로 수행하기 위해서는 권한과 책임관계를 명시한 조직구조(organization structure)를 우선적으로 설정하여야 한다. 여기서 조직구조란 조직 내의 부문 및 구성원 사이의 직무·권한 및 책임에 관한 공식적 관계를 말한다. 효과적인 성과보고서는 조직구조에 기초하여 작성하여야 하고 이러한 조직구조는 조직도

(organization chart)에 표시되어진다. 따라서 성과보고서를 작성하기 위하여 수행하여야 할 첫 번째 작업은 조직도를 검토하는 것이다. 예를 들어 [도표 9-1]은 사업부제하의 조직도이며, [도표 9-2]는 기능적 조직의 조직도를 나타낸다.

[도표 9-1] 사업부제하의 조직도

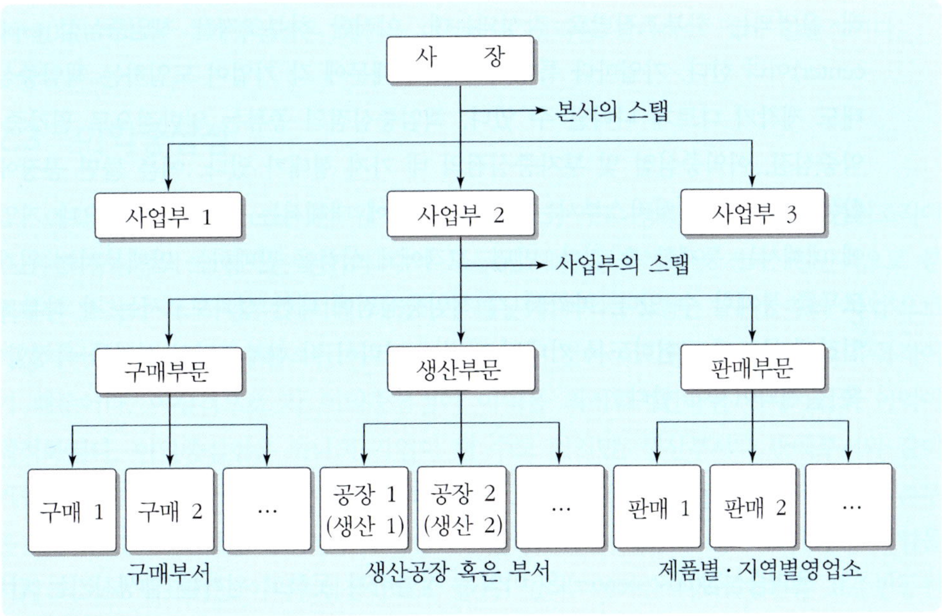

[도표 9-2] 기능별 조직도

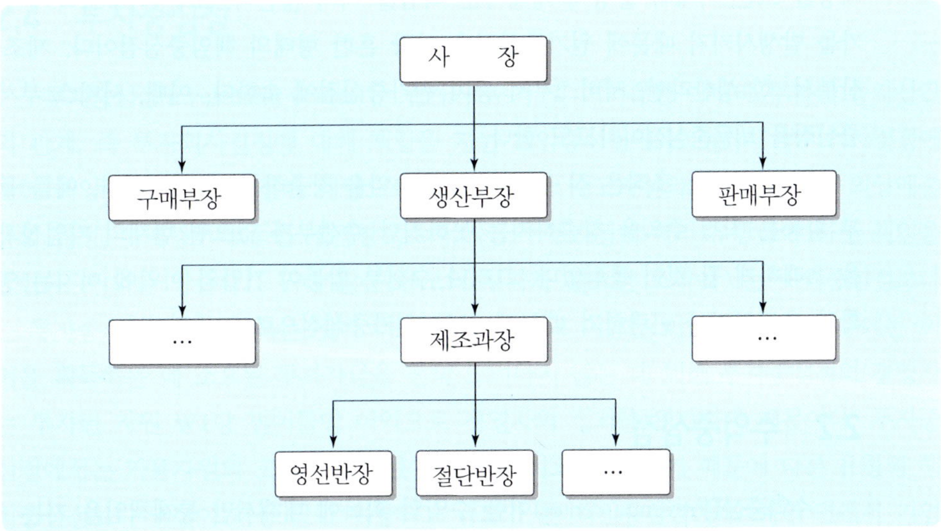

전체조직은 투자중심점의 대표적인 예에 속한다.

03 원가중심점의 성과평가

원가중심점은 원가의 발생에 대하여 권한과 책임을 가진다. 예를 들면 제조부문이 여기에 해당한다. 제조부문의 성과평가는 실제 성과와 실제생산량에 근거한 변동예산, 즉 표준을 비교하여 이루어지며, 주로 생산원가에 대한 실적과 표준을 비교하기 때문에 표준원가계산이라는 이름으로 다루어진다. 표준원가계산에 대해서는 앞서 자세히 살펴보았기 때문에 여기서는 생략한다.

04 이익중심점의 성과평가

4.1 이익중심점의 의의

이익중심점은 수익중심점과 서로 같은 뜻으로 쓰이는 경우가 많다. 그러나 엄밀히 살펴보면 이익중심점과 수익중심점은 차이가 있다. 수익중심점(revenue center)은 수익의 창출에만 책임을 진다. 대표적인 예가 제품에 대한 매출활동이 벌어지는 영업부문이 될 것이다. 따라서 수익중심점의 성과평가보고서에는 실제 수익과 예산상의 수익과의 차액인 매출수익차이(sales revenue variance)가 보고된다. 여기서는 비용차이와는 반대로 실제 수익이 예산상의 수익보다 크면 그 차이는 유리한 것이고 실제 수익이 예산상의 수익보다 작으면 그 차이는 불리한 것이다.

그런데 실무적으로 영업부문은 수익에만 책임지는 수익중심점이라기보다는 판매비와 같은 원가를 동시에 책임지는 이익중심점으로 관리되는 경우가 많다. 그 이유는 매출수익을 올리려면 비용이 필히 수반되기 때문이다. 따라서 수익에 대한 차이만을 따지다 보면 수익중심점의 관리자들은 수익을 올리기 위해 발생되는 비용에 대해서는 관리를 포기하게 만들 수 있다. 즉, 비용이 얼마나 발생하는지를 고려하지 않고 수익중심점의 관리자는 수익을 올리는 데만 관심을 갖게 되고, 결국 전체 이익에는 좋지 못한 영향을 가져올 수도 있다. 이러한 문제를 보완하기 위해서 통상 수익중심점의 관리자에게는 통제가능한 수익과 비용에 대해서 동시에 책임을 부과시키고 있다. 이는 이익중심점(profit center)이 된다. 영업부문을 이익중심점으로 운영하는 경우, 한 가지 주의할 사항은 영업부문이 책임을 지는 원가는 제조원가가 아니라 판매관리비라는 것이다. 제조원가는 영업부문의 책임범위를 벗어나기 때문이다.

4.2 이익중심점의 성과보고서

일반적으로 성과보고서는 실제성과와 변동예산 그리고 고정예산을 상호 비교가능하도록 작성한다. 고정예산과 실제성과를 비교해서는 올바른 성과를 파악할 수 없기 때문이다. 고정예산 생산량 1,700단위의 예산원가와 실제생산량 2,000단위를 비교해서 성과를 평가할 수 없다는 말이다. 따라서 변동예산을 도입하여 실제성과를 평가하게 된다. 다음의 자료를 이용하여 이익중심점의 성과보고서를 작성해 보자.

〈기본자료〉 스마트(주)의 예산상 자료 및 실제 성과자료는 다음과 같다.

예산판매량	1,700단위	실제판매량	2,000단위
예산판매가격	₩2,000	실제판매가격	₩2,200

	단위당 표준원가	단위당 실제원가
직접재료원가	₩500	₩600
직접노무원가	500	450
변동제조간접원가	400	350
변동판매관리비	100	110

연간고정제조간접원가(예산)	₩340,000
연간고정제조간접원가(실제)	330,000
연간고정판매관리비(예산)	120,000
연간고정판매관리비(실제)	150,000

실제성과와 변동예산 간의 차이를 변동예산차이라고 한다. 변동예산차이는 두 가지로 구분될 수 있는데, 판매관리비 차이는 이익중심점의 성과평가와 관련되지만 제조원가의 차이는 제조부문, 즉 원가중심점의 성과평가와 관련이 있다. 변동예산과 고정예산

[도표 9-3] 이익중심점의 성과보고서

	실제성과	변동예산차이	변동예산	매출조업도차이	고정예산
생산량 및 판매	2,000		2,000		1,700
매출액	₩ 4,400,000	₩ 400,000(F)	₩4,000,000		₩ 3,400,000
변동원가					
직접재료원가	1,200,000		1,000,000		850,000
직접노무원가	900,000		1,000,000		850,000
변동제조간접원가	700,000		800,000		680,000
변동판매관리비	220,000	20,000(U)	200,000		170,000
	₩ 3,020,000		₩ 3,000,000		₩ 2,550,000
공헌이익	₩ 1,380,000		₩ 1,000,000	₩ 150,000(F)	₩ 850,000
고정원가					
고정제조간접원가	330,000		340,000		340,000
고정판매관리비	150,000	30,000(U)	120,000		120,000
	₩ 480,000		₩ 460,000		₩ 460,000
영업이익	₩ 900,000		₩ 540,000		₩ 390,000

간의 차이를 매출조업도차이라고 한다. 매출조업도차이는 변동예산의 판매량(실제판매량)과 고정예산의 판매량(예산판매량) 간의 차이 때문에 발생한다. 이러한 매출조업도차이는 변동예산의 공헌이익과 고정예산의 공헌이익 간의 차이로 측정된다. 변동예산과 고정예산에서의 고정원가는 항상 동일하므로 매출조업도차이는 변동예산과 고정예산 간의 영업이익의 차이와 일치한다.

> 변동예산차이 = 실제성과 − 변동예산
> 매출조업도차이 = 변동예산 − 고정예산

[도표 9-3]을 살펴보면 이익중심점의 유리한 이익차이가 ₩510,000이 발생하였다. 그러나 그 차이의 원인에 대해서는 알 수 없다. 즉, 그 차이가 판매가격에 의한 차이인지 아니면 판매수량에 의한 차이인지, 또는 시장점유율이나 시장규모의 변화 때문에 발생한 것인지 알 수 없다. 이에 관한 자세한 정보를 산출하기 위해서는 보다 자세한 분석이 요구된다.

이익중심점의 성과를 분석하기 위해서는 고정예산상의 영업이익과 실제성과상의 영업이익의 차이가 발생한 원인을 추가적으로 분석하여야 한다. 고정예산상의 영업이익과 실제성과상의 영업이익의 차이가 발생하는 원인은 크게 네 가지로 분류할 수 있다.

첫째, 예산상의 판매수량과 실제 판매수량의 차이에서 발생하는 것, 둘째, 예산상의 판매가격과 실제 판매가격의 차이에서 발생하는 것, 셋째, 제조원가의 차이에서 발생하는 것, 넷째, 판매관리비의 차이에서 발생하는 것 등이다.

이러한 차이발생 원인 중에서 이익중심점에서 책임져야 할 부분은 첫째, 둘째, 그리고 넷째에서 발생하는 차이이다. 셋째 원인에서 발생하는 이익의 차이는 생산부문에서 책임져야 할 부분이다. 그런데 판매관리비에서 발생하는 차이는 비교적 단순하고, 원인을 파악하기 어렵기 때문에 매출차이분석에서는 제외한다. 따라서 매출차이분석은 판매수량차이와 매출가격차이를 중심으로 이루어진다.

이익중심점은 원가차이에 대해서는 고려하지 않기 때문에 차이분석에 사용되는 원가자료는 제조원가와 판매관리비 모두 표준원가자료를 이용한다. 매출차이분석은 단일제품의 경우와 복수제품의 경우로 나누어서 설명되어진다. 복수제품에서는 단일제품과는 달리 매출배합의 차이에서 발생하는 효과를 추가적으로 분석하여야 한다.

4.3 단일제품일 때 매출차이 분석

단일제품의 경우 매출총차이(total sales variance)는 실제공헌이익과 고정예산상의 공헌이익의 차이를 말한다. 여기에서 한 가지 주의할 점은 실제공헌이익은 실제판매가격에서 실제변동원가가 아닌 표준변동원가를 차감하여 산출된다는 것이다. 고정예산의 공헌이익도 예산판매가격에서 표준변동원가를 차감하여 산출된다. 이와 같이 모든 변동원가에 대하여 표준변동원가를 적용하는 이유는 매출총차이를 판매가격과 매출수량에 의한 차이로 구분하기 위해서이다. 매출총차이를 식으로 나타내면 (식 9-1)과 같다.

$$\begin{aligned}\text{매출총차이} &= \text{실제판매량} \times (\text{실제판매가격} - \text{표준변동원가}) \\ &\quad - \text{예산판매량} \times (\text{예산판매가격} - \text{표준변동원가}) \qquad (\text{식 } 9\text{-}1) \\ &= AQ \times (AP - SV) - BQ \times (BP - SV)\end{aligned}$$

매출총차이는 다시 매출가격차이(sales price variance)와 매출조업도차이(sales volume variance)로 세분되어질 수 있다. 매출가격차이는 실제판매가격과 예산판매가격과의 차이에 실제 판매된 수량을 곱하여 계산한다. 매출가격차이는 기업이 예상한 판매가격과 실제판매가격이 얼마나 차이가 발생하였는가에 대한 정보를 제공한다. 매출조업도차이는 단위당 예산공헌이익(혹은 매출총이익)을 실제판매수량에서 고정예산에 의한 예

[도표 9-4] 매출총차이

실제	변동예산	고정예산
AQ×(AP−SV)	AQ×(BP−SV)	BQ×(BP−SV)
2,000×(₩2,200−₩1,500) =₩1,400,000	2,000×(₩2,000−₩1,500) =₩1,000,000	1,700×(₩2,000−₩1,500) =₩850,000

매출가격차이	매출조업도차이
₩400,000(F)	₩150,000(F)
매출총차이 ₩ 550,000(F)	

산판매수량을 차감한 수량을 곱하여 계산한다. 매출조업도차이는 기업이 계획한 예산판매량과 비교하여 실제판매수량이 어느 정도인가에 대한 정보를 제공한다. 여기에서 실제판매가격이 예산판매가격보다 크면 매출가격차이는 유리한 차이가 발생한다. 마찬가지로 실제판매량이 예산판매량보다 크면 매출조업도차이는 유리한 차이이다. 앞서 제시한 스마트(주)의 기본자료를 이용하여 매출액 차이를 도표로 요약하면 [도표 9-4]와 같다.

예제 9-1 매출액차이 분석

스마트(주)는 단일제품을 생산·판매하고 있다. 스마트(주)의 3월 한 달간 예산손익계산서와 실제 손익계산서는 다음과 같다.

손익계산서－스마트(주)

	고정예산		실제성과
매출액(10,000단위×₩8)	₩80,000	(11,000단위×₩10)	₩110,000
변동원가(10,000단위×₩4)	40,000	(11,000단위×₩4.5)	49,500
공헌이익	₩40,000		₩60,500
고정원가	20,000		25,000
순이익	₩20,000		₩35,500

(요구사항)

매출액총차이, 매출조업도차이, 그리고 매출가격차이를 산출하시오.

(해　답)

앞에서 살펴본 공식에 적용해 보면 다음과 같이 매출액총차이, 매출조업도차이, 그리고 매출가격차이를 산출할 수 있다.

실제	변동예산	고정예산
AQ×(AP－SV)	AQ×(BP－SV)	BQ×(BP－SV)
11,000단위×(₩10－₩4)	11,000단위×(₩8－₩4)	10,000단위×(₩8－₩4)
=₩66,000	=₩44,000	=₩40,000

매출가격차이 ₩22,000(F)　　매출조업도차이 ₩4,000(F)

매출액총차이 ₩26,000(F)

4.4 복수제품일 때 매출차이 분석

4.4.1 매출가격차이와 매출조업도차이

앞서 단일제품을 판매하는 경우의 매출액차이 분석에 대해서 설명하였다. 여기서는 다수제품을 판매하는 경우의 매출액차이 분석에 대해서 살펴보고자 한다. 회사가 여러 가지 상호 대체적인 제품을 판매하는 경우에는 회사가 사전에 설정한 매출배합(sales mix)의 성과에 대한 정보를 분석할 필요가 있다. 단일제품일 때와 마찬가지로 매출총차이는 매출가격차이와 매출조업도차이로 구분되며, 매출조업도차이는 다시 매출배합차이와 매출수량차이로 구분된다. 그리고 매출수량차이는 다시 시장점유율차이와 시장규모차이로 구분된다. 요약하면 [도표 9-5]와 같다.

[도표 9-5] 매출액총차이의 구분

- 매출액총차이
  - 매출가격차이
  - 매출조업도차이
    - 매출배합차이
    - 매출수량차이
      - 시장점유율차이
      - 시장규모차이

먼저, 매출가격차이와 매출조업도차이를 살펴보면 단일제품일 때와 동일한 방법으로 분석할 수 있다.

예제 9-2 매출가격차이와 매출조업도차이의 계산

스마트(주)는 제품 A와 B를 생산·판매하고 있는데 지난 한 달간 관련자료는 다음과 같다.

	제품A	제품B
실제판매가격	₩7	₩12
예산상 판매가격	6	10
예산상 단위변동원가	4	6
예산판매량	120단위	60단위
실제판매량	130단위	80단위

(요구사항)

매출가격차이와 매출조업도차이를 산출하시오.

(해 답)

실제	변동예산	고정예산
AQ × (AP − SV)	AQ × (BP − SV)	BQ × (BP − SV)
A 130 × (₩7 − ₩4) = ₩390	130 × (₩6 − ₩4) = ₩260	120 × (₩6 − ₩4) = ₩240
B 80 × (₩12 − ₩6) = ₩480	80 × (₩10 − ₩6) = ₩320	60 × (₩10 − ₩6) = ₩240
₩870	₩580	₩480

매출가격차이	매출조업도차이
₩290(F)	₩100(F)
매출총차이 ₩ 390(F)	

[예제 9-2]의 산출방식은 단일제품일 때와 동일한 방법이다. 이 방법은 결국 다음과 같이 나타낼 수도 있다. 예를 들어, 실제값을 구할 때 [Total AQ×AM]을 구하면 제품 A, B의 실제판매수량이 되기 때문이다.

[도표 9-6] 복수제품일 때 매출가격차이와 매출조업도차이

실제	변동예산	고정예산
Total AQ×AM (AP−SV) = ₩870	Total AQ×AM (BP−SV) = ₩580	Total BQ×BM (BP−SV) = ₩480

매출가격차이	매출조업도차이
₩290(F)	₩100(F)
매출총차이 ₩390(F)	

주) AM = 실제배합, BM = 예산배합.

4.4.2 매출배합차이와 매출수량차이

다수제품을 판매하는 경우의 매출차이 분석은 매출조업도차이(sales volume variance)가 매출배합차이(sales mix variance)와 매출수량차이(sales quantity variance)로 구분된다. 매출배합차이는 판매하는 제품들에 대한 회사의 예상배합률과 실제배합률이 달라지기 때문에 발생하는 차이를 말한다. 실제판매한 총수량 중에서 배합률이 예상보다 클 경우 매출배합차이가 유리하게 나타나게 된다. 매출수량차이는 회사가 예상한 제품간의 배합률이 유지된다는 가정하에 제품판매수량의 변화를 나타내는 차이를 의미한다. 차이분석을 도식화하면 [도표 9-7]과 같다.

[도표 9-7] 매출배합차이와 매출수량차이

변동예산(실제배합)	변동예산(예산배합)	고정예산
Total AQ×AM (BP−SV)	Total AQ×BM (BP −SV)	Total BQ×BM (BP−SV)

매출배합차이	매출수량차이
매출조업도차이	

예제 9-3 매출배합차이와 매출수량차이의 계산

[예제 9-2]의 자료를 이용하여 매출배합차이와 매출수량차이를 구하시오.

(해 답)

변동예산(실제배합)	변동예산(예산배합)	고정예산
Total AQ×AM (BP−SV)	Total AQ×BM (BP−SV)	Total BQ×BM (BP−SV)
A 130×(₩6−₩4)=₩260	140×(₩6−₩4)=₩280	120×(₩6−₩4)=₩240
B 80×(₩10−₩6)=₩320	70×(₩10−₩6)=₩280	60×(₩10−₩6)=₩240
₩580	₩560	₩480

매출배합차이	매출수량차이
₩20(F)	₩80(F)
매출조업도차이 ₩100(F)	

4.4.3 시장점유율차이와 시장규모차이

기업의 예상판매수량과 실제판매수량의 차이에 대한 정보를 제공하는 매출수량차이는 다시 세부적으로 구분되어 통제가능차이(시장점유율차이)와 통제불능차이(시장규모차이)로 구분할 수 있다. 시장규모차이는 경영자의 의사와 관계없이 해당산업 전체의 시장규모가 확대 혹은 축소됨에 따라 나타나는 매출수량차이를 의미한다. 즉, 그 기업이 속한 산업전체의 환경 변화에 따라 발생하는 통제불능의 부분이다. 반면, 시장점유율차이는 실제 시장규모하에서 당사의 시장점유율이 예상보다 확대 혹은 축소됨에 따라 나타나는 매출수량차이를 말한다. 시장규모차이와 시장점유율차이는 [도표 9-8]과 같이 계산한다.

시장점유율 차이는 산업전체의 실제판매수량 중에서 실제 시장점유율과 예상시장점유율과의 차이부분에 해당하는 판매수량에 대하여 단위당 예상공헌이익을 곱하여 계산한다. 따라서 시장점유율 차이는 매출활동차이의 원인 중에서 얼마만큼이 기업의 시

[도표 9-8] 시장규모차이와 시장점유율차이

실제시장규모×실제점유율 ×평균예산공헌이익	실제시장규모×예산점유율 ×평균예산공헌이익	예산시장규모×예산점유율 ×평균예산공헌이익
×××	×××	×××

시장점유율차이	시장규모차이
매출수량차이	

장점유율의 변화에 따라 발생한 것인가에 대한 정보를 제공하게 되며 이를 통하여 회사의 영업활동의 성과를 측정할 수 있는 것이다. 만약 유리한 시장점유율 차이가 발생한다면, 이는 회사가 산업전체의 평균영업성과보다도 더 나은 성과를 나타낸다는 것을 뜻하게 된다.

> 시장점유율차이
> =단위당 예상매출총이익(공헌이익)×[(실제M/S−예상M/S)×산업전체의 실제판매수량]
> * M/S: market share(시장점유율)

한편 시장규모차이는 매출조업도차이의 원인 중에서 기업의 시장점유율이 예상과 같다고 가정할 때 얼마만큼이 시장전체의 판매수량변화에 따라 발생하였는가에 대한 정보를 제공한다. 따라서 시장규모차이는 시장전체의 실제판매수량과 예산판매수량의 차이에 해당하는 부분 중 기업의 예상시장점유율에 해당하는 수량을 구하고 이에 단위당 매출총이익(혹은 공헌이익)을 곱하여 계산한다.

> 시장규모차이
> =단위당 예상매출총이익(혹은 공헌이익)×
> [(시장전체 실제판매수량−시장전체 예상판매수량)×예상시장점유율]

그런데 [도표 9-8]에서는 시장점유율차이와 시장규모차이를 계산할 때 평균예산공헌이익을 사용하고 있는데, 여기에서 사용된 평균예산공헌이익은 제품별 공헌이익과 예산매출배합비율을 이용하여 산출한다.

> 평균예산공헌이익=Σ(제품별 공헌이익×제품별 매출배합비율)

예제 9-4 시장규모차이와 시장점유율차이

[예제 9-3]에서 제품A와 제품B의 예산시장규모는 1,000단위이며, 예산시장점유율은 18%이다. 한편 제품A와 제품B의 실제 시장규모는 1,050단위였고, 실제시장점유율은 20%이다.

이때 [예제 9-3]에서 산출한 매출수량차이를 시장규모차이와 시장점유율차이로 세분화하시오.

(해　답)

평균예산공헌이익 = [(₩2×120)+(₩4×60)] / (120+60) ≒ ₩2.667

실제시장규모×실제점유율 ×평균예산공헌이익	실제시장규모×예산점유율 ×평균예산공헌이익	예산시장규모×예산점유율 ×평균예산공헌이익
1,050×20%×₩2.667	1,050×18%×₩2.667	1,000×18%×₩2.667
₩560	₩504	₩480

시장점유율차이 ₩56(F)　　시장규모차이 ₩24(F)

매출수량차이 ₩80(F)

05 투자중심점의 성과평가

5.1 투자중심점의 의의

책임중심점의 개념은 관리자들의 책임범위를 설정하고 성과평가의 틀을 제공해 주기 때문에 매우 중요하다. 지금까지 배워온 책임중심점의 개념을 요약하여 살펴보면 다음과 같다. 원가중심점의 성과평가는 사전에 결정된 표준원가와 실제원가와의 차이에 의하여 평가된다. 수익중심점의 성과평가는 목표매출과 실제매출과의 차이에 의하여 평가된다. 그리고 이익중심점의 성과평가는 변동예산상의 이익과 실제이익과의 차이에 의하여 평가되어진다.

그러나 투자중심점의 경우에는 원가나 이익수치를 기준으로 성과를 평가하면 투자규모가 고려되지 못하기 때문에 공정한 평가가 되지 못한다. 만약 경영층이 가용자원의 크기가 서로 다른 여러 투자중심점의 성과를 평가하고자 할 때 단순히 각 투자중심점에서 벌어들인 수익, 원가 혹은 이익의 크기를 비교하는 것은 논리적이지 못하다. 보다 좋은 평가기준은 투자된 자원 1원당 벌어들인 이익의 크기일 것이다. 세부사업단위가 투자된 자원 1원당 이익의 크기로 평가되어질 때 이러한 사업단위를 투자중심점(investment center)이라 한다. 투자중심점은 수익과 원가뿐만 아니라 투자에 대해서도 책임을 지는 중심점으로서 가장 포괄적이고 광범위한 책임중심점이며, 분권화가 잘 된 사업부가 여기에 해당된다. 투자중심점 분석은 작고 큰 다양한 사업부의 성과를 비교하는 공통기준을 제공해 준다. 과거부터 투자중심점 분석에 주로 사용되는 지표는 투자수익률이지만, 이 지표의 단점을 보완하기 위해 잔여이익과 매출수익률 및 경제적 부가가치 등이 나타났다. 이하에서는 이들 지표에 대해 설명하고자 한다.

5.2 투자수익률

투자중심점에는 원가 및 수익에 관한 의사결정뿐만 아니라 투자액에 관한 의사결정의 자율권이 부여되어 있다. 이러한 투자중심점의 성과를 공정하게 평가하는 방법 중의 하나는 투자액에 대하여 창출된 이익의 비율을 이용하는 것이다. 이와 같이 일정한 투자액에 대하여 창출된 이익의 비율을 투자수익률(return on investment: ROI)이라고 하며, 투자수익률은 영업이익을 영업자산으로 나누어 계산한다. 투자중심점의 영업자산은 기초자산, 기말자산 또는 연평균자산 등 여러 개념으로 평가되는데, 여기서는 달리 언급이 없는 한 연평균자산으로 평가한다.

$$\text{투자수익률} = \frac{\text{투자중심점 영업이익}}{\text{투자중심점 영업자산}} \qquad \text{(식 9-2)}$$

투자수익률은 수익성 지표로서 듀퐁(Dupont) 사에서 개발한 듀퐁분석(Dupont Analysis)으로 매출액수익률과 자산회전률로 구분할 수 있다. 일반적으로 영업활동의 과정을 살펴볼 때, ₩1의 현금은 현금의 집결지를 떠나 재고자산에 투자되고, 이 재고자산이 판매되어 매출채권으로 변환된 다음 매출채권이 현금으로 회수됨으로써 현금의 집결지로 되돌아 오게 된다. 그리고 최초에 집결지를 떠나 ₩1이 되돌아 올 때에는 추가적인 이익이 붙게 되는데, 현금 ₩1에 대한 추가적인 이익의 비율을 이익률이라고 하며, 매출로 인한 이익률을 매출액수익률로 표현하며, 이익을 매출액으로 나누어서 산출된다.

그리고 투자수익률은 이러한 이익률 외에 회전수라는 요인에 의해서도 영향을 받게 된다. 회전수란 현금 ₩1이 영업활동상에서 집결지를 떠나 다시 되돌아오는 순환을 일정기간 동안에 몇 번이나 반복하는가를 말해 주는 측정치이다. 자산회전율(asset turnover)은 자산이 몇 번이나 순환되는지를 나타내며, 매출액을 투자액으로 나누어서 산출된다. 위와 같은 매출액수익률과 자산회전율을 곱하면 일정기간 동안의 투자수익률이 된다.

과거에는 경영자들이 회전수는 무시하고 이익률에만 관심을 기울였으며, 경영자의 성과는 어느 정도까지 이익률에 의하여 평가되었다. 그러나 영업용 자산에 대한 과대투자는 영업비용의 과대지출액만큼 수익성에 중대한 영향을 미친다. 따라서 투자수익률에 대한 투자규모에도 효율적인 통제를 하도록 요구하게 되었다.

투자수익률 = 매출액수익률 × 자산회전율

$$\frac{\text{투자중심점 영업이익}}{\text{투자중심점 영업자산}} = \frac{\text{투자중심점 영업이익}}{\text{투자중심점 매출액}} \times \frac{\text{투자중심점 매출액}}{\text{투자중심점 영업자산}} \quad \text{(식 9-3)}$$

그리고 영업자산은 현금, 매출채권, 유형고정자산, 기타 영업자산 등 모든 자산을 말한다. 미래에 사용할 목적으로 보유하고 있는 토지나 건물 등은 영업자산이 아니며, 현재 영업에 사용하기 위한 토지나 건물 등이 영업자산에 해당하는 것이다. 그리고 영업자산은 평균개념을 적용하여 계산하는데, 평균영업자산은 기초영업자산과 기말영업자산의 합을 2로 나눈 값이다.

한편 (식 9-3)을 사용하여 경영자는 투자수익률을 제고시킬 수 있는 방법을 여러 가지로 생각해 낼 수 있다. 예를 들어 매출액수익률을 높이든가, 자산회전율을 높이면 투자수익률이 높아진다. 물론 매출액수익률과 자산회전율을 동시에 높이면 투자수익률은 더 많이 높아질 것이다. 투자수익률을 높이는 방법은 수익을 높이든지, 비용을 줄이든지, 아니면 자산을 감소시킴으로써 가능하다. 다음의 예제는 투자수익률을 통제하는 다양한 방법을 설명해 준다.

예제 9-5 투자수익률의 통제

스마트(주)는 다음과 같은 정보를 가지고 있다.

영업이익	₩10,000
매출액	100,000
평균영업자산	50,000

(요구사항)

1. 스마트(주)의 ROI를 구하시오.
2. ROI에 영향을 미치는 요소를 설명하시오.

(해　　답)

1. 스마트(주)의 ROI

$$\frac{\text{투자중심점 영업이익}}{\text{투자중심점 영업자산}} = \frac{\text{투자중심점 영업자산}}{\text{투자중심점 매출액}} \times \frac{\text{투자중심점 매출액}}{\text{투자중심점 영업자산}}$$

= (₩10,000/₩100,000) × (₩100,000/₩50,000)

= 10% × 2

= 20%

2. ROI에 영향을 미치는 요소

1) 매출액의 증가

위의 자료에서 매출액이 ₩100,000에서 ₩110,000으로 증가하고, 아울러 영업이익도 ₩10,000에서 ₩12,000으로 증가하였다면, 투자수익률은 다음과 같이 4%가 증가한다.

= (₩12,000/₩110,000) × (₩110,000/₩50,000)

= 10.91% × 2.2

= 24%

투자수익률의 계산공식에서 매출액은 분자와 분모에 동시에 곱해지므로 매출액의 증가는 서로 상쇄되어 투자수익률에 영향을 미치지 않는 것처럼 보인다. 그러나 매출액의 증가는 매출액이익률뿐만 아니라 자산회전율에도 영향을 미치게 된다. 예를 들어 매출액이 증가할 때 비용의 증가비율이 이에 못 미친다면, 매출액이익률은 상승하게 되고, 매출액이 증가할 때 영업자산의 변동이 없다면 자산회전율이 증가하게 된다. 위의 예에서 매출액이 ₩100,000에서 ₩110,000으로 증가할 경우, 영업이익이 ₩10,000에서 ₩12,000으로 증가하였다. 따라서 매출액이익률은 10%에서 10.91%로 증가하고, 영업자산은 변동이 없기 때문에 자산회전율은 2에서 2.2로 증가하였다.

2) 비용의 감소

앞의 자료에서 경영자가 비용을 효율적으로 통제하여 ₩1,000만큼 감소시킬 수 있었다고 가정하자. 즉, ₩1,000만큼의 영업이익이 증가하였다면, 투자수익률은 다음과 같이 2%가 증가한다.

= (₩11,000/₩100,000) × (₩100,000/₩50,000)

= 11% × 2

= 22%

투자수익률을 증가시키는 방법 중 가장 간단한 방법 중의 하나는 비용을 효율적으로 통제하여 감소시키는 것이다. 비용의 감소는 매출액이익률을 증가시키고 나아가서는 투자수익률을 증가시킨다. 위의 예에서 ₩1,000의 비용 감소로 매출액이익률이 10%에서 11%로 상승하였고, 투자수익률은 20%에서 22%로 증가하였다.

3) 자산의 감소

앞의 자료에서 영업자산이 ₩50,000에서 ₩40,000으로 감소하였다고 가정하면, 투자수익률은 다음과 같이 5%가 증가한다.

= (₩10,000/₩100,000) × (₩100,000/₩40,000)
= 10% × 2.5
= 25%

경영자들은 매출액이나 비용의 통제에 비교적 민감하게 반응하지만, 영업자산의 통제에는 덜 민감하게 반응한다. 이는 과거에 경영자들이 회전수보다는 이익률에 더 많은 관심을 가지고 있었기 때문이다. 그러나 투자수익률에 의한 성과평가는 경영자로 하여금 회전수에도 큰 관심을 갖도록 하였다. 위의 예에서 영업자산이 ₩50,000에서 ₩40,000으로 ₩10,000이 감소하면서 자산회전율은 2에서 2.5로 증가하였으며, 투자수익률은 20%에서 25%로 증가하였다.

투자중심점의 성과를 투자수익률에 의하여 평가하게 되면 다음과 같은 장점을 얻을 수 있다.

첫째, 규모와 업종이 상이한 경우라 하더라도 투자수익률이라는 단일 수치에 의하여 성과평가가 가능하다.

둘째, 주주들이 기업전체의 성과를 투자수익률에 의하여 평가할 경우 각 투자중심점과 기업전체의 목표를 일치시킬 수 있다.

셋째, 순이익수치에 의하여 성과를 평가하면 과대투자가 유발될 수 있으나, 투자수익률에 의하여 성과를 평가하면 최적투자를 촉진시킬 수 있다.

그러나 투자수익률은 다음과 같은 단점도 가지고 있다. 투자수익률의 단점에 대해서는 다음 예제를 통해 살펴보기로 한다.

예제 9-6 투자수익률의 단점

스마트(주)는 두 개의 사업부 A와 B로 구성되어 있으며, 두 개의 사업부의 투자수익률에 관한 자료는 다음과 같다.

	A사업부	B사업부	합 계
평균영업자산	₩2,400	₩4,000	₩6,400
영업이익	480	720	1,200
투자수익률	20%	18%	18.75%

(요구사항)

위 자료를 이용하여 ROI의 문제점을 설명하시오.

(해 답)

위와 같은 경우 A사업부에서 ₩1,000을 들여 ₩190의 영업이익이 보장되는 설비투자를 고려하고 있다고 하자. 이러한 투자안을 수락할 경우 기업전체의 투자수익률은 (₩1,200+₩190)/(₩6,400+₩1,000)=18.78%가 되어 현행보다 0.03%가 증가하지만, A사업부의 투자수익률은 (₩480+₩190)/(₩2,400+₩1,000)=19.7%가 되어 A사업부가 이 투자안을 수락하면 A사업부의 투자수익률은 0.3% 떨어지게 된다. 따라서 A사업부에서는 기업전체의 투자수익률을 증가시키는 투자안이라 할지라도 자기 사업부의 투자수익률을 감소시킨 투자안을 기각시킬 수 있다. 이것이 투자수익률 지표의 대표적인 단점이다.

둘째, 투자중심점의 투자액이 서로 상이한 경우 성과평가가 왜곡될 수도 있다. 앞의 예에서 A사업부가 B사업부보다 높은 투자수익률을 나타내고 있으므로 성과가 더 좋다고 평가될 수 있다. 그러나 이러한 평가는 잘못된 것이다. 이러한 경우에는 기업전체의 자본비용을 고려하여 두 부서의 성과를 평가해야 한다. 예를 들어 기업전체의 자본비용이 12%라고 하면, (₩720−₩480)/(₩4,000−₩2,400)=15%로 오히려 B사업부의 성과가 A사업부보다 더 좋다고 평가할 수 있다. 즉, B사업부는 A사업부보다 ₩1,600만큼 더 많은 영업자산을 가지고 ₩240만큼 더 많은 영업이익을 가득하였는데, 이는 기업전체의 자본비용을 초과하였기 때문에 오히려 기업전체의 수익성에 많은 공헌을 하였다고 평가될 수 있다.

셋째, 투자수익률 계산시 유형자산을 순장부가액으로 평가하고, 재무회계에 의한 감가상각방법을 이용할 경우 경영자들로 하여금 신규투자를 회피하도록 유도한다. 이때에는 취득원가를 사용하거나, 감가상각방법으로 복리상각법 또는 연금법을 사용하면 된다.

넷째, 물가수준이 상승하는 경우 수익은 현행가치에 의해 평가되고, 영업자산과 감가상각비는 취득원가에 의하여 평가되므로 명목상 투자수익률이 증가할 수도 있다는 단점도 있다.

5.3 잔여이익

앞서 설명한 투자수익률의 첫 번째와 두 번째 단점은 투자수익률이 비율로 계산되기 때문에 나타나는 것이다. 잔여이익은 투자수익률이 가지고 있는 목표불일치의 문제를 해결하기 위해 도입한 지표이다. 잔여이익(residual income)은 투자중심점 영업자산에 필수수익률을 곱한 금액을 투자중심점 영업이익에서 차감하여 산출된다.

잔여이익＝투자중심점 영업이익－(투자중심점 영업자산×필수투자수익률) (식 9-4)

투자중심점 영업자산에 적용되는 필수투자수익률은 투자의 자본비용 또는 내재비용(imputed cost)이라고 한다. 필수투자수익률은 기업이 투자에서 최소한으로 획득하여야 할 수익률을 말한다. 보통 투자중심점의 필수투자수익률을 결정하는 데에는 기업의 자본비용을 기초로 하여 각 투자중심점의 위험정도를 반영하여 조정하게 된다. 따라서 위험이 큰 투자중심점의 필수투자수익률은 위험이 적은 투자중심점의 필수투자수익률보다 크게 결정된다. 잔여이익으로 평가하면 투자중심점 경영자들을 필수투자수익률보다 큰 투자수익률을 가져다주는 투자기회는 수락하지만, 투자수익률로 평가하면 필수투자수익률보다 크지만 원래의 투자수익률이나 목표투자수익률보다 작은 투자수익률을 가져다주는 투자기회는 거부하게 된다. 이와 같은 상황에서는 투자수익률에 의한 성과평가보다 잔여이익에 의한 성과평가가 보다 합리적일 수 있다. 왜냐하면 필수투자수익률보다 큰 투자수익률을 가져다주는 투자기회는 수락하는 것이 회사전체의 입장에서 합리적인 의사결정이기 때문이다. 잔여이익에 대해서는 다음 예제를 통해 살펴보기로 한다.

예제 9-7 잔여이익의 계산

앞의 [예제 9-6]의 자료를 그대로 활용하여 잔여이익(RI)을 계산하면 다음과 같다.

	A사업부	B사업부	합 계
평균영업자산	₩2,400	₩4,000	₩6,400
영업이익	480	720	1,200
평균영업자산×자본비용	288	480	768
잔여이익	₩192	₩240	₩432

* 자본비용은 12%로 가정함

(요구사항)

ROI에 비해 RI가 갖는 장점을 설명하시오.

(해　　답)

이러한 잔여이익이 투자수익률의 단점을 어떻게 해소시킬 수 있는지를 분석해 보자. 먼저 투자수익률에 의한 성과평가시 첫 번째 단점은 A사업부에서 영업이익이 ₩190이고 투자액이 ₩1,000인 투자안을 거절할 수도 있다는 것이었다. 왜냐하면 이와 같은 투자제안을 수락하면 투자수익률의 하락을 가져오기 때문이다. 이 경우 잔여이익으로 성과평가를 하게 되면, 투자안 수락시 기업전체의 잔여이익은 (₩1,200 + ₩190) − (₩6,400 + ₩1,000) × 0.12 = ₩502이 되고, A사업부의 잔여이익은 (₩480 + ₩190) − (₩2,400 + ₩1,000) × 0.12 = ₩262이 된다. 즉, 기업전체의 잔여이익과 A사업부의 잔여이익이 모두 증가하므로 이 투자안은 A사업부에 의하여 채택된다. 따라서 투자수익률에 의한 성과평가에서 야기되는 목표불일치의 문제가 잔여이익을 사용함으로써 해소될 수 있다. 또한 잔여이익에 의한 성과평가는 기업전체의 수익성에 기여한 정도를 비교하는 것이 가능하다. 위의 경우 B사업부가 A사업부보다 기업전체의 잔여이익에 ₩240 − ₩192 = ₩48만큼 더 공헌하였다고 평가될 수 있다. 이 수치는 (₩720 − ₩480) − (₩4,000 − ₩2,400) × 0.12 = ₩48과 일치한다.

이와 같이 잔여이익을 사용하면 투자수익률에서 나타나는 문제점 중 하나인 사업부의 관리자들이 자기 사업부의 잔여이익을 극대화하려고 하기 때문에 자금의 여유가 있는 한 최저필수수익률보다 높은 수익률이 기대되는 양호한 투자안을 모두 채택하게 된다. 따라서 회사전체의 이익에 불리한 의사결정은 이루어지지 않게 되며, 투자중심점과 회사전체의 이익을 동시에 극대화할 수 있다. 그러나 잔여이익도 단점을 가지고 있다.

첫째, 잔여이익 계산에 사용되는 자본비용을 어떻게 설정하는가에 따라 투자중심점의 성과가 달라질 수 있다. 예를 들어 기업이 자본비용이 15%가 되면 두 투자중심점의 잔여이익이 동일하게 되고, 15%를 초과하는 경우 B사업부보다 A사업부의 잔여이익이 커지게 된다.

둘째, 잔여이익으로 투자중심점의 성과를 평가하면 각 투자중심점의 투자규모가 서로 다를 경우, 투자중심점의 성과를 직접 비교할 수 없게 된다. 왜냐하면 투자수익률이 동일하다 하더라도 투자규모가 큰 투자중심점의 잔여이익이 더 크게 나타나므로, 규모가 큰 투자중심점이 규모가 작은 투자중심점에 비해 상대적으로 유리하게 되기 때문이다.

5.4 경제적 부가가치(EVA)

최근 괄목할 만한 관심을 일으키고 있는 경제적 부가가치(economic value added: EVA)는 잔여이익의 한 유형으로 간주될 수 있다. 경제적 부가가치는 가중평균자본비용을 총자산에서 유동부채를 차감한 금액에 곱한 것을 투자중심점의 과세후영업이익에서 차감해서 계산한다.

경제적 부가가치

$$=\text{투자중심점 과세후영업이익}-[(\text{총자산}-\text{유동부채})\times\text{가중평균자본비용}] \quad (\text{식 } 9\text{-}5)$$

가중평균자본비용

$$=\text{타인자본비용}\times(1-\text{세율})\times\frac{\text{타인자본}}{\text{타인자본}+\text{자기자본}}+\text{자기자본비용}\times\frac{\text{자기자본}}{\text{타인자본}+\text{자기자본}}$$

여기서 세후영업이익은 '영업이익×(1－세율)'로 계산되며, 가중평균자본비용(weighted average cost of capital: WACC)은 타인자본비용과 자기자본의 자본비용을 각각의 자본구성비율에 따라 가중평균한 총자본비용을 말한다. 타인자본비용(cost of debt)에 (1－세율)을 곱하는 이유는 부채에 대한 이자비용이 발생하면 이익이 그만큼 감소되어 법인세 절감효과가 있기 때문이다. 그리고 자기자본의 자본비용은 투자시 위험이 유사한 다른 투자안에 투자하지 않음으로써 포기한 기회원가이다.

예제 9-8 경제적 부가가치

스마트(주)는 A사업부와 B사업부로 구성되어 있으며 각 사업부의 당기 자료는 다음과 같다.

	A사업부	B사업부
영업자산	₩50,000	₩200,000
유동부채	10,000	40,000
영업이익	20,000	40,000

스마트(주)의 자금원천은 두 가지인데, 하나는 시장가치가 ₩100,000, 이자율이 10%인 비유동부채이고 다른 하나는 시장가치가 ₩150,000, 자본비용이 11%인 자기자본이다. 법인세율은 40%이다. 이때 각 사업부의 경제적 부가가치를 구하면 다음과 같다.

	A사업부	B사업부
	=₩20,000×(1−0.4)	=₩40,000×(1−0.4)
경제적 부가가치	−(₩50,000−₩10,000)×9%	−(₩200,000−₩40,000)×9%
	=₩8,400	=₩9,600

가중평균자본비용 =타인자본비용+자기자본비용

=[10%(1−0.4)×(₩100,000/₩250,000)]+[11%×(₩150,000/₩250,000)]

=9%

경제적 부가가치는 특수한 형태의 잔여이익 개념으로 볼 수 있다. (식 9-4)의 잔여이익 공식에서 투자중심점의 이익 대신 투자중심점 과세후영업이익을, 필수투자수익률 대신 가중평균자본비용을, 그리고 투자중심점 영업자산 대신 투자중심점의 총자산−유동부채를 사용하면, (식 9-5)의 경제적 부가가치가 산출된다. 경제적 부가가치를 계산하는 데 있어서 중요한 정보는 가중평균자본비용인데 이는 특정 투자중심점에 투하된 모든 장기기금의 과세후비용과 같다. 경제적 부가가치를 나타내는 (식 9-5)는 단지 과세후영업이익이 투하된 자금의 자본비용보다 상회해야 가치가 창출된다는 것을 표현하고 있다. 따라서 경제적 부가가치는 잔여이익의 장점과 문제점을 그대로 가지고 있다. 경제적 부가가치는 전통적 개념의 회계적 이익, 즉 당기순이익에 비하여 다음과 같은 장점이 있다.

첫째, 당기순이익이 기업의 영업·투자·재무활동을 모두 반영한 이익개념인 반면에, 경제적 부가가치는 영업이익을 기초로 하여 계산하므로 기업고유의 경영성과를 측정하는 데 보다 유용하다. 왜냐하면 기업고유의 활동은 영업활동이므로 투자활동이나 재무활동에서 아무리 많은 이익을 창출한다고 하더라도 영업활동에서 이익을 창출하지 못한다면 그 기업은 기본적으로 수익창출 능력이 없다고 보는 것이 타당하기 때문이다.

둘째, 당기순이익이 주주의 자본제공에 대한 대가, 즉 자기자본비용을 고려하지 않은 이익개념인 반면에, 경제적 부가가치는 자기자본비용까지 포함하여 이익을 얼마나 창출하였는지를 파악할 수 있게 해 주므로 기업의 경영성과를 보다 정확하게 측정할 수 있다.

5.5 투자중심점 성과평가의 문제점

5.5.1 투자의 정의

책임중심점별로 수익과 비용을 어떻게 정의하느냐 하는 문제는 원가중심점이나 이익중심점에서와 마찬가지로 투자중심점에도 적용된다. 투자중심점의 성과를 평가하려면 사업부의 투자를 명확하게 정의하여야 한다. 흔히 사용되는 투자에 대한 정의는 다음과 같다.

1) 총가용자산: 자산의 목적에 상관없이 사업 단위의 모든 자산이 포함된다.
2) 총사용자산: 투자중심점의 이익을 창출하는 데 사용하는 순자산이 포함된다. 투자중심점의 정상적 사업활동에 사용되지 않는 자산은 이러한 개념의 투자에는 제외된다. 가령 투자목적으로 보유하고 있는 토지나 투자주식이 이에 해당된다.
3) 운전자본에 자산을 합친 것: 유동부채로 조달된 유동자산은 투자에 포함되지 않는다.
4) 소유주지분: 이는 투자자로 돌아가는 수익률을 측정하는데 출자자본금과 이익유보액이 모두 포함된다.
5) 기타: 경영자는 상황에 따라 운전자본, 총비유동자산, 그리고 순비유동자산 등을 가능한 투자개념으로 사용한다.

많은 기업들은 총자산이나 운전자본에 비유동자산을 합친 개념을 투자의 정의로 사용한다. 그러나 최고경영자가 사업부 경영자로 하여금 여분의 자산을 보유하도록 지시하였다면 투자의 정의는 총사용자산으로 하는 것이 총자산으로 하는 것보다 좀더 합리적일 것이다. 또한 투자중심점이 모회사에 의해 자회사로 운영되는 경우에는 투자의 정의로 소유주지분을 사용하는 것이 적합하다. 운전자본에 비유동자산을 합친 개념을 투자의 정의로 사용하는 이유는 사업부경영자가 사업부의 단기부채에 관한 의사결정에 영향을 주기 때문이다. 물론 성과평가 목적을 위해선 어떠한 경우에도 본부가 사용하는 자산은 사업부의 투자에는 포함시키지 말아야 한다.

5.5.2 자산의 정의

사업부 투자에 대한 정의가 내려진 다음에도 투자액에 포함되는 자산을 어떻게 측정하느냐는 여러 가지 방법이 있다.

1) 자산의 순장부가치: 자산의 역사적 원가에서 감가상각누계액이나 대손충당금 등 자산의 차감적 평가항목을 차감한 금액이다.
2) 역사적 원가: 회계장부에 기록된 자산의 취득원가이다. 역사적 원가로 자산을 평가하면 자산의 취득시점이 다를 때 사업부간 ROI가 좀더 비교가능해진다.
3) 현재가치: 현재가치법은 자산을 추정할인현금흐름을 기초로 측정한다. 투자의 경제적 가치를 회계가치보다 미래현금흐름을 기초로 측정한다는 점에서 유용하

나 기대순현금흐름을 추정하는 일은 매우 어려운 일이다.

4) 현행원가: 현행원가(current cost)법은 현재 사업부가 지니고 있는 자산을 오늘 취득할 때 지불해야 하는 원가로 자산을 측정한다. 인플레이션하에서 회계장부에 기록된 금액을 기준으로 자산을 평가하면 취득한지 오래된 자산을 많이 보유하고 있는 사업부의 평가치는 좋게 나타나게 된다. 현행원가를 사용하면 이런 문제가 해결된다.

5.5.3 그 밖의 문제

① 감가상각방법

감각상각비는 이익과 차후 자산의 순장부가치에 영향을 주기 때문에 감가상각비를 결정하는 감가상각방법은 결국 재무적 측정치에 영향을 미친다. 예를 들어 정액법은 연수합계법이나 이중체감법과 같은 조속상각법에 비해 자산내용연수 첫해의 감가상각비가 적어진다. 이는 당해 연도 이익과 차후 순장부가치에 영향을 준다. 보통 조속상각법을 사용하면 초년도 투자수익률이 크게 감소한다. 정도의 차이는 있지만 정액법에서도 거의 같은 현상이 발생된다. 그렇게 되면 아무리 장기적으로 사업부에 유리한 투자제안이라 해도 경영자는 초년도 성과평가가 저하되기 때문에 이를 받아들이기가 어렵게 된다. 이를 해결하는 한 가지 방법으로 성과평가를 위한 감가상각방법으로 복리이자법(compound interest depreciation) 또는 현금할인법(discounted cash flow depreciation) 등이 제안된다.

② 본부자산과 본부비용

이론적으로는 본부자산과 마찬가지로 본부비용도 사업부의 성과평가를 하는 데 사업부에 할당되지 않아야 한다. 이는 사업부 경영자의 입장에서 본부비용은 통제할 수 없기 때문이다. 그럼에도 불구하고 실무에서는 많은 기업들이 본부비용을 사업부에 할당하는 것으로 알려져 있다. 본부비용을 사업부에 할당하는 이유는 사업부 경영자에게 본부비용이 존재한다는 것을 알려주기 위한 것이고, 또한 본부자원을 보다 효율적으로 활용하도록 촉구하기 위한 것이라고 보고되었다. 최근 활동기준원가 관리개념을 이용한 차지백시스템(chargeback system)에 의한 본부비용의 할당은 이 문제를 해결하는 데 적어도 하나의 실마리를 제공하고 있다.

③ 부외자산

그 밖에 장기 리스에 의한 부외자산은 재무적 성과평가를 위해서는 포함되어야 한다. 또한 이자비용은 운영활동이 아니라 재무활동에 관한 것이므로 제외되어야 한다.

06 이전가격결정

6.1 이전가격결정의 의의

기업은 규모의 확대와 다양화에 적응하기 위하여 가능한 한 경영을 분권화하게 된다. 분권화는 조직을 몇 개의 준 독립적인 사업부로 재조직하는 것을 말하는데, 이 경우 각각의 사업부는 독립적인 경영을 위해 필요한 생산, 판매, 관리 등의 모든 기능을 가질 수 있다. 즉, 일반적으로 분권화된 조직하에서의 각 사업부는 투자중심점 또는 이익중심점이 된다.

그런데 사업부의 성과를 의미있게 평가하는 데 주요 장애요인 중의 하나는 기업 내 각 사업부간의 재화 및 서비스의 이전이다. 각 사업부가 단지 회사 외부의 조직들하고만 거래가 이루어진다면 모든 거래는 정상적 기업거래이며, 이전된 재화와 서비스의 가격은 시장에 의해 결정될 것이다. 그러나 분권화된 조직에서는 많은 거래가 기업의 개별 사업부간에 이루어지고 있다. 한 사업부문의 최종산출물이 또 다른 사업부문의 투입물이 되는 것은 일반적이다. 어떤 경우엔 한 사업부문의 산출물이 모두 동일기업 내 다른 사업부문이나 여러 부문들에 의해 소진되기도 하고, 또 다른 경우엔 일부는 기업 내에서 소진되지만 다른 일부는 기업 외부에 판매되기도 한다. 이처럼 사업부 간에 이루어지는 재화나 용역의 이전을 내부거래(혹은 대체거래)라고 하며, 이때 이전되는 재화나 용역의 가격을 이전가격(transfer price) 혹은 대체가격이라 한다. 즉, 이전가격은 동일한 기업 내에 속해 있는 여러 사업부서 간에 하나의 사업부서에서 다른 사업부서로 재화나 용역을 공급하는 경우 그에 대한 대가로 책정되는 가격이므로 이전가격은 재화나 용역을 제공하는 부서는 수익이 되고 구매하는 부서는 원가가 되는 것이다.

기업전체적인 관점에서는 내부거래시의 이전가격을 얼마로 할 것인가는 아무런 문제가 되지 않는다. 왜냐하면 이전되는 재화나 용역의 이전가격은 이를 제공하는 공급부서(supplying unit)는 수익이지만, 구매부서(buying unit)는 원가이므로 기업 전체적으로 볼 때 내부거래로 인한 손익은 발생하지 않기 때문이다. 그러나 이전가격이 얼마로 책정되는가 하는 것은 공급부서와 구매부서 모두에게 성과평가에 영향을 미치게 되므로 사업부서간에 적용되는 이전가격의 결정은 매우 중요한 문제이다. 그 이유는 한 기업 내의 각 사업부 간에 재화나 용역이 이전될 때 내부거래가격이 어떻게 결정되느냐에 따라 각 사업부의 이익이 크게 달라질 수 있기 때문이다. 즉, 재화나 용역의 이전가격은 공급부서에서는 수익이 되고, 구매부서에서는 원가이므로 이들 두 사업부의 성과측정에 영향을 미치게 된다.

이전가격의 결정은 공급부서의 입장에서는 특정재화나 용역을 내부에 공급할 것인가 아니면 외부에 판매할 것인가를 결정하고, 구매부서의 입장에서는 특정재화나 용역을 내부에서 조달할 것인가 아니면 외부로부터 구매할 것인가를 결정하는 것이다. 일반적으로 분권화가 이루어진 조직에서는 이같은 사내부서간의 이전여부를 결정하는 권한이 각 사업부에 위임되어 자율적으로 결정하게 된다. 그러나 경우에 따라서는 사업부의 자율적인 결정이 기업전체의 입장에서는 바람직하지 않은 결과를 초래할 수 있게 된다. 즉, 기업전체의 입장에서는 기업내부의 부서 간에 재화나 용역을 이전하는 것이 유리함에도 불구하고 각 사업부의 입장에서는 내부이전이 유리하지 않은 경우가 발생할 수 있기 때문이다. 사업부문 성과평가에 대한 이전가격의 영향은 사업부문간 이전되는 교역의 규모에 따라 좌우된다. 사업부문간의 교역규모가 크면 클수록 이전가격이 사업부문의 성과평가에 미치는 영향은 커진다. 그러나 이전가격을 결정하는 데 있어 각 사업부의 공정성에 대한 인식과 관련된 행태적 문제는 제거하기가 어렵다. 이처럼 이전가격은 사업부서의 성과측정, 기업전체의 이익 등에 영향을 미치게 되므로 매우 중요한 문제인 것이다.

6.2 이전가격 결정

이전가격에 영향을 미치는 요인은 매우 많다. 또한 기업과 각 거래부문의 상황에 따라서 결정방법이 각기 다르다. 그러므로 구체적으로 이전가격을 결정하고자 할 경우에는 최소이전가격 및 최대이전가격의 범위 내에서 다음과 같은 대안들을 사용하여 이전가격을 결정하게 된다.

6.2.1 시장가격

시장가격(market price)은 공급사업부가 외부고객에게 판매할 때 받는 가격이며 동시에 구매사업부가 외부 거래처로부터 구매할 때 지불해야 하는 금액이다. 시장가격을 지지하는 사람들은 시장가격은 시장에서 거래당사자간에 결정되기 때문에 가장 논리적이라고 주장한다. 그러나 사업부문간 거래되는 일부 제품이나 서비스는 시장이 형성되지 않아서 시장가격이 존재하지 않는 경우도 있다. 이런 경우에는 시장가격을 이전가격으로 사용할 수 없기 때문에 유사한 제품의 시장가격을 이용하여 제품의 특성을 반영한 수정시장가격(modified market price)을 이전가격으로 사용할 수 있다.

6.2.2 실제원가기준

시장가격기준 이전가격에 대한 대안적인 방법으로 널리 사용되는 것은 역사적 원가(historical cost)라 불리기도 하는 실제원가(actual cost)이다. 실제원가를 이전가격으로 사용하는 이유는 실제원가는 확정적이며, 비교적 쉽게 이해되고 관리되기 때문이다. 실제원가가 사용된다면 변동원가인지, 전부원가인지, 아니면 판매관리비의 일정 부분을 포함한 총원가인지 등을 결정해야 한다. 많은 기업에서는 전부원가계산을 사용하고 있지만 운영활동을 감독·통제하는 경영층의 정보욕구를 충족시켜준다면 이와는 다른 어떠한 유형의 실제원가도 사용할 수 있을 것이다. 실제원가 이전가격은 쉽게 사용될 수 있는 것으로 받아들여지고 있지만 사업부문 성과를 측정하는 데에는 심각한 단점을 지닐 수도 있다. 즉, 공급사업부는 자신의 비능률적 부분까지 실제원가를 통해서 구매사업부에 이전시킬 수 있다. 따라서 공급사업부의 경영자는 구매사업부와는 달리 자기부문을 효율적으로 관리하고자 하는 유인이 거의 없게 된다. 이와는 별도로 실제원가 이전가격을 사용하면 공급사업부는 이익을 벌어들일 수 없게 된다. 모든 원가가 공급사업부로 이전되므로 공급사업부는 손익분기점에 있을 것이다. 이러한 문제를 해결할 수 있는 한 가지 방법은 공급사업부에서 제공하는 재화와 서비스에 대해 사전 예정원가 또는 기대원가를 설정하는 것이다.

6.2.3 표준원가기준

표준원가 이전가격방법에서는 사전 예정표준원가가 사업부문간 재화와 서비스의 이전가격으로 사용된다. 표준과의 차이는 공급사업부의 성과보고서에 보고된다. 차이는 공급사업부를 평가하는 데 사용되고 표준원가를 이전가격으로 사용함으로써 공급사업부에서 발생된 어떠한 효율성이나 비효율성도 구매사업부에 이전되지 않는다. 표준원가를 이전가격으로 사용하는 것의 주요 단점은 모든 제품이 기업 내 다른 부문에 판매되어진다면 공급사업부의 이익은 보고기간 동안의 유리한 순차이에 한정된다. 만약에 순차이가 불리하다면 공급사업부는 손실을 발생시킬 것이다.

6.2.4 이익가산기준

경영층의 보고목적을 충족시키기 위해서 때로는 원가기준 이전가격을 조정할 필요가 있다. 예를 들어, 한 기업이 실제원가를 이전가격으로 사용하면서도 모든 운영사업부문에 대해 이익중심점 성과측정을 하기를 원한다고 하자. 이때 이 기업은 실제원가에 적정이윤을 가산하여 이전가격을 결정할 수 있다. 이때 부가되는 이익의 크기를 사내이익률이라 한다.

6.2.5 협상가격기준

협상이전가격(negotiated transfer price)은 구매자와 판매자 간의 협상에 의해 결정된다. 협상이전가격은 기업외부의 주체와 거래할 때 직면하는 것과 유사한 제 3 자(arm's-length) 거래를 제안한다. 이런 유형의 이전가격은 논리적이고 공정한 것처럼 들리고 또한 흔히 그러하다. 그러나 제도적으로 협상이 효과적으로 되려면 구매사업부와 공급사업부는 내부 협상과정이 성공적이지 않은 경우에는 기업외부와 거래할 수 있는 능력을 지녀야만 한다. 구매사업부와 공급사업부가 단독으로 서로 거래를 해야 한다면 쌍방독점이 존재하게 된다. 쌍방독점은 합리적 경제해결점에 도달될 수 없다고 한다. 따라서 이론적으로 이 경우 이전가격은 협상될 수 없다. 그렇지 않으면 단지 누군가에 의해 제안된 조건을 기초로 이전가격이 결정될 수 있는데, 이때는 최고경영층이 개입하여 이전가격을 좌우하게 된다. 이는 결코 이전가격이 협상되어지는 것은 아닌 셈이다. 그러므로 관련된 두 당사자들이 모두 내부 및 외부 고객 및 공급자들과 거래를 할 수 있고 협상과정 또는 외부 당사자들과의 거래를 간섭하는 경영정책이 없을 때 비로소 협상이전가격은 잘 적용될 수 있다.

6.3 이전가격결정의 일반지침

분권화된 조직에서 사업부간에 재화나 용역을 이전해야 하는 상황이 발생하는 경우, 이전가격의 결정은 기업전체의 입장과 기업내부의 각 사업부 간의 이해관계를 얼마나 잘 반영하는가에 따라 그 성공여부가 결정된다. 이전가격은 각 사업부의 성과평가에 직접적으로 반영되기 때문에 각 사업부의 성과에 대해 정확한 성과평가가 가능해야 하며, 각 사업부의 이익을 극대화하면서 기업전체의 이익을 극대화할 수 있는 범위 내에서 결정되는 것이 바람직하다. 공급사업부는 가능한 한 높은 가격으로 공급하려는 유인이 있으며, 구매사업부는 가능한 한 낮은 가격으로 구매하기를 원한다. 따라서 서로 간의 이해상충이 존재하게 되는데, 이전가격은 공급사업부의 최소이전가격과 구매사업부의 최대이전가격 사이에서 결정된다.

공급사업부는 최소한 내부대체거래를 함으로써 잃게 되는 기회원가만큼은 보장받아야 한다. 기회원가의 상황은 여러 가지가 있을 수 있는데 첫째, 공급사업부에 충분한 여유생산능력이 존재하는 경우이다. 이때 공급사업부의 기회원가는 0이다. 둘째, 공급사업부에 여유생산능력이 없는 경우인데, 이때는 기존의 제품생산량을 줄이고 구매사업부에서 요구하는 제품을 생산할 수밖에 없다. 따라서 기존의 제품생산을 중단함으로써 잃게 되는 이익만큼은 기회원가가 된다. 공급사업부가 받아야 하는 최소한의 이전가격은 일반적으로 다음과 같은 (식 9-6)으로 산출된다.

최소이전가격 = 단위당 변동원가 + 단위당 기회원가 (식 9-6)

반대의 입장에 있는 구매사업부가 최대한 지불할 수 있는 이전가격은 외부에서 구입할 때의 가격일 것이다. 즉, 구매사업부에서 필요한 부품을 외부에서도 구입할 수 있을 때 외부구입가격이 이전가격이 된다. 극단적으로는 만약 구매사업부가 부품부족으로 제품생산을 원활하게 할 수 없을 때 이전가격은 최종제품의 판매가격에서 추가가공원가를 뺀 금액이 된다. 예를 들어 구매사업부의 최종제품 판매가격이 ₩50인데, 부품을 공급받아 최종제품을 생산하는 데는 ₩20의 가공원가가 소요된다고 했을 때 이때 구매사업부가 최대한 지불할 수 있는 이전가격은 ₩30이다. 따라서 구매사업부의 최대이전가격은 (식 9-7)과 같이 산출된다.

최대이전가격
= Min [구매부서의 외부구입가격, 최종제품 판매가격 − 추가가공원가] (식 9-7)

구매사업부의 입장에서는 가능한 낮은 가격에 구매하려고 할 것이며, 구매가격의 하한선은 없다. 극단적으로는 공짜로 구매할 수 있으면 더 없이 좋을 것이라는 말이다. 반대로 공급사업부에서는 가능한 높은 가격에 공급하려고 할 것이며, 공급가격의 상한선은 없다. 극단적으로는 최고의 가격으로 공급할 수 있으면 좋을 것이다. 이처럼 두 사업부 간의 이해관계가 상충되기 때문에 거래는 [도표 9-9]와 같이 공급사업부의 하한가격과 구매사업부의 상한가격 내에서 이전가격이 결정될 것이다.

[도표 9-9] 이전거래의 성립조건

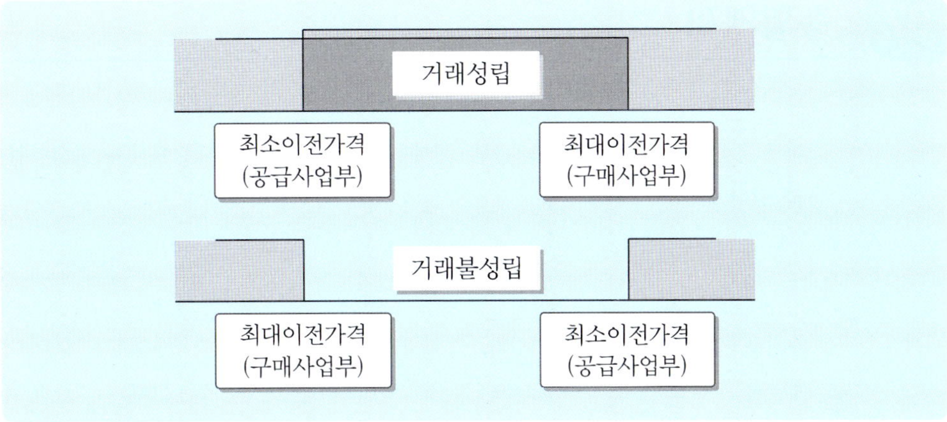

예제 9-9 **이전가격**

스마트(주)는 A, B 두 사업부가 있는데, B사업부는 신제품을 생산하기 위하여 필요한 부품 5,000개를 A사업부로부터 구입하려고 한다. A사업부가 이 부품을 생산하기 위해서는 단위당 변동제조원가 ₩8이 소요된다.

(요구사항)

1. B사업부는 이 부품을 외부에서 ₩30에 구입할 수 있으며, A사업부가 여유생산능력이 있을 경우 최소이전가격과 최대이전가격은 각각 얼마인가?
2. B사업부는 이 부품을 외부에서 ₩30에 구입할 수 있으며, A사업부가 여유생산능력이 없을 경우 최소이전가격과 최대이전가격은 각각 얼마인가? (단, A사업부는 이 제품 5,000개를 생산하기 위해서는 현재 생산·판매중인 Z제품 3,500단위를 포기해야 한다. 포기해야 하는 제품의 판매단가는 ₩45이고, 변동제조원가는 ₩25이다.)

(해 답)

1. 최소이전가격은 ₩8이며, 최대이전가격은 ₩30임.
2. 최소이전가격은 ₩22이며, 최대이전가격은 ₩30임.

   제품의 단위당 공헌이익 : ₩45 − ₩25 = ₩20

   포기해야 할 공헌이익 : 3,500단위 × ₩20 = ₩70,000

   $\therefore \dfrac{₩70,000}{5,000단위} = ₩14$

   ₩8 + ₩14 = ₩22

07 종합예제

1. 스마트(주)는 A, B 두 제품을 생산·판매하고 있다. 20×6년의 예산과 실제영업성과는 다음과 같다.

	A제품		B제품	
	실제	예산	실제	예산
판매량	100	120	80	100
매 출	₩5,000	₩6,240	₩12,000	₩16,000
변동원가	3,500	3,600	8,000	11,000
공헌이익	₩1,500	₩2,640	₩4,000	₩5,000

(요구사항)

(1) 매출가격차이와 매출조업도차이는 각각 얼마인가?

(2) 매출배합차이와 매출수량차이는 각각 얼마인가?

(3) 시장점유율차이와 시장규모차이는 각각 얼마인가? 단, 예산시장규모는 1,600개이며, 실제시장규모는 1,000개이다.

(해 답)

(1)

	A제품	B제품
단위당 실제판매가격	₩5,000/100개 = ₩50	₩12,000/80개 = ₩150
단위당 예산판매가격	₩6,240/120개 = ₩52	₩16,000/100개 = ₩160
단위당 예산변동비	₩3,600/120개 = ₩30	₩11,000/100개 = ₩110

	실제	변동예산	고정예산
제품A	100×(₩50−₩30)=₩2,000	100×(₩52−₩30)=₩2,200	120×(₩52−₩30)=₩2,640
제품B	80×(₩150−₩110)=₩3,200	80×(₩160−₩110)=₩4,000	100×(₩160−₩110)=₩5,000
	₩5,200	₩6,200	₩7,640

매출가격차이 ₩1,000(U) (실제 – 변동예산)

매출조업도차이 ₩1,440(U) (변동예산 – 고정예산)

매출총차이 ₩2,440(U)

(2)

	변동예산(실제배합)	변동예산(예산배합)	고정예산
제품A	100×(₩52－₩30)＝₩2,200	98*×(₩52－₩30)＝₩2,156	120×(₩52－₩30)＝₩2,640
제품B	80×(₩160－₩110)＝₩4,000	82**×(₩160－₩110)＝₩4,100	100×(₩160－₩110)＝₩5,000
	₩6,200	₩6,256	₩7,640

매출배합차이 ₩56(U) / 매출수량차이 ₩1,384(U)

매출조업도차이 ₩1,440(U)

**(100개＋80개)×120개/(120개＋100개) ≒ 98개

**(100개＋80개)×100개/(120개＋100개) ≒ 82개

(3) 단위당 평균예산공헌이익

＝[(₩6,240－₩3,600)＋(₩16,000－₩11,000)]/(120개＋100개)

≒₩34.7

실제시장규모×실제점유율×평균예산공헌이익	실제시장규모×예산점유율×평균예산공헌이익	예산시장규모×예산점유율×평균예산공헌이익
1,000×(180/1,000)×₩34.7	1,000×(220/1,600)×₩34.7	1,600×(220/1,600)×₩34.7
₩6,256	₩4,771	₩7,640

시장점유율차이 ₩1,485(F) / 시장규모차이 ₩2,869(U)

매출수량차이 ₩1,384(U)

2. 다음은 스마트(주)의 각 사업부문의 20×6년도 성과분석 자료이다. 법인세율은 20%이다.

	와인사업부	위스키사업부
총자산	₩100,000	₩400,000
유동부채	25,000	150,000
영업이익	20,000	15,000
당기순이익	15,000	48,000
최저필수수익률	10%	10%
가중평균수익률	15%	20%

(요구사항)

(1) 각 사업부의 ROI(투자수익률)는 얼마인가?

(2) 각 사업부의 RI(잔여이익)는 얼마인가?
(3) 각 사업부의 EVA(경제적 부가가치)는 얼마인가?

(해 답)
(1) ROI = 이익/투자자본(총자산)

$$와인사업부 = \frac{₩20,000}{₩100,000} = 20\%$$

$$위스키사업부 = \frac{₩15,000}{₩400,000} = 3.75\%$$

(2) RI = 순이익에서 투자자본의 부가이자를 차감한 이익
와인사업부 = ₩20,000 − ₩100,000 × 10% = ₩10,000
위스키사업부 = ₩15,000 − ₩400,000 × 10% = −(₩25,000)

(3) EVA = 세후영업이익 − 가중평균자본비용 × (총자산 − 유동부채)
와인사업부 = ₩20,000 × (1 − 0.2) − 0.15(₩100,000 − ₩25,000) = ₩4,750
위스키사업부 = ₩15,000 × (1 − 0.2) − 0.2(₩400,000 − ₩150,000) = −(₩38,000)

3. 스마트(주)는 갑 사업부와 을 사업부를 운영하고 있다. 갑 사업부에서는 침대에 필요한 A매트리스와 의자를 제작하고 있으며, 을 사업부에서는 침대를 제작한다. 을 사업부에서는 최근 새로운 침대를 개발하였다. 이 신제품에는 B매트리스가 필요한데, 이를 외부에서 단위당 ₩50에 구입할 수 있다. 을 사업부에서는 B매트리스 500개를 갑 사업부에서 공급해 주길 원하는데, B매트리스를 생산하는 데 단위당 ₩30의 변동제조원가가 소요된다. 갑 사업부가 B매트리스를 생산하게 되면, 현재 생산하고 있는 A매트리스의 생산량을 300개 줄여야 한다. A매트리스는 현재 단위당 ₩70에 판매되고 있으며, 단위당 변동제조원가는 ₩40이며, 단위당 운송비가 ₩10 소요된다. 만약 B매트리스를 생산하게 되면 단위당 운송비는 ₩5만 발생한다.

(요구사항)
(1) 이전가격의 범위는 얼마인가?
(2) 이전가격이 ₩47으로 결정되었을 때 을 사업부의 제안이 각 사업부 및 기업 전체의 이익에 미치는 영향은 어떠한가?

(해 답)
(1) 최대이전가격(을 사업부): ₩50
최소이전가격(갑 사업부): 단위당 변동원가 + 단위당 기회원가
= (₩30 + ₩5) + [(₩70 − ₩40 − ₩10) × 300개]/500개

$= ₩35 + ₩12$

$= ₩47$

∴ ₩47 ≤ 이전가격 ≤ ₩50

(2)

갑 사업부	을 사업부 제안을 기각할 경우	을 사업부 제안을 수락할 경우
	공헌이익 증감	공헌이익 증감
	=(₩70 − ₩40 − ₩10) × 300개	=(₩47 − ₩30 − ₩5) × 500개
	= ₩6,000	= ₩6,000

따라서 갑 사업부는 을 사업부의 제안에 영향을 받지 않음

을 사업부	을 사업부 제안을 기각할 경우	을 사업부 제안을 수락할 경우
	구입비용 = ₩50 × 500 = ₩25,000	구입비용 = ₩47 × 500 = ₩23,500

을 사업부의 제안이 수락될 경우, 을 사업부는 구입비용을 ₩1,500 절감할 수 있다.

따라서 기업 전체적으로 보면 을 사업부의 제안을 받아들이는 것이 ₩1,500의 이익이 된다.

연습문제 EXERCISE

객관식 문제

[9-1] 다음은 책임회계제도 하에서 작성되는 내부의 책임중심점에 대한 성과보고서와 관련된 설명이다. 옳지 않은 것은? (CPA)

① 통제가능원가, 통제불능원가로 구분하여야 한다.
② 해당 책임중심점에 배분된 고정제조간접원가도 포함시켜야 한다.
③ 조직도표와 일관성을 유지하여야 한다.
④ 통제가능원가의 실제와 표준 간의 차이를 포함시켜야 한다.
⑤ 예외에 의한 관리가 가능하도록 작성하여야 한다.

[9-2] 분권화와 책임회계, 성과평가와 관련하여 다음의 설명 중에서 가장 적절한 것은? (CTA)

① 분권화(decentralization)로부터 얻을 수 있는 효익으로 내부이전가격의 신속한 결정을 들 수 있다.
② 원가중심점은 특정 원가의 발생에만 통제책임을 지는 책임중심점으로 판매부문이 한 예가 될 수 있다.
③ 하부경영자가 자신의 성과측정치를 극대화할 때 기업의 목표도 동시에 극대화될 수 있도록 하부경영자의 성과측정치를 설정해야 하는데, 이를 목표일치성(goal congruence)이라고 한다.
④ 잔여이익(residual income)이 갖고 있는 준최적화(sub-optimization)의 문제점을 극복하기 위하여 투자수익률이라는 개념이 출현하였다.
⑤ 투자수익률법은 투자규모가 다른 투자중심점을 상호 비교하기가 어렵다는 문제점이 있는 반면에 잔여이익법에는 이런 문제점이 없다.

[9-3] 다음 중 수익중심점에 대한 설명으로 틀린 것은? (기업회계 1급)

① 복수제품을 생산·판매하는 기업의 경우에는 매출배합차이를 고려하여 매출총차이를 보다 더 세밀하게 분석해야만 판매활동에 대한 충분한 정보를 얻을 수 있다.
② 매출액만을 기준으로 수익중심점의 성과를 평가하면 수익중심점의 경영자는 매출액의 증대에만 노력을 집중시키고 판매비 등에 대한 원가통제에는 관심을 매우 적게 기울일 우려가 있다.

③ 판매부서의 성과보고서는 실제성과와 예산성과를 비교하는 형식으로 작성하는데 판매부서의 매출총차이(total sales variance)는 전적으로 판매가격이나 매출수량의 차이에 의해 발생하며 그 크기는 실제공헌이익과 예산공헌이익의 차이로써 측정된다.
④ 매출배합차이란 예산단위당 공헌이익과 예산매출배합이 그대로 유지된다고 가정할 때 실제 총매출수량과 예산총매출수량의 차이에 따른 변동예산상의 공헌이익과 종합예산상의 공헌이익의 차이를 나타낸다.

[9-4] 투자수익률(ROI), 잔여이익(RI) 및 경제적 부가가치(EVA)에 대한 설명으로 옳지 않은 것은? (CTA)

① ROI를 전문경영자의 보상평가기준으로 사용한다면 대리인비용이 절감되고 투자안의 경제성 평가기준으로 사용될 수 있다.
② EVA는 타인자본비용뿐만 아니라 자기자본비용도 고려하여 산출한다.
③ EVA는 주주의 입장에서 바라보는 이익개념으로 기업고유의 영업활동에서 창출된 순가치의 증가분을 의미한다.
④ ROI는 회사 전체적으로 채택하는 것이 유리한 투자안을 부당하게 기각할 가능성이 있지만, RI와 EVA는 그럴 가능성이 없다.
⑤ RI는 ROI의 단점인 준최적화현상을 보완하기 위하여 개발되었다.

[9-5] 스마트(주)는 제품A와 B를 제조 및 판매하고 있다. 제품A의 예산판매량은 500개이고 예산상의 단위당 공헌이익은 ₩100, 제품B의 예산판매량은 1,500개이고 예산상의 단위당 공헌이익은 ₩40이다. 실제 판매량은 제품A와 B가 각각 630개, 1,470개이고, 실제 단위당 공헌이익은 제품A와 B가 각각 ₩84, ₩18이었다. 회사 전체의 매출배합 차이와 매출수량 차이는 각각 얼마인가? (기업회계 1급)

	매출배합 차이	매출수량 차이
①	₩6,300(F)	₩5,500(U)
②	₩6,300(U)	₩5,500(F)
③	₩6,300(F)	₩5,500(F)
④	₩6,300(U)	₩5,500(U)

[9-6] 스마트(주)는 다음과 같은 3개의 사업부(A, B, C)를 갖고 있다. 다음 자료를 이용하여 각 사업부를 잔여이익으로 평가했을 때 성과가 높은 사업부 순서대로 옳게 배열한 것은? (CTA)

구 분	A	B	C
투자액	₩1,300,000	₩1,200,000	₩1,500,000
영업이익	300,000	330,000	350,000
최저필수수익률	15%	19%	16%

① C>A>B ② C>B>A ③ B>A>C
④ A>C>B ⑤ A>B>C

[9–7] 스마트(주)에는 A와 B 두 개의 사업부가 있는데, 다음은 성과평가와 관련된 자료이다.

	A사업부	B사업부
투자액	₩2,000	₩4,000
순이익	400	720

스마트(주)의 자본비용은 10%이다. 투자수익률과 잔여이익으로 사업부의 성과를 평가하는 경우 다음 설명 중 옳은 것은? (CTA)

① 투자수익률로 평가하는 경우 A사업부, 잔여이익으로 평가하는 경우 B사업부가 각각 더 우수하다.
② 투자수익률로 평가하는 경우 B사업부, 잔여이익으로 평가하는 경우 A사업부가 각각 더 우수하다.
③ A사업부가 투자수익률, 잔여이익 모두 더 우수하다.
④ B사업부가 투자수익률, 잔여이익 모두 더 우수하다.
⑤ 두 사업부 모두 무차별하다.

[9–8] 스마트(주)의 A부문의 20×1년도 회계자료는 아래와 같다.

매 출	₩1,000,000
변동원가	600,000
고정원가(추적가능원가)	100,000
평균투자자본	200,000
부가이자율(최저필수수익률)	6%

위의 자료에 따라 잔여이익을 구하면 얼마인가? (CTA)

① ₩168,000 ② ₩202,000 ③ ₩288,000
④ ₩312,000 ⑤ ₩420,000

[9-9] (주)스마트의 엔진사업부는 단일의 제품을 생산판매하는 투자중심점이다. (주)스마트의 최근 몇 해 동안의 투자수익률(ROI)은 평균 20%이며, 자본비용(즉, 최저필수수익률)은 15%이다. 다음은 20x1년 회계연도 (주)스마트의 엔진사업부에 관한 예산자료이다.

엔진사업부의 연간 총고정원가	₩200,000
제품단위당 변동원가	₩100
제품의 연간 생산판매량	1,000단위
엔진사업부에 평균투자액	₩500,000

(주)스마트의 CEO는 엔진사업부 경영자의 성과평가측정자료로 투자수익률 혹은 잔여이익을 고려중이다. 만약 투자수익률이 채택되는 경우, 엔진사업부 경영자가 불리한 평가를 받지 않기 위해서는 20x1 회계연도에 20% 이상의 투자수익률을 달성하여야 한다. 만약 잔여이익이 채택되는 경우, 20x1 회계연도에 엔진사업부가 음(−)의 잔여이익을 창출하게 되면 유리한 성과평가를 받을 수 없게 된다. (주)스마트가 엔진사업부의 성과평가측정치로 투자수익률 혹은 잔여이익을 사용하게 되는 경우 각각의 경우에 대해 엔진사업부 경영자가 20x1 회계연도에 불리한 평가를 받지 않기 위해 책정하여야 하는 제품단위당 최소평균판매가격은 얼마인가? (CPA)

	투자수익률을 사용하는 경우	잔여이익을 사용하는 경우
①	₩375	₩380
②	₩375	₩390
③	₩375	₩400
④	₩400	₩375
⑤	₩400	₩390

[9-10] 다음의 두 사업부의 투자수익률(ROI)를 비교한다면, 어느 사업부가 높은가? (기업회계 1급)

	갑 사업부	을 사업부
자산회전율	4회	5회
영업이익	₩500,000	₩280,000
매출액	5,000,000	4,000,000

① 갑 ② 을
③ 같다 ④ 구할 수 없다.

[9-11] 다음 중 사내대체가격을 결정하는 원칙으로 옳지 않은 것은? (CPA)

① 목표일치성에 부합하는 공급부서의 최소대체가격은 변동원가이다.

② 사업부 간 관련이 적은 경우는 보통 시장가격이 최소대체가격이 된다.

③ 공급부서의 유휴생산능력이 있는 경우 대체거래시 처음에는 변동원가만을 고려하여 시작한다.

④ 사업부 간 경쟁이 심한 경우에는 시장가격이 대체가격이 된다.

⑤ 기업전체의 관점에서 본 관련원가와 사업부 관점에서 본 대체가격의 경제성을 고려하여 결정한다.

[9-12] (주)목련은 A사업부에서 중간재를 생산하고 B사업부에서 완제품을 생산하고 있다. A사업부는 중간재를 외부에 판매하거나 B사업부에 대체할 수 있다. A사업부의 중간재 제조원가는 단위당 ₩700이며 B사업부의 추가변동원가는 단위당 ₩600이다. A사업부의 경영자는 다음의 두 가지 대안을 고려중이다. 대안 1은 중간재 1,000단위를 단위당 ₩1,200에 전량 외부 판매하는 것이고, 대안 2는 중간재 600단위를 단위당 ₩1,400에 외부판매하고 나머지 400단위를 B사업부에 적절한 가격으로 대체하는 것이다. A사업부의 경영자가 두 가지 대안을 동일하게 판단할 수 있도록 하려면 B사업부의 대체가격은 단위당 최소 얼마가 되어야 하는가?

(기업회계 1급)

① ₩700　　② ₩900

③ ₩1,200　　④ ₩1,400

[9-13] 대한회사는 분권화된 사업부A와 사업부B를 이익중심점으로 설정하여 운영하고 있다. 그 동안 사업부A는 부품을 생산하여 단위당 ₩110으로 사업부B에 공급해 왔다. 그런데 최근에 사업부B는 외부공급업체로부터 부품을 단위당 ₩90에 공급해 주겠다는 제안을 받고 있다. 사업부A는 생산하고 있는 부품을 사업부B 이외에는 판매할 수 없으며 부품의 단위당 제조원가는 다음과 같다.

직접재료원가	₩40
직접노무원가	28
변동제조간접원가	12
고정제조간접원가	24
	₩104

사업부A의 고정제조간접원가는 부품의 생산여부에 관계없이 계속 발생한다. 다음 설명 중 옳지 않는 것은? (CTA)

① 사업부B의 경영자는 사업부A에 대하여 현재의 사내이전가격을 ₩90 이하로 낮추어 줄 것을 요구할 것이다.

② 사업부A가 현재의 사내이전가격을 그대로 유지하고자 한다면 사업부B의 경영자는 부품의 공급자를 외부공급업자로 변경하는 것이 유리하다.
③ 사업부A가 요구할 수 있는 최소한의 내부이전가격은 ₩90이다.
④ 사업부A는 부품을 단위당 ₩90으로 사업부B에 공급하면 단위당 ₩10만큼의 공헌이익이 발생하게 된다.
⑤ 회사전체의 입장에서는 부품을 자가제조하여 사내이전하는 것이 단위당 ₩10만큼 유리하다.

[9–14] 스마트(주)는 분권화된 사업부 갑과 을을 이익중심점으로 설정하고 있다. 사업부 갑에서 생산되는 제품A는 사업부 을에 대체하거나 외부시장에 판매할 수 있으며, 관련원가자료가 다음과 같이 제시되어 있다. 사업부 을은 제품A를 주요부품으로 사용하여 완제품을 생산하고 있으며, 공급처는 자유로이 선택할 수 있다. 현재 사업부 갑은 100,000단위의 제품A를 생산하여 전부 외부시장에 판매하고 있으며, 사업부 을에서는 연간 50,000단위의 제품A를 단위당 ₩42의 가격으로 외부공급업자로부터 구입하고 있다. 만일 사업부 갑이 제품A를 사업부 을에 사내 대체한다면 단위당 ₩8의 판매관리비를 절감할 수 있다고 할 때, 제품A의 사내대체가격은 어느 가격범위에서 결정되어야 하겠는가? (CTA)

- 단위당 외부 판매가격: ₩45
- 단위당 변동원가: ₩30(변동판매관리비 포함)
- 연간고정원가: ₩1,000,000
- 연간최대생산능력: 100,000단위

① ₩15과 ₩22 사이
② ₩22과 ₩30 사이
③ ₩30과 ₩37 사이
④ ₩37과 ₩42 사이
⑤ ₩42과 ₩45 사이

[9–15] 서강회사는 분권화된 사업부A와 사업부B를 이익중심점으로 설정하고 있다. 사업부A는 중간제품을 생산하고 있는데, 연간 생산량의 20%를 사업부B에 대체하고 나머지는 외부시장에 ₩750에 판매하고 있다. 사업부A의 연간 최대생산능력은 10,000단위로서, 전량을 외부시장에 판매할 수도 있다.

사업부A에서 생산되는 중간제품의 변동제조원가는 단위당 ₩450이며, 외부 판매와 관련된 변동판매관리비는 단위당 ₩10이 발생한다. 고정원가는 생산량·판매량에 상관없이 항상 일정한 금액으로 유지된다.

사업부B는 그 동안 사업부A에 대체받아 오던 2,000단위의 중간제품을 내년도부터 단위당 ₩820의 가격으로 구입할 수 있다. 회사는 사업부 경영자들에게 판매처 및 공급처를 자유로이 선택할 수 있는 권한을 부여하고 있다.

만일, 사업부A가 사업부B에 대체해 오던 중간제품 2,000단위를 외부시장에 판매하고 사업부B는 외부공급업자로부터 구입한다면, 기존의 정책에 비하여 회사전체의 입장에서는 어떤 변화가 초래되겠는가? (CTA)

① ₩140,000의 이익감소를 초래한다.
② ₩160,000의 이익감소를 초래한다.
③ ₩160,000의 이익증가를 초래한다.
④ ₩140,000의 이익증가를 초래한다.
⑤ 개별사업부의 이익수치가 달라질 뿐, 회사전체의 이익에는 변동이 초래되지 않는다.

주관식 문제

[9–1] 스마트(주)는 하나의 제조부문과 하나의 판매부문으로 구성되어 있다. 20×5년 종합예산 및 실제 자료는 다음과 같다. (단, 종합예산은 표준원가를 바탕으로 편성되었으며, 기초 및 기말 재고자산은 없다.)

	종합예산	실제자료
판매량	10,000개	12,000개
매출액	₩2,000,000	₩2,640,000
변동원가		
직접재료원가	400,000	576,000
직접노무원가	300,000	432,000
제조간접원가	150,000	226,000
판매수수료	200,000	264,000
고정원가		
제조간접원가	180,000	196,000
판매원 급료	100,000	150,000

(요구사항)

1. 실제공헌손익계산서, 변동예산상의 공헌손익계산서, 종합예산상의 공헌손익계산서를 비교 작성하시오.
2. 실제이익과 종합예산이익의 차이를 판매부문의 이익차이와 제조부문의 원가차이로 구분하시오. 단, 판매부문의 이익차이를 매출가격차이와 매출조업도차이, 판관비차이로 세분하시오.

[9-2] 스마트(주)는 과자와 초콜릿을 생산·판매하고 있다. 20×1년 6월의 예산 및 실제성과는 다음과 같다.

	예 산		실 제	
	과 자	초 콜 릿	과 자	초 콜 릿
판매량	50,000개	25,000개	60,000개	20,000개
매출액	₩500,000	₩450,000	₩570,000	₩400,000
변동원가	300,000	300,000	200,000	220,000
고정원가	₩150,000		₩155,000	

(요구사항)

1. 매출가격차이, 매출배합차이, 매출수량차이를 분석하시오.
2. 기업전체의 실제순이익과 고정예산상의 순이익의 차이를 조정하시오.

[9-3] 스마트(주)는 소보루빵, 슈크림빵 두 종류의 빵을 생산하고 있다. 소보루빵은 일반인에게 판매하고 있으며 슈크림빵은 주문 생산하여 판매하고 있다. (주)남산제과의 20×4년 예산과 실제자료는 다음과 같다.

20×4년 예산

	판매단가	단위당 변동원가	단위당 공헌이익	판매수량
소보루빵	₩500	₩300	₩200	15,000개
슈크림빵	300	200	100	5,000
합　계				20,000개

20×4년 실제

	판매단가	단위당 변동원가	단위당 공헌이익	판매수량
소보루빵	₩600	₩250	₩350	20,000개
슈크림빵	250	200	50	4,000
합　계				24,000개

스마트(주)는 판매부서에서 추정한 20%의 예산시장점유율과 제과협회에서 예측한 전체시장규모 100,000개를 기준으로 20×4년의 총매출예산을 수립하였다. 그러나 20×4년도 말의 실제시장규모는 150,000개로 보고되었다.

(요구사항)

1. 매출가격차이와 매출조업도차이는 각각 얼마인가?
2. 시장점유율차이와 시장규모차이는 각각 얼마인가?

[9-4] 스마트(주)는 갑, 을 제품 두 종류를 생산·판매하고 있다. 당기의 종합예산과 실제성과는 다음과 같다.

예산자료

제품	단위당 판매가격	단위당 변동원가	단위당 공헌이익	판매량
갑	₩120	₩70	₩50	700개
을	80	50	30	300
합계				1,000개

실제자료

제품	단위당 판매가격	단위당 변동원가	단위당 공헌이익	판매량
갑	₩100	₩40	₩60	950개
을	90	70	20	250
합계				1,200개

제품 갑과 을은 각각 동일산업 내에서 판매되는 제품이며 산업전체의 시장규모 및 시장점유율에 대한 예산자료와 실제자료는 다음과 같다.

예산시장규모	5,000개
예산시장점유율(1,000개/5,000개)	20%
실제시장규모	6,875개
실제시장점유율(1,200개/6,875개)	17.45%

(요구사항)

1. 매출가격차이와 매출조업도차이를 구하시오.
2. 매출배합차이와 매출수량차이를 구하시오.
3. 시장점유율차이와 시장규모차이를 구하시오.

[9-5] 스마트(주)는 A, B의 두 가지 가전제품을 생산하고 있다. 회사의 20×4년의 예산과 실제치의 자료는 다음과 같다.

[예산]

	A	B
판매량	500개	500개
변동원가	@₩60	@₩90
공헌이익	40	60

[실제]

	A	B
판매량	600개	300개
변동원가	@₩55	@₩95
공헌이익	40	65

(요구사항)

1. 판매가격차이와 매출조업도차이를 구하시오.
2. 매출배합차이와 매출수량차이를 구하시오.
3. 시장규모와 시장점유율에 대한 다음의 자료가 주어졌을 때 시장규모차이와 시장점유율 차이를 구하시오.

예산시장규모	10,000개	예산시장점유율	10%
실제시장규모	6,000개		

[9-6] 스마트(주)는 TV, 냉장고, 오디오의 3개 사업부로 분권화되어 있다. 각 사업부에 대한 당기의 자료는 다음과 같다.

	영업자산	영업이익
TV사업부	₩4,000,000	₩800,000
냉장고사업부	6,000,000	1,440,000
오디오사업부	800,000	60,000

냉장고사업부는 신규투자안을 고려 중인데, 이 투자안에 의하면 ₩2,000,000을 투자하여 ₩500,000의 이익을 얻을 수 있다. 스마트(주)의 전체의 최저필수수익률은 15%이다.

(요구사항)

1. 다음의 성과평가기준에 따라 각 사업부의 성과를 평가하시오.
   (1) 투자수익률(ROI)
   (2) 잔여이익(RI)
2. 냉장고사업부의 신규투자안에 대한 채택여부를 다음의 성과평가기준에 따라 검토하시오.
   (1) 투자수익률(ROI)
   (2) 잔여이익(RI)

[9-7] 스마트(주)의 X사업부 예산자료는 다음과 같다.

연평균 이용가능자산:	
매출채권	₩600,000
재고자산	400,000
비유동자산(순액)	1,000,000
총자산	2,000,000
연간 고정원가	450,000
단위당 변동원가	10
평균이용가능자산에 대한 연간기대투자수익률	27.5%
연간 예상판매량	400,000개

(요구사항)

1. 평균이용자산에 대한 기대투자수익률을 위한 단위당 판매가격은 얼마인가?
2. 예산자료에 의한 자산회전율과 매출액이익률을 구하시오.
3. 연간 판매량이 300,000개라면, 평균이용가능자산에 대한 기대투자수익률은 얼마인가? 단, 단위당 판매가격이나 단위당 변동원가는 (요구사항 1)에서와 같이 일정하다고 가정하시오.

[9-8] 스마트(주)는 분권화된 네 개의 사업부(감사부, 조세부, 컨설팅부, 국제부)가 있다. 4개의 사업부의 평균투자액과 영업이익은 다음과 같다.

사업부	평균투자액	영업이익
감 사 부	₩40억	₩30억
조 세 부	20억	4억
컨설팅부	10억	8억
국 제 부	4억	0.4억

스마트(주)의 평균투자자본에 대한 최저필수수익률은 12%이며, 각 사업부의 고유위험은 동일하다.

(요구사항)

1. 다음 기준에 따라 각 사업부의 성과를 평가하고 우선순위를 결정하시오.
   1) 투자수익률
   2) 잔여이익
2. 최저필수수익률이 12%에서 75%로 각각 바뀐다고 가정하면 잔여이익법에 의한 우선수위는 어떻게 되는가?

3. 컨설팅부는 새로운 투자안을 검토하고 있다. 이 투자안의 투자규모는 ₩20억이며, 영업이익은 ₩8억으로 예상된다. 여기에 소요되는 예산은 현재의 자본비용수준으로 조달할 수 있다. 이 투자안의 채택 여부를 아래 기준에 따라 결정하시오.
   1) ROI
   2) RI

[9-9] 스마트(주)는 3개의 사업부(TV사업부, 냉장고사업부, 에어컨사업부)를 운영하고 있다. 이들 사업부의 20×1년 영업활동 결과는 다음과 같다. (기업회계 1급)

	TV사업부	냉장고사업부	에어컨사업부
매출액	₩1,200,000	₩1,400,000	₩2,500,000
평균영업용자산	300,000	700,000	500,000
영업이익	60,000	56,000	80,000
최소필수수익률	14%	10%	16%

(요구사항)

1. 매출수익률, 자산회전율을 이용하여 각 사업부의 투자수익률을 산출하시오.
2. 각 사업부의 잔여이익을 산출하시오.
3. 20×2년 계획하고 있는 신규투자안의 수익률이 15%일 때 다음 물음에 답하시오.
   1) 투자수익률을 이용하여 성과평가를 할 경우, 신규투자안을 받아들일 사업부는 어떤 사업부이며, 투자안을 거절할 경우 이유는 무엇인가?
   2) 잔여이익을 이용하여 성과평가를 할 경우, 신규투자안을 받아들일 사업부는 어떤 사업부이며, 투자안을 거절할 경우 이유는 무엇인가?

[9-10] 다음은 스마트(주)의 강남사업부와 강북사업부의 재무상태표와 손익계산서 자료의 일부이다. (기업회계 1급)

	강남사업부	강북사업부
총 자산	₩2,000,000	₩10,000,000
유동부채	500,000	3,000,000
세전영업이익	250,000	2,000,000

스마트(주)의 가중평균자본비용 계산에 관련된 자료가 다음과 같은 경우

- 장기부채: 시장가치 ₩7,000,000 이자율 10%
- 자기자본: 시장가치 ₩7,000,000 자본비용 14%

(요구사항)

강남사업부와 강북사업부의 경제적 부가가치(EVA)를 계산하시오. (단, 법인세율은 40%이며 각 사업부에는 동일한 가중평균자본비용을 적용한다.)

[9–11] 스마트(주)는 밸브를 생산하는 사업부를 운영하고 있으며, 동 사업부의 생산관련 자료는 다음과 같다.

사업부 최대생산능력	100,000단위
정상적인 외부판매가격	₩30
단위당 변동원가	16
단위당 고정원가	9

스마트(주)는 밸브사업부에서 생산하는 밸브를 사용하여 펌프를 생산하는 펌프사업부도 운영하고 있다. 현재 펌프사업부에서는 밸브를 해외에서 단위당 ₩29에 연간 10,000개를 수입하여 사용하고 있다.

(요구사항)

1. 만약에 밸브사업부가 펌프사업부의 요구에 응할 수 있는 충분한 여유생산능력을 가지고 있다면 두 사업부간의 가능한 대체가격의 범위는 얼마인가?
2. 만약에 밸브사업부가 외부판매 외에 여유생산능력이 없다면 두 사업부간의 가능한 대체가격의 범위는 얼마인가?
3. 만약에 밸브사업부가 외부판매 외에 여유생산능력이 없으나, 내부대체시 단위당 변동원가를 ₩3씩 절감할 수 있다면 두 사업부간의 가능한 대체가격의 범위는 얼마인가?

[9–12] 스마트(주)는 A, B 두 개의 사업부를 가지고 있다. 다음은 사업부A에 관한 자료이다.

최대생산능력	50,000개
정상적인 외부판매가격	₩30
단위당 변동원가	18
단위당 고정원가	3

사업부B는 사업부A에서 생산되는 부품을 사용하고 싶어한다. 사업부B는 이 부품을 외부에서 단위당 ₩28에 구입하고 있다. 만약, 이 부품을 내부에서 대체한다면 단위당 ₩1의 변동원가를 절약할 수 있다.

(요구사항)

1. 사업부A가 생산량 전부를 외부에서 ₩30의 가격에 판매할 수 있다면, 사업부A의 관점에서 최소대체가격은 얼마인가?
2. 사업부A가 외부판매를 줄이지 않고도 사업부B에 부품을 공급할 수 있는 충분한 여유생산 능력을 가지고 있다면, 사업부A의 관점에서 최소대체가격은 얼마인가?

[9-13] A회사는 X사업부와 Y사업부로 구성되어 있다. X사업부는 부품을 생산하고 Y사업부는 X사업부에서 생산한 부품을 가공하여 제품을 생산한다. 연간 X사업부에서 생산할 수 있는 최대생산부품수량은 15,000단위이고 외부시장에 13,000단위를 단위당 ₩250에 판매하고 있으며 단위당 ₩150의 변동비(변동판매관리비 포함)가 발생하고 있다. 사내대체를 한다면 단위당 ₩40의 변동판매관리비를 절감할 수 있다. Y사업부는 5,000단위의 부품으로 단위당 ₩230의 추가가공비를 지출하여 제품을 생산한 후 단위당 500원의 가격으로 외부에 판매한다. Y사업부는 외부공급자로부터 부품을 ₩180에 구입할 수 있다. (기업회계 1급)

(요구사항)

두 사업부가 동의할 수 있는 대체가격의 범위는?

[9-14] 스마트(주)는 A사업부에서 부품을 생산하고, B사업부에서는 동 부품을 가공하여 완제품을 생산하고 있으며 부품은 외부판매도 이루어지고 있다. A사업부에서는 부품의 가격을 ₩200에서 ₩195으로 낮추어 매출수량을 10,000개로 하는 안(案)과 그렇지 않고 8,000개를 ₩200에 판매하고 2,000개를 B사업부에서 적절한 가격으로 대체하는 안(案)을 고려하고 있다. (기업회계 1급)

- 부품의 판매가격: ₩200
- 완제품의 판매가격: ₩300
- 부품의 변동비: ₩120
- 부품을 완제품으로 가공하는 추가가공원가: ₩150

(요구사항)

1. A사업부에 동일한 이익을 가져다줄 것으로 기대되는 적절한 대체가격은 얼마인가?
2. 이 때 B사업부의 최대대체가격은 얼마인가? 내부이전거래는 성립하는가?

[9-15] 스마트(주)는 비행기 생산부문과 엔진 생산부문으로 구성되어 있다. 엔진 생산부문에서 무선 비행기 생산에 사용하는 엔진을 자체생산하며, 엔진 1개당 ₩50의 변동원가가 발생한다. 비행기 생산부문에서는 최종 완성품을 ₩200에 판매하며 추가 변동가공원가는 ₩120이 든다. 외

01 가치사슬과 원가관리

어떤 제품이 소비자에게 전달되어 소비되기까지는 연구개발, 제조, 판매, 판매후 보증에 이르기까지 여러 단계의 수명주기를 가진다. 전통적인 원가관리는 주로 제조단계에 초점이 맞춰져 있었다. 제조단계에서 발생하는 제조원가를 측정하고 제조성과를 파악하려는 것이며, 이러한 제조원가는 외부보고목적의 재무제표를 작성하는데 사용되었다. 또한 자동화가 진전된 현대와는 달리 과거에는 수작업의 의존도가 높았고, 수작업 과정을 효율적으로 관리하는 것이 원가절감에 중요한 역할을 한다고 보았다.

전통적인 제품원가계산제도는 단지 제조프로세스에 초점을 두고 있기 때문에 기업의 전략계획을 수행하는데 도움이 되는 정보를 제공하지 못한다. 제품과 관련된 원가는 제조이전단계 뿐만 아니라 제조이후단계에서도 수많은 원가가 발생하기 때문이다. 특히 제조과정에서 발생하는 원가의 상당 부분은 연구개발단계에서 이미 결정된 것이며, 제조단계에서 발생될 뿐이다. 이러한 모든 원가들은 제품의 수익성에 큰 영향을 미칠 뿐만 아니라 부문 및 구성원들의 성과평가에도 큰 영향을 미친다. 가치사슬과 제품수명주기원가계산의 개념은 바로 전략적 계획 및 통제에 결정적인 원가자료를 제공해 준다.

의사결정의 목적이 무엇이냐에 따라 필요한 정보도 달라진다. 특수의사결정에서 설명한 단기의사결정에서는 주로 증분원가가 활용되었다. 단기의사결정에서는 제품설계에 대한 정보를 필요로 하지 않았다. 그렇지만 많은 단기적 의사결정도 전략적 계획과 일치된다. 장기적으로는 초기의 제품연구개발비가 전략적 계획 제품평가에서 당연히

[도표 10-1] 기업의 가치사슬

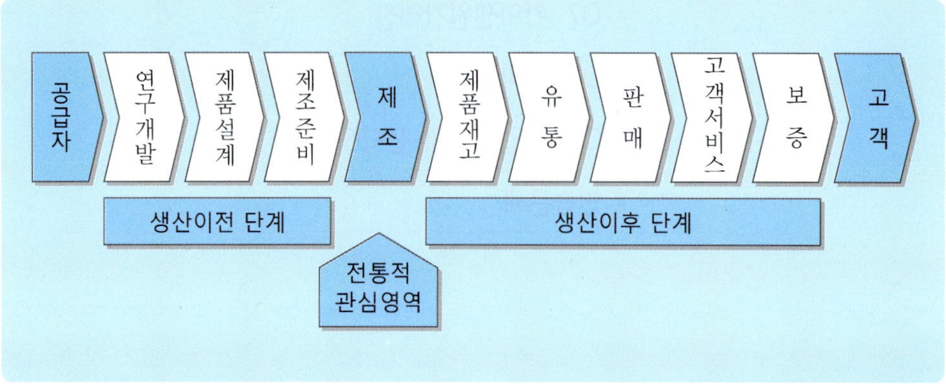

[도표 10-2] 전략적 원가관리 기법

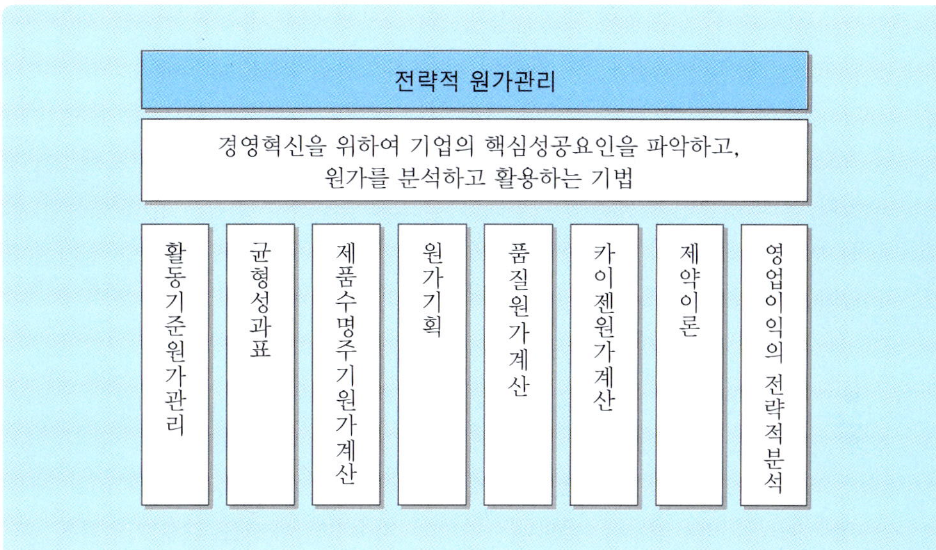

고려되어야 한다. 여기서는 전략적 원가관리라는 개념 하에서 다루어지는 여러 가지 관리회계기법에 대해 살펴보도록 한다.

02 활동기준원가관리

2.1 활동기준원가계산/관리의 등장

생산자동화가 진척됨에 따라 전통적 제품원가계산은 많은 도전을 받고 있다. 로봇이나 그 밖의 컴퓨터로 작동하는 프로세스의 사용이 늘어남에 따라 생산의 성격이 변화되면서 원가구성도 달라졌다. 고도로 자동화된 제조기업에서 직접노무원가의 비중은 점점 감소되는 반면 간접원가는 증가하고 있다. 이에 따라 직접작업시간이나 기계작업시간과 같은 단위수준의 원가동인을 기준으로 제조간접원가를 제품에 배부하는 것은 산출물과 제조간접원가 간의 인과관계를 제대로 반영하지 못하기 때문에 왜곡된 원가정보를 산출하게 한다. 좀 더 올바른 제조간접원가 배부기준을 찾아야 한다는 필요성이 활동기준원가계산(activity-based costing; ABC)을 탄생시킨 배경이다.

ABC는 특정 제품의 제조간접자원의 소모에 대한 정확한 정보를 제공할 수 있다는 단순한 개념이다. ABC는 한 제품이 많은 제조간접자원을 소모하면 그렇지 않은 제품보다 제조간접원가의 많은 부분을 부담해야 한다는 전제를 기반으로 한다. 제품에 의해 소모되는 활동들이 한번 식별되면 원가를 절감한다는 관점에서 프로세스가 평가될 수 있다. ABC에서는 활동을 줄이면 궁극적으로 총원가가 절감된다. 전통적인 원가계산에선 반대로 재고관리결과에 상관없이 더 많은 양을 생산하면 단위당 원가를 절감할 수 있다는 관점이었다.

2.2 ABCM의 발전단계와 개념적 모형

초기의 활동기준원가관리(activity-based cost management; ABCM)는 제품원가계산에만 초점을 맞추었지만 경영자는 기업의 지속적인 개선을 위해 기업활동 중 개선되어야 하거나 제거되어야 할 활동에 대한 정보가 필요하게 되었다. 이에 따라 ABCM은 각 활동에 대한 보다 구체적인 정보를 제공할 수 있는 2차원 개념으로 확대되었다. 이러한 2차원의 개념은 [도표 10-3]과 같이 표시될 수 있다. 그림에서 보듯이 활동기준원가관리에 대한 2차원적 개념에는 '원가할당관점(cost assignment view)'과 '업무처리관점(process view)'의 두 관점이 있다.

[도표 10-3] ABCM의 개념적 모형

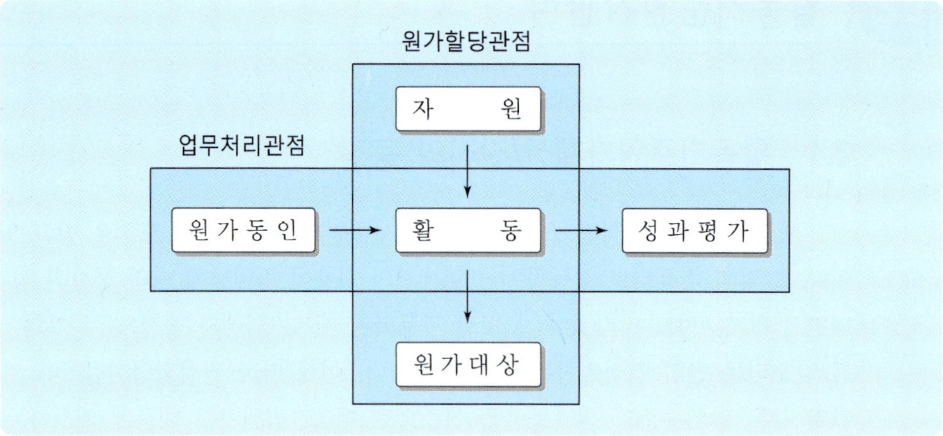

2.2.1 원가할당관점(cost assignment view)

원가할당관점은 [도표 10-3]의 종축에 해당하는데 기업자원, 활동 그리고 원가대상의 세 영역으로 구성되어 있다. 기업자원이란 활동의 성과에 영향을 미치는 경제적 요소로 원가의 발생원천이다. 이러한 기업자원은 여러 활동에 의해 소비된다. 기업의 자원을 소비한 활동에 원가를 할당하는 기준을 자원원가동인(resource driver)이라 한다. 자원원가동인은 각 활동에 의해 사용된 자원을 측정한 것으로 사용된 자원과 인과관계가 높은 측정치이다. 자원원가동인에 의해 할당된 원가를 활동의 원가요소(cost element)라 하고 이들의 총계를 활동원가중심점(activity cost pool)이라 한다. 각 활동원가중심점은 활동원가동인(activity driver)이라는 배분기준으로 원가대상에 할당된다. 활동원가동인이란 원가대상에 의해 사용된 각 활동을 측정하는 것으로 사용된 활동과 인과관계가 높다. 원가대상은 원가가 추적되는 최종 지점으로 왜 기업에서 그 활동을 수행하는가에 대한 이유가 된다. 이에 따라 원가대상은 기업이 제공하는 제품, 서비스일 수도 있고 이들에 대한 고객일 수도 있다.

이러한 원가배분과정에 의한 ABCM은 기업자원의 원가를 인과관계가 높은 배분기준으로 원가대상에 할당하여 정확한 원가계산정보를 제공하는 것을 목표로 한다. 이러한 관점은 기업자원을 기업의 활동이나 원가대상(제품, 고객도 포함)에 할당하려는 기업의 요구를 반영한 것으로 가격결정, 제품배합, 제품설계 등의 의사결정에 필요한 정보를 제공한다. 이에 따라 각 제품별로 보다 정확한 원가정보를 근거로 경영자는 생산제품과 생산활동에 대해 보다 나은 의사결정을 수행하고, 기업의 전략과 기업운영에 필요한 정확하고 유용한 제품원가정보를 제공받을 수 있게 되었다.

2.2.2 업무처리관점(process view)

업무처리관점은 [도표 10-3]의 횡축에 해당하는데 원가동인, 활동 그리고 성과평가지표의 세 부분으로 구성되어 있다. 원가동인(cost driver)은 왜 활동이 수행되어야 하는가, 그리고 얼마의 노력이 행해져야 하는가에 대한 정보를 제공한다. 원가동인은 각 활동에 내재된 요인일 수도 있고 기업의 다른 활동일 수도 있다. 즉, 특정한 활동은 다른 활동의 원가동인이 될 수 있다. 경영자는 이러한 정보를 이용하여 기업의 여러 활동 간의 관계를 파악할 수 있어 기업활동을 개선할 때 정보로 사용할 수 있다.

성과평가지표란 활동에 의해 달성된 결과를 의미하며 활동이 얼마나 잘 수행되었는가를 말해 준다. ABCM에서는 각 활동에 대한 재무적 성과평가지표와 함께 비재무적 성과평가지표도 제공한다. 예를 들어 작업장에서의 이동시간, 이동횟수, 작업준비시간, 작업실패횟수 등에 대한 정보를 제공할 수 있고, 이러한 정보는 활동의 효율성, 활동을 완료하는 데 소요된 시간 그리고 품질 등에 대한 성과평가지표로 쓰일 수 있다.

ABCM에 대한 업무처리관점에서는 각 활동의 원가동인을 파악함으로써 경영자로 하여금 기업활동 가운데 개선할 수 있는 활동을 파악할 수 있게 한다. 예를 들어 구매 활동에서 결함이 있는 부품을 구매할 경우 이러한 결함을 찾기 위해 검사활동이 이루어진다. 이에 따라 결함이 있는 부품을 구매하는 활동은 검사활동과 검사활동의 정도를 결정하는 원가동인이다. 즉, 결함부품의 구매를 방지할 수 있다면 검사활동을 줄이거나 제거할 수도 있고 나아가 검사활동에 따른 원가를 절감할 수 있다. 이와 같이 원가동인은 기업활동 중 개선될 수 있는 활동에 대한 정보를 제공한다.

ABCM은 각 활동에 대한 성과평가지표도 제공할 수 있다. 이 성과평가지표는 기간별로 통제 가능한 목표와 비교하거나 기업의 내부 또는 외부의 목표와 비교될 수 있다. 이러한 비교를 통하여 활동이 얼마나 잘 수행되고 개선이 필요한 곳을 확인할 수 있다. 만일 활동의 성과가 만족스럽지 못하면 이 활동의 원가동인을 분석하여 개선할 수 있다. 이 관점을 구성하는 원가동인과 성과평가지표는 기본적으로 비재무적인 정보로 각 활동과 업무처리과정을 해석하는 데 도움이 된다. 이와 같이 업무처리관점은 ABCM을 단순한 원가계산 개념에서 기업을 개선하는 데 필요한 정보를 제공할 수 있는 개념으로 확장시켰다.

2.3 부가가치원가와 비부가가치원가

기업 간의 경쟁이 치열해지는 상황에서 기업이 목표원가를 달성하는 데에는 상당한 어려움이 있다. 기업은 목표원가가 설정되면 가치공학 프로세스 등을 통해 목표원가를 달성하기 위해 부단한 노력을 하게 된다. 기업이 목표원가를 달성하기 위해서 가치공학과 함께 고려해야 할 요소가 기업에서 수행하고 있는 활동을 부가가치활동과 비부가가치활동으로 구분하고, 비부가가치활동을 최대한 제거시킴으로써 어느 정도 달성할 수 있다.

가장 효율적으로 생산활동을 수행한다면 이론적으로는 비부가가치원가는 전혀 발생하지 않고 부가가치원가만이 발생하여야 한다. 기업에서 발생하는 원가를 부가가치원가와 비부가가치원가로 구분하기 위해서는 ABCM에서 사용되는 부가가치표준의 개념을 도입하여야 한다. 부가가치표준이란 비부가가치활동을 완전히 제거한 상태이거나, 필요한 활동이라 하더라도 비효율적으로 수행되고 있는 활동을 제거한 이상적인 상태를 의미한다. 이와 같은 부가가치표준은 단기간에 이루어지는 것이 아니라 목표를 달성하기 위해 지속적으로 노력할 수 있도록 종업원들에 동기부여를 함으로써 달성할 수 있다.

부가가치원가는 기업의 활동이 부가가치표준에 의해 수행되었을 경우 발생하는 원가를 의미하며, 비부가가치원가를 측정하기 위해서는 원가를 유발하는 원가동인을 분석하여야 한다. 경영자는 원가동인분석을 통하여 각 원가동인에 대한 부가가치표준을 설정하게 된다. 여기서 부가가치표준은 특정 활동을 수행하기 위해 필요한 원가동인의 수량이 된다. 이를 이용하여 다음과 같이 부가가치원가가 산출된다.

> 부가가치원가 = 원가동인의 부가가치표준수량 × 원가동인의 단위당 표준원가
>
> 비부가가치원가 = [원가동인의 실제사용수량 − 부가가치표준수량]
> × 원가동인의 단위당 표준원가

원가동인의 분석은 비부가가치원가를 통제하기 위해서는 반드시 필요한 과정이다. 한 부서에 대한 성과측정이 그 부서가 비부가가치원가를 얼마나 잘 통제하는가에 의하여 결정되는데, 비부가가치원가를 통제하기 위해서는 원가를 발생시키는 동인을 정확하게 파악하고 이에 대한 통제를 적절하게 수행하여야 한다. 경영자가 원가동인을 선택할 때에는 작업자의 행동양식에 미치는 영향을 고려하여 신중하게 결정하여야 한다. 즉, 원가동인의 선택은 작업자로 하여금 원가절감을 위해서 해당 원가동인에 관한 활동수를 줄이고자 하는 노력을 하게 한다.

하지만 원가동인에 대한 활동수를 줄이고자 하는 노력이 다른 측면에서의 원가증가를 가져올 수도 있다는 것을 고려하여야 한다. 예를 들어 부품검사비의 원가동인으로 부품수를 선택할 경우 작업자들은 원가를 절감시키기 위하여 부품수를 줄이고자 노력할 것이다. 이 경우 지나치게 부품수를 줄일 경우 제품에 필요한 부품을 줄임으로써 제품의 기능성과 품질의 저하로 나타날 수도 있으며, 이는 판매량이 감소하는 결과를 초래할 수 있다는 것을 고려하여야 한다.

예제 10-1 부가가치원가와 비부가가치원가

스마트(주)는 20×1년부터 제품생산과 관련된 활동을 활동별로 부가가치표준을 설정하여 관리하고 있다. 20×4년 부가가치표준과 관련된 자료는 다음과 같다.

활동구분	원가동인	부가가치표준수량	실제사용수량	표준단가
부품검수	부 품 수	5,000	6,000	₩300
작업준비	작업준비횟수	50	65	1,000
인력투입	작업시간	100,000	115,000	500

수선작업	기계사용시간	50,000	55,000	200

원가동인별로 발생한 단위당 실제원가는 표준원가와 동일한 것으로 가정한다.

(요구사항)

위에 제시한 자료를 토대로 활동별 부가가치원가, 비부가가치원가 및 실제원가를 산출하시오.

(해 답)

1. 활동별 부가가치원가

부가가치원가 = 원가동인의 부가가치표준수량 × 원가동인의 단위당 표준원가

부품검수 = 5,000 × ₩300 = ₩1,500,000
작업준비 = 50 × 1,000 = 50,000
인력투입 = 100,000 × 500 = 50,000,000
수선작업 = 50,000 × 200 = 10,000,000

2. 활동별 비부가가치원가

비부가가치원가 = 원가동인의 비부가가치수량 × 원가동인의 단위당 표준원가

부품검수 = (6,000 − 5,000) × ₩300 = ₩300,000
작업준비 = (65 − 50) × 1,000 = 15,000
인력투입 = (115,000 − 100,000) × 500 = 7,500,000
수선작업 = (55,000 − 50,000) × 200 = 1,000,000

3. 활동별 실제원가

실제원가 = 실제사용량 × 원가동인의 단위당 표준원가

부품검수 = 6,000 × ₩300 = ₩1,800,000
작업준비 = 65 × 1,000 = 65,000
인력투입 = 115,000 × 500 = 57,500,000
수선작업 = 55,000 × 200 = 11,000,000

4. 결과분석

활 동	부가가치원가	비부가가치원가	실제원가
부품검수	₩1,500,000	₩300,000	₩1,800,000
작업준비	50,000	15,000	65,000
인력투입	50,000,000	7,500,000	57,500,000
수선작업	10,000,000	1,000,000	11,000,000

03 균형성과표

3.1 BSC의 네 가지 관점

전통적인 성과측정은 재무지표에 주로 의존해 왔다. 그런데 이러한 재무지표는 기업의 전략과 연관되어 있지 않고, 매우 요약된 지표이고 상대적으로 과거의 실질정보이며, 사후적인 결과를 강조할 뿐 미래의 경쟁력에 대한 지표로서의 역할로는 미흡하다는 지적이 계속되어 왔다. 즉, 재무성과측정치에 의존하는 성과평가시스템은 경쟁적인 환경을 뚫고 나가는 조직의 궤적을 안내하고 평가하는 데에는 부적절하다. 또한 이것은 최근의 회계기간 내에 관리자들의 조치들에 의해 창조되었거나 파괴된 대부분의 가치를 포함하지 못하고 있고, 미래의 재무적 가치들을 창조하기 위해 오늘 취해질 조치들에 대해서는 적절한 지침을 제시하지 못한다. 이에 따라 균형성과표(balanced scorecard; BSC)라는 개념이 등장하게 되었다.

BSC란 재무지표 일변도의 기존 성과평가시스템의 한계를 극복하고 조직의 비전과

[도표 10-4] BSC 네 가지 관점의 연계

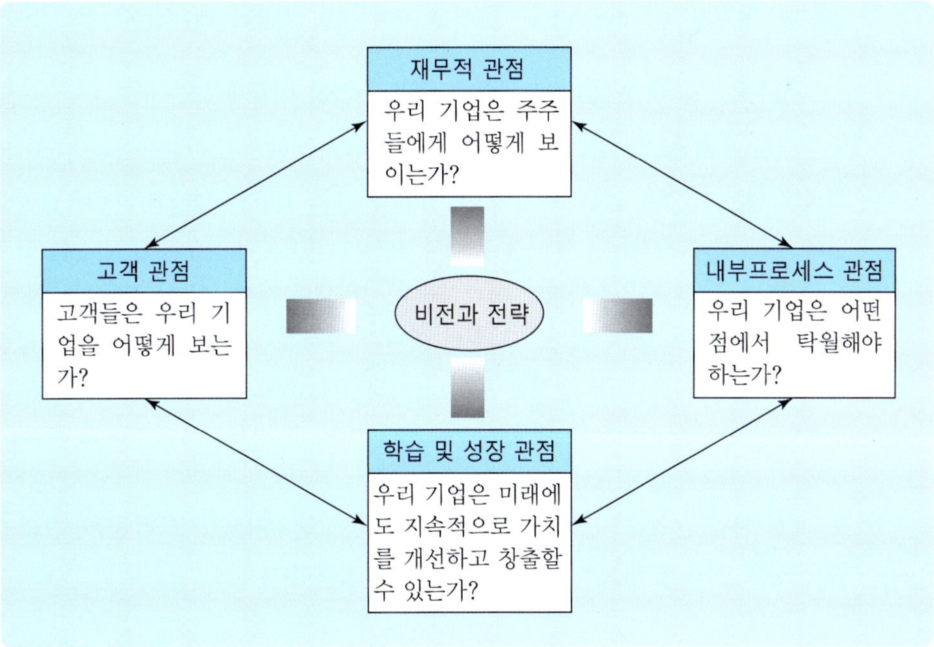

전략 및 이를 구현하기 위한 모든 요소(미래의 성과창출동인)를 네 가지 관점에서 균형되게 평가하는 새로운 전략적 성과평가시스템이다. 이 네 가지 관점에는 재무측정지표와 이를 보완하면서 미래의 재무성과에 영향을 주는 고객만족, 내부프로세스, 그리고 조직의 학습 및 성장능력 등 비재무지표들과 관련된 세 가지의 운영측정지표(operational measures)가 포함되어 있다. [도표 10-4]와 같이 BSC는 네 가지의 기본적인 질문에 답을 제공해 줌으로써 경영자로 하여금 네 가지 주요한 관점에서 사업을 조명해 볼 수 있도록 만든다.

3.1.1 재무적 관점: 우리 기업은 주주들에게 어떻게 보이는가?

재무성과지표들이 부정확하고 과거 지향적이며, 현재의 가치창출 행동을 반영하지 못한다는 비판이 일고 있다. 기존 재무성과지표들이 고객만족, 품질, 사이클 타임, 그리고 종업원 동기부여 등의 개선에 도움을 주지 못하고, 단지 운영활동의 결과를 나타내 줄 뿐이라는 것이다. 그러나 영리목적의 기업은 재무적 성과의 획득이 목적인 만큼 재무지표의 비중을 가볍게 여겨서는 안 되며, 따라서 다른 관점의 지표들과 상호보완적이고 균형적인 관계를 유지해야 한다. 또한 후술되는 다른 관점-고객, 내부프로세스, 그리고 학습 및 성장관점-들의 목표들은 매우 전략적이며 그 자체로도 좋은 것이지만, 그것들은 반드시 재무성과로 연결될 수 있는 성과지표들로 구체화되어야 한다. 즉, BSC의 모든 성과지표들의 인과관계는 궁극적으로 미래의 재무목표와 연결되어야 한다. 투자수익률, 경제적 부가가치(EVA), 그리고 이익 등의 지표가 대표적인 재무성과지표이다.

3.1.2 고객 관점: 고객들은 우리 기업을 어떻게 보는가?

오늘날 대다수 기업들은 고객에 초점을 맞춘 고객중심경영을 하고 있다. 고객을 생각하지 않는 경영은 있을 수 없으며, 요즘과 같이 치열한 경쟁환경에서 살아남을 수도 없다. 따라서 경영자들은 BSC를 통해서 자사의 고객서비스에 관한 비전을 고객들의 주요관심사항을 반영한 구체적인 성과지표로 나타내야 한다. 이때 고객에는 현재 해당 기업과 직접 관계를 맺고 있는 고객뿐만 아니라 잠재적 고객, 사회단체 등 기업을 둘러싼 대부분의 비즈니스 환경 전체를 나타내는 것이다. BSC의 내부 비즈니스 프로세스와도 밀접한 관련성을 지니는데 내부프로세스 관점에서의 지표들이 선행지표가 되고 고객관점에서의 지표가 후행지표가 된다. 즉, 고객의 요구를 만족시키기 위해서 내부프로세스를 개선하는 것이다. 시장점유율, 고객확보율, 고객수익성, 고객유지율, 그리고 고객만족도 등의 지표가 대표적인 고객관점의 성과지표이다.

3.1.3 내부 프로세스 관점: 우리 기업은 어떤 점에서 탁월해야 하는가?

기업들은 다각화되고 빠른 경영환경의 변화 속에서 지속적인 성장을 이룩하고자 다양한 노력을 경주해 왔다. 그러나 사업 구조조정, 부채비율 축소, 리엔지니어링을 통한 비용 절감 등과 같은 정량적 측면의 개선보다는 좀 더 적극적으로 기업 내부의 프로세스를 점검하고 재설계하는 것이 필요하다. 내부프로세스란 기업 내의 원재료, 정보, 인력 등과 같은 입력요소를 제품과 서비스 등의 산출요소로 변환시키는 과업이나 활동들의 집합을 의미한다. 예를 들면 신제품 개발, 주문 처리, 자원 배분 등이다. 기업은 이러한 비즈니스 프로세스를 활용하여 고객의 기대를 충족시키고 기업의 전략을 성공적으로 실행할 수 있기 위해서는 내부프로세스 관점에서 '우리 기업은 어떤 점에서 탁월해야 하는가?'라는 질문에 답을 할 수 있어야 한다. 기업만의 고유한 핵심역량을 파악해 향상시킴으로서 고객의 욕구를 충족시키게 되고 궁극적으로 기업의 재무성과와 연결시키게 되는 것이다. 내부프로세스의 대표적인 성과지표로는 제조사이클타임(cycle time), 품질(불량률), 그리고 원가 등이 있다.

3.1.4 학습 및 성장 관점: 우리 기업은 미래에도 지속적으로 가치를 개선하고 창출할 수 있는가?

글로벌 차원의 무한 경쟁이 격화되어 가고 있는 지금의 시대는 기존의 강점이 미래의 약점으로 바뀌는 패러다임 역전의 시대이다. 과거의 성공요인에 집착하는 기업은 지속적인 개선과 변신을 통해 독창적인 내부 핵심역량을 축적해 나가는 기업에게 패하게 될 것이다. 기존 제품과 업무프로세스에 대한 지속적인 개선과 혁신적인 신제품을 개발·출시할 수 있는 능력을 요구한다. 그러므로 이러한 요구에 대응하기 위한 기업의 핵심역량 강화는 바로 구성원의 역량을 제고시키고, 기업의 학습능력을 개발하는 것이다. 즉, 기업의 혁신 및 개선, 학습능력은 그 기업의 가치창출과 직결되는 기본적인 관점이다. 학습 및 성장 관점에서는 앞의 세 가지 관점에서 설정한 목표를 성취하는데 필요한 기업의 핵심역량을 파악하고 세부적인 성과지표를 선정하게 되는데, 한 예로 '기업의 구성원에 대한 교육 훈련 투자 강화'는 기업의 생산성 향상과 직결되고 결과적으로 기업의 성과증대로 이어지게 된다. 학습 및 성장관점의 대표적인 성과지표로는 교육·훈련, 종업원 이직률, 종업원, 그리고 정보시스템 등이 있다.

3.2 BSC 네 가지 관점간의 균형

BSC는 기업전략 달성을 위한 네 가지 주요 성과차원 – 재무, 고객, 내부프로세스,

[도표 10-5] BSC 네 가지 관점간의 균형

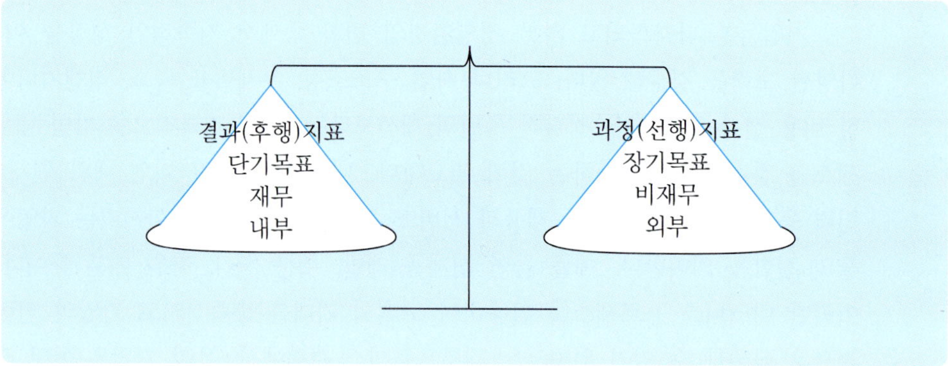

학습 및 성장—에 영향을 주는 활동들을 볼 수 있도록 고안된 접근방식으로 단기적 성격의 재무적 목표가치가 회사의 장기적 가치를 창출하게 하는 나머지 목표들과 조화를 이룰 수 있도록 조정한 것이다. BSC는 그 명칭에서 짐작할 수 있듯이 다차원적인 균형을 이룬 성과기록표이다. 여기서 균형의 의미는 첫째, 재무적 측정지표와 비재무적 측정지표 간의 균형, 둘째, 후행지표와 선행지표 간의 균형(과정과 결과의 균형), 셋째, 장기적 목표와 단기적 목표 간의 균형, 마지막으로, 성과에 대한 외부적인 시각과 내부적인 시각간의 균형을 말한다.

3.2.1 재무적 vs. 비재무적

대부분의 기업은 가시적인 재무적 수치만을 선호하여 미래의 기업가치 창출의 원동력이 되는 기업의 무형자산(인적자산, 브랜드 이미지, 기술력)에 대한 관리를 간과하는 오류를 범하기도 한다. 따라서 재무지표뿐만 아니라 비재무지표를 관리하려는 노력이 수반되어야 한다.

3.2.2 결과 vs. 과정

BSC는 결과를 측정하는 지표와 이러한 결과를 이끌어 내는 성과동인과의 적절한 배합이 이루어져야 한다. 성과동인, 즉 과정에 대한 이해 없이는 지속적으로 원하는 결과를 달성할 수 없으며, 결과와 연결되지 않는 개선 노력은 조직의 자원낭비를 초래할 수 있기 때문이다.

3.2.3 단기 vs. 장기

전통적 재무회계 모형은 과거의 정보에 의존한 단기적인 경영 의사결정을 유도하는 경향이 있다. BSC에서 균형의 의미는 장단기 전략적 목표사이의 균형을 의미한다.

3.2.4 내부 vs. 외부

대부분의 전통적인 성과지표는 내부 운영효율성 관리에 치중하고 있다. 그러나 기업의 성과는 고객이나 외부 이해관계자와 상호작용을 통해서만 창출 가능한 것이 현실이다. BSC는 기존의 내부 효율성 지표와 함께 외부에서의 성과를 나타내는 지표 간의 균형을 강조하고 있다.

3.3 전략 정렬

기업의 환경 및 특성을 반영하여 비전 및 전략이 검토되어야 한다. 전략은 의도된 장기목표에 대한 개념과 그것을 획득하기 위한 방법을 반영한다. 종종 최고경영층에서 만든 전략은 너무 추상적이어서 하위 경영자에게 전달되기가 어렵다. 또한 그러한 전략은 부서나 개인의 활동으로 연결되기가 어렵다. BSC는 조직이 채택한 전략을 조작화하고 설명하기 쉽게 해주는 수단을 제공하므로 BSC방법론에 의한 비전 및 전략 파악단계를 통해 전사적인 비전을 개인의 활동과 연결시킬 수 있어야 할 것이다.

[도표 10-6] BSC에 의한 비전 및 전략의 구체화

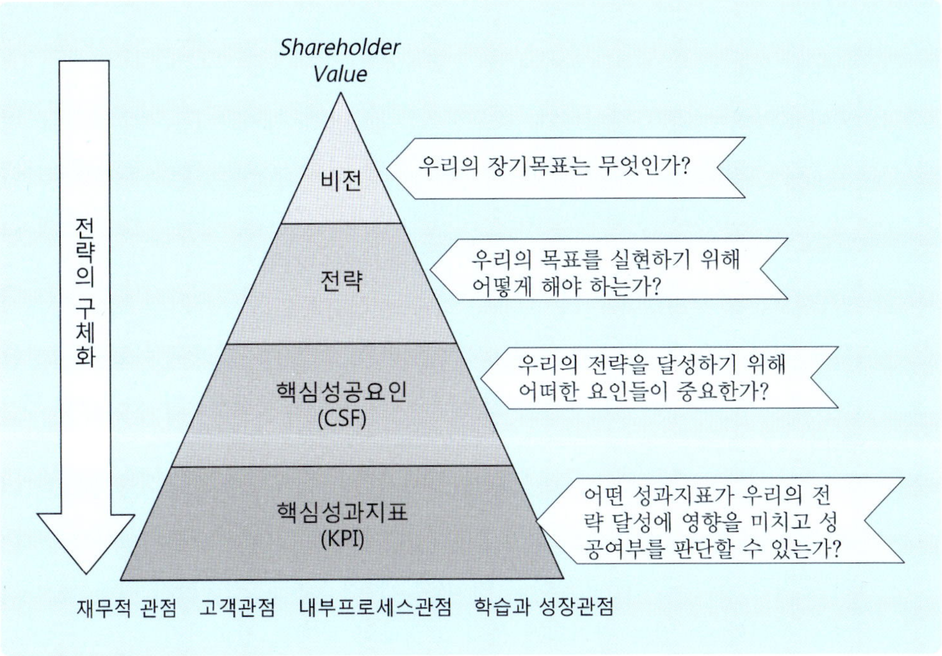

바람직한 성과관리제도는 상위조직에서 논하던 비전 및 전략을 하위조직으로 전파시켜 나가는 논리를 갖고 있기 때문에 [도표 10-6]와 같은 전략의 구체화 과정을 거친다. 전략을 각 관점별 전략목표로 전환하여 균형되고 통합적인 성과평가시스템을 구축한다. 이러한 관점별 전략목표(strategic objectives)는 각 조직의 가치창출이라는 결과로 나타나야 되고, 각 조직의 전략에서 도출되어야 한다. 즉, 조직의 전략이 달성될 수 있도록 하는 목표들이 되어야 한다. 관점별 전략목표는 기업의 전략과 매우 밀접한 관계가 있다. 수립된 경영전략이 제대로 구체화되고 실행되기 위해서는 전략목표를 성공적으로 이끌 수 있는 핵심성공요인(critical sucess factor; CSF)과 핵심성과지표(key performance indicator; KPI)가 잘 만들어져야 하고, KPI를 달성하기 위한 실행계획인 이니셔티브(initiative)가 잘 만들어져야 한다. CSF는 BSC의 체계에 따라 각 관점별로 나누어 도출되어야 한다. 예를 들어 어느 기업이 양적 경영을 포기하고 수익성 위주의 질적 경영을 경영전략으로 정했다고 하면 이 기업이 수익성 위주의 질적 경영이라는 전략을 달성하기 위해서 필요한 목표, 즉 CSF는 다음과 같은 것들을 들 수 있다.

- 수익성 있는 고객의 확보 및 집중
- 수익성 있는 제품의 확보 및 집중

한편, 각 관점별 CSF에 따라 KPI도 각 관점별로 정의될 수 있다. 이러한 과정을 거쳐 KPI를 도출해야만 전략과 연계가 된다. 경영전략을 달성하기 위해서 꼭 필요한 요건(즉, 핵심성공요인)이 충족되어가고 있는지를 측정할 수 있는 잣대를 KPI라고 하며, KPI에 의해 각 조직의 경영성과를 측정, 평가하게 되면 구성원들의 관심이 KPI에 집중되어 KPI의 성과가 향상된다. 중요한 점은 KPI의 성과향상은 결론적으로 경영전략의 달성을 의미한다는 것이다. KPI를 선정할 때 가장 중요한 것은 조직의 입장만이 아니라 고객의 입장도 고려해야 하고, 정량적 지표와 정성적 지표, 재무지표와 비재무지표 등이 균형을 이루어야 한다. 고객의존도가 높은 기업일수록 고객관점을 부각시킬 수 있는 지표를 선정해야 한다. 그러나 다수의 성과지표를 선정하여 너무 많은 것을 측정하게 되면 잘못된 것을 측정하는 오류를 범할 수 있다. 따라서 목표를 달성할 수 있는 핵심성공요인을 파악해 각 관점별로 3~5개의 핵심성과지표를 선정하는 것이 바람직하다.

전략달성을 위한 CSF 및 KPI를 설정했어도 그대로 실행된다는 보장이 없다. 이를 좀 더 구체화하여 CSF대로 되기 위한 실행계획이 마련되고 실천되어야 한다. 예를 들어 수익성 있는 고객을 확보하고 이 고객그룹에 노력을 집중하기 위해서는 고객별 수익성을 분석할 수 있는 관리회계 툴과 고객과의 관계를 강화시킬 수 있는 CRM시스템을

[도표 10-7] 전략의 구체화 과정에 대한 예시(전략지도)

<table>
<tr><th>전략</th><th>관점</th><th>CSF
(전략지도; strategy map)</th><th>KPI
(평가지표)</th><th>목표
수준</th><th>Initiative
(행동지침)</th></tr>
<tr><td rowspan="4">고객
차별화</td><td>재무</td><td rowspan="4">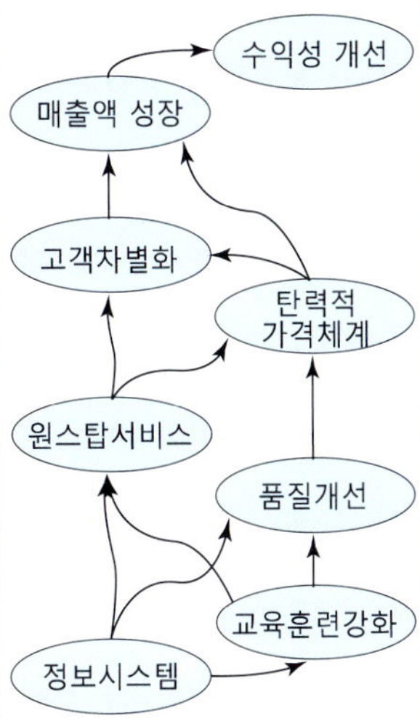
</td><td>• 영업이익률
• 매출성장률</td><td>• 15%
• 30%</td><td>• 지불조건변경 및 단순화</td></tr>
<tr><td>고객</td><td>• 재구매비율
• 시장점유율</td><td>• 70%
• 45%</td><td>• 제품홍보 및 캠페인</td></tr>
<tr><td>내부
프로
세스</td><td>• 불만처리시간
• 불량률</td><td>• 1일
• ppm</td><td>• 품질조사방법 개선
• 자동응답시스템 도입
• 불만처리프로세스 단순화</td></tr>
<tr><td>학습/
성장</td><td>• 1인당 생산성향상
• 종업원 이직률</td><td>• 5%
• 2%</td><td>• 종업원 교육훈련
• 우수사원포상제 실시</td></tr>
</table>

만들고 이를 이용한 고객관리를 실행해야 한다. 이 때 고객별 수익성 분석시스템, CRM 시스템, CRM 활동 등을 이니셔티브 또는 실행계획이라고 한다. 각 단계별 과정의 최종 결과물에 대한 이해를 돕기 위해 "고객차별화"라는 전략적 목표가 각 관점별 CSF와 KPI로 연계되는 과정과 각 KPI에 대한 목표 및 이니셔티브로 어떻게 도출되는지를 예시하면 [도표 10-7]과 같다.

04 수명주기원가계산

4.1 제조이전단계의 중요성

[도표 10-8]에서는 제품원가가 어느 단계에서 결정되며, 결정된 원가는 어느 단계에서 실제로 발생하는지를 나타내고 있다. 특정 제품을 생산하는 단계를 크게 제조이전단계, 제조단계, 제조이후단계로 구분하면, 제조이전단계는 제품기획단계, 예비설계단

[도표 10-8] 제품원가의 확정 및 발생

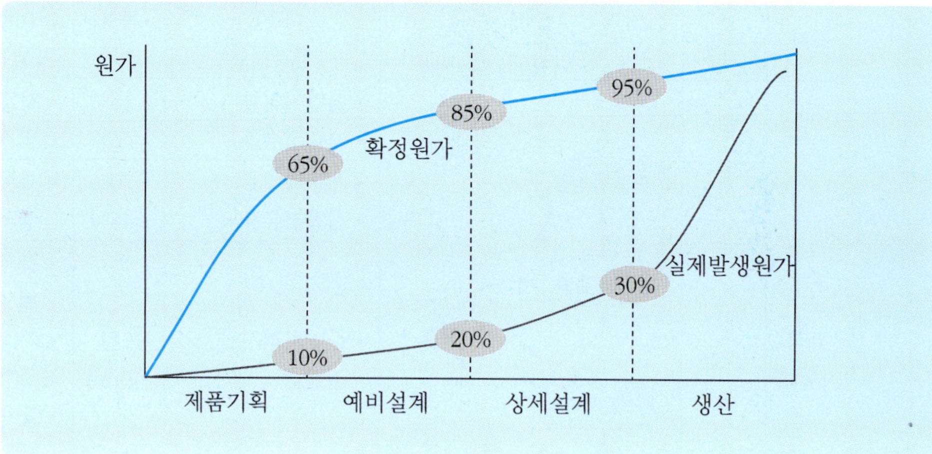

계, 상세설계단계, 제조준비단계로 나눌 수 있다.

제조원가는 실제로 제조단계에서 급격히 증가하고 있다. 전통적인 원가회계는 이와 같이 제조단계에 초점을 맞추고 있었다. 그러나 제조활동이 시작되면서부터는 거의 원가가 발생하지 않고 있다. 따라서 수명주기원가계산에서는 제조이전단계를 철저히 통제함으로써 원가발생을 줄일 수 있다고 본다. 이것은 단순히 원가계산시스템의 변화를 의미하는 것이 아니라 관리 철학의 변화가 있어야 함을 의미한다. 과거 원가회계에서는 대개 물리적인 발생, 즉 재발비용(recurring cost)에 관심이 모아져 있었다. 그러나 수명주기원가계산은 제품의 전체 수명주기 가운데 제품개발과 제품물류 및 지원단계 등에서 발생하는 비재발비용(nonrecurring cost)까지를 포함한 폭넓은 원가영역에 초점을 두고 있다.

제품수명주기원가 가운데 약 95%이상이 수명주기 초기단계의 의사결정에 의해 확정되기 때문에 자동화에 따라 기업 간 경쟁의 기준은 제품 및 공정개발로 옮겨지게 되며, 이에 따라 본질적인 투자가 뒤따르게 된다. 제품 및 공정개발활동은 기간비용으로 실무도 바뀌어야 할 것이다. 기업의 전체 원가구조에 미치는 영향을 고려해 볼 때 이러한 주요활동은 자본투자로 보아야 하며, 그에 대한 비용은 궁극적으로 이러한 투자로부터 효익을 얻는 제품에 부과되어야 한다.

과거에 생산자는 설비 또는 제품의 제조원가와 사용자에게 인도시에 소요되는 원가(운반비, 설치비용 등)까지가 중요한 관심사였으며, 인도후의 사용자측에서 발생하는 원가는 별다른 관심을 보이지 않았다. 그러나 경쟁의 격화, 제품의 고기능화의 진전에 따라 생산자는 사용자의 업적이나 수익성에 최적화될 수 있도록 제품을 생산하지 않으면 안 되게 되었고, 이에 따라 설계의 초기단계에서 제품의 품질, 신뢰성, 지원성을 높이도록 설계해야 한다. 다시 말하면, 생산자는 제품개발단계에서 인정받을 수 있는 가치, 고객 만족도, 경쟁력이라고 하는 복합적인 요소를 고려해야 한다.

4.2 수명주기원가

판매단계를 경계로 생산자와 사용자 쌍방에서 발생하는 원가의 상충관계를 중심으로 제품수명주기원가를 다룰 필요가 있다. 사용자 입장에서 취득비용은 저렴하지만 그 후 사용, 보수, 수선, 처분(폐기) 등에서 발생하는 비용이 비싼 제품과 취득비용은 비싸지만 사용과정에서 발생하는 비용이 저렴한 제품과의 비교문제가 생기기 때문이다. 이에 따라 생산자는 제품의 사용자 비용이나 폐기비용을 포함한 모든 수명주기원가를 최소화할 것인가 또는 그러한 비용이 어느 정도 투자액 회수로 이어질 것인가의 문제를 고려하게 된다.

제품수명주기원가계산의 원가요소는 초기 자본투자액, 운영 · 보수비용, 처분비용과 같은 세 그룹원가의 상충관계에 의해 결정된다. 즉, 내구성이나 신뢰성이 뛰어난 제품을 설계하면 사용자 비용은 적게 발생하는 반면 생산자 비용은 높아진다. 따라서 생산자 입장에서는 [도표 10-9]과 같이 처분비용이 일정하다고 할 때 초기 자본투자액과 운영 · 보수비용 간 상충관계의 의사결정문제에 봉착하게 된다. Panel 1은 초기 자본투자액이 운영 · 보수비용에 비하여 적지만, Panel 2는 초기 자본투자액을 증가시킴으로써 운영 · 보수비용을 감소시킬 수 있음을 보여준다.

[도표 10-9] 자산의 내용연수에 걸친 원가요소의 관계

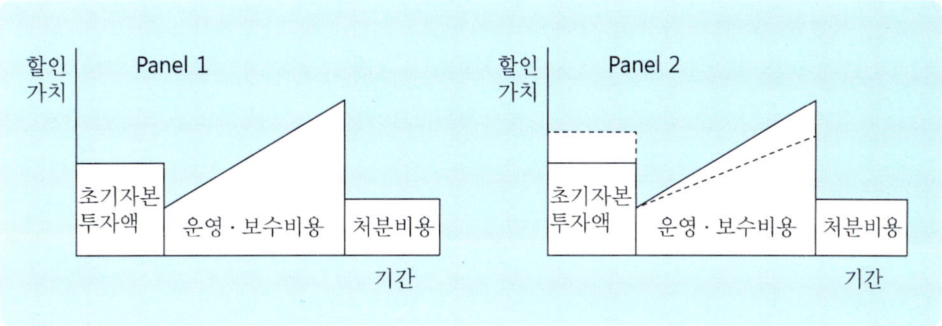

[도표 10-10] 제품수명주기원가곡선

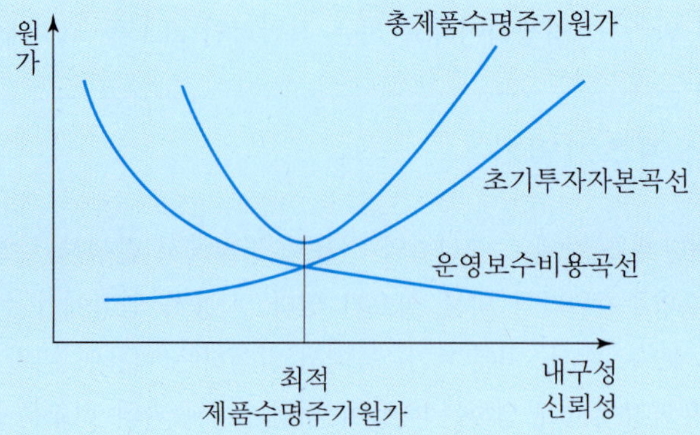

[도표 10-10]에서 보는 바와 같이 운영·보수비용은 제품의 신뢰성이나 내구성의 감소함수로 그리고 초기 자본투자액은 제품의 신뢰성이나 내구성의 증가함수로 나타낼 수 있다. 이에 따라 제품수명주기 전체원가가 최소가 되는 점이 경제적으로 최적의 신뢰성 및 내구성을 결정하는 점이 된다. 그러나 이러한 분석은 생산자와 사용자간의 이해상충관계를 전제로 하였을 때 생산자 비용과 사용자 비용을 포함한 모든 비용의 최적화를 도모하기 위한 모델임을 이해해야 한다.

최근 경쟁의 격화로 인한 생산자 비용의 적용범위 확대는 생산자와 사용자 간의 상충관계를 명확하게 구분할 수 없게 하고 있다. 즉, 과거 제품의 품질보증기간 설정 또는 A/S의 철저와는 다른 판매후의 제품보증비용 증가는 생산자가 부담하는 비용을 증가시키고 있기 때문에 사용자의 운영·보수비용곡선 자체를 낮추고, 초기 자본투자액 곡선을 높이는 결과를 가져와 제품수명주기원가를 이동시켜가고 있다. 결국 사용자가 부담하는 비용의 일부가 생산자 부담비용으로 전환되어 생산자의 제품수명주기원가계산에 의한 제품설계단계에서 원가기획(목표원가계산)의 중요성을 고조시키는 결과임을 보여주는 것이라 할 수 있다.

05 원가기획

5.1 목표원가와 허용원가

원가기획(cost planning) 혹은 목표원가계산(target costing)은 1980년대 이후 일본 제조업체가 원가의 근본적인 발생원인을 개선시켜 원가경쟁우위를 확보하려는 목적에서 적극적으로 실행하고 있는 원가기법이다. 기업 간 경쟁이 치열하지 않고, 수요가 공급을 초과하던 시대에는 제품의 가격결정권이 공급자에게 있었기 때문에 원가경쟁력이 기업의 생존과 그다지 직결되지 않았다. 기업은 제품생산에 소요된 원가에 일정한 마진을 가산하는 방식으로 제품판매가격을 결정하였다. 따라서 생산과정에서 발생하는 비효율적인 원가요소는 모두 제품의 판매가격에 반영되어 소비자에게 전가되었다. 그러므로 기업은 합리화 노력에 소홀할 수밖에 없었다.

[도표 10-11] 허용원가와 목표원가의 산정

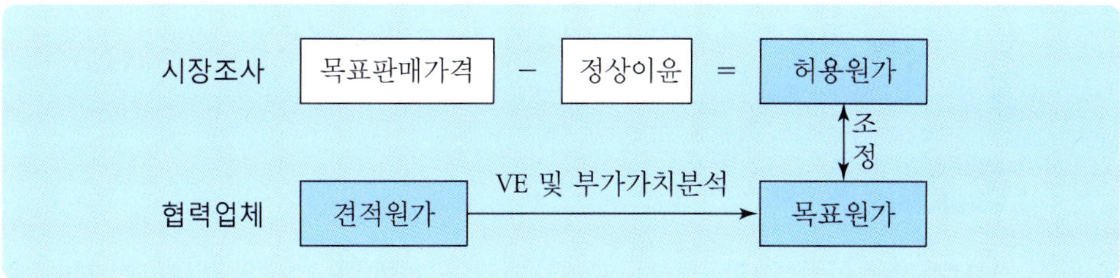

그러나 가격경쟁이 치열한 상황에서는 제조원가에 의해 사후적으로 제품가격을 결정하는 방식이 통하지 않는다. 원가기획은 바로 이러한 점에서 착안된 관리회계 기법이라고 할 수 있다. 원가기획에서는 시장상황을 고려하여 제품가격을 미리 고정시킨다. 시장에서 정해진 제품가격에 기업이 추구하는 목표이익을 차감하여 달성해야 할 목표원가를 산정한다.

5.2 목표원가와 허용원가의 조정

원가기획은 출발 당시 VA기법을 이용하여 시작단계에서 목표원가를 설정하고 재료, 기능, 공법 등의 개선에 주력하였다. 그 후 VE기법의 도입과 신제품의 설계·개발단계까지 확대되었고, 1980년대에는 설계단계의 VE에서 기획단계까지 확대되어 원가전략 뿐만 아니라 중·장기 이익계획에 편입되어 활용되고 있다. 최근에는 상품기획을 포함한 보다 근본적인 활동에까지 확대하기 위한 연구가 진행되고 있다. 왜냐하면 제품수명주기가 단축되고, JIT, TQC, QC 사이클 등에 의한 원가절감률이 낮아짐에 따라 상품기획, 마케팅영역까지 영역확대와 보다 큰 원가절감이 필요하기 때문이다.

목표원가의 달성을 위해서는 제품수명주기와 원가와의 관계를 살펴볼 필요가 있다. 원가의 결정시점과 원가의 발생시점은 상당한 시차를 두고 있다는 점, 제품의 생산이전단계인 상품의 기획·설계단계에서 원가의 약 95%가 미리 결정된다는 점이다. 원가의 약 95%가 제품의 기획·설계단계에서 결정된다는 사실은 원가관리 활동의 초점을 생산이전단계에 집중하여야 원가관리 부문에서 혁신이 이루어질 수 있다는 점을 시사해준다. 원가의 약 95%가 결정되는 단계에 초점을 둔 원가관리가 원가기획이라 한다면 원가의 5%정도가 결정되는 생산에 초점을 둔 원가관리가 표준원가관리라고 할 수 있다.

표준원가관리는 생산단계의 원가통제에 초점을 두고, 이미 결정된 원가를 관리해가는 기법이기 때문에 원가관리의 효과가 크지 않다. 반면 원가기획은 제조원가의 대부분이 결정되는 제품의 기획·설계단계에서 부터 원가절감여지를 감안하기 때문에 그 만큼 원가절감을 위한 근본적인 조치를 취할 수 있다. 뿐만 아니라 생산단계에서 적용되는 표준원가 자체를 낮추려는 목적으로 원가기획이 활용될 수 있다.

예제 10-2 원가기획

스마트(주)는 아이스크림을 생산·판매하고 있다. 현재 아이스크림은 단위당 ₩500에 판매되고 있으며, 연간 150,000개 판매되고 있다. 그러나 최근에 아이스크림 시장의 경쟁이 심화됨에 따라 경쟁업체에서는 유사한 제품을 단위당 ₩430에 판매하고 있으며, 동사에서도 가격을 인하하지 않으면 판매수량이 크게 감소할 것으로 예상된다. 동사의 경영자는 판매가격을 인하하더라도 단위당 이익은 현재의 수준을 유지하고자 한다. 아이스크림에 관련된 원가자료를 분석한 결과 다음과 같은 자료를 수집하였다.

활동구분	원가동인	부가가치표준수량	실제사용수량	실제원가
직접재료원가	kg	30,000	33,000	₩34,650,000
직접노무원가	작업시간	18,000	20,000	24,000,000
생산준비비	작업준비횟수	0	120	4,800,000
재료처리비	처리횟수	0	90	2,700,000
품질검사비	생 산 량	0	150,000	1,500,000

위의 자료는 연간생산량 150,000단위를 기준으로 작성된 것이며, 단위당 실제원가와 표준원가의 차이는 없는 것으로 간주한다.

(요구사항)

1. 현재 수준의 이익을 유지하기 위한 단위당 목표원가는 얼마인가?
2. 제품단위당 비부가가치원가를 산출하시오. 비부가가치원가의 얼마를 제거해야만 목표원가를 달성할 수 있는가?

(해　　답)

1. 단위당 목표원가

$$단위당\ 현재원가 = \frac{₩67,650,000}{150,000} = ₩451$$

단위당 현재이익 = ₩500 − ₩451 = ₩49

단위당 현재이익을 달성하기 위한 단위당 목표원가
= 예상판매가격 − 단위당 이익 = ₩430 − ₩49
= ₩381

2. 비부가가치원가

• 원가동인별 단위당 원가

직접재료원가	kg	₩34,650,000	÷ 33,000	=	₩1,050
직접노무원가	작업시간	24,000,000	÷ 20,000	=	1,200
생산준비비	작업준비횟수	4,800,000	÷ 120	=	40,000
재료처리비	처리횟수	2,700,000	÷ 90	=	30,000
품질검사비	생 산 량	1,500,000	÷ 150,000	=	10

• 비부가가치원가

직접재료원가	(33,000 − 30,000)	× ₩1,050	=	₩3,150,000
직접노무원가	(20,000 − 18,000)	× 1,200	=	2,400,000
생산준비비	(120 − 0)	× 40,000	=	4,800,000
재료처리비	(90 − 0)	× 30,000	=	2,700,000
품질검사비	(150,000 − 0)	× 10	=	1,500,000
비부가가치원가 합계				₩14,550,000

$$단위당\ 비부가가치원가 = \frac{₩14,550,000}{150,000} = ₩97$$

현재의 단위당 제조원가가 ₩451에서 단위당 비부가가치원가 ₩97을 모두 제거하면 제조원가는 ₩354이 된다. 이 단위당 제조원가는 목표원가인 ₩381 훨씬 낮은 수준이다. 따라서 동사의 경우 단위당 비부가가치원가 ₩97 중에서 ₩70을 제거하면 현재의 단위당 이익인 ₩49을 달성하면서 목표원가인 ₩381(₩430 − ₩490)을 달성할 수 있게 된다. 즉, 비부가가치원가의 72.2%만을 제거하면, 목표원가를 달성할 수 있다.

06 품질원가계산

6.1 품질원가의 구분

세계적인 경쟁우위를 가지기 위해서는 높은 품질의 제품을 생산·공급할 수 있어야 한다. 품질수준을 개선시킨다는 것은 품질경쟁력을 확보하는 것일 뿐만 아니라 원가와 납기 등 다양한 경쟁요소를 동시에 개선시키는 효과를 가져다준다. 품질개선 프로그램을 시행하기 위한 첫 번째 단계는 품질원가를 측정하고 보고하는 것이다. 품질원가시스템을 구축함으로써 제한된 기업의 자원을 효율적으로 사용할 수 있으며, 품질문제의 근본적인 원인을 제거함으로서 지속적인 품질개선을 유지할 수 있게 된다. 특히 품질문제발생을 미연에 예방함으로써 품질원가로 인한 기업의 손실을 큰 폭으로 절감할 수 있다.

품질원가는 일반적으로 네 가지 범주, 즉 예방원가, 평가원가, 내부실패원가, 그리고 외부실패원가로 구분되는데, 이 가운데 예방원가의 효과가 가장 크다. 예방활동에 투자함으로써 다른 품질원가 범주들의 원가를 절감할 수 있다. 만약 품질문제를 예방할 수 없다면 차선의 방법은 이를 조기에 발견하는 것이다. 즉, 평가활동을 통해 불량품을 발견하고 이를 내부실패활동으로 재작업하는 것이 불량제품을 소비자에게 이전한 후 외부실패활동을 통해 개선하는 것보다 원가가 적게 든다는 말이다. 따라서 이상적인 품질원가의 발생형태를 보면 예방·평가·내부실패·외부실패원가의 순으로 나타난다.

[도표 10-12] 품질원가 범주별 예시

범주	정의	예시
예방원가	제품 또는 서비스의 불량 및 실패를 예방하기 위한 관련원가	• 설계엔지니어링 • 프로세스 엔지니어링 • 품질 엔지니어링 • 공급업체 평가 및 인증품질 훈련 • 고객 요구사항 조사 • 통계적 프로세스 통제
평가원가	제품, 공정 또는 서비스 질이 품질표준에 부합하도록 하기 위한 관련원가	• 구입재료의 검사 • 검사장비의 유지보수 • 프로세스 통제 감시 • 공급업체 감사 • 제품품질 감사
내부실패원가	선적, 출하 전에 발견된 불량품 관련 원가	• 불량품으로 인한 기계가동중단 • 공손 • 재작업 • 스크랩
외부실패원가	제품의 출하후 고객의 불량품발견으로 인한 제반 원가	• 제조물책임소송 • 보증책임이행 • 반품 • 현장에서의 수리비용 • 명성의 실추

6.2 전통적인 품질관리

전통적으로 불량품은 생산과정에서 당연히 존재할 수 밖에 없다고 가정한다. 왜 그러한 가정을 하고 있는지 [도표 10-13]와 [도표 10-14]을 살펴보자. 이 그래프의 a)는 전통적인 품질관리에 대한 사고를 대변해 주는 것으로 볼 수 있다. 전통적인 사고에서는 실패원가와 예방·평가원가간의 상충관계(trade-off)가 존재한다고 보고 있다. 불량을 줄이기 위하여 투입되는 예방 및 평가원가보다는 오히려 재작업 등의 원가가 더 적다고 보기 때문이다. 결국 실패원가가 무한정 발생하도록 내버려 둘 수 없으며, 그렇다고 예방·평가원가가 무한정 발생하도록 내버려 둘 수도 없다. 따라서 실패원가와 예방·평가원가의 한계원가가 일치하는 균형점에서 총품질원가가 최소화된다. 이 때 불량률은 0%보다 크므로 생산과정에서 당연히 발생할 수 밖에 없는 것이다. 검사원가가 과다하게 발생하는 기업은 주로 AQL(acceptable quality level)을 사용하는 기업들이며,

AQL을 이용한 품질통제방법으로는 오늘날의 고객욕구를 충족시킬 수 없다.

6.3 현대적 관점에서의 품질관리

이제는 시대가 바뀌었다. 이제 생산자중심의 시장에서 소비자중심의 시장으로 변했다. 소비자들은 좀 더 높은 가격을 지불하더라도 자기가 원하는 제품을 구입하겠다고 한다. 그만큼 소비자들의 생활수준이 향상되었고, 개성도 강하게 나타나고 있다. 이제는 생산량을 강조하던 시대에서 제품의 품질을 강조하는 시대로 변화하고 있다. 또한 기술의 발전 속도도 엄청나게 빨라졌다. 생산설비의 진부화가 그 만큼 빠른 속도로 이루어지고 있다. 이러한 최근의 경영환경 변화속에서 전통적인 품질관리의 그래프는 [도표 10-13]의 b)와 같이 변화하고 있다.

앞서 살펴본 전통적인 사고에서는 실패원가와 예방·평가원가간의 상충관계를 가정하였다. 그러나 [도표 10-13]의 b)에서도 그러한 상충관계가 존재하고 있기는 하지만 여기선 예방·평가원가를 조금만 늘려도 실패원가가 대폭 감소하는 것으로 설명된다.

따라서 이때의 균형점은 총원가가 극대화되는 지점, 이때 불량률은 0%가 된다. 이렇게 품질관리에 대한 사고가 변화한 이유는 크게 두 가지를 들 수 있다. 첫째, 경쟁기업이 어떻게 움직이느냐에 따라서도 품질개선은 이루어질 수 밖에 없다. 경쟁사의 품질이 점점 개선되었을 때 소비자들의 품질요구수준이 높아지며, 따라서 소비자들은 개선을 등한시하는 회사의 제품구매를 줄이게 되어 외부실패원가도 늘어나게 된다. 둘째, 자동화된 설비를 도입함으로서 품질개선에 기여할 수 있다. 예를 들어 새로운 기술은 자재 혹은 제품의 실패율을 감소시키고, 로봇과 같은 자동화기술도 생산과정에서 발생

[도표 10-13] 품질관리에 대한 사고

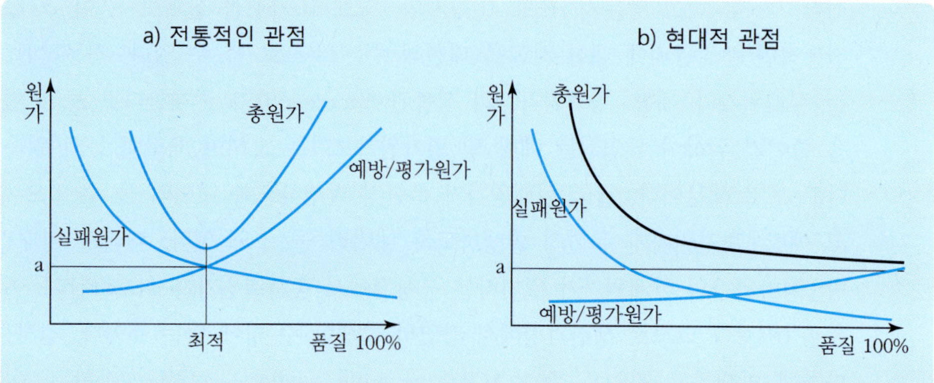

[도표 10-14] AQL 적용 기업의 품질분포

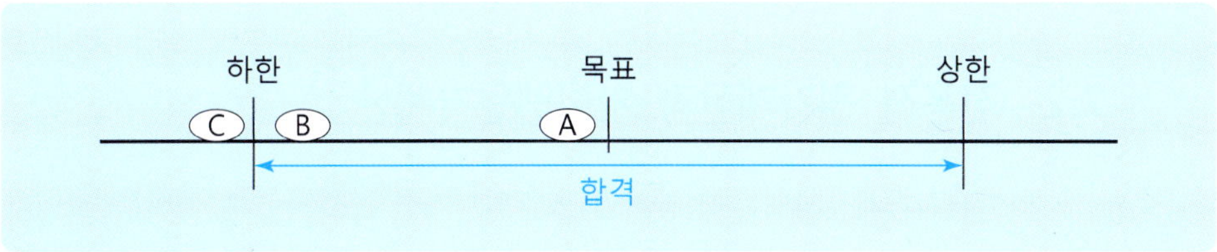

하는 작업자의 오류를 감소시켰다. 또한 자동화되면 생산과정에서 발생하는 수많은 자료를 쉽게 수집하고 분석할 수 있게 된다. 이러한 자료들은 책임있는 관리자와 생산현장에서 품질개선을 위한 정보로 활용할 수 있게 된다.

07 카이젠원가계산

7.1 카이젠과 개선

원가기획은 제조이전단계에서의 원가절감에 초점을 두고 있는데 반해 카이젠원가계산(kaizen costing)은 제품의 수명주기상의 제조단계에서 원가를 절감시키려는데 초점을 맞추고 있다. 카이젠은 커다란 혁신을 통해서가 아니라 프로세스에 대한 개선을 지속적으로 이룬다는 일본말이다. 제품이 이미 생산프로세스에 있기 때문에 이러한 카이젠의 의도는 합리적이다. 생산단계에서 원가절감을 위해 커다란 변화를 일으킨다는 것은 어렵고도 비용이 많이 드는 일이다.

카이젠원가계산은 이익계획시스템과 연계되어 있다. 예를 들어 일본 자동차산업에서 연간 예산상의 이익목표는 각 공장에 할당된다. 각 자동차는 예정된 원가기준을 지니고 있는데 이는 전년도 자동차의 실제원가와 똑같은 금액이다. 모든 원가절감프로세스는 이 원가기준을 출발점으로 사용한다. 목표절감률(target-reduction rate)은 이 원가기준에 대한 목표절감액의 비율이다. 이 비율을 모든 변동원가에 적용시켜 재료원가, 직접 및 간접노무원가, 그리고 그 밖의 변동원가에 대한 구체적인 목표절감금액이 산정된다. 그러면 경영층은 모든 변동원가에 대해 실제 절감금액과 미리 설정된 목표절감금액을 비교하여 차이를 산정한다. 카이젠원가계산의 목표는 실제생산원가를 원가기준보다 낮게 발생시키는 것이다.

7.2 전통적 원가계산과 카이젠원가계산

카이젠원가계산제도는 전통적인 표준원가계산제도와는 큰 차이를 보인다. 전통적 표준원가계산제도에서 전형적인 목표는 불리한 차이를 내지 않으면서 원가표준을 달성하는 것이다. 카이젠원가계산에서는 그 목적이 원가절감 목표를 달성시키는데 있다. 통상 표준원가계산에서 차이분석은 실제원가를 표준원가에 비교한다. 카이젠원가계산에서 차이분석은 목표원가절감금액을 실제원가절감금액과 비교한다. 일본에서 표준원가계산제도는 재무회계기준에 부합하는 방향으로 운영되기 때문에 카이젠원가계산은 표준원가계산제도 영역 밖에서 운영된다.

표준원가계산과 카이젠원가계산의 또 다른 주요 차이점은 기업에서 누가 프로세스를 개선시키고 원가를 절감시키는데 가장 많은 지식을 가지고 있느냐에 대한 가정과 관련이 있다. 전통적인 표준원가계산에서는 엔지니어와 경영자가 기술적 전문성을 지니고 있기 때문에 가장 잘 알고 있다고 가정한다. 그러므로 그들이 미리 설정된 표준 및 절차에 따라서 작업자들이 수행하여야 할 절차를 결정한다. 그러나 카이젠원가계산에서는 작업자들이 실제로 제품을 생산하는 제조과정에서 작업을 하기 때문에 작업자들이 프로세스를 어떻게 개선시킬 지에 관해서 가장 많은 지식을 지니고 있다고 가정한다. 그러므로 카이젠원가계산의 주요 목적 가운데 하나는 프로세스를 개선하고 원가를 절감하는데 작업자들에게 책임을 부여하는 것이다.

그러나 카이젠원가계산은 또한 원가기획과 마찬가지의 이유로 비판의 대상이 될 수 있다. 즉, 카이젠원가계산하의 조직구성원들은 모든 원가를 절감해야하는 가중한 압력을 받게 된다. 이러한 문제에 대처하는 한 가지 방편으로 어떤 일본 자동차 제조기업에서는 자동차 새 모형이 출시되기 전엔 카이젠원가계산의 적용면제기간을 두기도 한다. 원가유지기간으로 불리는 이 기간은 회사가 조직구성원들에게 카이젠원가나 목표원가를 부과하기 전에 어떠한 새로운 절차를 습득할 수 있는 기회가 된다.

08 제약이론

8.1 제약이론의 등장

제약이론(the theory of constraints)의 기본 가정은 모든 조직은 최소한 하나의 제약을 가지고 있다는 것이다. 만약 아무런 제약이 없으면 그런 기업은 무한대의 이익을 창출하게 된다. 제약은 크게 내부제약과 외부제약으로 구분될 수 있다. 내부제약은 기업내의 제약사항으로 특정 프로세스의 조업수준의 한계, 잘못된 정책 등이 이에 속하며, 외부제약은 기업외부의 제약사항으로 판매수요의 부족 등이 이에 속한다. 제약은 조직이 추구하는 것을 한정시켜 주는 요소이므로 목표달성을 위해서 경영자들은 제약요소를 잘 관리해야 한다는 것이 제약이론의 기본적인 생각이다.

제약이론은 Eli Goldratt에 의해 제안되었다. 그는 Alex Rogo라는 공장관리자를 주인공으로 하는 소설 '목표(The Goal)'에서 제약이론이라는 경영이론을 설명하고 있다. Alex가 맡고 있는 공장은 경영부진으로 폐쇄될 위기에 처했으나, 그는 원가회계 및 차이보고제도의 사용을 포기하는 대신 제약이론에 입각하여 새로운 회계 및 업적보고제도를 도입함으로써 공장을 회생시킨다는 내용이 소설의 줄거리이다.

제약이론의 기본전제는 기업의 목표가 더 많은 돈을 벌어들이는데 있다는 것이다. 그런데 돈을 버는 것은 재고를 쌓아둠으로써가 아니라 고객에게 판매함으로써 가능하다. 재고는 운영상의 비능률 및 여러 문제점을 파생시키며 은폐시킨다. 즉, 과잉재고는 사이클 시간을 증가시키고, 불량률을 증가시키며, 운영비용을 증가시키고, 결국 매출과 이익을 감소시킨다. 그러데 전통적인 회계는 재고를 쌓아 두게 만드는 잘못된 인센티브를 제공하였으며, 이것이 문제이다.

Goldratt은 재고를 쌓아두는 경영자에게 상을 주는 전부원가계산에 반대하고, 스루풋 회계(초변동원가계산)이라 불리는 변동원가계산의 한 유형을 제안하였다. 제약이론에서는 재고, 운영비용이라는 기본 측정치를 이용하여 스루풋공헌이익 증대, 재고의 감소, 운영비용의 절감이라는 기본 목표를 달성하고자 한다.

8.2 제약이론과 스루풋원가계산

Goldratt은 재고를 쌓아두는 경영자에게 상을 주는 전부원가계산제도에 반대하여 스루풋원가계산이라 불리는 변동원가계산의 한 유형을 제안하였다. 제약이론에서는 재고, 운영비용이라는 기본측정치를 이용하여 스루풋공헌의 증대, 재고의 감소, 운영비용의 절감이라는 세 가지 기본목표를 달성하고자 한다.

스루풋공헌(혹은 재료처리량 공헌이익, throughput contribution)은 한 조직이 판매를 통해 돈을 창출하는 정도라고 정의되는데 매출은 직접재료원가를 차감하여 산정된다. 스루풋원가계산에서는 스루풋공헌을 산출하는데 있어 직접노무원가를 매출에서 차감하지 않는다. 스루풋원가계산에서 직접노무원가는 운영비용의 일부이며 고정원가로 간주한다.

재고는 한 조직이 판매할 의도로 구입한 재화에 투자한 돈으로 정의된다. 스루풋원가계산에서는 재고 속에 건물이나 기계장치까지 포함시킨다. 반면에 재고 속에는 기업자체에서 부가시킨 가치는 포함되지 않는다. 따라서 재공품 재고나 완제품 재고 속의 직접노무원가와 제조간접원가 부분은 스루풋원가계산의 재고 개념 속에는 포함되지 않는다.

운영비용은 한 조직이 재고를 스루풋공헌으로 전환시키는 데 사용된 모든 돈으로 정의된다. 따라서 운영비용 속에는 스루풋공헌을 계산하는데 매출로부터 차감되지 않은 모든 비용이 포함된다. 예를 들면 직접노무원가, 제조간접원가, 판매관리비 등이다.

스루풋원가계산과 변동원가계산 간의 중요한 차이점 중에 하나는 직접노무원가와 변동제조간접원가의 처리에 있다. 스루풋원가계산에서는 직접노무원가와 변동제조간접원가는 스루풋공헌을 산출할 때 매출로부터 차감되지 않으며, 재고 속에 자본화되지도 않는다. 대신 직접노무원가와 변동제조간접원가는 운영비용의 일부로 간주된다. 그러나 변동원가계산에서 직접노무원가와 변동제조간접원가는 변동원가로 간주되어 공헌이익을 산정할 때 매출에서 차감된다.

스루풋원가계산의 가장 중요한 목표는 재고수준을 감소시키는데 있다. 스루풋공헌을 성과측정치로 사용한다면 경영자들은 모든 노력을 판매가능한 제품을 생산하는데 집중할 것이다. 이렇게 스루풋공헌을 증대시킨다며 재고감소 효과가 나타날 뿐만 아니라 재고에 묶여 있는 자금을 감소시키는 효과가 나타날 것이다.

09 영업이익의 전략적 분석

9.1 영업이익과 전략의 연계

기업에서 전략이 성공적으로 도입되고 있는지를 평가하기 위해서는 목표와 실제성과를 비교하여야 한다. 이러한 비교를 통해 기업의 목표가 대부분 충족되었다면, 이는 학습과 성장에 대하여 확인되고 측정된 전략적 과제들이 내부프로세스, 고객, 그리고 재무관점의 성과를 개선할 수 있다는 것을 말한다. 이러한 재무적 관점의 성과를 세분해 보면, 수익과 비용의 증감(수량과 단가), 생산성의 증감의 문재로 요약해 볼 수 있다. 다음에 제시하는 스마트(주)의 간단한 예제를 통해 영업이익의 증가가 어떻게 세분화될 수 있는지 알아보고자 한다.

[도표 10-15] 영업이익 분석을 위한 기본자료

항 목		20×5년	20×6년
생산/판매	제품A 생산 및 판매량(단위)	150,000	165,000
	단위당 판매가격(₩)	300	270
직접재료	직접재료 사용량(kg)	300,000	300,000
	직접재료 kg당 가격(₩)	50	52
가 공 비	연간 생산능력(단위)	250,000	240,000
	연간 총가공비(₩)	17,500,000	16,500,000
	생산능력 단위당 가공비(₩)	70	68.75
판매서비스	예상고객(인원수)	6,000	5,500
	판매서비스 총액(₩)	5,400,000	4,675,000
	예상고객 1인당당 비용(₩)	900	850
연구개발	연구개발인력(인원수)	30	25
	연구개발비(₩)	3,000,000	2,500,000
	연구개발인력 1인당 원가(₩)	100,000	100,000

〈추가정보〉

1. 가공원가는 생산능력에 따라 결정되며, 고정원가로 간주한다.
2. 판매서비스 비용은 예상고객의 수에 따라 결정되며, 고정원가로 간주한다.
3. 연구개발비용은 매년초 연구개발인원수에 따라 결정되며, 고정원가로 간주한다.
4. 투자기준 및 자산구조는 매년 유사한 것으로 가정한다.

위에서 주어진 기본자료와 추가정보를 이용하여 20×5년과 20×6년의 영업이익을 산출하면 다음과 같다.

	20×5년	20×6년
매출액(150,000×₩300; 165,000×₩270)	₩45,000,000	₩44,550,000
비용:		
직접재료원가(300,000×₩50; 300,000×₩520)	15,000,000	15,600,000
가 공 비(250,000×₩70; 240,000×₩68.75)	17,500,000	16,500,000
판매서비스(6,000×₩900; 5,500×₩850)	5,400,000	4,675,000
연구개발비	3,000,000	2,500,000
총비용	40,900,000	39,275,000
영업이익	₩4,100,000	₩5,275,000
영업이익의 증가	₩1,175,000(F)	

여기서 중요한 것은 20×6년도의 영업이익이 20×5년에 비해 ₩1,175,000이 증가하였다는 것이데, 그것이 어떤 요인에 의한 것인가를 정확하게 평가할 필요가 있다. 앞으로 구체적으로 살펴보겠지만 영업이익이 증가한 이유는 [도표 10-16]와 같이 성장요소(growth component)와 가격보상요소(price-recovery component), 생산성요소(productivity

[도표 10-16] 영업이익의 차이분석

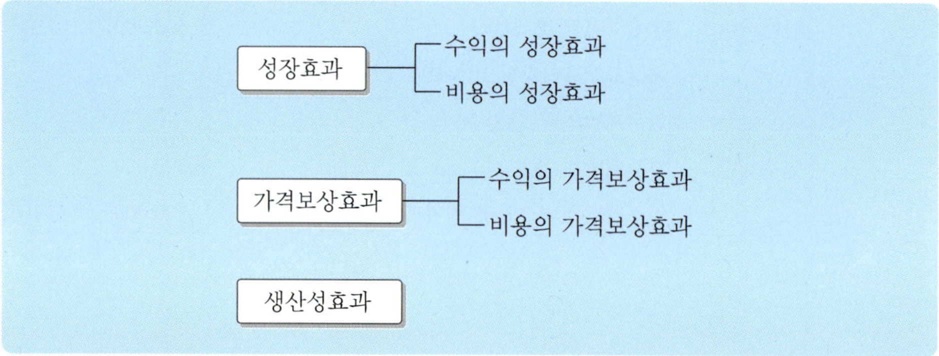

component)로 구분할 수 있다. 여기서 수익의 성장효과와 수익의 가격보상효과는 매출액(수익)의 증감과 관련된 것이며, 비용의 성장효과와 비용의 가격보상효과, 생산성효과는 비용의 증감과 관련된 것이다. 앞의 사례 자료를 이용하여 영업이익의 증가분 ₩1,175,000이 어떻게 발생한 것인지를 구체적으로 분석해 보기로 하자.

9.2 수익의 차이분석

20×5년 매출액이 ₩45,000,000에서 20×6년 ₩44,550,000으로 감소하였다. 그 이유는 두 가지이다. 하나는 판매량이 150,000단위에서 165,000단위로 증가했기 때문이며, 이를 수익의 성장효과라 한다. 다른 하나는 판매가격이 ₩50에서 ₩52으로 증가했기 때문이며, 이를 수익의 가격보상효과라 한다. 수익의 성장효과와 가격보상효과를 분석해 보면 [도표 10-17]과 같다.

[도표 10-17] 수익의 차이분석

	20×5년	성장요소	20×6년
	SQ×SP	AQ×SP	AQ×AP
	150,000×₩300	165,000×₩300	165,000×₩270
매출	₩45,000,000	₩49,500,000	₩44,550,000
	수익의 성장효과 ₩ 4,500,000(F)		수익의 가격보상효과 ₩ 4,950,000(U)

수익의 성장효과는 판매가격이 20×5년과 동일하다고 가정할 경우 단지 판매량의 증감에 의한 영업이익의 증감을 통해서 측정된다. 위의 사례에서는 20×6년의 판매량이 20×5년보다 15,000단위 증가하였기 때문에 유리한 차이가 나타났다. 수익의 가격보상효과는 20×5년 판매가격이 ₩52이었으나 20×6년 ₩50으로 ₩2이 인하됨에 따라 불리한 차이가 나타나게 된 것이다.

9.3 비용의 차이분석

이제 비용의 문제를 살펴보자. 비용은 크게 세 가지 요소에 의해 결정되었다. 예를

[도표 10-18] 직접재료원가의 증감원인

	20×5년		20×6년
직접재료원가	₩ 15,000,000	₩600,000(U)	₩15,600,000
판매량	150,000단위	비용의 성장효과	165,000단위
제품당 재료수량	2kg	생산성효과	1.818kg
재료단가	₩ 50	비용의 가격보상효과	₩ 52

들어 직접재료원가만을 고려하여 살펴보면 [도표 10-18]과 같다. 첫째, 20×6년 판매량이 15,000단위 증가함에 따라 나타난 효과로 이를 비용의 성장효과라 한다. 둘째, 20×5년 직접재료원가 단가가 ₩50에서 ₩52으로 증가했기 때문에 나타난 효과로 이를 비용의 가격보상효과라 한다. 셋째, 20×5년 제품 단위당 2kg의 재료를 투입하였으나 20×6년에는 1.818kg을 투입하였기 때문에 나타난 효과로 이를 생산성효과라 한다.

이와 같이 비용의 차이를 성장효과, 가격보상효과, 생산성효과로 각각 분리하기 위해서는 세 가지 관련 요소들 가운데 두 가지를 고정하여야 한다. 예를 들어 판매량 증가에 의한 비용의 성장효과만을 측정하기 위해서는 제품당 재료수량과 재료단가를 고정하여야 한다. 만약 이를 고정하지 않으면 생산성효과가 나머지 두 가지 효과에 반영되는 문제가 발생하게 된다. 이에 따라 생산성효과를 통제한 후의 생산성중립수량(productivity-neutral quantity)을 구하여 차이분석에 사용한다. 생산성중립수량은 20×6년의 산출물을 20×5년에 생산하였을 때 투입되어야 할 물량을 의미하며, [도표 10-19]과 같이 산출된다.

[도표 10-19]에서 보는 바와 같이 생산성중립수량은 생산성(productivity)의 개념을 이용하고 있다. 예를 들어 직접재료원가의 경우 기준연도의 생산성지수는 직접재료 1kg으로 0.5단위의 제품을 생산하였다는 의미이다. 생산성중립수량은 기준연도(20×5년)의 생산성을 가정할 때 분석연도(20×6년)의 165,000단위를 생산하려면 직접재료가 330,000kg 소요됨을 알 수 있다. 생산성중립수량을 측정하면서 한 가지 주의해야 할 것은 변동원가와 고정원가를 구분해야 한다는 점이다. 추가자료에서 고정원가로 간주하였던 가공원가와 판매서비스, 연구개발은 관련범위 내에서 원가의 발생이 일정하기 때문에 고정원가의 생산성중립수량은 기준연도의 수량이 그대로 적용되고 있다. 이 개념을 적용하여 비용의 차이분석을 해 보면 [도표 10-20]와 같이 나타난다.

먼저 비용의 성장효과를 보면 판매량의 증가에 의해서만 나타난 비용증가분만을 말

[도표 10-19] 생산성중립수량의 측정

$$기준연도의\ 생산성지수 = \frac{기준연도의\ 산출량}{기준연도의\ 투입량}$$

$$생산성중립수량 = \frac{분석연도의\ 실제수량}{기준연도의\ 생산성지수}$$

기준연도의 생산성지수:

직접재료원가 = 150,000단위 / 300,000kg = kg당 0.5단위
가공원가 = 150,000단위 / 250,000단위 = 단위당 0.6단위
판매서비스 = 150,000단위 / 6,000명 = 1명당 25단위
연구개발 = 150,000단위 / 30명 = 1명당 5,000단위

생산성중립수량:

직접재료원가 = 165,000단위 / 0.5 = 330,000kg
가공원가 = 250,000단위(고정비)
판매서비스 = 6,000명(고정비)
연구개발 = 30명(고정비)

[도표 10-20] 비용의 차이분석

	20×5년	성장요소	가격보상요소	20×6년
비용	SQ×SP	PNQ*×SP	PNQ*×AP	AQ×AP
직접재료	300,000×₩50	330,000×₩50	330,000×₩52	300,000×₩52
가공원가	250,000×₩70	250,000×₩70	250,000×₩68.75	240,000×₩68.75
판매서비스	6,000×₩900	6,000×₩900	6,000×₩850	5,500×₩850
연구개발	30×₩100,000	30×₩100,000	30×₩100,000	25×₩100,000
	₩40,900,000	₩42,400,000	₩42,447,500	₩39,275,000

비용의 성장효과	비용의 가격보상효과	생산성효과
₩1,500,000(U)	₩47,500(U)	₩3,172,500(F)

*PNQ = 생산성중립수량

한다. 즉, 20×5년에 150,000단위가 아닌 165,000단위를 생산하였다면 비용이 얼마나 변동하였는지를 측정한다. 이를 측정하기 위해서는 [도표 10-18]의 예에서 제품당 재료수량과 재료단가 두 가지를 고정하여야 한다. 제품당 재료수량은 20×5년으로 고정되

어 있는데, 165,000단위를 20×5년에 생산하였다면 330,000kg(=165,000단위×2kg)이 소요되었을 것이며, 이는 생산성중립수량이다. 재료단가도 [도표 10-20]와 같이 20×5년의 단가로 고정되어 있다. 만약 20×6년의 실제가격 ₩52을 사용하면 재료단가의 인상으로 인한 효과(비용의 가격보상효과)도 반영되기 때문에 순수한 판매량의 증감에 의한 효과를 측정할 수 없게 된다.

> 비용의 성장효과=(생산성중립수량－기준연도 실제투입량)×기준연도 투입물가격

비용의 가격보상효과는 투입물가격의 변동에 의한 효과만을 측정한 것이다. 이 효과를 측정하기 위해서는 [도표 10-18]에서 판매량과 제품당 재료수량 두 가지를 고정하여야 한다. 여기서는 20×6년의 판매량 165,000단위와 20×5년의 제품당 재료수량 2kg으로 고정되어 있다. 이는 생산성중립수량을 말한다.

> 비용의 가격보상효과=(분석연도 투입물가격－기준연도 투입물가격)×생산성중립수량

생산성효과는 20×6년 산출물을 20×5년에 생산할 경우 사용되었을 투입물과 배합, 효율성, 생산능력의 변동 등에 의해서 발생한 비용변동만을 분리하여 측정한 것이다. 생산성효과는 20×6년에 실제 투입량이 투입되어야 할 양에 비해 얼마나 적게 혹은 많이 투입되었는지를 분석하는 것이 목표이다. 생산성효과를 측정하기 위해서는 [도표 10-18]의 예에서 판매량과 단가를 고정하여야 한다. 이것은 표준원가 차이분석에서 능률차이와 유사하다. 다만 능률차이에서는 표준가격(20×5년)을 단가로 사용하지만 생산성효과에서는 실제가격(20×6년)을 사용한다는 점이다. 왜냐하면 경영자는 20×6년 현재 유효한 가격을 기초로 원가를 최소화할 수 있는 투입물량을 통제하고 싶어 하기 때문이다. 만약 20×5년의 가격을 사용할 경우 1년 전에 유효했던 투입물가격을 기초로 투입량을 통제한다는 논리상의 문제가 발생한다.

> 생산성효과=(분석연도 실제투입량－생산성중립수량)×분석연도 투입물가격

9.4 영업이익 차이분석의 종합

앞서 영업이익의 차이분석을 살펴보았다. 20×5년의 영업이익과 20×6년의 영업이익은 ₩1,175,000(F)의 차이가 나타났는데, 이는 성장효과, 가격보상효과, 생산성효과가 그 원인이었다. 앞서 살펴본 차이분석의 내용을 종합해 보면 [도표 10-21]과 같다.

20×6년의 영업이익은 20×5년보다 ₩1,175,000이 증가하였는데 그 이유를 성장효과, 가격보상효과, 생산성효과로 설명될 수 있다. 특히 영업이익에 유리한 차이가 발생한 이유는 두 가지인데, 하나는 판매량의 증가에 비해 그로 인한 비용의 증가가 적었기 때문이다. 또 다른 하나는 생산성이 향상되었기 때문이다. 그러나 판매가격이 인하되고 비용항목의 단가가 높아짐에 따라 영업이익에 불리한 영향을 미쳤음을 알 수 있다.

[도표 10-21] 영업이익 차이분석의 종합

	20×5년 영업이익	성장효과	가격보상효과	생산성효과	20×6년 영업이익
수익	₩45,000,000	₩4,500,000(F)	₩4,950,000(U)		₩44,550,000
비용	40,900,000	1,500,000(U)	47,500(U)	₩3,172,500(F)	39,275,000
영업이익	₩4,100,000	₩3,000,000(F)	₩4,997,500(U)	₩3,172,500(F)	₩5,275,000

영업이익 증가 ₩1,175,000(F)

연습문제 EXERCISE

객관식 문제

[10-1] 다음 중 품질원가에 대한 설명으로 옳은 것은? (기업회계 1급)

(가) 제품의 품질은 설계품질(quality of design)과 적합품질(quality of conformance)로 구분할 수 있는데, 품질원가는 생산자 품질이라 할 수 있는 설계품질과 관련된 것이다.
(나) 품질원가에 대한 전통적인 관점은 통제원가와 실패원가 사이에 상충관계(trade-off)가 존재한다고 보고 있다.
(다) 품질원가는 제품에 불량이 발생하지 않도록 예방하거나 불량이 발생하는지를 검사하고, 불량이 발생한 경우 초래되는 모든 원가를 의미한다.
(라) 예방원가와 평가원가를 포함하는 통제원가는 불량품의 발생률과 역의 관계를 갖는다.
(마) 제조물 책임법에 따른 소송비용, 제품보증수리비용, 불량품으로 인한 회사 이미지 실추에 따른 판매기회상실로 인한 기회비용 등은 외부실패원가에 해당한다.
(바) 품질관리계획수립원가, 품질관리기술개발원가, 품질개선을 위한 토의원가 등은 평가원가에 해당한다.

① (가), (나), (다), (라) ② (나), (다), (라), (마)
③ (가), (다), (라), (마) ④ (다), (라), (마), (바)

[10-2] 제약이론(theory of constraints)에 대한 다음의 설명 중 가장 타당하지 않은 것은? (기업회계 1급)

① 제약이론에서는 기업의 생산활동과 관련된 내부적 제약요인을 집중적으로 관리하고 개선하여 생산활동을 최적화하고자 한다.
② 제약이론은 재료처리량공헌이익을 증가시키고, 투자 및 운영원가를 감소시키는 것을 목적으로 한다.
③ 제약이론에서는 운영원가를 단기적으로 변화시킬 수 있는 변동원가로 본다.
④ 제약이론의 생산최적화 과정은 제약요인을 찾아 개선한 후에 또 다른 제약요인을 찾아 지속적으로 개선하는 과정을 밟는다.

[10-3] 전략적 원가관리에 관한 설명을 옳지 않은 것은? (CTA)

① 목표원가계산(target costing)은 제품개발 및 설계단계부터 원가절감을 위한 노력을 기울여 목표원가를 달성하고자 한다.

② 카이젠원가계산(kaizen costing)은 제조이전단계에서의 원가절감에 초점을 맞추고 있다.

③ 품질원가계산(quality costing)은 예방원가, 평가원가, 실패원가 간의 상충관계에 주목한다.

④ 제품수명주기원가(product life-cycle cost)는 제품의 기획 및 개발, 설계에서 고객서비스와 제품폐기까지의 모든 단계에서 발생하는 원가를 의미한다.

⑤ 제약이론(theory of constraints)은 기업의 목표를 달성하는 과정에서 병목공정을 파악하여 집중적으로 관리하고 개선해서 기업의 성과를 높이는 방법이다.

[10-4] 균형성과표(Balanced Scorecard; BSC)에 대한 내용 중 옳지 않은 것은? (CTA)

① 전사적인 BSC는 하부조직의 BSC를 먼저 수립한 후 하의상달식으로 구축한다.

② BSC에서 관점의 수와 명칭은 조직별로 다를 수 있다.

③ BSC는 대학교나 정부기관과 같은 비영리조직에도 적용된다.

④ 성과지표는 조직의 비전과 전략에 연계되어 선정되어야 한다.

⑤ 전략체계도는 관점 간의 인과관계를 보여준다.

[10-5] 품질원가에 관한 설명으로 옳지 않은 것은? (CTA)

① 일반적으로 원재료 검사비용은 예방원가로 분류한다.

② 일반적으로 보증기간 내 수리와 교환은 외부실패원가로 분류한다.

③ 품질원가는 제품의 품질에 문제가 발생하는 경우 이를 해결하기 위하여 발생하는 원가를 포함한다.

④ 품질허용수준관점(acceptable quality level view)에서는 통제원가와 실패원가 사이에 부(−)의 관계가 있는 것으로 본다.

⑤ 무결점수준관점(zero defects view)에서는 불량률 0(zero)이 될 때 품질원가가 최소가 되므로 불량률 0이 되도록 품질원가를 관리해야 한다고 본다.

[10-6] 전략적 원가관리 기법에 관한 설명으로 옳은 것을 모두 고른 것은? (CTA)

ㄱ. 제약이론(theory of constraints)에 의하면 병목공정의 처리능력을 확장시키기 위해서는 재료처리량 공헌이익(throughput contribution)이 병목공정 처리능력 확장에 소요되는 원가보다 커야 한다.

ㄴ. 목표원가계산(Target Costing)을 생산단계에 적용하는 경우 효과가 가장 크게 나타난다.

ㄷ. 카이젠원가계산(Kaizem Costing)에서는 프로세스를 개선시키는데 가장 크게 공헌할 수 있는 조직구성원은 경영자와 공학자라고 가정한다.

ㄹ. 품질원가계산(Quality Costing)은 통제원가(예방 및 평가원가)와 실패원가를 포함한 품질관련원가를 최소화시키면서 품질수준을 최대화시키는데 목적이 있다.

ㅁ. 수명주기원가계산(Life Cycle Costing)과 품질원가계산을 환경문제에 적용하면 탄소배출량을 줄이면서 환경관련원가도 절감할 수 있다.

---

① ㄱ, ㄴ, ㄹ ② ㄱ, ㄴ, ㅁ ③ ㄱ, ㄹ, ㅁ
④ ㄴ, ㄷ, ㄹ ⑤ ㄴ, ㄷ, ㅁ

[10-7] 균형성과표(BSC)에 대한 설명으로 옳지 않은 것은? (기업회계 1급)

① 비영리단체에서도 재무적관점, 고객관점, 내부프로세스관점, 학습과 성장관점을 사용할 수 있다.
② 전략과 연계된 주요평가지표(KPI)를 사용한다.
③ 관점 사이의 인과관계를 전략체계도(strategy map)로 나타낸다.
④ 균형성과표는 성과보상에만 초점이 맞추어진 제도이다.

[10-8] 균형성과표(BSC)에 관한 설명으로 옳지 않은 것은? (CTA)

① 조직구성원들이 조직의 전략을 이해하여 달성하도록 만들기 위해 균형성과표에서는 전략과 정렬된 핵심성과지표(key performance indicators)를 설정한다.
② 전략 달성에 초점을 맞춘 조직을 구성하여 조직구성원들이 전략을 달성하는데 동참할 수 있도록 유도한다.
③ 조직의 사명과 비전에 근거하여 다양한 관점에서 전략을 도출한 후 도출된 전략의 인과관계를 도식화 한다.
④ 균형성과표에서 전략에 근거하여 도출한 재무적 성과측정치는 비재무적 측정치의 선행지표가 된다.
⑤ 조직구성원들은 전략 달성을 위한 의사소통 수단으로 핵심성과지표를 사용한다.

[10-9] 활동기준원가계산(ABC: activity-based costing), 활동기준관리(또는 활동기준경영 ABM: activity-based management) 및 제품수명주기원가계산에 대한 다음의 설명 중 옳지 않은 것은? (CPA)

① 활동기준원가계산에서는 제품의 생산을 위하여 사용한 자원만을 제품원가에 포함시키

고 미사용된 자원은 기간비용으로 처리한다.

② 총원가 중 간접원가가 차지하는 비중이 높고 다품종 소량생산체제를 유지하고 있는 기업의 경우 활동기준원가계산을 도입함으로써 보다 정확한 원가를 도출할 수 있다.

③ 활동기준관리를 통하여 파악된 비부가가치활동에는 검사, 이동, 대기, 저장 등의 활동이 있다.

④ 제품수명주기원가계산은 특정 제품이 고안된 시점부터 폐기되는 시점까지의 모든 원가를 식별하여 측정한다.

⑤ 제품수명주기원가는 시장상황의 검토를 통하여 예상되는 제품의 목표가격을 확인한 후 기업이 필요로 하는 목표이익을 차감하여 결정된다.

[10–10] 균형성과표에 관한 다음의 설명 중 옳지 않은 것은? (CPA)

① 균형성과표에서 전략에 근거하여 도출한 비재무적 성과측정치는 재무적 성과측정치의 후행지표가 된다.

② 균형성과표의 다양한 성과지표간의 인과관계를 통하여 조직의 전략목표 달성과정을 제시하는 성과지표의 체계를 전략지도(strategy map)라고 한다.

③ 균형성과표의 고객 관점은 고객만족에 대한 성과를 측정하는데 고객만족도, 고객유지율, 반복구매정도, 시장점유율 등의 지표가 사용된다.

④ 균형성과표의 내부프로세스 관점은 기업내부의 업무가 효율적으로 수행되는 정도를 의미하는데 불량률, 작업폐물, 재작업율, 수율, 납기, 생산처리시간 등의 지표가 사용된다.

⑤ 균형성과표의 학습과 성장 관점은 기존의 프로세스와 제품에 만족하지 않고 기술 및 제품의 혁신적인 발전을 추구하는 정도를 의미하는데 종업원만족도, 종업원 이직률, 종업원 1인당 사내훈련시간 등의 지표가 이용된다.

[10–11] 다음 중 활동기준원가계산제도가 생겨나게 된 배경으로 타당하지 않은 것은? (CPA)

① 수익성 높은 제품의 선별을 통한 기업역량 집중의 필요성

② 산업구조의 고도화 및 직접노동 투입량의 증가

③ 제품 및 생산공정의 다양화

④ 원가정보의 수집 및 처리기술의 발달

⑤ 개별제품이나 작업에 직접 추적이 어려운 원가의 증가

[10–12] 다음은 제품 품질에 대한 전사적 품질관리에 관한 설명으로 틀린 것은? (기업회계 1급)

① 무결점을 궁극적인 목표로 인식하며 실수는 학습기회로 삼는다. 품질향상은 총비용을 증가시키지 않으며, 무결점 성취가 중요하다.
② 설계, 마케팅, 생산인원을 하나의 다기능팀으로 구성한다.
③ 생산작업의 용이성을 고려하기 보다는 성능위주로 제품을 설계하며 부품 및 기종의 수를 늘리는 경향이 있다.
④ 품질에 대한 노하우는 개개의 작업자가 갖고 있다. 관리자와 기술자는 작업자들의 필요에 부응하는 역할을 한다.

[10–13] 제품수명주기원가계산의 특징으로 틀린 것은? (기업회계 1급)
① 개별제품과 관련된 모든 수익과 원가가 명확하게 가시적으로 나타난다.
② 총원가 중에서 수명주기의 초기단계에서 발생하는 원가가 차지하는 비율이 제품별로 다르다는 것을 보여준다.
③ 전문가들에 의하면, 제품원가의 90% 이상이 연구개발과 설계 등 상위활동에서 결정되기 때문에 기업의 경영자에게 제조이전단계를 중요시하게 한다.
④ 원가 상호간의 인과관계에 기인한 변화는 제품수명주기원가계산보다 전통적 포괄손익계산서에서 더 잘 나타난다.

[10–14] 아래의 항목 중 균형성과표를 통해 알 수 있는 항목끼리 모두 짝지어진 것은? (기업회계 1급)

(가) 고객들의 눈에 비친 회사의 모습
(나) 주주들의 눈에 비친 회사의 모습
(다) 내부 프로세스 중 가치유발 요인
(라) 혁신, 변화 및 개선의 지속성의 여부
(마) 명료한 성과측정치와 낮은 실행비용

① (가), (다), (라) ② (나), (라), (마)
③ (가), (나), (다), (라) ④ (가), (다), (라), (마)

[10–15] 전략적 원가관리에 관한 설명으로 옳지 않은 것은? (기업회계 1급)
① 목표원가계산은 원가관리에 가치사슬 구성원을 적극적으로 참여하는 것이 특징이다.
② 품질원가에서 예방원가는 품질에 결함이 있는 지를 알아보기 위해서 제품을 검사하는 것과 관련이 있다.
③ 품질원가는 그 성격에 따라 예방원가, 평가원가, 내부실패원가, 외부실패원가로 구분된다.

④ 카이젠원가계산은 제품수명주기 중 생산주기에 초점을 맞추어 이미 결정된 제품설계에 따라서 제품을 생산하고, 지속적인 개선을 통하여 원가를 절감할 수 있도록 하는 원가관리기법이다.

주관식 문제

[10-1] 스마트(주)는 품질원가의 측정을 위해 품질관리 활동원가를 계산하고 있다.

(기업회계 1급)

활 동	활동원가	활 동	활동원가
작업폐물	₩35,000	재작업	₩12,500
고객지원	4,000	공급업체평가	5,000
반품제품원가	6,000	제품시험	10,000
품질교육	5,000	보증수리	50,000
설계엔지니어링	10,000	입고재료검사	5,000
제품검사설비 보수	25,000	작업중단 복구	2,500

(요구사항)

스마트(주)의 품질관련 활동원가 중 예방원가에 포함되어야 할 금액은?

[10-2] 스마트(주)는 정수기를 제조 및 판매한다. 다음은 스마트(주)의 2017년도 품질과 관련된 재무적 자료이다.

(기업회계 1급)

과목	금액	과목	금액
설계엔지니어링	₩24,000	재작업품	₩30,000
품질훈련교육	10,000	운송비	11,000
품질검사	20,000	손해배상	22,000
제품시험	15,000	재수리보장비용	12,000
공손품	8,000	품질엔지니어링	13,000

(요구사항)

평가원가는 총 얼마인가?

는 다음과 같다.

활 동	원가동인	부가가치 활동표준	실제활동수량	가 격
재료구매	주문횟수	500회	800회	₩300
수선유지	수선유지시간	3,000시간	3,500시간	150
작업준비	작업준비시간	1,200시간	1,500시간	200
부품검사	검사시간	2,000시간	2,300시간	250

각 원가동인의 단위당 실제원가는 가격표준과 동일하다.

(요구사항)

1. 각 활동의 부가가치원가, 비부가가치원가 및 실제원가를 나타내는 원가보고서를 작성하시오.
2. 비부가가치활동과 부가가치활동에 대한 활동 감축의 역할은 각각 무엇인가?

[10-6] 스마트(주)는 활동기준원가계산제도를 채택하고 있으며, 최근에는 활동분석을 통해 작업준비활동과 부품검사활동의 효율성을 높이는 데 초점을 맞추고 있다. 현재 스마트(주)는 제품A와 제품B 두 종류의 제품을 생산하고 있으며, 20×6년 각 제품의 생산 및 판매량은 6,000단위와 9,000단위이다. 제품A는 배치당 200단위를 생산하고 있으며, 배치당 150시간의 작업준비시간이 소요된다. 제품B는 배치당 300단위를 생산하고 있으며, 배치당 200시간의 작업준비시간이 소요된다. 부품검사시간은 두 제품 모두 단위당 0.5시간이 발생된다. 작업준비활동과 부품검사활동과 관련된 추가적인 정보는 다음과 같다.

활 동	원가동인	가격표준	부가가치 활동표준
작업준비활동	작업준비시간	₩100	0.5시간
부품검사활동	부품검사시간	₩150	0.3시간

20×6년 작업준비활동과 부품검사활동과 관련하여 발생한 실제원가는 다음과 같다.

	제품A	제품B
작업준비시간	4,000시간	5,400시간
부품검사시간	2,400시간	4,000시간
작업준비비	₩540,000	₩660,000
부품검사비	510,000	765,000

(요구사항)

20×6년 작업준비활동과 부품검사활동에 대해 표준원가를 기준으로 한 부가가치원가와 비부가가치원가를 산출하시오.

[10–7] 스마트(주)는 단일제품을 생산·판매하고 있으며, 생산활동은 원재료투입, 인력투입, 동력사용, 생산준비, 원재료주문 등으로 구성되어 있다. 이들 활동들에 대한 경영자의 분석에 따르면 원재료투입, 인력투입 그리고 동력사용만이 부가가치를 창출하는 것으로 나타났다. 이들 활동에 대한 표준수량과 실제사용량에 관한 정보는 다음과 같다.

활 동	원가동인	부가가치표준수량	실제사용량	표준원가
재료투입	kg	15,000	18,000	₩1,500
인력투입	작업시간	25,000	30,000	1,200
동력사용	kWh	10,000	12,000	500
생산준비	작업준비횟수	–	50	5,000
원재료준문	주문횟수	–	30	2,000

(요구사항)

위에서 제시된 자료를 이용하여 각 활동별로 부가가치원가, 비부가가치원가 그리고 실제원가를 산출하시오.

[10–8] 다음은 스마트(주)가 생산·판매하고 있는 스포츠카 V2의 20×4년의 품질원가항목과 금액이다.

검사장비보수원가	₩100,000	예방유지원가	₩45,000
제품보증원가	400,000	종업원훈련원가	240,000
설계원가	160,000	구입재료검사원가	80,000
기계고장수리원가	70,000	반품원가	50,000
소비자불만처리비	40,000	재작업원가	250,000
제품검사원가	90,000	보증수선비용	500,000

스마트(주)의 20×4년의 매출액은 ₩30,000,000이었다.

(요구사항)

1. 스포츠카 V2의 품질원가를 예방원가, 평가원가, 내부실패원가, 외부실패원가로 세분하여 각 항목의 합계를 계산하시오.
2. 매출액에 대한 각 항목별 비율을 계산하시오.
3. 스포츠카 V2의 품질원가 분포를 바람직한 품질원가의 방향과 관련하여 설명하시오.

[10-9] 스마트(주)가 수행한 품질관리활동 및 관련원가는 다음과 같다.

① 제품검사활동	₩1,000	⑧ 예방적 설비보수활동	₩1,600
② 제품보증활동	3,200	⑨ 종업원 품질교육활동	1,300
③ 설계엔지니어링활동	1,500	⑩ 검사장비의 유지보수활동	1,000
④ 기계고장수리활동	1,800	⑪ 반품의 재작업활동	3,500
⑤ 소비자불만처리활동	4,400	⑫ 공손품의 재작업활동	2,100
⑥ 구입재료검사활동	1,400	⑬ 부품공급업체의 평가활동	1,100
⑦ 원재료의 반품활동	1,900	⑭ 공정평가활동	1,700

스마트(주)의 당기 매출액은 ₩500,000이다.

(요구사항)

1. 각 활동에서 발생한 원가를 다음 예와 같이 예방원가, 평가원가, 내부실패원가, 외부실패원가로 구분하여 각 항목의 합계를 계산하시오.

[예]

	예방원가	평가원가	내부실패원가	외부실패원가
⑮		₩3,300		
⋮				
계	×××	×××	×××	×××

2. 위에서 계산된 각 항목별 합계액이 다음과 같다고 가정한다.

	예방원가	평가원가	내부실패원가	외부실패원가
계	₩5,400	₩5,000	₩6,000	₩11,000

각 항목별 합계액이 매출액에 대하여 차지하는 비율을 계산하고, 품질원가 발생과 관련하여 앞으로의 품질원가관리의 바람직한 방법에 대해 설명하시오.

[10-10] 스마트(주)는 MP3를 생산·판매하고 있다. 스마트(주)는 20×6년에 경쟁업체와는 완전히 다른 차원의 최신형 MP3를 개발하였다. 20×5년과 20×6년의 MP3 생산 및 판매에 관한 자료는 다음과 같다.

	20×5년	20×6년
생산 및 판매량	5,000단위	5,500단위
판매가격	₩3,000	₩3,600

원재료 투입량	25,000kg	30,000kg
kg당 원재료 구입가격	₩200	₩210
연간 MP3 생산능력	6,000단위	5,800단위
연간 총가공원가	₩3,600,000	₩3,828,000
연간 서비스 고객수	3,000명	2,700명
연간 판매관리비	₩2,100,000	₩1,755,000
고객 1인당 판매관리비	₩700	₩650
제품디자인너 수	15명	18명
연간 디자인 관련비용	₩1,500,000	₩1,980,000
디자인너 1인당 비용	₩100,000	₩110,000

스마트(주)는 어떤 불량품도 생산하지 않는다. 그러나 20×6년에 생산하는 최신형 MP3는 한 대당 보다 많은 원재료가 투입된다. 연간 가공원가는 MP3 생산능력에 따라 발생하며, 실제생산량에 따라 변하지 않는다. 판매관리비는 회사에서 서비스하고자 하는 고객수에 따라 결정되며, 실제 고객수에 의해 영향을 받지 않는다. 20×5년의 실제 고객수는 2,400명, 20×6년에는 2,500명이었다. 스마트(주)는 매년 초에 제품 디자이너의 수를 결정하며, 제품디자인 관련비용은 매년 초 결정되는 제품 디자이너 수에 의해 결정되며, 실제 MP3 생산량 혹은 고객수에는 영향을 받지 않는다.

(요구사항)

20×5년과 20×6년의 영업이익을 산출하고, 영업이익의 변화를 성장효과, 가격보상효과, 그리고 생산성효과로 분석하시오.

Memo

[연금의 현재가치표]

연금의 현가이자요소 $=\left[\frac{1}{r}-\frac{1}{r(1+r)^n}\right]$

기 간	1%	2%	3%	4%	5%	6%	7%	8%	9%
1	0.9901	0.9804	0.9709	0.9615	0.9524	0.9434	0.9346	0.9259	0.9174
2	1.9704	1.9416	1.9135	1.8861	1.8594	1.8334	1.8080	1.7833	1.7591
3	2.9410	2.8839	2.8286	2.7751	2.7232	2.6730	2.6243	2.5771	2.5313
4	3.9020	3.8077	3.7171	3.6299	3.5460	3.4651	3.3872	3.3121	3.2397
5	4.8534	4.7135	4.5797	4.4518	4.3295	4.2124	4.1002	3.9927	3.8897
6	5.7955	5.6014	5.4172	5.2421	5.0757	4.9173	4.7665	4.6229	4.4859
7	6.7282	6.4720	6.2303	6.0021	5.7864	5.5824	5.3893	5.2064	5.0330
8	7.6517	7.3255	7.0197	6.7327	6.4632	6.2098	5.9713	5.7466	5.5348
9	8.5660	8.1622	7.7861	7.4353	7.1078	6.8017	6.5152	6.2469	5.9952
10	9.4713	8.9826	8.5302	8.1109	7.7217	7.3601	7.0236	6.7101	6.4177
11	10.3676	9.7868	9.2526	8.7605	8.3064	7.8869	7.4987	7.1390	6.8052
12	11.2551	10.5753	9.9540	9.3851	8.8633	8.3838	7.9427	7.5361	7.1607
13	12.1337	11.3484	10.6350	9.9856	9.3936	8.8527	8.3577	7.9038	7.4869
14	13.0037	12.1062	11.2961	10.5631	9.8986	9.2950	8.7455	8.2442	7.7862
15	13.8651	12.8493	11.9379	11.1184	10.3797	9.7122	9.1079	8.5595	8.0607
16	14.7179	13.5777	12.5611	11.6523	10.8378	10.1059	9.4466	8.8514	8.3126
17	15.5623	14.2919	13.1661	12.1657	11.2741	10.4773	9.7632	9.1216	8.5436
18	16.3983	14.9920	13.7535	12.6593	11.6896	10.8276	10.0591	9.3719	8.7556
19	17.2260	15.6785	14.3238	13.1339	12.0853	11.1581	10.3356	9.6036	8.9501
20	18.0456	16.3514	14.8775	13.5903	12.4622	11.4699	10.5940	9.8181	9.1285
21	18.8570	17.0112	15.4150	14.0292	12.8212	11.7641	10.8355	10.0168	9.2922
22	19.6604	17.6580	15.9369	14.4511	13.1630	12.0416	11.0612	10.2007	9.4424
23	20.4558	18.2922	16.4436	14.8568	13.4886	12.3034	11.2722	10.3711	9.5802
24	21.2434	18.9139	16.9355	15.2470	13.7986	12.5504	11.4693	10.5288	9.7066
25	22.0232	19.5235	17.4131	15.6221	14.0939	12.7834	11.6536	10.6748	9.8226
26	22.7952	20.1210	17.8768	15.9828	14.3752	13.0032	11.8258	10.8100	9.9290
27	23.5596	20.7069	18.3270	16.3296	14.6430	13.2105	11.9867	10.9352	10.0266
28	24.3164	21.2813	18.7641	16.6631	14.8981	13.4062	12.1371	11.0511	10.1161
29	25.0658	21.8444	19.1885	16.9837	15.1411	13.5907	12.2777	11.1584	10.1983
30	25.8077	22.3965	19.6004	17.2920	15.3725	13.7648	12.4090	11.2578	10.2737
35	29.4086	24.9986	21.4872	18.6646	16.3742	14.4982	12.9477	11.6546	10.5668
40	32.8347	27.3555	23.1148	19.7928	17.1591	15.0463	13.3317	11.9246	10.7574
45	36.0945	29.4902	24.5187	20.7200	17.7741	15.4558	13.6055	12.1084	10.8812
50	39.1961	31.4236	25.7298	21.4822	18.2559	15.7619	13.8007	12.2335	10.9617
55	42.1472	33.1748	26.7744	22.1086	18.6335	15.9905	13.9399	12.3186	11.0140

10%	12%	14%	15%	16%	18%	20%	24%	28%	32%
0.9091	0.8929	0.8772	0.8696	0.8621	0.8475	0.8333	0.8065	0.7813	0.7576
1.7355	1.6901	1.6467	1.6257	1.6052	1.5656	1.5278	1.4568	1.3916	1.3315
2.4869	2.4018	2.3216	2.2832	2.2459	2.1743	2.1065	1.9813	1.8684	1.7663
3.1699	3.0373	2.9137	2.8550	2.7982	2.6901	2.5887	2.4043	2.2410	2.0957
3.7908	3.6048	3.4331	3.3522	3.2743	3.1272	2.9906	2.7454	2.5320	2.3452
4.3553	4.1114	3.8887	3.7845	3.6847	3.4976	3.3255	3.0205	2.7594	2.5342
4.8684	4.5638	4.2883	4.1604	4.0386	3.8115	3.6046	3.2423	2.9370	2.6775
5.3349	4.9676	4.6389	4.4873	4.3436	4.0776	3.8372	3.4212	3.0758	2.7860
5.7590	5.3282	4.9464	4.7716	4.6065	4.3030	4.0310	3.5655	3.1842	2.8681
6.1446	5.6502	5.2161	5.0188	4.8332	4.4941	4.1925	3.6819	3.2689	2.9304
6.4951	5.9377	5.4527	5.2337	5.0286	4.6560	4.3271	3.7757	3.3351	2.9776
6.8137	6.1944	5.6603	5.4206	5.1971	4.7932	4.4392	3.8514	3.3868	3.0133
7.1034	6.4235	5.8424	5.5831	5.3423	4.9095	4.5327	3.9124	3.4272	3.0404
7.3667	6.6282	6.0021	5.7245	5.4675	5.0081	4.6106	3.9616	3.4587	3.0609
7.6061	6.8109	6.1422	5.8474	5.5755	5.0916	4.6755	4.0013	3.4834	3.0764
7.8237	6.9740	6.2651	5.9542	5.6685	5.1624	4.7296	4.0333	3.5026	3.0882
8.0216	7.1196	6.3729	6.0472	5.7487	5.2223	4.7746	4.0591	3.5177	3.0971
8.2014	7.2497	6.4674	6.1280	5.8178	5.2732	4.8122	4.0799	3.5294	3.1039
8.3649	7.3658	6.5504	6.1982	5.8775	5.3162	4.8435	4.0967	3.5386	3.1090
8.5136	7.4694	6.6231	6.2593	5.9288	5.3527	4.8696	4.1103	3.5458	3.1129
8.6487	7.5620	6.6870	6.3125	5.9731	5.3837	4.8913	4.1212	3.5514	3.1158
8.7715	7.6446	6.7429	6.3587	6.0113	5.4099	4.9094	4.1300	3.5558	3.1180
8.8832	7.7184	6.7921	6.3988	6.0442	5.4321	4.9245	4.1371	3.5592	3.1197
8.9847	7.7843	6.8351	6.4338	6.0726	5.4509	4.9371	4.1428	3.5619	3.1210
9.0770	7.8431	6.8729	6.4641	6.0971	5.4669	4.9476	4.1474	3.5640	3.1220
9.1609	7.8957	6.9061	6.4906	6.1182	5.4804	4.9563	4.1511	3.5656	3.1227
9.2372	7.9426	6.9352	6.5135	6.1364	5.4919	4.9636	4.1542	3.5669	3.1233
9.3066	7.9844	6.9607	6.5335	6.1520	5.5016	4.9697	4.1566	3.5679	3.1237
9.3696	8.0218	6.9830	6.5509	6.1656	5.5098	4.9747	4.1585	3.5687	3.1240
9.4269	8.0552	7.0027	6.5660	6.1772	5.5168	4.9789	4.1601	3.5693	3.1242
9.6442	8.1755	7.0700	6.6166	6.2153	5.5386	4.9915	4.1644	3.5708	3.1248
9.7791	8.2438	7.1050	6.6418	6.2335	5.5482	4.9966	4.1659	3.5712	3.1250
9.8628	8.2825	7.1232	6.6543	6.2421	5.5523	4.9986	4.1664	3.5714	3.1250
9.9148	8.3045	7.1327	6.6605	6.2463	5.5541	4.9995	4.1666	3.5714	3.1250
9.9471	8.3170	7.1376	6.6636	6.2482	5.5549	4.9998	4.1666	3.5714	3.1250

찾아보기

ㅎ

공저자 약력

김 재 열
서강대학교 대학원 졸업(경영학 석사·박사)
현 건양대학교 경영학부 교수

〈주요 논문 및 저서〉
"과업상호의존성에 따른 비영리조직 부서관리자의 예산관련행동과 부서성과간의 관계"
"대학 교육서비스 품질측정과 학생인 고객만족도 제고에 관한 연구"
디지털시대의 경영관리기법

김 달 곤
서강대학교 대학원 졸업(경영학 석사·박사)
현 경상대학교 경영대학 교수

〈주요 논문 및 저서〉
"품질전략과 경영성과간의 관계에서 통제시스템의 매개효과"
"한·일기업의 예산 및 표준원가제도 운영실태 비교"

김 봉 기
서강대학교 대학원 졸업(경영학 석사·박사)
현 경인여자대학교 세무회계과 교수

〈주요 논문 및 저서〉
"신제품 개발전략과 성과평가유형이 신제품개발성과에 미치는 영향에 관한 연구"
"K연구원의 균형성과표 도입사례"

정 순 여
서강대학교 대학원 졸업(경영학 석사·박사)
현 제주대학교 회계학과 교수

〈주요 논문 및 저서〉
"품질비용 발생편차와 품질관리활동 그리고 성과간의 관계"
"성과주의 예산제도의 도입이 정부조직성과에 미치는 영향"

이 창 대
서강대학교 대학원 졸업(경영학 석사·박사)
현 목포대학교 경영학과 교수

〈주요 논문 및 저서〉
"성과평가 및 보상제도에서 비재무적 측정치의 활용에 관한 실증연구"
"금호타이어의 경영혁신활동－균형성과표와 6시그마를 중심으로"

김 상 우
서강대학교 대학원 경영학 박사
단국대학교 경영학부 외래교수
현 조세일보 재무교육원 원장

〈주요 논문 및 저서〉
"차별화 전략과 분권화 수준에 따른 성과측정지표의 활용도가 경영성과에 미치는 영향"
"AHP기법을 이용한 성과측정지표의 활용도에 대한 연구"

박 경 원
서강대학교 대학원 졸업(경영학 박사)
현 군산대학교 회계학과 부교수

〈주요 논문 및 저서〉
"경영전략, 성과측정시스템의 이용, 측정치의 다양성, 그리고 경영성과간의 관계"
"예산기반 보상에 있어서 예산목표와 변동성과급의 동기부여 효과"

이 상 완
서강대학교 대학원 졸업(경영학 박사)
현 동아대학교 경영학과 부교수

〈주요 논문 및 저서〉
"성과측정시스템의 이용과 조직성과간의 관계에서 성과측정지표의 다양성과 조직학습의 역할"
"공공기간의 BSC 운영기간과 조직성과간의 관계에서 PMS의 이용과 조직학습의 역할"

송 현 경
서강대학교 대학원 졸업(경영학 박사)
현 서강대학교 대우교수

〈주요 논문 및 저서〉
"제조부서의 관리회계시스템에 관한 연구: 상호의존성, 조직구조를 중심으로"
"최고경영자 교체에 따른 조직변화"

신 성 호
서강대학교 대학원 졸업(경영학 박사)
현 백석대학교 경상학부 조교수

〈주요 논문 및 저서〉
"경영전략과 예산시스템의 이용이 예산슬랙과 관리적 단기지향성에 미치는 영향"
"경영자의 단기지향성과 기업지배구조가 자본적 투자활동에 미치는 영향"

이 다 솜
서강대학교 대학원 졸업(경영학 박사)
현 강릉원주대학교 회계학과 조교수

〈주요 논문 및 저서〉
"조직정치가 성과측정지표의 다양성과 기업성과에 미치는 영향"
"The Role of Agility in the Relationship between Use of Management Control Systems and Organizational Performance: Evidence from Korea and Japan"

사용자 중심의
SMART 관리회계 [제4판 수정판]

2025년 9월 1일 제4판 수정판 발행
2021년 2월 10일 제4판 발행
2019년 8월 30일 제3판 발행
2015년 3월 2일 제2판 발행
2012년 8월 10일 초 판 발행

저 자 서강관리회계연구회
발행인 이 구 만
발행처 유원북스 도서출판
04091 서울특별시 마포구 토정로 222,
한국출판콘텐츠센터 416호
전화 (02)593-1800 FAX (02)593-1801
등록 2011. 9. 6. 제25100-2012-3호
www.uwonbooks.com uwbooks@daum.net

정 가 29,000원 ISBN 979-11-6288-127-9